Sabatai Tzvi:
O Messias Místico III

Coleção Estudos
Dirigida por J. Guinsburg

Equipe de Realização – Tradução: Ari Solon, Margarida Goldsztajn e J. Guinsburg; Revisão: Oswaldo Viviani; Logotipo 30 anos: Antonio Lizárraga; Assessoria Editorial: Plinio Martins Filho; Sobrecapa: Adriana Garcia; Produção: Ricardo W. Neves, Andréa Perella e Sérgio Coelho.

*A publicação deste livro contou
com o estímulo cultural e com o apoio da
Associação Universitária de Cultura Judaica
sob a presidência do Sr. Leon Feffer.*

Gershom Scholem

SABATAI TZVI: O MESSIAS MÍSTICO III

Associação Universitária de Cultura Judaica

EDITORA PERSPECTIVA

30 anos

Título do original em inglês
Sabbatai Sevi – The Mystical Messiah

ISBN 85.273.0092-3

EDITORA PERSPECTIVA S.A.
Av. Brigadeiro Luís Antônio, 3025
01401-000 – São Paulo – SP – Brasil
Telefone: (011) 885-8388
Fax: (011) 885-6878
1996

Sumário

Lista de Ilustrações

4. A única carta autografada por Sabatai Tzvi, escrita em agosto de 1676 à comunidade judaica de Berat, Albânia, à qual pede um livro de orações em hebraico para os Sacrossantos Dias, em setembro de 1676. Ms. 2262, fol. 79, Instituto Ben-Tzvi, Jerusalém. (p. 179)

5. Fantástica gravura de Sabatai Tzvi reconduzindo os judeus a Israel. O cabeçalho "Sch(a)lo Sabot(t)oi" parece significar Schalo(m) Sabatai (1687, lugar desconhecido). Coleção de Alfredo Rubens. Veja sua *Jewish Iconography* (*Iconografia Judaica*) (Londres, 1954), ilustração 22, em frente à página 112. (p. 217)

7. Depois da Apostasia (1667-1668)

I. OS EFEITOS DA APOSTASIA NOS CRENTES E NÃO-CRENTES. A CRISE DE FÉ

A fim de compreender o curso dos acontecimentos posteriores à apostasia de Sabatai, devemos recapitular resumidamente as manifestações que precederam este momento decisivo e crítico e tentar imaginar o estado de espírito das massas judaicas quando a inesperada notícia as alcançou. A circunstância decisiva que evitou que essa revivescência messiânica única desaparecesse aos poucos sem deixar vestígios mais duradouros foi, sem dúvida, o incipiente germinar de um novo tipo de ''sentimento de vida''. Normalmente, o choque causado pela apostasia do messias deveria ser suficiente para abalar por completo a estrutura de fé e esperança erigida sobre as alvíssaras anunciadas pelo profeta de Gaza, e o episódio sabataísta teria passado como se fora um pesadelo, e não teria deixado qualquer sinal perceptível na vida e na consciência do povo. No passado, outros movimentos messiânicos entraram em colapso sem causar sérias conseqüências. Aparentemente, o entusiasmo não havia chegado às raízes de seu ser e o malogro, quando veio, não abalou as pessoas até o fundo de sua alma. Ao se recuperarem do choque da desilusão, prosseguiram segundo a ordem do dia, com fórmulas tradicionais de reconforto (tais como, ''a geração não foi julgada merecedora''), e a memória dos acontecimentos permaneceu na consciência do povo como um curioso fenômeno de aberração ou como uma obscura angústia.

Desta vez, entretanto, as coisas foram diferentes. O movimento havia arrastado para a sua órbita toda a Diáspora, lançando raízes profundas na alma das massas. A simples magnitude quantitativa da revivescência tornara-se um fator qualitativo. Algo ocorrera no espírito dos crentes, e esses "fatos" novos e internos não foram menos decisivos do que os sucessos históricos externos. A julgar pelas aparências, o movimento messiânico, cujo desenvolvimento descrevemos em detalhes, exibiu um caráter tradicional. Sua força residiu no entusiasmo penitencial sem exceção, que parecia garantir a conformidade da revivescência com formas recebidas e reconhecidas de expressão escatológica. O mistério pessoal do messias era praticamente desconhecido nos círculos mais amplos, e o pouco que penetrara e parecia desafiar as idéias ortodoxas, era facilmente interpretado como algo relacionado à natureza excepcional de seu ministério, mais do que uma nova disposição para proclamar uma revolucionária Lei Messiânica. Na consciência das massas, não havia qualquer expectativa de uma messiânica "transvaloração de todos os valores" como expressão concreta de uma escatologia realizada. Entretanto, abaixo do limiar da consciência, mudanças de longo alcance estavam ocorrendo. A intensidade e a difusão da propaganda messiânica produziram, no final das contas, efeitos que foram muito além das intenções originais de seus protagonistas.

Com relação a isso, devemos nos lembrar de um fato significativo descrito num capítulo anterior: nas mentes dos crentes, a redenção iminente e a redenção concretizada chegaram a confundir-se. A salvação não estava simplesmente à mão; já começara a ser estabelecida e a efetuar suas incursões contra a velha ordem das coisas. Os argumentos dos duvidantes, segundo os quais nada havia realmente acontecido até então, caíam em ouvidos moucos, porque os céticos não levavam em conta a nova realidade emocional. Esse novo sentimento não se contentou com esperanças de redenção política, embora os aspectos políticos do messianismo tradicional e a expectativa da libertação de Israel do jugo dos gentios e da degradação do exílio fossem, evidentemente, tidos como pressupostos. Entretanto, o poderoso fermento messiânico gerou subprodutos psicológicos que logo adquiriram uma vida autônoma própria. Em seu entusiasmo, muitos crentes estavam convencidos de que o novo *aion* (*eão*) já começara. De fato, eles haviam cruzado o limiar de um novo mundo. A doutrina cabalista, proposta pelo círculo sabataísta, no sentido de que a Shekhiná "elevara-se da poeira", forneceu suporte teórico a esse novo sentimento de vida. A contradição entre a profusão de supostos milagres, de um lado, e a insistência na pura fé não apoiada por signos externos, de outro, era mais aparente do que real. De todo modo, ela não tinha qualquer relevância para os crentes, que já haviam bebido sofregamente desse novo manancial de água da vida. A ênfase sobre a pura fé no messias como supremo valor religioso, apesar das provações e tentações, produziu uma identificação emocional com a nova "realidade" messiânica. Essa identificação emocional capacitou muitos crentes a perseverar, mesmo em face de fatos penosos. A disposição de entrar no reino messiânico transformou-se na entrada no reino em si. Mesmo antes da apostasia de Sabatai, o "mundo do *tiqun*" dos cabalistas convertera-se numa realidade emocional que nada, na esfera dos acontecimentos "externos", poderia abalar. Os crentes sabiam que o mundo da realidade política e histórica em breve pereceria, quando Sabatai partiu em sua maravilhosa jornada para tomar a coroa da cabeça do sultão. Na época em que a discrepância entre os dois mundos se tornara dolorosamente aparente, e a apostasia de Sabatai estilhaçara a ingênua simplicidade da fé messiânica, já se estabelecera uma nova consciência histórica, que poderia absorver os choques da realidade externa. Os crentes sabiam que haviam sido libertados pela mensagem de reconforto e júbilo e não seriam, portanto, derrotados pelas "ilusões" do mundo externo. Eles, sem dúvida, também esperavam a concretização das promessas messiânicas na esfera política, externa também; mas o reino que já estava estabelecido dentro deles não poderia mais parecer – ou isso só poderia acontecer em meio a severas contendas. Haviam surgido novas forças que não podiam ser facilmente suprimidas. As observações de Rénan sobre os primeiros apóstolos cristãos, depois que suas esperanças de redenção imediata não se cumpriram, são aplicáveis em todos os sentidos aos crentes sabataístas: "o entusiasmo e o amor não conhecem situações desesperadas. Eles jogam com o impossível, e em vez de desesperar, violam a realidade"[1].

O sabataísmo, como movimento sectário e – em graus variados – herético, brotou da disputa entre o novo sentimento de vida e o desapontamento das esperanças que o haviam originado. A apostasia de Sabatai revelara a perigosa contradição entre os dois níveis de redenção, uma contradição que ninguém havia previsto nessa forma tão aguda, mas que agora fornecia a base para desenvolvimentos inesperados. Os cabalistas ortodoxos nunca sonharam em descartar os elementos políticos do messianismo. Quando acrescentaram uma nova dimensão, mística, à escatologia tradicional, e conceberam-na como uma transformação da própria essência dos cosmos, queriam dizer que a redenção messiânica era mais, e não menos, do que a libertação do jugo dos gentios. A realidade histórica, longe de ser

1. Ver E. Rénan, *Les Apôtres* (Paris, 1894), p. 2.

abolida, serviu como um símbolo de processos místicos ocultos. ''A 'reunião dos exílios' é a reunião das centelhas [sagradas] que estão aprisionadas no exílio.[2]'' A estrutura de seu pensamento nunca teria admitido qualquer oposição entre o símbolo e a realidade simbolizada. A possibilidade de tal oposição nunca ocorreu aos cabalistas, embora estivesse implícita em seu deslocamento, da ênfase messiânica para as esferas ocultas e internas do cosmos. Quando o evangelho messiânico viu-se repentinamente mergulhado em sua crise mais grave, a contradição latente emergiu com toda a sua força. O contraste entre símbolo e realidade simbolizada, isto é, entre as realidades externa e interna da redenção, produziu um profundo e doloroso dilema que deu origem ao ''sabataísmo'', como a soma total de tentativas para readaptar a consciência judaica à nova situação.

A grande revivescência de 1666 havia preparado os corações dos crentes para um novo modo de ser, cujas dimensões religiosas, entretanto, eram, em certo sentido, uma continuidade e não um repúdio do que antecedera. A apostasia estilhaçou tanto a continuidade da perspectiva escatológica como a ingenuidade simples da fé sabataísta. Cada crente tinha diante de si a momentosa questão de onde ouvir a voz de Deus: no cruel veredicto da história, que para dizer o mínimo, desmascarou a experiência messiânica como mera ilusão, ou na realidade da fé que se havia estabelecido nas profundezas de sua alma. O sabataísmo sectário nasceu quando muitos setores do povo se recusaram a aceitar o veredicto da história, não querendo admitir que sua fé havia sido uma ilusão vã apaixonadamente inventada. Existia a possibilidade alternativa da fé num messias apóstata, mas tinha de ser adquirida ao preço da inocência ingênua da fé original. Acreditar num messias apóstata significava edificar esperanças com base no parodoxo e no absurdo, que apenas poderiam conduzir a mais parodoxos. A unidade e a consistência do judaísmo rabínico não foram afetadas pelo único paradoxo inevitável inerente nele, como, aliás, em toda religião e na própria experiência humana – o paradoxo da teodicéia e do sofrimento dos justos. O caráter universal desse paradoxo angustiante não diminuiu de maneira alguma sua seriedade, mas a tornou menos destrutiva. Não há dúvida de que aqui havia um mistério, porém um mistério ao qual uma fé pura e ingênua poderia resignar-se com submissão e esperança. O paradoxo sabataísta, entretanto, não era o de um santo que sofre e cujo sofrimento é um mistério oculto com Deus, mas o de um santo que peca. Uma fé baseada nesse paradoxo destrutivo perdeu sua

2. *Sefer ha-Liqutim*, atribuído a Haim Vital (Jerusalém, 1900), fol. 220.

inocência. Sua premissa dialética de necessidade gera conclusões que estão igualmente marcadas pela dialética do paradoxo.

As várias doutrinas sabataístas procuraram transpor o abismo entre a experiência interna e a realidade histórica que deveria simbolizá-la. Elas capacitaram os crentes a continuar vivendo na crescente tensão entre verdade externa e interna, provendo-as de um sistema teológico cuja origem era uma crise profunda e cuja natureza era um paradoxo. O fato de essa fé ter sobrevivido por várias gerações sugere que expressou um processo dialético dentro da história judaica.

Os crentes sabataístas não estavam necessariamente cônscios da natureza dessa nova forma de sentir a vida de que eram os expoentes, mas há evidência de que pelo menos alguns de seus oponentes não deixaram de perceber o elemento revolucionário que se infiltrava na crescente e cáustica polêmica entre crentes e infiéis. Estes pareceram sentir a revolta muito antes de que esta ocorresse e seus olhos, aguçados pela hostilidade, previram muitos dos desenvolvimentos subseqüentes. Seus argumentos, é verdade, restringiam-se em geral a expressões de ansiedade e preocupação no tocante às transgressões da ordenação rabínica pelos crentes, muito embora alguns escritores parecessem antecipar as perigosas conclusões implícitas na "fé". Sasportas e José ha-Levi acusaram os crentes de revoltar-se contra a autoridade do Talmud e de caluniar os antigos rabis, ao sugerir que estes não haviam entendido plenamente qual o sentido da proibição de se pronunciar o Tetragrama[3]. Os crentes estavam seguindo deuses estranhos, substituindo a autoridade rabínica tradicional por uma nova. José ha-Levi denunciou furiosamente o conselho que Natan dera a seus seguidores, de substituir o estudo da literatura halákhica pelo do Zohar e do *midrash*[4]. Ao fazer a substituição dos textos halákhicos tradicionais pelos clássicos cabalísticos e hagádicos (e possivelmente também pela cabala luriânica), Natan bem pode ter dado expressão a seu desejo de atenuar o padrão rígido do judaísmo rabínico. Tal desejo estaria de acordo com a tendência discernível em seus escritos de 1665-1666, inclusive suas cartas e o *Tratado sobre os Dragões*. A mudança de ênfase da *halakhá* para a Hagadá – que permaneceu como uma característica também do sabataísmo posterior – poderia facilmente tornar-se o prelúdio de uma abolição completa da autoridade rabínica e da tradição, mesmo que originalmente não se pretendesse algo assim. Sasportas já expressara anteriormente seu temor de que a religião de Israel pudesse

3. A carta de José ha-Levi, *ap.* Sasportas, pp. 171, 186.

4. *Idem*, p. 190. A carta de José ha-Levi foi escrita em novembro de 1666, mas o conselho de Natan ao qual se refere certamente foi dado antes da apostasia. A alocução de Natan é também preservada numa fonte sabataísta; ver Freimann, p. 96.

"tornar-se duas religiões" e que o movimento pudesse conduzir a um cisma. A abolição dos jejuns foi apenas um presságio de coisas mais graves que viriam a seguir, e o instinto ortodoxo de Sasportas pressentiu desenvolvimentos futuros que, na época, nem haviam sequer começado a configurar-se.

O novo sentimento de vida messiânico recebeu um golpe crítico com a apostasia. Ninguém havia previsto o evento, muito menos suas conseqüências. A pretensão presunçosa de Sasportas, de que ele havia soado o alarme e "predito a apostasia muito tempo antes de ela ocorrer", não é corroborado por um exame mais minucioso de suas cartas[5]. Pretensões semelhantes, se bem que por razões muito diferentes, foram apresentadas por vários crentes, inclusive Natan de Gaza[6]. Os sabataístas, é claro, tinham boas razões para pretender que a apostasia havia sido predita de há muito. Essa alegada predição lhes fornecia uma ilusão de continuidade entre os dois estádios do movimento, extraindo da traição inesperada o ferrão da surpresa e do escândalo.

Apesar de todo o farsesco absurdo do pesaroso desenlace, havia nele algo de genuinamente trágico. Uma revivescência nacional, nutrida pela tradição e pela experiência histórica de muitas gerações, tinha, pela primeira vez desde a destruição do Segundo Templo, levantado todo o povo judeu. Parecia apresentar-se uma oportunidade única de uma poderosa revivescência, e a reação quase unânime indicava que a semente não fora plantada em vão. O "irromper da trombeta da salvação" coroava, finalmente, uma longa e angustiante história de sofrimento e martírio. Não há dúvida de que as massas judaicas teriam se posto ardorosamente em ação caso houvesse alguém que pronunciasse a palavra, o sinal. Do modo como as coisas aconteceram, seu orgulho redescoberto e sua nova autoconsciência não foram além de gestos vazios. Os líderes do movimento não pensaram em termos de ação. Contemplaram com olhos cheios de fé um messias passivo que era ele próprio prisioneiro de seu ritmo psíquico, com seus altos e baixos, e incapaz de qualquer pensamento

5. Sasportas (p. 352) alega ter predito que Sabatai ao final não teria outra saída a não ser a apostasia. A verdade é que, já em 1666, Sasportas solicitara orientação celestial e lhe foi concedida uma resposta num sonho. A resposta assumiu a forma dos versículos 30:5 e 27:23 do Livro de Jó. A resposta crítica não tem, entretanto, o sentido que Sasportas lhe atribuiu posteriormente (p. 79). Na realidade, Sasportas parecia temer a possibilidade de uma apostasia dos crentes desiludidos mais do que a apostasia do messias (*idem*, pp. 44, 166).

6. De acordo com Coenen (p. 96), diversos informantes em Esmirna relataram que Sabatai havia profetizado que um dia ele vestiria o turbante, revelaria os mistérios da religião judaica aos turcos e converteria a Sinagoga Portuguesa numa mesquita. O próprio Coenen duvidou, justificadamente, da veracidade do relato.

que fosse além de seu próprio sofrimento, ou para sermos mais exatos, além das visões particulares que se originaram de seu sofrimento. É claro que nem Sabatai nem seus seguidores devem ser julgados pelos padrões da ação política moderna, ou ser condenados por seu comportamento não estar de acordo com nossas idéias de liderança revolucionária. Entretanto, mesmo a julgar pelos padrões da época, há algo de deprimente na passividade de Sabatai. Seu entusiasmo durante os acessos de iluminação desgastou-se em excentricidades fantásticas e puramente pessoais. Até mesmo o testemunho de Natan, no sentido de que Sabatai considerava suas agonias como simbólicas dos sofrimentos de Israel, não pode alterar o fato de que sua vida interior estava autisticamente centrada nele mesmo, um traço paranóico em sua psicose. Sabatai jamais se libertou do estreito círculo de seu mundo particular, nem mesmo quando ofereceu interpretações simbólicas de suas experiências pessoais. Também nos extremos aos quais sua doença mental o conduzia, ele permaneceu essencialmente só. A revivescência messiânica que leva seu nome se tornou um movimento de massa, mas a marca da personalidade do fundador era quase imperceptível. Então, tendo chegado a um clímax, o movimento encontrou-se subitamente à beira do abismo e não é de se admirar que muitos crentes dessem o salto. A crise precipitada pela apostasia de Sabatai foi um momento trágico na história de Israel. Mas a tragédia também continha as sementes de uma nova consciência judaica.

II. OS RABINOS DE CONSTANTINOPLA TENTAM ACALMAR O PÚBLICO

Os turcos foram os primeiros a divulgar as notícias da apostasia; poucos dias mais tarde, veio a confirmação de fontes judaicas em Adrianópolis. No início, os judeus naturalmente se recusaram a acreditar no relato. O messias poderia triunfar ou – alternativamente – morrer como um mártir: uma ou outra eventualidade era psicologicamente aceitável e a reação a ela mais ou menos previsível. Mas era simplesmente inconcebível que ele apostatasse, e a nova chegou como um raio num dia de sol[7]. "Onde quer que os judeus aparecessem, cristãos e turcos os perseguiam e os ridicularizavam, até que a maioria se escondeu em suas casas por vários dias." A comunidade de Constantinopla estava tão chocada com a informação, que o observador jesuíta perguntou-se "quando é que eles vão se

7. *Relation*, p. 36; "ce fut un coup de foudre".

recuperar do golpe?''[8]. A confusão reinava por toda parte. Os infiéis estavam embaraçados porque Sabatai ainda estava vivo e não fora condenado à morte como rebelde. Os crentes estavam perplexos porque o messias não havia nem tomado a coroa do sultão e nem a coroa do martírio. A partir de uma das cartas de Cardozo sabemos que, na verdade, os rabis de Esmirna argumentaram que se o próprio Sabatai sabia ser o messias, era seu sagrado dever ''santificar o nome de Deus'' através do martírio[9]. Violentas emoções de grandes esperanças aniquiladas e de vergonha causticante agitaram as comunidades judaicas por toda parte. ''Ele trouxe ignomínia sobre todo o povo judeu, ao negar sua fé e apostatar, o que ninguém jamais esperaria de sua parte [...] que um santo homem, erudita e cabalista como ele se tornasse de súbito um renegado do Deus de Israel.[10]''

Quando as incríveis novas confirmaram-se sem sombra de dúvida, foram feitas as primeiras tentativas vacilantes para justificar o inexplicável. Há uma surpreendente semelhança entre essas primeiras tentativas de racionalização e os temas básicos da teologia sabataísta posterior. ''Alguns dos crentes pretenderam que o novo muçulmano ainda era seu verdadeiro messias, mas que ele tivera que se disfarçar por um tempo, para poder executar com mais sucesso seu grande projeto.[11]'' A explicação pareceu tão ridícula ao observador jesuíta em Constantinopla, que ele não atribuiu absolutamente qualquer importância a essa *persuasion frivole*. De acordo com Sasportas, ''uma considerável maioria ainda adere à sua fé'', e a evidência sugere que sua declaração é verdadeira não apenas com respeito a Hamburgo, mas também à maior parte das outras comunidades. A crença corrente, não apenas na Turquia mas também entre os asquenazitas em Hamburgo, era de que Sabatai não havia apostatado, mas que subira ao céu e que apenas sua ''forma se lhes apresentava na aparência de um apóstata''. Como qualquer doutrina docetista, esse modo de ver era claramente baseado na suposição de que nada objetável e vergonhoso (por exemplo, sofrimento e morte na cruz no caso de Jesus, apostasia no caso de Sabatai) poderia ser afirmado sobre o messias. De qualquer modo, os asquenazitas em Hamburgo não tolerariam que se falasse mal de Sabatai Tzvi[12]. Essas ten-

8. *Idem.*

9. Na versão da carta de Cardozo a Esmirna, preservada no MS. Instituto Ben-Tzvi 2 263.

10. Leyb b. Ozer, MS. Shazar, fol. 41a. Leyb acrescenta que seria de se esperar que Sabatai aceitasse as mais ultrajantes torturas, ''e permitisse que seus membros fossem arrancados um a um''.

11. *Relation*, p. 36.

12. Sasportas, p. 175. De acordo com Coenen (pp. 90-91), opiniões semelhantes eram correntes em Constantinopla e em Esmirna.

tativas iniciais e ainda tateantes para explicar o que havia acontecido logo foram seguidas por esforços doutrinários mais sistemáticos.

Entretanto, em muitos círculos e mesmo entre os crentes, a reação mais comum e que servia, por assim dizer, de padrão de resposta às desilusões messiânicas era de que a apostasia do messias provava clara e conclusivamente que todos eles tinham se enganado. Tudo havia sido erro e dilusão, embora houvesse variações nos relatos sobre a natureza do malogro messiânico. "Alguns disseram que o poder do mal era desabusado nessa época e foi assim que ele [Sabatai] pôde realizar muitas coisas [isto é, milagres]. Outros disseram que no início havia nele o poder da santidade, mas que mais tarde os poderes do mal dele se apossaram, e o trabalho do diabo teve êxito.[13]" A última versão é encontrada em várias fontes e parece ter sido bastante difundida. Ao introduzir noções demonológicas na explicação dos acontecimentos, tornou-se possível fazer uma avaliação alternativa da pessoa de Sabatai. Quando Natan assumiu o comando, dando-lhe um rumo positivo, ele pôde até mesmo afirmar que, como Sabatai penetrara na esfera das *qelipot* a fim de reintegrá-las na da santidade, ele [Sabatai] podia ser chamado de "o rei dos demônios" – na verdade, uma designação surpreendente do messias[14]. Essa explicação mitológica estava em continuidade direta à visão cabalística da história. De fato, a noção da invasão da alma de Sabatai pelos poderes da *qelipá* era simplesmente uma aplicação especial de doutrinas luriânicas geralmente aceitas. Entretanto, ao lado desta visão, adiantou-se uma explicação mais racional e moral, que finalmente se cristalizou na teoria de que todo o movimento messiânico estava baseado no logro e na intriga.

Não foram poucos os crentes desapontados que deram vazão à sua raiva amaldiçoando o messias apóstata[15] e, de acordo com Sasportas, "muitos que haviam errado ao amá-lo se tornaram agora seus inimigos". Os incréus escreveram sátiras e pasquins, nos quais Sabatai e Natan eram apresentados como trapaceiros e escroques, e muitos dentre os antigos crentes não podiam deixar de concordar envergonhadamente. Os irmãos Frances, que haviam trocado entre si poemas satíricos durante a maré alta do movimento (ver vol. II, pp. 173-175), faziam agora circular suas pasquinadas por toda a Itá-

13. Leyb b. Ozer, MS. Shazar, fol. 54b. Vale a pena observar que esse ponto de vista era compartilhado pelo fundador do hassidismo, Israel Baal Shem Tov, que, segundo se relata, teria dito "que ele [isto é, Sabatai Tzvi] possuía uma centelha de santidade, mas Samael [isto é, o Príncipe do Mal] o prendeu em sua rede" (*Shivhey ha-Besht*, ed. Horodezky [1922], p. 81).

14. De acordo com o testemunho de R. Elias Mojajon, no MS. Günzburg 517, publicado por Is. Tishby, *Sefunot*, III-IV (1960), p. 87.

15. *Relation*, p. 36.

lia. Não satisfeitos com sua produção literária original, compuseram também, em duas versões, uma paródia da Hagadá de Pessach, na qual davam as rédeas a seu sarcasmo mordaz. A sátira é intitulada "A ordem da noite predestinada ao desastre, isto é, a noite de 9 de Av, que é prescrita ao pranto por todas as gerações, porque nela nasceu o tolo e impuro Mehemed Kapici Bashi, antes chamado Sabatai Tzvi"[16]. Os autores da Hagadá rendem graças a Deus pela apostasia de Sabatai, "pois se o houvessem matado, os seguidores do messias teriam dito que ele morreu [uma morte vicária e expiatória] para sua geração"[17]. Insultos e mais insultos são amontoados sobre o nome de Sabatai e, em imitação à Hagadá de Pessach, é dada uma lista das dez pragas que ele trouxe para Israel[18]. As preces que tinham sido recitadas nas sinagogas em honra ao rei messiânico eram agora parodiadas, tornando-se execrações, e uma das versões termina com a invocação "Derrama tua ira sobre os seguidores do messias que não te conheceram, e que invocaram o nome de Sabatai Tzvi, pois eles devoraram Jacó e devastaram sua moradia"[19]. R. José ha-Levi parece ter sido o primeiro a declarar explicitamente que a mensagem messiânica era uma trama maquinada por Sabatai e Natan[20]. Sua carta de invectiva, que pretendia ser uma réplica ao *credo* entusiástico de R. Oséias Nantawa, de setembro de 1666 (ver vol. II, pp. 148-149), na verdade não foi escrita senão em novembro, mas a *Relation* francesa sugere que essa concepção era corrente em Constantinopla já em outubro, isto é, logo após a apostasia. A explicação recomendava-se por sua simplicidade, bem como por sua malícia polêmica, ganhando em conseqüência disso larga aceitação. Abraão Cardozo[21] ainda protesta contra numa data tão tardia quanto 1668: "E no tocante à asserção feita por eles de que toda a questão era uma trama maquinada por Sabatai Tzvi e pelo profeta Natan, emudeçam os lábios mentirosos que proferem coisas nefandas contra o justo" (cf. Salmos, 31:18).

No campo dos triunfantes opositores, emergiram duas atitudes ante o agora desacreditado despertar messiânico. Havia os polemistas contenciosos a vingar-se alegremente dos crentes por todos os insultos e violências que haviam sofrido em suas mãos. A declaração de Emanuel Frances de que "quanto mais discursarmos [sobre a

16. As duas versões da sátira foram publicadas por A. M. Haberman, em *Qobets al Yad*, III, Nova Série (Jerusalém, 1940), pp. 187-206.

17. *Idem*, p. 202.

18. *Idem*, p. 194.

19. Cf. Salmos, 79:6-7, que faz parte da liturgia da Hagadá de Pessach.

20. Sasportas, p. 190.

21. Numa carta a um crente (e não a seu irmão, como se argumentava erroneamente), *ap.* Freimann, p. 92.

derrota de Sabatai], tanto mais ela será considerada digna de louvor''[22], não é meramente uma engenhosa adaptação da Hagadá de Pessach, porém reflete o estado de espírito dos principais antagonistas do movimento. O extremismo e a extravagância da grande confissão de fé sabataísta de Nantawa, redigida apenas duas semanas antes da apostasia, havia fornecido a Sasportas e ha-Levi munição que estes não deixaram de aproveitar ao máximo. Suas cartas a Nantawa representam um clímax de exacerbação polêmica[23]. Inspirado pelo apocalipse de Natan, o rabi de Alexandria fora tão longe em seu entusiasmo, a ponto de sustentar não serem verdadeiros israelitas aqueles que negassem Sabatai e sua missão, mas a semente da ''multidão misturada''. Os rabis ortodoxos, profundamente ofendidos por semelhante aplicação de padrões pneumáticos de julgamento[24], aproveitaram avidamente a oportunidade para virar o feitiço contra o Rabi Nantawa.

Muitos líderes laicos e rabis, entretanto, compreenderam que sarcasmos e escárnio triunfantes não eram o método mais efetivo, ou aconselhável, de se lidar com as seqüelas de uma convulsão emocional tão profunda e poderosa. Em vez de agir de acordo com o princípio de Emanuel Frances, de que ''era nosso dever contar a história''[25], eles consideraram seu dever guardar silêncio sobre o assunto, ou ao menos tratá-lo com máximo de discrição e efetuar um calmo retorno à vida normal. Ao escolher esse curso de ação, os rabis de Constantinopla e Esmirna podem ter tentado o impossível; de todo modo, atuaram da maneira que lhes parecia ser a mais razoável e responsável. Foram provavelmente conduzidos a esse curso de ação por duas considerações muito distintas. Em primeiro lugar, Sabatai era agora o protegido do sultão, e dificilmente poderiam eles permitir-se um ataque aberto a um converso ao Islã. Porém, precisavam também levar em conta o estado de espírito prevalecente nas comunidades judaicas. Sem dúvida a maioria dos rabis, tão logo percebeu que suas esperanças estavam estilhaçadas, retornou com facilidade à rotina anterior. Profundamente enraizados na tradição rabínica e dotados de suficiente disciplina intelectual, eram relativamente imunes a uma teologia de paradoxos que ia tão evidentemente em direção contrária às noções recebidas. Um messias apóstata não tinha para eles qualquer atrativo. As coisas eram, entretanto, diferentes no que dizia respeito à grande massa dos adeptos. A propaganda messiânica, que não havia sido contida pelos rabis ou pelos

22. Haberman, *loc. cit.*, p. 192.
23. Sasportas, pp. 177-197.
24. Cf. Sasportas, p. 191.
25. Em imitação à Hagadá de Pessach.

líderes laicos, elevara as emoções e a fé dos crentes a tal ponto de intensidade, que a crítica racional e os apelos a padrões tradicionais teriam provavelmente sido de pouca valia. Parecia mais seguro e sábio ignorar tanto quanto possível a questão toda, e deixar que o tempo e o esquecimento cicatrizassem a ferida. Nem condenação e nem apologias, apenas o silêncio capacitaria a conturbada comunidade a encontrar seu caminho de volta à vida normal. Repetidas vezes deparamos com o conselho de Balac a Balaão (Núm., 23:25), citado em fontes dos séculos XVII e XVIII, como, por exemplo, R. Haim Palache, de Esmirna (1788-1863), que escreve: "Temos uma tradição de nossos santos mestres e pais, de não falar bem ou mal do caso de Sabatai Tzvi, nem de *amaldiçoá-lo e nem de abençoá-lo*"[26]. No decorrer do tempo, esse conselho de prudência veio a ser interpretado de forma mais positiva como uma absolvição, ou, ao menos, uma atenuação de Sabatai Tzvi. Por volta do fim do século XVIII, Ezequiel Landau, o famoso rabino de Praga, disse a R. Eleazar Flekeles que quem quer que usasse essa frase do Livro de Números, 23:25, traíra-se com isso e poderia ser considerado um sabataísta[27]. A intenção original, entretanto, era sem dúvida abafar o despertar messiânico que continuava demasiadamente forte e perigoso, tornando desaconselhável uma oposição aberta. As fontes subsistentes preservam detalhes da luta entre as duas facções no campo dos descrentes.

Um fator importante, que cada lado interpretava de acordo com seu respectivo interesse, era a extrema reserva manifestada pelas autoridades turcas. O fato quase miraculoso de os judeus não terem sido tocados, embora fossem culpados de rebelião e *lèse majesté*, causou profunda impressão sobre todos os observadores, e não menos sobre os próprios judeus. A evidência do que realmente acontecera é contraditória, mas parece ter havido um real perigo que foi de algum modo desviado. Não está claro se toda a comunidade judaica turca, os crentes ou apenas os líderes do movimento foram ameaçados pela cólera das autoridades. Deu-se muita importância a uma proclamação, isto é, uma carta, dos rabis de Constantinopla, citada nas memórias de Leyb. O documento, tal como apresentado

26. Haim Palache, *Kol ha-Haim* (Esmirna, 1874), fol. 18a; cf. S. Asaf em *Zion*, I (1936), p. 456, e R. Haim Elazar Shapira de Munkacz, *Hámishá Maamarot* (1922), p. 128. Leyb b. Ozer (*ap.* Emden, p. 25) refere-se ao acordo nesse sentido feito pelos rabis turcos, como sendo um fato bem conhecido.

27. *Ahavat David* (Praga, 1800), fol. 19b. A frase foi usada similarmente num sentido que excluía condenação entre os descendentes de R. Menahem b. Isaac Ashkenazi, de Adrianópolis. De acordo com uma tradição familiar, R. Menahem fora levado quando criança ao apóstata, que o abençoara – razão pela qual ele ficou curado de uma doença grave; ver Rosanes, IV, p. 232.

por Leyb, certamente não é autêntico, mas minuciosamente "redigido" ou montado a partir de uma ou várias fontes[28]. Os métodos que Leyb utilizava para tratar de suas fontes nos são familiares, e nesse caso particular, temos a sorte de possuir o texto da carta que ele usou. A carta, escrita em 9 de dezembro de 1666, pelos rabis de Constantinopla, e dirigida a R. Isaac Jessurun, um dos mais ricos e cultos judeus de Esmirna[29], contém as seguintes sentenças: "Quanto a Sabatai Tzvi, recebestes um informe completo, razão pela qual não desejamos estender-nos presentemente sobre os detalhes do caso. É suficiente dizer que nós e nossos filhos devemos render infinitas graças e louvor a Deus que nos salvou da espada a que nossas vidas estariam condenadas, não fosse um mediador que intercedeu por nós"[30]. Não há motivos para se duvidar da autenticidade dessa missiva[31], cuja evidência confirma que um grave perigo ameaçava a comunidade judaica, mas que ele foi desviado pela intercessão de um "mediador". Não há indicação de que Sabatai Tzvi tenha sido o anônimo advogado dos judeus.

Algures Coenen relata que, depois da apostasia de Sabatai, o sultão dera ordens para que prendessem um certo número de crentes de proeminência em várias comunidades e os trouxessem para Adrianópolis, onde deveriam receber punição [presumivelmente de morte]. Foram despachados correios com listas de nomes de pessoas que deveriam ser detidas – o que sugere que as autoridades possuíam informação detalhada sobre o que estava acontecendo nas comunidades judaicas. Doze rabis deveriam ser presos em Constantinopla

28. Emden, p. 20. Um exame das memórias de Leyb prova que ele não utilizava documentos a não ser os disponíveis em livros impressos, sendo a única exceção o relato dos dois emissários poloneses (ver vol. II, p. 272, nota 53). A maior parte dos documentos citados por Leyb são extratos de cartas encontrados em Coenen. O estilo da proclamação é prova suficiente de que o texto não foi composto pelos rabis de Constantinopla, não se encontrando texto semelhante em nenhuma parte.

29. Coenen (p. 111) grafa Isaac Iseron, e seu erro foi copiado por outros. Leyb b. Ozer (*ap.* Emden, p. 14), compreendendo mal Coenen, inventou um inexistente R. Isaac Izran, de Veneza. Emden, ao fazer suas citações de Coenen, reconheceu o nome real e corrigiu corretamente para Jessurun (p. 31). A família era muito conhecida em Esmirna; ver vol. II, pp. 87-89.

30. Coenen dá apenas uma tradução holandesa: "indien er geen Middelaer geweest was". O hebraico original estava provavelmente no estilo epistolar floreado e alusivo preferido pelos rabis.

31. A paráfrase de Leyb é composta, como de costume, de vários elementos. A declaração de que "nós não perdemos nem um homem, nem sequer um centavo" é característica da visão popular dos acontecimentos cerca de uma geração mais tarde. Nenhum contemporâneo, cônscio das enormes perdas sofridas pelos judeus em conexão com o movimento messiânico, poderia ter escrito assim; porém, sem dúvida, isso é o que alguns dos informantes de Leyb lhe contaram, e daí haver ele acrescentado esse detalhe em sua versão da carta. Ver também infra, p. 16.

e alguns mais em Esmirna[32]. As autoridades já haviam iniciado as detenções quando chegaram novos mensageiros trazendo contra-ordens. Os rabis receberam apenas uma reprimenda e os judeus foram perdoados[33]. Coenen parece ter escrito esse relato antes de ter conhecimento da carta de Constantinopla para Isaac Jessurun, que ele cita apenas num capítulo posterior. Cumpre lembrar que os capítulos do livro de Coenen foram enviados, como cartas em separado, aos escritórios da Companhia de Comércio do Levante, em Haia. Os dois relatos ocorrem em dois capítulos diferentes, o primeiro dos quais menciona dois rumores referentes à identidade do intercessor e advogado dos judeus. De acordo com um dos relatos, a mãe do sultão suplicou misericórdia pelos judeus, e essa versão é também confirmada por outra fonte. Mas "eles também dizem aqui [em Esmirna] que foi o próprio falso messias quem influenciou o sultão e o fez mudar de idéia", aceitando plena responsabilidade por tudo o que acontecera e rogando que as pessoas inocentes não deveriam ser punidas por terem sido desencaminhadas por sua propaganda messiânica[34]. Essa última versão é contradita por tudo o que sabemos a respeito do comportamento de Sabatai durante sua inquirição no Divã*, e é portanto seguro assumir que o boato foi inventado pelos crentes que desejavam representar Sabatai como o salvador de Israel, quando todas as aparências indicavam ser ele um traidor e um informante.

As primeiras informações enviadas pelos descrentes às comunidades judaicas no exterior sugeriram, de fato, que o sultão decidira fazer graves represálias contra os judeus como resultado da delação de Sabatai contra eles. A versão dos crentes parece ter sido corrente já em outubro, isto é, logo que se tornou conhecida a notícia do perverso decreto e de sua revogação, na esteira da detenção e da subseqüente libertação dos rabis de Constantinopla.

Duas medidas sucessivas adotadas pelas autoridades são mencionadas por R. José ha-Levi. Em sua primeira carta, escrita após haver recebido a notícia da apostasia, R. José relata ter Sabatai mostrado ao sultão as cartas de homenagem das comunidades judaicas, razão pela qual o sultão, em sua ira, ordenou que todos os judeus acima da idade de sete anos fossem mortos e os menores convertidos à força ao Islã.

32. Os números de Leyb (cinqüenta rabis no total, dos quais doze eram de Constantinopla e doze de Esmirna) são provavelmente seu próprio acréscimo imaginário ao relato de Coenen, embora, nesse caso específico, o número possa estar correto. Se doze detenções deveriam ser feitas na capital, então o total para todas as comunidades judaicas poderia ser ao redor de cinqüenta.

33. Coenen, pp. 86-87.

34. *Idem*, p. 87.

* Nome que tinha o Conselho de Estado do sultão turco. (N. da T.)

> E os livros da ira e da cólera foram escritos e selados. Mas dois dos principais homens no reino vieram ao sultão... e suplicaram que ele desviasse sua cólera e não destruísse todo um povo por causa de um celerado, cujos antepassados nunca haviam feito coisa igual; e a mãe de sultão também teve piedade... e lhe implorou. E o sultão acedeu aos seus pedidos... e escreveu uma carta de perdão. Mas a cólera do apóstata não foi desviada e ele tornou a informar contra os rabis [dizendo] que eles o haviam incitado. O sultão mandou buscá-los a fim de condená-los à morte, mas de novo suplicaram em favor deles e ele os perdoou[35].

Os rabis de Constantinopla (pois eram eles a fonte de informação de ha-Levi) souberam assim de uma anistia oficial (''carta de perdão'') e da intervenção da mãe do sultão e de dois de seus principais conselheiros. A substância do relato parece digna de confiança, mesmo descontando as alegações do comportamento vil e traiçoeiro de Sabatai. Não é impossível que as detenções, bem como outras medidas punitivas, já houvessem sido decididas anteriormente pelas autoridades turcas, que, na verdade, não necessitavam das informações de Sabatai para saber quem eram os líderes do movimento. O governo sabia muito bem o que estava acontecendo, como evidencia a tradução para o turco da proclamação de Sabatai abolindo os jejuns.

Resumindo os indícios, parece que a judiaria turca esteve em real perigo num determinado momento. É mais do que provável que se Sabatai escolhesse o martírio no fatídico encontro do Conselho Privado, seu heroísmo teria tido desastrosas conseqüências para a comunidade judaica, ou, ao menos, para seus líderes. Os conselheiros do sultão agiram sabiamente quando desistiram de uma vingança inútil e, em vez disso, ofereceram a Sabatai uma oportunidade de comprar sua liberdade com a apostasia. A decisão de se conceder um perdão geral pode ter sido influenciada também pelo desejo de atrair crentes a seguir o exemplo de Sabatai. De acordo com De la Croix, o *kaimakam* perguntou ao sultão o que fazer com os seguidores de Sabatai, ''e Sua Majestade retrucou que era suficiente que seu líder lhes tivesse mostrado o caminho que deveriam seguir, e que, por essa razão, ele queria conceder-lhes um perdão''[36]. De la Croix, escrevendo apenas alguns anos após o acontecimento, não faz qualquer referência a quaisquer represálias ameaçadoras e a uma anistia subseqüente, comprimindo vários estádios numa só ação dramática. Seu relato não pode, portanto, ser considerado digno de confiança, embora forneça testemunho adicional ao fato de ter sido concedida uma ''anistia geral''.

35. Sasportas, p. 173.
36. De la Croix, p. 374.

Subseqüentemente, foram formuladas outras explicações, que ignoravam muitos dos fatos e recorriam a uma causalidade puramente religiosa para justificar a anulação do decreto perverso. Leyb b. Ozer relata ter discutido o assunto com muitos rabis

e eles disseram que estava escrito nos livros que até então, sempre que homens haviam declarado serem eles o messias, isto trouxera perseguições contra Israel. Mas dessa vez nada de mal acontecera aos judeus por toda a dispersão... nem tampouco haviam estes sofrido qualquer prejuízo financeiro. E eles disseram que a razão disso foi o grande arrependimento daqueles dias, semelhante ao qual nunca havia acontecido desde a criação da terra, e foi devido aos méritos desse arrependimento que o decreto perverso fora revogado"[37].

Discussões dessa espécie são concebíveis apenas depois que foi esquecido o dano real causado pelo movimento, e a imaginação popular pôde contemplar os acontecimentos passados a uma luz grandemente idealizada. Porém, não houve negação do fato notável, que só podia convidar a todo tipo de explicação, ou seja, o de Israel ter sido liberto da vingança dos turcos.

Nossas fontes concordam que a fé no messias permaneceu largamente difundida por algum tempo após a apostasia, embora não haja evidência clara quanto aos números relativos. Coenen e Rycaut narram que a maior parte dos crentes, especialmente em Esmirna e Constantinopla, perseverou na fé. Segundo Rycaut, a maioria adotou a explicação docetista:

E ainda assim, a maioria deles afirma, que *Sabatai* não se transformou num turco, mas apenas sua sombra permanece na Terra, e caminha com uma cabeça branca e nos trajes de um maometano; mas seu corpo e sua alma foram levados ao Céu, para ali residirem até que seja estabelecido o tempo indicado para a realização destas maravilhas: e essa opinião passou a prevalecer, como se essas pessoas tivessem resolvido nunca mais ser desenganadas[38].

Por outro lado, o jesuíta francês que concluiu sua *Relation* em Constantinopla, em novembro de 1666, sugere que a maior parte dos crentes confessou seu erro e amaldiçoou o dia em que havia acreditado no impostor. Ecos da luta entre os dois partidos podem ser ainda detectados no relato de Leyb b. Ozer, que provavelmente obteve sua informação

37. MS. Shazar, fol. 54b. O relato de Leyb, conforme sumariado por Emden (p. 19), é meramente uma elaboração fantasiosa de Coenen. Isso porque, segundo Coenen, as autoridades já haviam começado a efetuar as detenções; vários dias devem ter decorrido entre a expedição das ordens originais e sua revogação subseqüente. Na narração de Leyb, os judeus se prepararam, imediatamente após a apostasia, com orações e jejuns, contra o decreto perverso que, alega ele, foi realmente expedido no dia seguinte, mas revogado de imediato.

38. Rycaut, p. 215.

de testemunhas oculares. De acordo com Leyb, a anistia do sultão intensificou a animosidade entre os partidos, uma vez que os crentes agora

> os compeliam [isto é, aos infiéis] a acreditar nele [isto é, em Sabatai, que recém "salvara" Israel], e havia tanta contenção e ódio mortal entre eles que cada um desejava matar o seu vizinho. Porém, por toda a parte, rabis e líderes laicos não pouparam esforços, ameaçando de excomunhão qualquer pessoa que levantasse a mão contra seu vizinho ou o amaldiçoasse, restabelecendo assim a paz nas sinagogas. E eles envidaram grandes esforços para acertar isso em silêncio e em segredo[39].

Segundo essa versão, as autoridades judaicas tentaram evitar exacerbações ulteriores nas comunidades: os crentes deviam ser deixados em paz; e o tempo, esperava-se, lhes abriria os olhos.

Entrementes, as comunidades turcas estavam infestadas de rumores, alguns dos quais lançados pelos crentes com o intuito de mitigar o choque da apostasia. Já se fez menção à teoria docetista. Outros rumores tentaram explicar o novo modo de vida do apóstata, insistindo que mesmo no palácio do sultão ele não comia qualquer alimento proibido ritualmente. Segundo uma versão, ele só comia pão e fruta. Segundo outra, um mensageiro angelical trocava os pratos trazidos da cozinha do sultão, por alimento celestial[40]. Entre os rumores espalhados pelos incrédulos existe um que, curiosamente, se refere a ambições territoriais, tais como as nutridas subseqüentemente por Jacó Frank. Sasportas escreve que

> nos foi informado de Constantinopla que este homem vil pediu ao sultão que lhe concedesse domínio sobre uma [pequena] parte de seus territórios e ele prometeu ao sultão que os judeus o seguiriam [para lá] e que então ele poderia convertê-los ao Islã. Isto chegou ao conhecimento dos rabis, que proibiram, sob pena de excomunhão, qualquer judeu de visitar [Sabatai] ou falar com ele. Porque havia alguns que, mesmo após sua apostasia, estavam seduzidos por sua explicação de que, devido a razões místicas, era necessário ao messias entrar, por um certo período de tempo, na esfera da *qelipá*, assim como David havia feito com Aquis, rei de Gat[41].

A analogia com David, "que modificou seu comportamento diante de Abimelec", o rei dos filisteus (Salmos, 34:1), era bem escolhida e soa verdadeira quanto ao estilo[42], e o relato de Sasportas pode estar ecoando argumentos usados nas discussões entre Sabatai e seus seguidores durante os primeiros meses após a apostasia[43]. O

39. MS. Shazar, fol. 42b.
40. Coenen, p. 91; cf. também a fonte sabataísta citada no vol. II, p. 333.
41. Sasportas, p. 174.
42. A analogia não é utilizada por Natan nos panfletos em que justifica a apostasia, mas Abraão Cardozo a menciona em 1669; ver *Zion*, XIX (1954), p. 21.
43. Tais discussões, inclusive um discurso atribuído a Sabatai, são mencionadas por De la Croix, p. 375.

pedido de Sabatai no sentido de que lhe fosse outorgado algum domínio territorial, e sua promessa de que seus crentes o seguiriam até lá e adotariam o Islã, não são impossíveis do ponto de vista psicológico; de fato, estariam bem de acordo com seu desejo de manter relações com seus seguidores, e com sua propensão a levar uma vida dupla diante dos próprios olhos dos turcos. Mas possibilidades psicológicas ainda não constituem certeza histórica, e, por ora, não há nada que possa corroborar a declaração "territorialista" de Sasportas.

A proibição de visitar Sabatai e discutir o mistério messiânico de sua apostasia com seus seguidores, é mencionada também nas memórias de Leyb. Aparentemente, os argumentos dos crentes foram impressionantes o suficiente para compelir os rabis de Constantinopla a expedir uma proclamação ordenando, sob pena de excomunhão, que "nenhum judeu, jovem ou velho, homem ou mulher, pronuncie o nome deste homem [...] muito menos [...] visite sua seita ou fale com eles bem ou mal". Aqueles que infringissem essa ordem pagariam com suas vidas e seriam perseguidos por todos os meios à disposição dos rabis[44]. Mas a autenticidade dessa proclamação é mais do que duvidosa. Mesmo se se assumir que o relato de Leyb tem algum fundamento neste fato, a redação do texto, da forma como ele o apresenta, dificilmente pode ser genuína. O estilo difere consideravelmente daquele das cartas autênticas enviadas na ocasião pelo rabinato de Constantinopla. Uma referência à "seita" de Sabatai Tzvi é extremamente improvável nessa época, uma vez que a expressão passou a ser usada apenas muito mais tarde. Nenhum documento autêntico datando de 1667 ou 1668 ameaça crentes de morte; ao contrário, foram feitos todos os esforços para trazê-los de volta à congregação (ver infra, p. 27 e ss.) De outro lado, pode ter sido realmente decretada uma proibição de se visitar Sabatai e discutir sua apostasia ("que nem o seu nome saia de vossas bocas")[45], e essa proibição pode representar o cerne histórico da proclamação espúria de Leyb.

III. PARTIDA DE NATAN DA PALESTINA. MEDIDAS DOS RABIS DE CONSTANTINOPLA CONTRA NATAN E OS CRENTES SABATAÍSTA

Os rabis não conseguiram aquietar os espíritos agitados, pelo menos não tão rapidamente quanto desejavam. Estavam, de fato,

44. Emden, p. 20.
45. Rycaut, p. 216.

lutando em condições de inferioridade. Sabatai, enclausurado em sua casa em Adrianópolis, permaneceu em contato com seus principais partidários, e este fato logo chegou ao conhecimento público. Seu novo modo de vida deu origem a uma multidão de teorias e explicações, e a atmosfera nos bairros judaicos estava carregada de rumores. Como antes da apostasia, os crentes ainda agora "forravam suas cartas... apenas com maravilhas e milagres realizados pelo seu Messias"[46], e faziam circular suas crédulas invenções por toda parte[47]. Os rabis de Constantinopla e Esmirna, inclusive R. Haim Benveniste, que havia sido nomeado pelo messias rabino-mor de sua cidade natal, voltaram suas costas à fé e dizia-se, que se haviam arrependido muitíssimo de seu erro deplorável. Sasportas parece ter visto uma carta de Benveniste expressando seu pesar pelo que fizera. Os judeus de Esmirna "e especialmente os rabis, agora se arrependiam, com um arrependimento melhor do que o anterior [que havia levado ao desastre]"[48]. Uma minoria dentre os rabis, liderada por R. Abraão Yakhini, perseverou na fé. As pessoas comuns não estavam nem abaladas pelos acontecimentos e nem perturbadas pelas solenes advertências rabínicas. Nenhum evento único, nem sequer uma ação tão desprezível quanto a apostasia, poderia estilhaçar, por assim dizer, sua "pura fé" no messias e em sua força. Para eles, um grande mistério, que estava além da limitada compreensão humana, cercava o presente estado do messias, que, de qualquer modo, não duraria muito tempo. A força relativa dos dois partidos nas várias comunidades estava provavelmente mudando o tempo todo. Alguns dos que haviam perdido sua fé a ela podiam retornar, como resultado de uma propaganda renovada, e vice-versa. O fato importante é que o movimento não pereceu de imediato com a apostasia. Mesmo aqueles que nunca haviam pensado acerca de Sabatai em termos de um "santo pecador", eram agora levados a fazê-lo por força das circunstâncias, que os presenteava com um messias após-

46. *Idem, ibidem.*

47. Uma história que se espalhou a partir de Constantinopla no início de 1667, contava como Sabatai havia escapado milagrosamente dos projetos mortais de um paxá turco que lhe enviara um prato envenenado de confeitos (Coenen, pp. 104-105). Uma história muito semelhante, com Natan e o "paxá de Gaza" como seus protagonistas, viera de Gaza em 1666. A história de Coenen foi retomada por Leyb b. Ozer (*ap.* Emden, p. 21).

48. Sasportas, p. 210. Por outro lado, a declaração de Sasportas de que Benveniste se demitira do rabinato devido à sua associação com a heresia messiânica (*idem*, p. 277) dificilmente parece correta. A carta de R. Haim Benveniste a seu irmão Josué em Constantinopla, impressa no prefácio do editor ao Talmud Palestinense na ordem *Qodashim*, é uma falsificação óbvia, assim como a obra com a qual apareceu (O Talmud Palestinense sobre *Qodashim* é uma das falsificações mais famosas na história da bibliografia hebraica). Ver *Zeitschrift für Hebräische Bibliographie*, XI (1907), p. 25.

tata. Vários rabis descobriram prontamente nas Escrituras alusões à apostasia do messias, embora uma teoria sistemática de seu significado místico tenha sido elaborada apenas mais tarde. R. Naftali Ashkenazi (de Esmirna ou Constantinopla) extraiu de Gênesis, 41:1-2, a profecia de que o Santo Rei Sabatai Tzvi seria chamado, por um certo tempo, de Ismael Mehemed, o Turco etc.[49]

Rumores relativos ao profeta Natan também era correntes. As manifestações de profecia de massa haviam cessado abruptamente quando a apostasia do messias se tornou conhecida, e não é concebível nenhuma prova melhor do impacto psicológico causado pelas notícias. Não é de se admirar que, nessas circunstâncias, todos os olhos tenham se voltado para o profeta de Gaza. Também os líderes das comunidades se puseram a perguntar o que Natan faria ou diria em seguida. Houve uma expectativa geral, durante o verão de 1666, de que Natan chegasse logo à capital, e parece ter havido uma troca de correspondência sobre o assunto entre ele e Sabatai (ver vol. II, p. 282). Rumores sobre a iminente chegada do profeta persistiram depois da apostasia. Os judeus de Constantinopla esperavam que grandes coisas acontecessem no dia 25 de Kislev de 5427, isto é, o início da festa de Hanuká, em cumprimento da profecia de Natan em agosto de 1665, de que a redenção teria lugar "após um ano e vários meses" (ver vol. I, p. 265). Esperava-se que Natan chegasse antes dessa data e realizasse milagres portentosos, "e alguns rabis acreditavam nisso tão firmemente como se fosse um dos artigos de fé". Quando nada aconteceu em dezembro de 1666, a data foi postergada para a Páscoa (abril de 1667)[50] e então para setembro.

Não sabemos por que Natan permaneceu em Gaza por todo o verão, apesar do convite urgente do messias. As cartas escritas a Natan pelo próprio Sabatai e por vários membros de sua corte não mais existem. Na época haviam rumores de que Natan havia, na verdade, encetado a sua jornada por ordem de Sabatai, e que a notícia da apostasia o alcançara em Alepo. Entretanto, todas as declarações neste sentido[51] são incorretas. Natan deixou Gaza apenas depois de saber que Sabatai havia "colocado a bela mitra sobre sua cabeça"[52], e viajado "em companhia de mais de vinte rabis da Palestina, para

49. A redação hebraica desse trecho de exegese pelo método do *notarikon* é apresentada por Coenen, pp. 107-108. Foi provavelmente escrita ou pregada na semana *Miquetz*, isto é, a porção bíblica semanal do Pentateuco que inicia Gênesis, 41:1, que foi lida em Hanuká (dezembro de 1666). Encontrei esse *notarikon* – cada palavra designada por sua primeira letra – em diversos MSS. de círculos sabataístas.

50. Coenen, pp. 91-92.

51. *E. g.*, numa carta de Abraão Cardozo (*Zion*, XIX [1954], p. 13).

52. Essa metáfora sabataísta favorita para o fato de Sabatai tomar o turbante é baseada em Zacarias, 3:5.

contemplar a face de Nosso Senhor''[53]. Os infiéis explicaram sua partida como uma fuga das autoridades turcas que, dizia-se, pretendiam prendê-lo como o principal instigador dos distúrbios. Dizia-se também que Natan fora especificamente excluído da anistia geral e que mensageiros haviam sido enviados com a missão de trazê-lo para Adrianópolis[54]. Os descrentes parece que ficaram apreensivos com a possibilidade de que os turcos também quisessem que Natan apostatasse em Adrianópolis. De todo modo, o temor a tal eventualidade pode explicar as medidas adotadas pelos rabinos de Constantinopla e Adrianópolis contra Natan.

A realidade é que Natan não se escondeu das autoridades turcas, viajando com uma comitiva considerável e com muita publicidade. Embora ele próprio tivesse aludido mais tarde aos ''perigos'' que o cercavam na época, não há evidência de quaisquer dificuldades postas em seu caminho pelas autoridades. A razão de sua partida, precisamente naquele momento, é desconhecida. As notícias da apostasia talvez o tenham levado a apressar-se a ir ao encontro do messias, cujo convite até então neglicenciara. Talvez Sabatai lhe tivesse enviado uma mensagem urgente depois da apostasia. O relato de Abraão Cuenque sugere ter havido um segundo convite, mas a redação da carta de Natan – possivelmente, a primeira carta que escreveu após a apostasia – é ambígua. A carta foi escrita em Damasco, em 20 de novembro de 1666, mais de nove semanas após a apostasia. Não é impossível, portanto, que Natan tenha partido de Gaza tão somente no início de novembro, depois de ter recebido as novas de Adrianópolis.

Em sua carta de Damasco, Natan cercou de pronto a apostasia com uma cortina de fumaça, ou melhor, com uma aura de mistérios cabalísticos. Após dirigir-se a Sabatai com as usuais metáforas floreadas de seu estilo epistolar característico (''Nosso Rei e Nosso Senhor, que reuniu nossos dispersos... o homem que foi elevado ao alto'' etc.), Natan anuncia que, tendo recebido ''o comando do rei e seu decreto'', apressara-se imediatamente a obedecer a ordem, como era seu dever,

> e embora *tenhamos ouvido estranhos relatos*, ainda assim nosso coração é tão forte como o de um leão, para nunca duvidar. Seus feitos são maravilhosos e nós nos mantemos firmes em nossa fé, sem dúvidas, e estamos prontos a dar nossas vidas pela santidade de seu nome. Tendo chegado aqui em Damasco, prosseguiremos sem mais tardar via Iskenderun [isto é, Alexandreta], pois ele nos ordenou a aparecer e contemplar a luz da face do rei vivo. E nós, os servos de seus servos, estamos lambendo a poeira de seus pés, orando ao esplendor de sua exaltada majestade [...]

53. Baruch de Arezzo, *ap.* Freimann, p. 58.

54. Ver Sasportas, pp. 173, 199; a carta de R. Sansão Bacchi, *ap.* Carpi, p. 19; a *Relation* francesa, p. 42.

para que nos sustente na força de sua poderosa mão... e os filhos da maldade não mais nos afligirão... Assim falou o servo de seus servos, a ser pisado sob as solas de seus pés, [junto com aqueles] que vierem apresentar-se diante dele e daquele sinal, aqui em Damasco, [...] Natan Benjamin[55].

De Damasco, Natan também enviou uma breve nota de encorajamento aos rabis de Alepo,

para avisar vossas reverências de minha chegada a Damasco são e salvo. Irei ver Nosso Senhor [...] como ele nos ordenou e às Doze Tribos escolhidas [isto é, os doze eruditos nomeados por Sabatai em Gaza como seus representantes]. Também gostaria de notificar-vos que *mesmo embora tenhais ouvido coisas estranhas concernentes ao Nosso Senhor*, não permitais que vosso coração se enfraqueça. Não temais, mas sede fortes em vossa fé, pois todas as suas ações são provações maravilhosas que a razão humana não pode compreender [...] Mas logo todas as coisas tornar-se-ão perfeitamente claras [...] Abençoado seja aquele que espera e vem à salvação do verdadeiro messias, possa seu reino manifestar-se em breve[56].

Não pode haver dúvida quanto ao que eram as ''coisas estranhas referentes ao Nosso Senhor'' que Natan e outros ouviram. Como a apostasia não foi mencionada no convite urgente de Sabatai a Natan[57], a notícia deve ter chegado a Gaza de alguma outra forma. De qualquer modo, Natan deve ter ouvido o relato logo no início de sua jornada, pois ele justificou a apostasia com argumentos místicos já ao idoso cabalista R. Benjamin ha-Levi (ver vol. II, p. 39), com quem se encontrou em Safed, quando a caminho de Damasco. R. Benjamin aceitou as explicações de Natan e escreveu cartas entusiásticas a seus amigos em Mântua, informando-os de que ''havia grandes mistérios nessa questão que não devem ser confiados à escrita'' e que Natan provara ser a questão ''tão clara quanto o dia e poucas palavras são suficientes para aquele que quer compreender''[58]. Natan evidentemente considerou a apostasia como uma seqüência lógica, se bem que inesperada, dos ''estranhos atos'' que haviam desempenhado papel tão central na elaboração de sua doutrina da pessoa e do ministério do messias. Ainda assim, apesar da significância das doutrinas de Natan para o desenvolvimento subseqüente da teologia sabataísta, a aceitação imediata da explicação mística para a apostasia não se deveu somente a ele. A noção de que o messias

55. Por muito tempo – até a descoberta dos MSS. Dönmeh – essa era a única carta existente de Natan para Sabatai Tzvi. A redação sugere que ela foi assinada também pelos companheiros de jornada de Natan. O texto foi preservado por Coenen (p. 99), que transliterou o original hebraico.

56. Coenen, p. 101. A carta prova que Natan não visitou Alepo, mas viajou por alguma outra rota, de Damasco ao porto de Alexandreta.

57. A carta foi provavelmente enviada antes da apostasia; ver vol. II, p. 282.

58. Baruch de Arezzo, *ap.* Freimann, p. 59.

teria que "entrar no domínio das *qelipot* por algum tempo" surgiu espontaneamente em vários lugares, por exemplo, nos círculos mais próximos de Sabatai, bem como na Itália, mesmo antes que os escritos de Natan sobre o assunto se tornassem conhecidos[59]. Considerando-se o fato de ter o paradoxo místico desempenhado um papel relevante nas tentativas anteriores de se explicar o comportamento e a personalidade do messias, não há nada de surpreendente no aparecimento espontâneo de justificativas idênticas para a apostasia.

Um registro da passagem de Natan por Damasco está preservado num manuscrito sabataísta[60] que fala da peregrinação do profeta à tumba de R. Haim Vital. Depois de "unir" seu espírito ao do grande cabalista através de meditações especiais, foi revelado a Natan que o messias teria que cair muito baixo "exatamente como os pés do Adão primordial tiveram que descer do mundo da *atsilut* aos mundos ínferos (ver vol. I, p. 38 e ss.), [...] o que quase parece blasfemo". Essa revelação é de fato característica do modo de pensar de Natan, e de seu hábito de desenvolver seus paradoxos sabataístas por meio de analogias tipológicas com os paradoxos relativamente mais inocentes do cabalismo luriânico. Ouviu-se uma voz ainda da tumba, proferindo a obscura declaração "Judá [Sabatai?] descerá, Benjamin [Natan?] subirá".

Nas comunidades judaicas, cujo interesse nos futuros passos do profeta era obviamente muito grande, circulavam notícias sobre os movimentos reais e imaginários de Natan. Várias semanas depois da apostasia, soube-se (ou talvez houvesse rumores que foram confirmados subseqüentemente) em Esmirna que o profeta deixara Gaza acompanhado de muitos rabis, mas os anúncios de sua iminente chegada mostraram-se repetidas vezes falsos[61]. No campo dos crentes, reinava confusão absoluta. Esmirna estava repleta de reis, duques e outros dignitários do reino do messias. Eles haviam se suprido de cartas-patente confirmando seu alto cargo, e muitos (inclusive, de acordo com Coenen, o presidente do Sinédrio) se recusaram a abandonar as esperanças. Outros perderam o ânimo, como o "vice-rei de Judá", nomeado pelo rei de Judá, o irmão de Sabatai, José Tzvi que, no final de outubro de 1666, vendeu sua vice-realeza por um dólar de prata[62].

59. As declarações de Sabatai sobre o assunto, bem como as de Rafael Supino em Livorno (citadas por Sasportas, pp. 174, 247) foram certamente proferidas antes que as opiniões de Natan se tornassem conhecidas.

60. MS. Adler 493 (no Jewish Theological Seminary, New York), fol. 15b. O MS. data do final do século XVII. O relato parece estar baseado numa carta de Natan.

61. Coenen, p. 92.

62. *Idem*, p. 78. De acordo com a lista de dignatários (Coenen, p. 45), seu nome era José Pernik; ele era provavelmente amigo de José Tzvi e, como este, um mercador. Alguns escritores, compreendendo mal Coenen, atribuíram a venda do título ao próprio José Tzvi.

Indícios da agitação em Esmirna e Constantinopla são proporcionados pela ação que os rabinos dessas comunidades sentiram-se compelidos a empreender. Em 29 de novembro de 1666, o pai de Natan, R. Elisha Ashkenazi, chegou a Constantinopla[63], vindo de Jerusalém via Bálcãs, a caminho de Budapeste e Viena. O fato de as lealdades sabataístas ilimitadas de Elisha não impedirem a comunidade asquenazita de Jerusalém de enviá-lo numa missão oficial à Europa – pois é improvável que ele tenha viajado em caráter particular – suscita algumas questões interessantes. Elisha era um firme partidário da mensagem profética de seu filho e continuou sendo um ativo propagandista do sabataísmo mesmo depois da apostasia[64]. Pai e filho mantinham estreitos contatos por correspondência, na qual Natan informava o pai sobre seus empreendimentos mais importantes[65]. Sasportas, que descreve Elisha como um incrédulo, foi sem dúvida mal informado por seus correspondentes[66]. A chegada de Elisha encorajou e animou os crentes, que de pronto avisaram seus irmãos em Esmirna sobre o acontecimento. ''Espalhou-se o rumor em Esmirna de que o próprio Natan, juntamente com os rabis que o acompanham, chegou e seguirá imediatamente ao encontro daquele homem. Ali, ele provará, à vista de todos, a grandeza do bem conhecido homem e a verdade de sua [própria] profecia no concernente a ele''[67]. Este é o primeiro caso de uso da circunlocução que subseqüentemente ganhou mais e mais aceitação. Em seu devido tempo, até mesmo os crentes, ao escreverem uns aos outros, passaram a substituir ''o bem conhecido homem'' por Sabatai ou AMIRAH. Elisha, parece, demorou-se na capital por várias semanas. Os relatos de sua presença ali inflamaram o entusiasmo a tal grau que, na noite de 13 de janeiro de 1667, os crentes celebraram um culto de ação de graças numa das sinagogas. Entrementes, chegaram notícias do próprio Natan, e cópias das cartas que escrevera de Damasco foram recebidas em Constantinopla e Esmirna cerca de três semanas mais tarde, ou seja, no início de dezembro. As cartas reforçaram a moral dos crentes, mas também induziram os rabinos a adotarem medidas enérgicas. Uma carta circular foi expedida às principais comunidades na Turquia (Alepo, Brussa, Esmirna e provavelmente – embora não mencionada – Salonica), num esforço para cor-

63. Talvez ele tenha, portanto, deixado a Palestina antes que a notícia da apostasia ali chegasse. Em geral, a viagem por mar levava de quatro a cinco semanas.

64. Duas fontes independentes mencionam sua atividade sabataísta, em Constantinopla (Coenen, p. 103) e em Budapeste (o MS. citado por D. Kaufmann, *Letzte Vertreibung*, p. 91).

65. Ver infra, p. 81, a carta de Natan a seu pai sobre sua missão em Roma.

66. Sasportas, p. 346.

67. Coenen, p. 103.

tar o mal pela raiz. Numa carta explicativa (9 de dezembro de 1666) a R. Isaac Jessurun de Esmirna, os rabis de Constantinopla protestam contra o fervor continuado dos crentes "que se mantêm firmes em sua loucura", e informam seus colegas sobre o édito de excomunhão proclamado em Constantinopla contra todos os sabataístas. (Este é o primeiro caso de um decreto geral aplicado a todos os crentes.) Os rabis admitem que "há muitos que não se importam com o édito e se fortaleceram em sua fé, mais especialmente porque se espalharam rumores de que Natan Ashkenazi de Gaza está a caminho para essas partes. Foi para prevenir tais rumores e frustrar seus [de Natan] planos que os rabis escreveram a vários lugares"[68].

A carta, assinada por nove dos principais rabis de Constantinopla[69], diz:

> Uma voz de rumor chegou aos nossos ouvidos, de que o sábio homem que estava em Gaza, o Rabi Natan Benjamin, conhecido pelo fruto de seus lábios [isto é, sua profecia] fez o mundo tremer com seus sonhos e palavras. Agora, neste tempo, recebemos informação de que este homem partiu há alguns dias de Gaza e iniciou sua Jornada via *Scanderone*, pretendendo ali embarcar para Esmirna ou Constantinopla. E embora nos pareça uma coisa estranha que ele ouse lançar-se num lugar cheio de chamas e fogo: não obstante, devemos temer e suspeitar disso [...] Razão pela qual, nós, abaixo assinados, vos informamos de Que, chegando este Homem dentro dos Limites de vossa Jurisdição, fazei parar a sua Jornada e não permitis que ele prossiga adiante, mas sim que retorne. Pois gostaríamos que soubésseis que à sua Chegada, ele começará de novo a causar esses tumultos [...] E milagres não são operados todos os dias [isto é, em outra ocasião, os judeus podem não escapar da ira das autoridades]. Deus o livre de que, por sua vinda, o Povo de Deus seja destruído em todos os lugares em que se encontra, do qual ele será o primeiro, pois o seu sangue está sobre sua própria cabeça; pois nessa Conjuntura, cada pequeno erro ou falha torna-se Capital; podeis lembrar-vos do perigo da primeira Combustão, e é muito provável que haja ocasião para uma combustão ainda maior, que a língua não é capaz de expressar com palavras. Portanto, em virtude de nossa e de vossa própria Autoridade, deveis impedi-lo de seguir adiante em sua Jornada, sob pena de todas aquelas Excomunhões que nossa Lei pode impor, e forçá-lo a retornar, a ele e à sua Companhia. Porém, se ele se opuser a vós de alguma maneira, vossa é a deliberação e a sabedoria de detê-lo, utilizando quaisquer meios e pretextos que julgardes úteis, pois, ao assim fazer, será bom para ele e para todo Israel [...] pois as vidas de todos os judeus, e também a dele, dependem disso [...][70]

68. Coenen, p. 112; ver também supra, p. 12 e s.

69. Yomtov b. Hananiah ibn Yakar, Moisés Benveniste, Isaac Anakawa, José Quatzavi, Samuel Acazsina (como Rycaut grafa; Coenen grafa Akazlino, que, entretanto, não translitera fielmente sua própria grafia hebraica; o nome é apresentado uma vez [Sasportas, p. 209] como Samuel Kasno), Caleb b. Samuel, Moisés Brudo, Eliezer Aluf, Josué Benveniste.

70. A versão em inglês de Rycaut (pp. 217-218), corrigida em alguns pontos de acordo com o original impresso por Coenen (p. 114). A carta foi escrita entre 5 e 9 de dezembro de 1666. A carta de Natan de 20 de novembro anunciando sua intenção de embarcar em Alexandreta deve ter chegado, portanto, nos primeiros dias de dezembro.

A carta é notável pela forma respeitosa com que se refere a Natan. Os mesmos rabis que, nos é dito, recém haviam excomungado todos os crentes em Sabatai Tzvi, tiveram aparentemente grande cuidado para não incluir no édito "aquele homem erudito que estava em Gaza, o Rabi Natan Benjamin" que, sabiam eles muito bem, advogava ativamente a fé sabataísta. Eles solicitavam às comunidades judaicas que o fizessem voltar atrás onde quer que aparecesse e, acima de tudo, não permitissem nenhum contato entre ele e os crentes. Desta maneira, esperavam prevenir uma ameaçadora explosão de emoção messiânica e o conseqüente desastre, uma vez que sabiam não poder contar com outra "anistia". A carta revela considerável temor bem como relutância extrema em injuriar a honra de Natan. Nessas circunstâncias, o modo de proceder dos rabis dá prova de grande prudência e sadio bom senso.

Em sua carta de disfarce a R. Isaac Jessurun, os rabinos de Constantinopla faziam referência às perdas materiais sofridas pela comunidade judaica, crentes e descrentes, como resultado do fluxo incessante de rumores messiânicos que emanava de Esmirna. Aproveitavam também a oportunidade para elucidar um ponto um tanto constrangedor. Os crentes em Constantinopla haviam enviado cartas com as assinaturas de proeminentes rabis e líderes laicos, defendendo a fé sabataísta, "como foi o caso de uma carta enviada a Veneza, ante a qual os nossos colegas [os rabis de Veneza] não ficaram satisfeitos conosco [os signatários] quando viram as assinaturas de nossos nomes, mas sobre a qual não tínhamos sido informados [isto é, as assinaturas foram forjadas], pois é mentira que tenhamos assinado a carta". Esse protesto atrasado, cerca de seis meses após a ocorrência, refere-se indubitavelmente, à curiosa carta relativa à misteriosa mercadoria de R. Israel, que Abraão Yakhini e seus colegas tinham enviado (ver vol. II, p. 164). O fato de uma contestação oficial da falsificação (se é que se tratava de uma falsificação) não ter sido efetuada antes da apostasia, e então apenas numa carta a R. Isaac Jessurun, não redunda em crédito dos rabis de Constantinopla.

Outra carta, escrita pelos mesmos autores, enviada a Esmirna e provavelmente também a outras congregações, lança mais luz sobre a turbulenta atmosfera reinante nas comunidades turcas durante os primeiros meses que se seguiram à apostasia. A seriedade da situação é atestada pelo fato de que a carta, datada de 30 de janeiro de 1667, ter sido endereçada não simplesmente aos rabis e notáveis, mas a "todo o povo", com o objetivo de ser lida nos púlpitos de todas as sinagogas:

Estas nossas Cartas que enviamos a vossas Habitações por ocasião de certos Rumores e Tumultos que chegaram a nossos ouvidos [...] de que há entre vós uma espécie de homens que se fortalece com seus próprios Erros, e que dizem, Que viva nosso Rei e que seja abençoado em suas Sinagogas públicas em todo *shabat*; e também juntam Salmos e Hinos inventados nos dias do acima mencionado homem, com Regras e Orações que não deveriam ser feitas, e ainda assim permanecem obstinados nesse particular. E agora eis que é de vosso conhecimento quantas águas transbordantes passaram por sobre nossas almas por causa dele: pois não fosse pelas mercês de Deus, que são infinitas, e o mérito de nossos Antepassados que nos assistiram, o pé de Israel teria escorregado. E mesmo assim, continuais obstinados em coisas que não ajudam, mas antes causam dano. Voltai-vos portanto, pois esse não é o verdadeiro caminho, e restaurai a Coroa no antigo costume, de acordo com o uso de vossos Antepassados que é a Lei, e daí não vos movais.

Ordenamo-vos Que, com vossa Autoridade, sob pena de Excomunhão e outras Penalidades, sejam abolidas e anuladas todas essas Ordens e Orações, transmitidas pela boca daquele homem, bem como as que foram impostas por outros em seu nome, que não mais sejam encontradas, e que nunca mais penetrem em vossos corações; procedei, porém, de acordo com os antigos Costumes de vossos Antepassados. E a cada *shabat* dizei "Ele que dá salvação a reis" [isto é, a coleta para o soberano] e abençoa o sultão Maomé; pois em seus dias veio a grande salvação a Israel, e não vos torneis Rebeldes contra seu Reino, o que Deus proíbe [...] De onde abstei-vos deste homem e não deixai que sequer seu nome saia de vossas bocas. Pois se não obedecerdes, o que será conhecido, saberemos quem e o que esses homens são, que se recusam a conformar-se conosco, estamos resolvidos a persegui-los como é nosso dever"[71].

As severas medidas adotadas pelas autoridades judaicas não deixaram de ter seus efeitos, se bem que limitados. Aos crentes não mais se permitiu qualquer atividade organizada, litúrgica ou outra, ou qualquer demonstração pública de sua fé. Na verdade, eles foram impelidos à clandestinidade, e "por toda a Turquia nenhum crente atreveu-se a admitir publicamente ser ele um crente"[72]. As manifestações externas da fé sabataísta – orações de graças, preces especiais e novos rituais – esvaeceu-se, e a velha ordem restabeleceu-se nas comunidades turcas. Sem dúvida os rabis devem ter tomado conhecimento de casos de crentes fanáticos empenhados em propaganda sabataísta secreta ou semi-secreta, mas não há notícia de excomunhões efetivas durante o primeiro ano. A principal preocupação dos rabis parece ter sido a restauração da ordem tradicional da lei e de sua observância nas vidas das comunidades judaicas, e a prevenção de explosões entusiásticas. Suas medidas foram dirigidas ao comportamento e aos rituais dos sabataístas e não à sua fé que, provavelmente assumiam eles, pereceria com o decorrer do tempo. Por que então agravar uma situação crítica travando uma guerra numa

71. A versão em inglês de Rycaut (pp. 215-216) corrigida em algum ponto de acordo com o original hebraico publicado por Coenen (pp. 118-119). As duas cartas foram combinadas, por Leyb b. Ozer, numa só. Também R. José ha-Levi, em Livorno, ouvira dizer que os crentes continuavam a reunir-se na casa de Sabatai em Esmirna e a recitar as liturgias de Natan (Sasportas, p. 255).

72. Leyb b. Ozer. MS. Shazar, fol. 43b.

segunda frente de batalha? No verão de 1667, os rabis de Constantinopla e Esmirna impuseram solenemente, sob pena de excomunhão, a observância estrita do 9 de Av, lembrando, com um coração contrito, como, no ano anterior, "nos tresmalhamos do caminho como carneiros... apoiando-nos no bastão de junco quebrado, Natan de Gaza, [...] que tornamos por um profeta verdadeiro, [...] mas agora sabemos que tudo era mentira e logro"[73].

Exortações e ameaças de excomunhão não foram desnecessárias, como somos informados por uma carta escrita pelo rabinato de Esmirna à congregação vizinha de Tire, onde, segundo parece, muitos crentes haviam celebrado (embora no recesso de suas casas) o 9 de Av como uma data festiva. Em 1668, os rabis tiveram que reiterar suas severas advertências, endereçando desta vez não apenas às comunidades turcas mas a toda a Diáspora. Muito se pode aprender de sua longa carta à congregação de Veneza[74] que, incidentalmente, também mostra que os rabis de Esmirna ainda aderiam à sua política anterior: palavras duras atrás das quais não havia senão ação tíbia. Que os crentes se conformem aos padrões rabínicos de comportamento e tudo ficará bem. Quanto à sua fé – bem, eles são tolos que podem acreditar no que quiserem, contanto que o mantenham para si mesmos.

> Que sigam a lei do Senhor como nossos sábios nos ensinaram, [...] sem a ela nada acrescentar ou diminuir. E quem quer que acrescente [...] mais jejuns e mortificações [...] que não estão mencionados nos livros, está caindo em erro e deve ser repreendido, pois nada temos [para nos guiar] a não ser as palavras dos sábios talmúdicos e das autoridades halákhicas [...] Conforme já vimos, um certo número de pessoas pereceu como resultado dessas [novas] mortificações[75]. Razão pela qual, proclamareis por todo o acampamento de Israel, com juramentos e anátemas severos, que ninguém deve pronunciar mais palavras sobre esse assunto. Todos os tolos cujos corações ainda se voltam à loucura e acreditam nessas vãs [...] delusões, que nada digam.

Medidas implacáveis foram recomendadas apenas contra aqueles que violassem o édito do silêncio "e se expressassem com referência a essas delusões".

Nenhuma ação organizada foi empreendida contra os crentes mais proeminentes, exceto contra Natan, cuja influência os rabis evidentemente temiam. Mesmo Abraão Yakhini, que continuou a presidir o partido dos crentes em Constantinopla, não foi aparentemente anatematizado ou molestado de qualquer forma, pelo menos naquele

73. Sasportas, pp. 208-209. R. Salomão b. Benjamin ha-Levi, cujo nome, entre outros, está assinado nesta carta, não deve ser confundido com seu homônimo que, junto com seu pai, assinou cartas apoiando Sabatai e Natan numa época tão tardia quanto 1667 na Palestina.

74. Sasportas, pp. 268-270.

75. Ver vol. II, p. 286.

momento. Na verdade, o tato e a diplomacia com os quais os líderes responsáveis tentaram manejar uma situação explosiva, beiravam a fraqueza. Enquanto em Constantinopla foram feitas algumas tentativas de perseguir os crentes, houve em Esmirna rabis que

> até o dia de hoje [abril de 1667] aquiescem às palavras dos tolos, a fim de agradar à comunidade ou, pelo menos, se mantêm silenciosos. E me foi dito por informantes confiáveis que os rabis em Esmirna e em outras cidades expediram agora uma proclamação prescrevendo que sejam evitadas discussões e contendas, e permitindo a todos que assim o desejassem a acreditar [em Sabatai][76].

Que os informantes de José-ha-Levi tinham razão prova-o a carta do ano seguinte, que acabamos de citar. Não é, pois, de surpreender o fato de que as autoridades lograram apenas um sucesso muito limitado.

Os crentes não se impressionaram com os anátemas que, argumentaram, tinham principalmente a intenção de acalmar o governo turco. Ademais, haviam sido pronunciados por infiéis, para os quais uma terrível punição estava à espera após a chegada de Natan e da manifestação do messias[77]. Um fator social novo, porém significativo, parece também ter entrado nas relações entre crentes e infiéis depois da apostasia. Disseram a Leyb b. Ozer que o grupo dominante, isto é, os rabis e os abastados líderes laicos, estava furioso com os crentes, por colocarem em perigo sua posição[78]. Leyb refere-se provavelmente ao risco de represálias governamentais contra a persistente agitação messiânica, se bem que outro perigo, não menos real, embora não conscientemente percebido, ameaçasse a hegemonia da classe governante. O campo dos crentes era composto principalmente de "entusiastas": rabis e pregadores cabalistas espirituais, isto é, "pneumáticos", que haviam sido "despertados" pela mensagem messiânica, e de adeptos entusiastas dentre a massa. Era uma combinação social que abrigava possibilidades explosivas, muito embora os rabis turcos, ao que parece, não se mostrassem cônscios delas. José ha-Levi e Sasportas foram quase os únicos a perceber uma "heresia incipiente [...] o estabelecimento de uma Nova Lei e de uma religião diferente, como aconteceu nos dias daquele homem [isto é, Jesus]"[79]. Os rabinos turcos não pensaram num cisma e nem no crescimento de uma seita dissidente ou secreta; o único perigo do qual tinham consciência era o de uma apostasia em massa ao

76. R. José ha-Levi numa carta de abril de 1667 (*ap.* Sasportas, p. 256), baseado numa informação de Esmirna datada de novembro ou dezembro de 1666.
77. Leyb b. Ozer, MS. Shazar, fols. 45b e 47b.
78. *Idem*, fol. 47a.
79. Sasportas, p. 256.

Islã, nas pegadas de Sabatai Tzvi. O fato real é que os crentes, que não mais podiam se reunir legalmente e em público, começaram a encontrar-se em segredo e construir uma rede clandestina de comunicações. Os conventículos clandestinos assumiram rapidamente um caráter sectário. Os rabis fecharam os olhos ao fato enquanto não houve qualquer revolta aberta contra sua autoridade. Entrementes, os grupos sabataístas trocavam entre si cartas, boatos fantásticos e encorajamento mútuo, e entoavam hinos que, ao contrário dos cantos anteriores de triunfo e louvor, exibem uma certa qualidade de melancolia:

> Oh, meu amado afastou-se de mim
> O eleito de Deus, Sabatai Tzvi.
> Embora tenha caído muito baixo e esteja
> sofrendo pungentemente
> Ainda assim ele está próximo ao meu coração.
>
> ....
>
> Permaneço seu fiel servidor,
> Estou ansioso por buscá-lo e adorá-lo
> Nele confio, e enquanto eu viver
> Possa Sabatai meus pecados perdoar.
> Ergo meus olhos para ele em esperança:
> Em sua salvação, enaltecimento e louvor[80].

IV. VIAGENS DE NATAN PELA ÁSIA MENOR E SUAS TENTATIVAS DE ENCONTRAR SABATAI EM ADRIANÓPOLIS. SABATAI TZVI DURANTE 1667. VIAGENS DE NATAN À GRÉCIA.

As viagens de Natan nos anos de 1667 e 1668 ilustram tanto o sucesso como o fracasso das medidas adotadas pela liderança judaica. Tendo deixado Gaza depois da apostasia do messias, Natan nunca mais retornou à Palestina, levando uma vida de fugitivo e errante até sua morte em 1680. Por uns poucos anos, desfrutou de um período de relativa tranqüilidade numa das comunidades da Macedônia, onde os líderes, simpatizantes sabataístas, lhe ofereceram abrigo. Seus movimentos são mais ou menos conhecidos. Durante os primeiros meses, suas perambulações foram assunto de interesse e preocupação públicos, e as autoridades rabínicas fizeram tudo o que estava em seu poder para seguir os seus passos e limitar sua influência. Após 1668, passaram a ignorá-lo por completo, provavelmente por-

80. O hino (texto na íntegra *ap.* Freimann, p. 104) foi provavelmente levado da Turquia para a Itália. Aparece junto com o hino "Por Tua Causa e Não por Nossa" (cf. Davidson, *Otzar*, vol. III, p. 54) que, de acordo com R. Israel Hazan, era um dos favoritos de Sabatai; ver *Schocken Volume*, p. 195.

que decidiram que não era mais perigoso. Sua avaliação da influência de Natan é surpreendente, em vista do fato de ele ser, após 1668, um apóstolo particularmente ativo da teologia herética do sabataísmo que se desenvolvia gradativamente. Seus escritos exerceram considerável influência, que se tornou ainda maior depois de sua morte. Porém, ao passo em que essa indiferença a Natan permanece um enigma insolúvel, a perseguição implacável da qual foi objeto em 1667 e 1668 era lógica e consistente.

Parece que Natan pretendia originalmente embarcar em Alexandreta rumo a Salonica, e de lá viajar para Adrianópolis. Tendo recebido notícias da forte oposição que se fazia a ele, ou por alguma outra razão, mudou os planos e viajou por via terrestre através da Ásia Menor, escoltado por 36 companheiros. O grupo incluía seu sogro e outros membros de sua família. Em Esmirna corria o rumor de que Natan viajava a cavalo, com uma espada à cintura, e com a pompa e a cerimônia adequadas a um paxá. A jornada durou mais de dois meses, e Natan evitou as comunidades judaicas maiores. Seu itinerário exato não é conhecido, mas, ao final de janeiro de 1667, ele chegou a Brussa (hoje Bursa), onde foi recebido com grande regozijo. A entusiástica recepção a ele oferecida por essa comunidade, cuja fé evidentemente não havia sido abalada pela apostasia, provocou repercussões imediatas em Esmirna, onde os crentes de pronto se entusiasmaram. Ouviam-se exclamações tais como: ''Longa vida ao Rabi Sabatai Tzvi, nosso Rei e Messias''; ofereceram-se banquetes e hinos foram entoados em honra a Sabatai[81]. As expectativas em Esmirna aumentavam sempre que chegava um grupo vindo de Brussa, mas os crentes sofreram um revés repentino. Vários judeus de Brussa queixaram-se às autoridades rabínicas em Constantinopla do que consideravam, com razão, uma contravenção gritante da ordem de repelir Natan onde quer que aparecesse. Em conseqüência, os rabis de Constantinopla reiteraram suas instruções e praticamente forçaram os rabis de Brussa a excomungar Natan. Não se permitiu a nenhum judeu em Brussa manter relações com ele ou mesmo oferecer-lhe água e pão. Aqueles que precisassem falar com ele deviam manter uma distância de três cúbitos (como no caso de um excomungado comum). Foi dito a Natan que deveria ''ficar quieto'' e deixar a cidade, ou seria entregue nas mãos das autoridades turcas. Natan assustou-se e deixou, ou melhor, fugiu de Brussa[82].

81. Coenen, pp. 122-123; cf. também a carta de 30 de janeiro, escrita pelos rabis de Constantinopla (ver supra, pp. 26-27).

82. Coenen, p. 124; Sasportas, p. 203. O relato de Sasportas é tendencioso e menos confiável do que o de Coenen. De acordo com Sasportas, os rabis estavam prestes a entregar Natan nas mãos dos turcos, mas os crentes o advertiram e ele fugiu.

Apenas seis membros de seu grupo original, incluindo seu sogro e R. Samuel Gandoor, ficaram com ele e o acompanharam a Esmirna. Outros foram para Constantinopla, enquanto alguns permaneceram em Brussa. Vários representantes das "Doze Tribos de Israel", que o haviam acompanhado, foram para Adrianópolis.

Durante os meses em que esteve viajando, Natan teve tempo para meditar sobre o mistério da apostasia e discuti-lo com seus companheiros. Seus pensamentos sobre o assunto cristalizaram-se e o significado oculto da apostasia do messias, apenas insinuado em termos gerais em suas cartas de novembro de 1666, tornaram-se agora mais claramente definidos. Como era de se esperar de peritos em exegese e homilética cabalísticas, uma busca diligente nos textos antigos produziu de imediato uma profusão de ocultas alusões no sentido de que o messias teria de apostatar. O subseqüente desenvolvimento teológico exibe analogias marcantes com os primórdios do pensamento cristão. Os discípulos de Jesus ficaram estarrecidos com a crucificação, uma vez que a morte do messias não estava estipulada em suas tradições escatológicas. No devido tempo, fez-se com que as Escrituras do Antigo Testamento produzissem o que nunca haviam contido: uma doutrina profunda a explicar o paradoxo da morte expiatória do salvador. Os crentes sabataístas estavam sob uma pressão ainda maior, uma vez que toda a massa do povo, e não meramente um pequeno bando de discípulos seguira o messias. Além disso, a crise que enfrentavam era mais séria, pois um messias apóstata é muito mais problemático do que um messias martirizado como resultado de seu ministério.

A primeira carta doutrinária de Natan sobre a questão da apostasia foi escrita provavelmente antes de sua partida de Brussa[83]. Era endereçada aos dois irmãos de Sabatai em Esmirna, que lhe haviam solicitado orientação sobre o assunto. Sabatai estava vivendo em Adrianópolis, onde recebia visitantes e lançava insinuações obscuras a respeito do misterioso propósito do que fizera. Não era mais possível sustentar a doutrina docetista de que a apostasia era mera ilusão, e os crentes tiveram de enfrentar o fato de que o messias não ascendera ao céu. Solicitou-se também a Natan que desse provas da autenticidade de sua profecia, mas ele teve de admitir que "a Palavra não está comigo agora para que eu possa revelar algo [...] É suficiente que o servo esteja como seu mestre [isto é, sem iluminação profética]". Assim como Sabatai, Natan estava em estado de espírito passivo – pelo menos no que dizia respeito aos dons carismáticos – e resignou-se apenas aos fatos. Porém, debaixo dessa resignação (e

83. Segundo Epstein (*RÉJ* [1893], p. 218) a carta foi escrita na ilha de Chios, mas isto é incompatível com o que sabemos a respeito do itinerário de Natan.

ao contrário de Sabatai), sua determinação e seu caráter essencialmente ativo afirmaram-se, e ele proclamou sua fé sem hesitação: ''Ergo minha mão ao Senhor [...] nem altero o que saiu de meus lábios: de que, sem qualquer dúvida, este é o ano de nossa redenção e nossa salvação está à mão''. A mensagem celestial de agosto de 1665 era agora reinterpretada como se se referisse à primavera de 1667, ''e eu confio em Deus que assim será''. Datas estão sujeitas a mudanças, e até mesmo intimações celestiais não estão livres de incertezas, mas a messianidade de Sabatai estava além de qualquer dúvida. Em sua carta[84], Natan combinava quaisquer noções e textos que servissem a seus propósitos, desde os capítulos sobre o Servidor no Deutero-Isaías até as doutrinas do cabalismo luriânico. Por mais impenetrável que fosse o mistério, era certo que a apostasia representava o evento coroante daquela fase da carreira do messias, durante a qual ele tivera que ''realizar a sua estranha obra, e fazer passar seu estranho ato'' (cf. Isaías, 28:21). À medida que o tempo passava, Natan elaborou essa doutrina de forma mais sistemática, e suas cartas assumiram gradualmente o caráter de panfletos teológicos. A escrita parece ter sido o modo de expressão mais congenial com seus dotes naturais – ignorando-se, no caso, o breve período em Gaza de inspirada proferição profética. Não há nada que possa sugerir ter sido ele um excelente pregador. Talvez também a sua vida irrequieta e errante no curso daqueles anos não conduzisse à pregação bem-sucedida. Ele com certeza não declarou revolta aberta contra os rabis que o perseguiram. Era apropriado que ''o servidor fosse como seu mestre'', e ele se limitou a expor suas idéias por escrito e, em certas ocasiões, oralmente, para indivíduos ou pequenos conventículos. Suas andanças entre as comunidades judaicas dos Bálcãs e suas cartas doutrinárias lembram curiosamente a atividade missionária de Paulo de Tarso.

Natan deixou Brussa em direção a Esmirna sem dúvida porque os rabis de Constantinopla lhe haviam ordenado que retornasse, proibindo-o de prosseguir até a capital e Adrianópolis. É igualmente fora de dúvida que Natan jamais pretendeu obedecer a tais ordens dos rabis. Ele simplesmente procurou ganhar tempo e escapar de sua supervisão. Chegou a Bonerbachi, uma aldeia perto de Esmirna[85], ao anoitecer de sexta-feira, 3 de março[86]. No domingo, Natan

84. Sasportas, pp. 200-201.

85. Hoje Bornova, quatro milhas a nordeste de Esmirna.

86. Assim Coenen (p. 134), que também dá a data judaica correspondente (7 de Adar). Segundo as tabelas no *Jüdische Chronologie*, de Mahler, 7 de Adar caiu, naquele ano, numa quinta-feira. Este não é de maneira alguma o único caso de uma discrepância de um dia entre as datas de Coenen e as tabelas de Mahler. Considerando-se a fidedignidade geral dos relatos de Coenen (ele foi praticamente uma testemunha ocular de muitos dos acontecimentos que registrou), a discrepância lança dúvidas so-

foi visitado por um certo número de crentes de Esmirna, mas os rabis, tendo recebido instruções de Constantinopla e temendo que houvesse problemas caso Natan entrasse na cidade, enviaram-lhe uma mensagem pedindo-lhe que não efetuasse quaisquer aparições públicas. (O mensageiro foi Abraão Leon, um dos "reis" nomeados por Sabatai em dezembro de 1665.) De acordo com Coenen, os rabis temiam outra explosão de entusiasmo de massa e suas desastrosas conseqüências, enquanto muitos outros estavam certos de que nenhum mal poderia assaltá-los através do profeta e homem de Deus.

Natan não era o único estrangeiro em Esmirna nessa época. Visitantes e emissários da Itália, que embarcaram em Veneza ou Livorno no fim do verão, desembarcaram em Esmirna mais ou menos na época da apostasia. Entre os recém-chegados encontrava-se R. Moisés Pinheiro, amigo de Sabatai desde seus dias de estudante em Esmirna e subseqüentemente, ao menos desde 1665, seu confidente em Livorno. Pinheiro ouviu sobre a apostasia logo após sua chegada e escreveu imediatamente a Sabatai. Numa carta a seus amigos em Livorno, Pinheiro relata ter recebido uma resposta de Sabatai que estava "aparentemente muito doente, [...] mas a doença não é muito séria e pode ser curada através da apostasia e a luz brilhará de novo". R. José ha-Levi de Livorno, ao qual devemos essa citação, acrescentou em seu relato a Sasportas que Sabatai devia essa idéia a "seu médico, Satan de Gaza"[87] (o trocadilho de Natan por Satan ganhava aceitação nessa época, como também ficamos sabendo através de R. Tobias Rofe Ashkenazi). De todo modo, parece que, ao explicar sua situação a Pinheiro, Sabatai citara uma frase de uma carta de Natan. A idéia leva a marca distintiva do pensamento paradoxal de Natan: enquanto a doença mental de Sabatai havia sido definida a princípio em termos metafísicos, sua apostasia e condição atual eram descritas agora metaforicamente como uma "enfermidade". A carta de Sabatai a Pinheiro ilustra uma vez mais sua dependência de seu "médico" Natan.

Pinheiro não prosseguiu em sua viagem para Adrianópolis, e a carta de homenagem e os hinos de louvor que trouxera dos judeus de Livorno não foram entregues. Entretanto, ele permaneceu inabalável em sua fé e aceitou avidamente a orientação contida nas cartas de Sabatai e de Natan. Os emissários de Casale também estavam em Esmirna nessa ocasião (ver vol. II, p. 153 e s.). Ao desembarcar, ouviram de dois judeus na alfândega que o messias apostatara. Decidiram não obstante ficar em Esmirna por algum tempo, em parte

bre a confiabilidade das tabelas de Mahler. As datas da chegada e da partida de Natan apresentadas por Rosanes são incorretas. O relato de Rycaut da visita a Esmirna (pp. 217-218) é copiado de Coenen.

87. Sasportas, pp. 251, 256.

para informar-se melhor sobre o movimento messiânico e em parte porque não queriam acreditar no relato. À época de sua chegada, as notícias ainda eram recentes, e Elias Tzvi, irmão de Sabatai, ainda sustentava a visão docetista de que a apostasia era uma ilusão e o messias subira ao céu. Os emissários ficaram muito impressionados com as suas explanações e por ele ter anunciado a chegada iminente de Natan, para quem traziam uma carta. Permaneceram portanto em Esmirna, aguardando futuros desenvolvimentos. Durante sua estada, foram visitados pelo clérigo holandês Coenen, que nos deixou uma descrição pormenorizada de sua longa conversa com eles[88]. Por seu intermédio, Coenen tomou conhecimento dos numerosos rumores e histórias que corriam entre os crentes, embora ficasse impressionado que àquela altura os emissários já estivessem percebendo a futilidade de suas esperanças.

Tão logo Natan chegou, os emissários de Casale foram vê-lo, mas sua visita foi decepcionante. De início, Natan tentou evitar seus visitantes, que finalmente tiveram a oportunidade de entregar-lhe a carta da comunidade de Livorno. Natan prometeu dar-lhes uma resposta (promessa esta que não conseguiu cumprir) e os deixou abruptamente. Entretanto, em Esmirna, foi dado aos emissários o ensejo de falar com vários dos discípulos de Natan e com seu companheiro fiel, Samuel Gandoor[89]. R. Sansão Bacchi concluiu que Natan era um cabalista competente mas um falso profeta a espalhar doutrinas perigosas; "possa Deus nos salvar [...] e nos enviar reconforto e libertação de outro lugar"[90]. Coenen, que estava em termos amistosos com os emissários e que ouvira a história de sua visita a Natan de suas próprias bocas, dá uma descrição algo diferente do incidente. O profeta estava num estado de espírito muito desesperançoso e, no início, não quis receber os visitantes. Quando eles finalmente foram admitidos, Natan lhes disse estar com a vida ameaçada pelos turcos e, por isso, não poderia falar. Recusou-se também a receber a carta da comunidade de Livorno com suas próprias mãos e pediu ao rabi Haim Abuláfia[91] que a recebesse em seu nome. Embora Natan viesse a entrar mais tarde na cidade, discretamente, e houvesse ali permanecido por algum tempo, não conseguiu dar aos emissários a resposta

88. Coenen, pp. 127-133. Eles tinham até mesmo conhecimento do relato de Balarino à "Signoria" veneziana, através do príncipe do Piemonte.

89. A referência no relato de R. Sansão Bacchi a "Rabi Samuel" deve-se indubitavelmente a Gandoor e não, como pensava erroneamente o editor, a Primo. Não há indício de Primo ter estado em Esmirna nessa ocasião.

90. O relato de R. Sansão Bacchi (Carpi, pp. 19-20).

91. Ele era um dos crentes em Esmirna. Em 1673, Abuláfia estava em Adrianópolis, junto com Elias Tzvi, irmão de Sabatai, mas retornou subseqüentemente a Esmirna; ver *Sefunot*, III-IV (1960), p. 217.

que lhes prometera. Os rabis italianos ficaram muito aborrecidos e confidenciaram a Coenen que, esperavam eles, sua viagem futil servisse ao menos para desiludir outros e trazê-los de volta à fé de seus pais[92]. Segundo Coenen, deixaram Esmirna rumo à Itália no final de março de 1667; de acordo com um relato hebraico baseado em Sansão Bacchi, eles partiram em meados de março "e chegaram em Livorno junto com o Rabi Moisés Pinheiro"[93].

O comportamento incivel de Natan com relação aos rabis italianos foi sem dúvida causado pela melancolia que se apoderara dele, após a excomunhão que lhe haviam imposto os rabis de Brussa. Natan não queria saber mais de disputas com incrédulos e daí por diante abriu-se apenas aos crentes. A eles prometeu que suas profecias seriam concretizadas em setembro[94], e até mesmo declarou que, caso se passasse um ano sem que sua profecia provasse ser verdadeira, então "ele se entregaria aos judeus e se submeteria à pena capital como falso profeta". Durante sua permanência em Esmirna, Natan esteve escondido na casa de um médico, antigo marrano português e amigo da família Tzvi, que Sabatai havia indicado "rei de Portugal"[95]. Sasportas diz que os crentes desiludidos quiseram entregar Natan às autoridades turcas, mas o médico o ajudou a escapar através de uma pequena portinhola e Natan fugiu para Chios. A história, entretanto, parece muito improvável. Após o retorno de Natan a Esmirna, Coenen foi vê-lo na casa de Elias Tzvi e encontrou o local cheio de visitantes; evidentemente, ninguém pensava em manter a presença de Natan em segredo. Parece, portanto, que em sua primeira visita, Natan obedeceu ao conselho de abster-se de aparições públicas, embora não lhe houvessem sido feitas quaisquer ameaças de difamá-lo perante as autoridades[96].

92. Coenen, pp. 135-136.

93. Carpi, p. 20.

94. Coenen (p. 136) diz "no mês de Elul de 5428, que será no fim do ano de 1667", o que é impossível; evidentemente, quer se referir a Elul de 5427, como também parece nos dizer Coenen (*idem*, p. 139).

95. *Relation*, p. 29. Foi através dos bons ofícios de seu médico que Coenen obteve sua primeira entrevista com Elias Tzvi (Coenen, p. 78). O médico é, provavelmente, o mesmo "Doutor Barut" mencionado por Coenen, p. 93 (cf. também no vol. I, p. 136, nota 87 e vol. II, p. 96, notas 233 e 234) e o nome de Cardozo se deve a um dos não infreqüentes lapsos de memória de Sasportas. Numa ocasião, Sasportas (p. 252) ridiculariza os médicos dentre os crentes e menciona o Dr. Benjamin Musafia e "um certo médico em Esmirna", mas ali o contexto não deixa dúvidas de que a referência é a Abraão Miguel Cardozo, e que, conseqüentemente, Esmirna é um *lapsus calami* para Trípoli. Como um erro gera outro, isso pode explicar o fato de o médico em Esmirna ser chamado de Cardozo por Sasportas (p. 200).

96. Segundo Coenen (p. 137), Natan partiu para Chios em abril, após ter feito a peregrinação à tumba da mãe de Sabatai e ter-se banhado no mar ali perto (ver vol. II,

O profeta, que mal quis falar com um colega cabalista do calibre de R. Sansão Bacchi, provavelmente não seria mais encorajador com um visitante clérigo protestante. Porém, desinibido pela presença de uma multidão de outros visitantes e sempre disposto a discutir teologia e religião, Coenen propôs a Natan questões referentes à sua profecia[97]. Natan, porém, não quis entrar em conversação direta com o visitante. As perguntas de Coenen tiveram que ser repetidas ao profeta por Nissim Amato, um dos proeminentes fiéis em Esmirna[98] e ficaram, em grande parte, irrespondidas. À guisa de resposta, Coenen foi simplesmente lembrado da proclamação celestial do verão de 1665, que seria cumprida em setembro de 1667. A promessa de Elias Tzvi a Coenen, de arranjar outro encontro mais particular, foi apenas uma manobra polida para livrar-se do visitante indesejado. Evidentemente, Natan não queria discutir a fé com descrentes judeus e muito menos com gentios.

Natan abandonou Esmirna no começo de maio (6 de Iyar) em direção ao norte. Seu destino era Adrianópolis. O movimento em Esmirna persistiu por mais alguns meses, mas quando as esperanças relativas ao mês de setembro também foram frustradas, o número de crentes diminuiu ainda mais, e os rabis que desejavam glosar todo o episódio passaram a levar vantagem. A narração de Coenen termina com a partida de Natan de Esmirna e, com ela, tem fim nossa principal fonte de informação, fidedigna e ordenada, sobre o movimento na cidade natal de Sabatai. A história dos desenvolvimentos subseqüentes teve de ser armada com peças das mais diversas fontes. O que é verdade sobre Esmirna se aplica outrossim ao movimento como um todo, e a falta de informações completas e sistemáticas se faz sentir em particular para o período não abordado pelo *Tzitzat Novel Tzvi* de Sasportas.

Natan sabia que sua viagem ocorria em desafio à ordem expressa dos rabis e, conseqüentemente, evitou as comunidades judaicas maiores, tais como Salonica, onde sua presença possivelmente causaria comoção. Demorou-se algum tempo em Ipsola, uma pequena comunidade no caminho para Adrianópolis, seja porque as autoridades judaicas ali não permitiram que prosseguisse viagem, ou porque aguardava instruções de Sabatai. Os crentes ainda dispunham

p. 267). Ele estava acompanhado por dois partidários ou discípulos e por três turcos contratados. Após o retorno a Esmirna no fim do mês, permaneceu na casa de Elias Tzvi.

97. O encontro teve lugar em 25 de abril de 1667. Coenen falou em italiano e Natan respondeu numa mescla de italiano e espanhol, a *lingua franca* do Levante; ver Coenen, p. 138.

98. A assinatura de Nissim Amato ainda aparece com as de outros líderes da comunidade num documento do ano de 1677; ver J. M. Toledano, *Sarid u-Falit*, p. 50.

de força nessa região e, ao que parece, receberam o apoio da maioria. De qualquer modo, os rabis de Adrianópolis sabiam muito bem que as massas ''ainda perseveravam em sua fé ilusória''[99]. Não há dúvida de que a proximidade imediata ao messias estimulava a imaginação, e toda espécie de rumores, alguns verdadeiros e outros falsos, eram correntes na época. Dizia-se que Sabatai ''era desprezado pelos turcos e tentava insinuar-se entre eles passando a maior parte do dia na mesquita onde, [de acordo com os crédulos adeptos], dedicava-se à Torá e a meditações cabalísticas''[100]. Segundo a mesma fonte, os judeus estavam estritamente proibidos de visitá-lo ou sequer de se aproximar dele.

Que as autoridades turcas, assim como os rabis de Constantinopla, tivessem realmente proibido qualquer contato entre os judeus e Mehemed Kapici Bashi é mais do que duvidoso. Sabatai desfrutava da proteção e da amizade de Vani Efendi, ''capelão do sultão'' e uma personalidade religiosa de projeção na corte[101]. Mais ainda, todas as fontes concordam na asserção de que ele desfrutava da simpatia do sultão. A tradição sabataísta posterior conta muitos pormenores acerca dos contatos amistosos de Sabatai com Vani Efendi, inclusive a conversão deste último à fé''[102]. Sabatai ''passava seu tempo devotamente na Corte Otomana, sendo educado aos Pés do culto *Gamaliel* da Lei Turca [...] *Vani* Efendi [...] para este mestre *Sabatai* era um estudioso dos mais dóceis, e dele aproveitou, como podemos imaginar, além da medida no tocante à Doutrina Turca'', enquanto também Vani aprendia ''algo sobre os ritos judaicos'' de seu novo discípulo[103]. Por outro lado, Sabatai também mantinha relações com seus seguidores, alguns dos quais apostataram a seu exemplo, embora, como regra, Sabatai parece ter-se contentado em explicar seu ato a seus adeptos sem exigir que agissem como ele. Segundo R. Israel Hazan, ele ordenou aos crentes que tomassem o turbante, apenas quando presos de um acesso de

99. Sasportas, p. 203.

100. O relato de R. Sansão Bacchi (Carpi, p. 19); similarmente, também Baruch de Arezzo (*ap.* Freimann, p. 63).

101. *Relation*, pp. 35, 39 e especialmente Rycaut, pp. 218-219. Os fatos contados por Rycaut de uma forma direta e objetiva são relatados de forma parcial e maliciosamente tendenciosa pelo jesuíta francês, que apresenta Sabatai como um vilão e ainda põe em sua boca expressões anti-semitas.

102. Num MS. de Dönmeh, no Instituto Ben-Tzvi, Jerusalém, nº 2280; o texto foi publicado pelo Sr. Molkho em *Sefunot*, III-IV (1960), p. 505.

103. Rycaut, *loc. cit.*; ver também De la Croix, p. 378. Uma descrição ampla e interessante da personalidade de Vani pode ser encontrada nas anotações do diário, do ano de 1675, de John Covel, médico e amigo do embaixador britânico na Turquia; ver ''Extracts from Dr. John Covel's Diary'', em J. Th. Bent (ed.), *Early Voyages and Travels in the Levant* (1893), pp. 268-272.

exaltação maníaca[104]. Ademais, está expressamente dito que apenas aqueles crentes que haviam sido convidados pessoalmente pelo messias a apostatar deveriam fazê-lo, mas que ninguém deveria abraçar o Islã por iniciativa própria[105]. Isso pode explicar o fato de que a maioria dos visitantes de Sabatai permaneceu judia, embora não haja prova definida capaz de demonstrar que a declaração de Israel Hazan, que pode talvez refletir a situação após 1669, se aplique também ao primeiro período imediatamente após a apostasia. Cumpre ter em mente que Sabatai bem pode haver prometido aos turcos uma conversão em massa dos judeus. Ele estava, sem dúvida, dividido e confuso, e as distinções entre verdade e falsidade, realidade e representação teatral tornaram-se cada vez menos nítidas. Seu dúplice comportamento como judeu e como muçulmano é de fato atestado por várias fontes independentes, e não é mera invenção da lenda sabataísta. Porém, podemos estar seguros de que ao menos durante os recorrentes períodos de "iluminação", sua desprezível traição se lhe apresentava transfigurada por uma luz mística, e as cartas de Natan o ajudaram a interpretar seu destino melhor do que jamais teria podido fazê-lo sozinho.

Os encontros de Sabatai com seus seguidores em Adrianópolis são mencionados em várias fontes, e seus discursos, citados por De la Croix, são, em essência, similares aos relatados pelos correspondentes de Sasportas, a despeito de certas diferenças no simbolismo tropológico. Moisés, o primeiro redentor, prenuncia o messias. Assim como Moisés viveu como egípcio na corte do faraó, também Sabatai teve que apostatar e viver como turco a fim de redimir o seu povo. O sol precisava desaparecer na escuridão, antes de nascer de novo com renovado esplendor[106]. De acordo com De la Croix, Sabatai escondeu sua duplicidade dos turcos, mas estes foram informados a respeito pelos infiéis, e o sultão e Vani Efendi ficaram extremamente irados[107]. Entretanto, parece mais provável que Sabatai atuou com pleno conhecimento dos turcos, que acreditavam que seus contatos com os judeus estavam destinados a ganhar mais convertidos ao Islã. De todo modo, os crentes esconderam cuidadosamente o fato de que continuavam considerando Sabatai como seu messias e que, em sua opinião, a situação atual era um mero interlúdio antes

104. Ver *Schocken Volume*, p. 163.

105. *Idem*, p. 176. Para mais detalhes sobre esse ponto, ver infra, pp. 160-163.

106. De la Croix, pp. 375-376. Segundo De la Croix, Sabatai também disse estar esperando pelo profeta Natan, que lhe traria o cajado com o qual Moisés realizou seus milagres; até então, "je suis obligé de me tenir caché". Isto soa como citação genuína e não como invenção de um escritor cristão. Os judeus de Constantinopla estavam, é claro, espalhando muitas histórias sobre as explicações de Sabatai.

107. *Idem*, p. 378.

da ruína do Império Turco. As expectativas e táticas dos crentes em Adrianópolis eram semelhantes às de Natan, pois eles informaram seus irmãos poloneses de que a data messiânica tivera de ser postergada para a Páscoa (abril de 1667)[108]. Então, "os maravilhosos caminhos de Deus começarão a ser revelados, e ele [Sabatai] revelar-se-á e sairá de seu estado de ocultação".

Muitos emissários das várias comunidades judaicas, em especial das orientais, que chegaram a Constantinopla após a apostasia, seguiram para Adrianópolis, onde alguns, por sua vez, apostataram. Segundo Rycaut, "muitos judeus afluíram, alguns de tão longe quanto *Babilônia, Jerusalém* e outros lugares remotos, e lançando seus Solidéus ao chão, na presença do Grão *Signior*, professaram-se voluntariamente maometanos"[109]. O mesmo incidente parece ser referido, se bem que numa linguagem deliberadamente obscura, numa fonte sabataísta.

> Chegaram quatro emissários da terra de Cusa [Etiópia][...] e quando souberam que Nosso Senhor vestia esta [isto é, a turca] vestimenta, também eles a vestiram [isto é, apostataram] e então se dirigiram à mesquita a fim de beijar a mão de Nosso Senhor, mas ele não o permitiu. Eles também disseram que em seu país haviam surgido profetas e profetisas. Estes emissários trouxeram consigo cartas de Bagdá, mas Nosso Senhor não quis dar respostas a eles, pois estava num estado de ocultação. Entretanto, para satisfazer esses emissários, deu-lhes uma carta confirmando terem eles encontrado o homem sobre o qual seus profetas tinham profetizado"[110].

Como veremos, houve muitos casos de apostasias temporárias *ad hoc*: os "convertidos" retornaram subseqüentemente aos seus países natais como judeus, ou fugiram da Turquia para a Itália, onde voltaram a sua religião ancestral. A doutrina sabataísta inicial, da apostasia, aparentemente se desenvolveu por sucessivas fases, embora com rapidez considerável[111].

Os muitos casos de apostasia podem explicar a excitação causada pelos relatos da iminente chegada de Natan a Adrianópolis. Os rabis decidiram enviar-lhe uma mensagem, ordenando-lhe que mantivesse a maior distância possível entre ele e a cidade e, mais ainda, que se retratasse de todos os seus erros e vãs invenções[112]. Muitos dos "nobres senhores de Constantinopla" (isto é, rabis ou líderes laicos das congregações judaicas na capital) estava na ocasião em

108. Uma cópia da carta foi enviada a Viena. Um resumo de seu conteúdo é preservado no Hottinger Collection, vol. 30, fol. 345b.

109. Rycaut, p. 219.

110. Baruch de Arezzo, *ap.* Freimann, p. 64.

111. Ver infra, pp. 159-168, o testemunho de Israel Hazan sobre a doutrina da apostasia da "Santa Congregação".

112. Sasportas, p. 203.

Adrianópolis, e juntos enviaram vários rabis a Ipsola, onde deveriam tomar assento como uma corte rabínica devidamente constituída e inquirir Natan[113]. Seu relatório, assinado em 8 de Sivan de 5427 (31 de maio de 1667), declara que consideravam os argumentos de Natan "desgastados e remendados". De fato, Natan negara ser um profeta; não era obrigado a operar um milagre, nem capaz de realizá-lo. Sua única profecia havia sido a proclamação da messianidade de Sabatai, que se tornaria manifesta passado um ano e vários meses. Essa profecia seria comprovada como falsa apenas se o dia 25 do mês de Elul transcorresse sem que nenhum acontecimento messiânico tivesse ocorrido. Todos os seus outros pronunciamentos eram baseados em sugestões celestiais e *magidim*, mas não em profecia no sentido literal da palavra. Os mensageiros de Adrianópolis, porém, continuaram a pressioná-lo por um sinal que confirmasse pelo menos essa única profecia, e Natan por fim lhes disse "para esperar até a Festa das Semanas, [...] pois o Santo Espírito lhe dissera que [neste dia] o homem em Adrianópolis [Sabatai Tzvi] teria uma grande iluminação e que, graças a esse homem, ele seria capaz de realizar um milagre. Eles esperaram [...] mas nada aconteceu, e ao invés de uma iluminação, uma grande escuridão caiu sobre ele". Os mensageiros, portanto, exerceram pressão ainda maior sobre Natan, exigindo que ele assinasse um compromisso solene, (*a*) de não se aproximar mais do que doze dias de jornada de Adrianópolis, (*b*) de não se comunicar por qualquer motivo que fosse, direta ou indiretamente, com "aquele homem em Adrianópolis", (*c*) de não fazer quaisquer aparições públicas e não ver ninguém exceto seu sogro e seu servidor (R. Samuel Gandoor), (*d*) confessar que tudo o que dissera era mentira e falsidade caso o messias não aparecesse até 25 de Elul. O compromisso foi redigido na primeira pessoa do singular[114] e entregue a Natan para que assinasse. R. Samuel Gandoor assinou como testemunha, para que mais tarde Natan não contestasse a autenticidade de sua própria assinatura. Deu-se muita publicidade ao documento, embora seja incerto o que os rabis realmente esperavam com sua manobra. Devem ter percebido que Natan dificilmente honraria uma promessa que poderia argumentar ter sido extorquida dele sob

113. Seu relato foi publicado subseqüentemente como um folheto sob o título "Um Memorial aos Filhos de Israel"; está também impresso no fim das *responsa* de Aboab *Devar Shmuel*. Os nomes dos três mensageiros são dados como sendo o médico David Curiel, Asher b. Abraão Ashkenazi e R. Judá b. Meshulam. Sasportas (p. 204) menciona quatro rabis: em lugar do segundo acima mencionado, ele cita Asher b. Rafael e acrescenta R. Abraão ha-Levi Ashkenazi. Este último é conhecido como um dos rabis de Constantinopla. Baruch de Arezzo (p. 59) diz que quatro ou cinco rabis foram enviados a Ipsola.

114. O texto na íntegra em Sasportas, p. 205.

coação. Na realidade, Natan repudiou o documento que fora obrigado a assinar numa carta veemente, cujo texto veio recentemente à luz[115]. A abertura do manuscrito declara ter sido a carta escrita de Ipsola aos "emissários" de Constantinopla que, por um trocadilho em hebraico, são chamados de "os adversários" de Constantinopla[116]. Parece, no entanto, mais provável que o repúdio tenha sido escrito em 1668, como parte de sua resposta ao folheto citado na nota 113. Natan faz uso da mesma tática empregada em sua resposta aos rabis de Veneza discutida infra (p. 75). Ele argumenta que o documento foi deturpado e tinha um significado muito diferente[117]. Amaldiçoou os três homens que o haviam assinado, chamando-os pelos nomes de três animais impuros – a lebre, o coelho e o gafanhoto. De qualquer forma, não se considerava comprometido por sua assinatura, e na primeira oportunidade que se apresentou, seguiu para Adrianópolis a fim de encontrar-se com o seu messias[118].

Natan não partiu imediatamente. Demorou-se algumas semanas na Trácia, onde "aditou à sua perversidade, tentando converter outros à sua fé" – provavelmente não por sermões em público, mas, como em Esmirna, por contatos pessoais e pela atividade literária. Era uma ocasião, entretanto, agiu pública e, de fato, demonstrativamente de modo a não deixar dúvidas quanto à sua fé inabalável em sua missão profética. Dirigindo-se às comunidades da Trácia (ou a grupos de crentes ali), renovou a ordem que abolia o jejum de 17 de Tamuz, declarando a data como dia festivo[119]. A contínua influência de Natan sobre os crentes, e especialmente este seu último ato de provocação, colocaram os rabis de Adrianópolis em situação embaraçosa. Percebendo que seus éditos de excomunhão de nada valiam, apelaram ao curioso expediente de negociar com o próprio apóstata odiado. Os rabis de Constantinopla, em seu informe sobre o assunto, encobrem o fato de terem se dirigido eles próprios a Sabatai Tzvi, através de um intermediário, solicitando-lhe que interviesse junto a seus crentes. O intermediário era José Karillo, de Brussa, um dos "reis" nomeados por Sabatai em Esmirna. Ele se-

115. A cópia dos arquivos de Dönmeh publicada em *Sefunot*, V (1961), pp. 270-271, é bastante deturpada, inclusive os nomes das pessoas envolvidas.

116. Ele escreve *tzarei* (inimigos) em vez de *tzirei* (emissários).

117. Ele disse, por exemplo, que apenas concordara em não encetar qualquer correspondência direta com Sabatai, mas isto o deixou livre para enviar-lhe um mensageiro, ou responder suas cartas. Há pouca dúvida de que essas declarações soam com um tom insincero.

118. Como se sabe agora pelo relato da conversação de Natan com Mahalalel Aleluia de Ancona; ver G. Scholem em *H. A. Wolfson Jubilee Volume* (1965), p. 226.

119. A ordem foi enviada de Comerjina (em turco, Gumulcina), uma pequena comunidade na Trácia; ver Sasportas, p. 206.

guira o messias a Adrianópolis e, ainda era, na época, um judeu[120] (apostatou em 1671; ver p. 153)[121]. Segundo o relatório oficial dos rabis[122], os crentes sabataístas tomaram a iniciativa: sabendo que estavam sujeitos à excomunhão caso obedecessem às instruções de Natan, buscaram a orientação do messias que, através de Karillo, lhes ordenou que observassem o jejum. Esse espetáculo em que a Lei era observada por contra-ordens do messias apóstata às instruções de seu profeta, mais do que justificavam a indignação de Sasportas, que sentiu que nunca até então a religião judaica caíra tão baixo. Karillo mostrou a carta de Sabatai aos crentes, mas não permitiu que os rabis a vissem – talvez porque contivesse invectivas que era mais seguro manter afastadas de seus olhos. De qualquer modo, Karillo foi detido pelas autoridades turcas a pedido dos rabis, e setenciado – não sabemos sob quais fundamentos ou pretextos – a uma multa de quatrocentos *grosso*: ''e agora ele está na prisão. E admoestamos a seita de pecadores que segue esse homem para que se disperse''. Parece que os rabis ainda diferenciavam nessa ocasião entre crentes comuns (como R. Moisés Kohen, em cuja casa os fiéis costumavam encontrar-se) e a ''seita de pecadores'', isto é, o punhado de seguidores que havia apostatado com Sabatai.

Em acréscimo a tudo isso, os rabis de Constantinopla contavam uma lenda muito estranha – sem dúvida com a intenção de aumentar o efeito de sua propaganda anti-sabataísta. Sabatai, informam eles na carta, se lhes apresentara e se arrependera de tudo o que fizera. Tendo se inteirado da detenção de José Karillo, ele se apresentara, tomado de pânico, no dia seguinte, à Sala do Conselho perante os líderes laicos da comunidade (isto é, não diante de uma corte rabínica), e ''começara a desculpar-se''. O verdadeiro vilão era o perverso falsificador Natan, que havia apagado o nome real do Redentor de *A Visão de R. Abraão* e o substituiu pelo de Sabatai. ''Assim ele me seduziu e me desencaminhou com mentiras e embustes, desviando-me dos caminhos do Senhor até que eu mesmo comecei a desencaminhar o povo que ainda acredita em mim até o dia de hoje''. Ele também amaldiçoou Abraão Yakhini por sua parte na impostura. Graetz foi o primeiro a a suspeitar que os rabis estivessem praticando aqui uma espécie de ''artifício sagrado'', uma vez que esta confissão diferia de tudo o que conhecemos sobre o caráter de Sabatai. Talvez

120. Ele ainda era mencionado como ''R. Karillo''.

121. Ver A. H. Weiss, *Beth ha-Midrash* (1865), p. 65. Os descendentes de Karillo figuravam entre as famílias de Dönmeh em Salonica; ver *A Sabbatian Hymn Book* (*Um Livro de Hinos Sabataístas*), 1948, p. 82 (nota 5, na p. 82 do livro deve ser corrigida).

122. Ver Sasportas, pp. 205-206.

pensassem que, se Sabatai pôde ser usado para sabotar a abolição do jejum, feita por Natan, por que não pôr em sua boca uma falsa confissão, e pretender que ele repudiasse o movimento, em geral, e o profeta, em particular, que era naquele momento a principal fonte de problemas. A confissão, redigida na primeira pessoa e assinada: "Assim falou o homem que viu aflição sem medida, vosso irmão muito jovem, Sabatai Tzvi"[123], datava "da semana em que a porção do Pentateuco era para ser lida 'e seu coração desfaleceu, pois ele não acreditava' "[124], e era dirigida a:

> Nossos irmãos da Casa de Israel, que vos seja fielmente conhecido que o portador desta carta, possa Deus ter misericórdia dele, está agora comigo, e eu vos anuncio que, tendo pensado melhor sobre isso, compreendo agora com absoluta certeza que NÃO HÁ ABSOLUTAMENTE NADA SOBRE MIM e que qualquer coisa que tenha ocorrido a mim nessa questão, seja através de mim mesmo ou daquele que profetizou sobre mim, nada era senão um espírito de loucura absoluta ou de outra espécie, e que o mundo continuará como de costume até que surja o verdadeiro Redentor. Em razão disso cada qual deve ficar tranqüilo em sua casa e prosseguir com seus negócios habituais, e as pessoas não devem considerar palavras vãs, mas aguardar pela verdadeira salvação, que ainda não chegou, até que o céu tenha misericórdia de nós. E que Deus Onipotente vos conceda mercê e vos proteja e tudo o que é vosso, a estenda o tabernáculo da paz sobre nós, e vos conceda contemplar Sua salvação e que vossos olhos possam ver o verdadeiro rei em sua beleza. Amém[125].

O "portador dessa carta" era R. Aarão b. Ananiá, um dos emissários da Pérsia ou do Curdistão, que viera visitar Sabatai em Constantinopla, mas ficara sabendo, ao chegar, que ele havia apostatado. É significativo que os autores dessa pretensa confissão, dirigida ostensivamente a toda a Casa de Israel, tenham evitado cuidadosamente que ela circulasse na Turquia ou no Ocidente, e a deram, em vez disso, aos ingênuos emissários da Pérsia e do Curdistão, que de nada suspeitavam. A falsificação era patente para quem quer que estivesse familiarizado com o comportamento e o estilo de Sabatai nos anos seguintes à sua apostasia. Sabatai continuava a ensinar "Assim disse

123. Talvez a palavra hebraica *meod* ("muito") seja um erro de escrita e o texto deva ser lido: "vosso jovem irmão Mehemed Sabatai Tzvi"; cf. também a assinatura na carta de Sabatai publicada por Z. Rubashov em *Zion* (anual), VI (1934), p. 54.

124. Gênesis, 45:26, na porção semanal do Pentateuco *Va-yigash*, isto é, princípio de janeiro de 1667. Isto dataria a retratação de quatro meses inteiros.

125. MS. Enelow 2 223 (Jewish Theological Seminary, New York), fol. 233a, citando de um MS. encontrado na Armênia; ver *Zion*, VII (1942), p. 175. Em outra cópia do mesmo texto, preservada numa carta por R. Salomão Bekhor Hotzin, de Bagdá, a data apresentada é "a semana da porção bíblica semanal *Va-yigash*, p. 429, isto é, início de dezembro de 1668 (ver *ha-Tzefirá*, II [1875], p. 115). De acordo com o relato de Sasportas, entretanto, o incidente ocorreu em 1667. Uma das duas datas está incorreta, ou houve dois incidentes. No segundo MS., o nome do emissário persa é Aarão de Meraká. Ver também M. Benayahu em *Sefunot*, III-IV (1960), p. 10.

o homem que foi elevado às alturas'' e, durante todo o ano de 1667, recebeu visitantes, aceitando suas homenagens, embora, na maioria dos casos, não exigisse que apostatassem. R. Israel Hazan, de Kastoria, na Macedônia, relata como ele e seus amigos, ao visitarem Sabatai, recitaram a bênção litúrgica devida a um rei judeu: ''que conferiu Sua glória àqueles que o temem'', e Sabatai lhes mostrara referências bíblicas quanto à sua pessoa por meio da *gematria* que havia escrito de punho próprio[126]. Não há evidências fidedignas de que, mesmo durante seus paroxismos de melancolia ou desespero, ele tenha amaldiçoado ou insultado seus adeptos (exceto ver infra, p. 146). De la Croix relata um caso de comportamento ofensivo para com os crentes (ver infra, p. 161). Isso aconteceu numa das ocasiões em que Sabatai exigiu que seus visitantes apostatassem, e sua exigência foi objeto de recusa absoluta.

Em sua carta a Constantinopla, os rabis de Adrianópolis também anunciavam que, após a confissão de Sabatai, eles haviam excomungado Natan por causa de suas inúmeras mentiras, e devido ao fato de ele ter quebrado promessa de manter-se afastado, a uma distância de doze dias, de Adrianópolis. Na verdade, ele se estabelecera em Comerjina e reunira um séquito de ''pessoas vãs e frívolas'', apesar de seu juramento de abster-se de qualquer comunicação com os judeus locais onde quer que fosse, ''razão pela qual nós o excomungamos de acordo com as regras da lei''[127]. Eles também instaram a seus colegas na capital a ''tirar vingança desses malfeitores'', sem entretanto indicar o tipo de vingança desejada. Teriam eles sugerido que os rabis de Constantinopla delatassem os crentes às autoridades turcas? Não está claro se os malfeitores mencionados eram os discípulos que estudavam com Natan (as ''pessoas vãs e frívolas'' de linguagem polêmica) ou apóstatas sabataístas.

Os rabis de Adrianópolis estavam determinados a destruir a reputação de Natan por todos os meios legítimos e menos legítimos. Sua atitude em relação a Natan endurecera consideravelmente nos poucos meses desde que os rabis de Constantinopla tinham enviado sua carta pastoral, exortando todas as comunidades a evitar ''que o rabi Natan'' se reunisse a seu messias. Deveu-se a mudança simplesmente à exasperação em face do flagrante desrespeito de Natan a suas promessas em Ipsola, ou terão que os rabis começado a perceber que o movimento era mais forte do que pensavam e que Natan devia ser banido mesmo se isso significasse impeli-lo à apostasia? Táticas similares foram empregadas pelos rabis um século mais tarde, no caso de Jacó Frank, mas a situação em 1667 era muito dife-

126. Ver *Schocken Volume*, p. 164.

127. Sasportas, p. 207. Comerjina fica perto de Adrianópolis.

rente da que foi criada pelos frankistas. O sabataísmo inicial, apesar das manifestações ocasionais de antinomianismo, não se convertera ainda num movimento radicalmente antinomiano, e os crentes eram essencialmente judeus pios e ortodoxos que diferiam dos outros apenas por acreditarem que a redenção messiânica já tivera início ou estava prestes a começar. É pouco provável que os rabis estivessem inclinados a agravar a crise levando Natan à apostasia, especialmente porque devem ter percebido que o exemplo do profeta poderia inspirar seus adeptos a imitá-lo.

Continuamos ainda no escuro com respeito aos movimentos de Natan e seus contatos, sobretudo com Sabatai Tzvi, embora saibamos com certeza ter ele agido em completo respeito para com suas solenes promessas, e efetivamente visitado Sabatai em Adrianópolis. Nessa ocasião, Sabatai incumbiu Natan de uma missão cabalística em Roma e até lhe forneceu os meios necessários (ver infra, p. 51, nota 137). A primeira parada de Natan após ter deixado a Trácia, foi Salonica, onde estava certo de encontrar um número considerável de crentes. Estabeleceu contato íntimo com alguns deles, enviando-lhes mais tarde seus panfletos e cartas. Não obstante, a maioria dos rabinos era firmemente contrária à pregação sabataísta, e depois que seu sogro, Samuel Lissabona, adoeceu e morreu, Natan foi forçado a deixar a cidade[128]. Natan perambulava a maior parte do tempo pelas muitas pequenas comunidades entre Salonica e a costa adriática, acompanhado apenas pelo fiel Samuel Gandoor. Enquanto nas grandes comunidades a maioria dos rabis era a favor da repressão ao movimento, as comunidades menores estavam bem menos sujeitas à influência rabínica e eram mais facilmente influenciadas por um punhado de crentes sinceros. Ocasionalmente, como em Corfu e Kastoria, os líderes da comunidade aceitavam devotadamente os ensinamentos do profeta. O próprio Natan pretendeu que seu itinerário lhe fora prescrito por uma voz celestial (*magid*) que sempre o acompanhava: "a seu comando ele viajava e a seu comando ele se detinha"[129]. Esse relato das peregrinações de Natan transformou-se subseqüentemente numa doutrina oficial entre os crentes. Como já vimos antes, esses *magidim*, isto é, as almas de santos e profetas falecidos, seriam agora a fonte da inspiração de Natan, à exceção

128. Sasportas, p. 259; cf. também a observação de Tishby (Sasportas, p. 203). De acordo com Sasportas, os oponentes do movimento ameaçaram Natan com uma vingança terrível, mas não há indícios que possam corroborar a declaração de Sasportas.

129. Baruch de Arezzo, *ap.* Freimann, pp. 59, 63; ver também a citação (Sasportas, p. 331) das cartas de Natan, que os emissários de Jerusalém trouxeram a Salé, no Marrocos, em 1668.

de sua primeira genuína e plena experiência profética, que veio de um lugar mais elevado.

Entrementes, passara-se o mês de Elul (setembro de 1667), sem que a "proclamação celestial" de 1665 tivesse se concretizado, não obstante as reiteradas afirmações de Natan. Mas, em vez de retratar-se, Natan agora enfatizava cada vez mais a distinção entre dois tipos de inspiradas proferições que haviam, até então, sido tratadas erroneamente de forma semelhante. Sua visão do trono divino, na primavera de 1665, na qual a voz do Senhor anunciara a redenção de Israel através do messias Sabatai Tzvi, era uma experiência única de profecia no sentido estrito da palavra, e cuja verdade permanecia inabalada. As várias datas, entretanto, que lhe tinham sido reveladas por vozes celestiais, anjos e mensageiros (inclusive a "proclamação celestial" ouvida durante a grande visão) eram de uma espécie inteiramente diversa e estavam sujeitas a mudanças. Depois de setembro de 1667, outras datas foram mencionadas, se bem que com menor certeza categórica, e os esforços teológicos de Natan visavam principalmente expor o significado místico e a trágica necessidade da apostasia do messias para o cumprimento de sua missão.

Natan não era o único crente, à época, a ter inspirações celestiais. Nos anos de 1667-1668, um desconhecido R. Jacó b. Isaac Tzirojon recebeu revelações de um *magid* (provavelmente de seu próprio punho) que foram preservadas num dos manuscritos dos arquivos de Dönmeh[130]. Todas elas diziam respeito à justificativa da apostasia de Sabatai e ao destino pessoal que aguardava o autor (incluindo, possivelmente, sua própria apostasia mística?). Estão escritas num aramaico pseudo-zohárico[131]. Entre elas, há uma revelação, do dia anterior ao da data final para a redenção apresentada por Natan, o fatídico 25 de Elul de 1667 – mas nenhuma referência é feita aos acontecimentos iminentes![132] O autor já estava preocupado com assuntos econômicos. De acordo com ele, Sabatai (aqui chamado de *maran*, Nosso Senhor) declarara que aqueles que têm pouca fé nele, possuem bens terrenos porque provêm dos mundos ínferos, enquanto no concernente aos crentes "não se lhes deu dinheiro"[133].

130. MS. Instituto Ben-Tzvi 2 262, pp. 85-100. As páginas têm todas as indicações de um autógrafo que chegou às mãos do colecionador, R. Abraão Miranda em Salonica, que reuniu o MS. entre 1750 e 1760. Não sei se o autor viveu em Adrianópolis, Salonica ou em outro lugar na Trácia.

131. A ser editado por Rivká Schatz, em *Sefunot*, XIV, pp. 220-232 (*Sefer Yavan*, I).

132. A revelação data de 24 de Elul, terça-feira, mas apenas em 1667 é que esta data caiu numa terça-feira (3 de setembro de 1667).

133. Numa revelação de dezembro de 1667 (Kislev, 5428).

Essa pode ser uma interessante referência à composição social da maior parte dos adeptos sabataístas na época.

Além dos panfletos e das cartas em que Natan expunha suas doutrinas, que se desenvolviam rapidamente e tendiam a tornar-se cada vez mais radicais, surgiram novos escritos pseudoepigráficos. Foram compostos ou por Natan ou – mais provavelmente – por outros. R. Elisha, pai do profeta, testemunhou no ano de 1667, que haviam sido revelados a seu filho não apenas a *Visão de R. Abraão*, como três livros mais (ver vol. I, p. 224). Entretanto, parece improvável que o texto das pseudo-*Hekhalot* subsistentes seja obra de Natan. O apocalipse em questão, escrito em imitação óbvia dos livros das *Hekhalot*[134] é uma versão ampliada do *Livro de Zerubabel*. O texto original dessa última obra estava largamente difundido na época, e os sabataístas não tiveram quaisquer dificuldades para descobrir nele referências ao aprisionamento do messias em Galípoli. Depois da apostasia, foram acrescentados vários capítulos, nos quais Metatron, o "anjo da Presença", revelava a R. Ismael, o herói das *Hekhalot Rabati*, os mistérios messiânicos sobre os quais já informara Zerubabel, o filho de Shealtiel. Esse apocalipse inteiramente sabataísta foi inserido no texto das *Hekhalot Rabati* por copistas sabataístas, e preservado para a posteridade por essa afortunada circunstância. Um rabi em Jerusalém, que de nada suspeitava, até publicou os textos de *Hekhalot* com as interpolações sabataístas. Esse surpreendente apocalipse foi composto, sem dúvida, antes de 1669 e provavelmente depois do desapontamento de 25 de Elul de 1667. A data mais provável é outono de 1667, tenha ele sido escrito por Natan ou por um de seus discípulos[135]. De todo modo, Natan, em seus escritos posteriores, refere-se repetidamente às revelações de Metatron no *Livro de Zerubabel*, citando-as como prova de sua mensagem: "Vede, tudo isso aconteceu ao AMIRAH e nada deixou de ser concretizado".

134. Ver G. Scholem, *As Grandes Correntes da Mística Judaica*, cap. 2, sobre esses livros esotéricos do período talmúdico.

135. Ver G. Scholem, *Zion*, VII (1942), pp. 186-187, e as notas de Tishby a Sasportas, pp. 333-334. Sasportas, compreendendo erroneamente uma frase na carta de R. Jacó Saadun, do outono de 1668, foi levado a crer que o apocalipse tinha sido escrito antes da apostasia, mas uma leitura cuidadosa do texto mostra que a apostasia do messias é seu tema principal. O texto está impresso em S. A. Wertheimer, *Pirquei Hekhalot* (Jerusalém, 1889), caps. 33 e ss. e em Even-Shemuel, *Midreshey Geulá* (1943), pp. 352-370. Even-Shemuel foi o primeiro a reconhecer o caráter sabataísta desses capítulos. Pude subseqüentemente confirmar sua tese a partir de um MS. sabataísta (agora na Biblioteca Nacional em Jerusalém, n. 381, 8); cf. meu artigo em *Zion, loc. cit.* Outra versão mencionando o ano de 1666 encontra-se no MS. do Instituto Ben-Tzvi 2 262, pp. 104-105, onde se diz ter sido copiado do *Etz Haim* de Haim Vital, por Salomão Herrera, professor no Talmud Torá, em Salonica.

1. Retrato do rabino Jacó Sasportas, o adversário de Sabatai Tzvi. Pintura a óleo, por Isaac Luttichuijs (Amsterdã, cerca de 1680-1690). Museu de Israel, Jerusalém.

A versão original do *Livro de Zerubabel* já descrevia os rabis injuriando e vilipendiando o messias, mas o suplemento sabataísta é muito mais concreto e explícito: os rabis insultam o messias, chamam-no de vilão e apóstata, "razão pela qual Deus, em sua ira, aprisiona o messias por oito anos exatamente, correspondentes aos oito dias da circuncisão. Assim como uma criança não é considerada membro da comunidade até seu oitavo dia de vida, quando é circuncidada, do mesmo modo Deus oculta Sua face do messias durante os anos de seu aprisionamento. Deus também tenta Israel para que denigra o messias, dizendo: 'Este homem errou e desencaminhou o povo de Israel. O Faraó não aprisionou Moisés como esse mensageiro foi aprisionado' ". Isso sugere que as esperanças dos crentes estavam agora fixadas no ano de 1674, isto é, o oitavo ano depois da apostasia.

Os acontecimentos de 1666 – a revelação do messias, a controvérsia sobre sua personalidade, a revivescência penitencial, a ansiedade dos gentios, a crise e o resultado da apostasia – são descritos no apocalipse em cores vívidas:

> Metatron disse-me que um ano antes [da manifestação do messias] [...] Deus enviaria um mensageiro a Israel [...] Pois o messias estivera oculto por muitas gerações e uma grande sonolência caira sobre eles [...] [Mas agora Deus] faz ressoar os quatro cantos do mundo, e anuncia a Israel: "A redenção chegou". Por causa disso, homens, mulheres e crianças reunir-se-ão para rezar pela mercê de Deus [...] e todo o povo arrepender-se-á de seus pecados. E os gentios também se reúnem ao contemplar Israel rezando nas sinagogas [...] e eles temerão e se envergonharão, e dirão: "Há na verdade salvação para Israel e nós zombamos deles", e os gentios também se arrependerão. Então, o messias rogará perante Deus: "Senhor do Universo, deixe-me sofrer as piores agonias, mas não permita que nenhum dos gentios contemple e compartilhe dessa bem-aventurança reservada a Israel!" Diante disso Deus toma duas correntes de ferro e as coloca sobre os ombros do messias, dizendo-lhe: "Uma é para os pecados desta geração, a outra é para que os gentios não possam ter nenhuma parte na salvação". Mas Israel [vendo o messias acorrentado] muda de opinião e despreza o messias, dizendo: "Ai de nós que seguimos esse louco". Então Deus dirá: "Vós o chamais de louco, vós haveis de contemplar sua luz" [...] No primeiro ano de seu cativeiro, serão feitas proclamações contra ele em todas as cidades judaicas, e os rabis e líderes laicos conspirarão contra ele [...] Durante os anos de seu cativeiro, os eruditos serão levados embora e os crentes (!) hão de morrer [...] e a geração ficará vazia [de fé e sabedoria] [...] por sete anos[136].

As opiniões expressas no apocalipse no tocante ao futuro dos gentios, argumentam contra a autoria de Natan. Natan, em sua carta ao irmão de Sabatai, declarara que os gentios seriam salvos através dos méritos do filho do messias. De acordo com esse apocalipse,

136. Caps. 33 e 35 de *Pirquei Hekhalot* (mencionados supra, nota 135), corrigidos de acordo com o MS. sabataísta; cf. *Zion*, VII (1942), p. 186.

entretanto, Sabatai assumiu voluntariamente um sofrimento ulterior a fim de assegurar a ruína dos gentios. Natan, é verdade, foi a Roma, a mando explícito de Sabatai (ver infra, p. 84), para executar um rito místico-mágico e causar a destruição da cidade. Porém, a destruição do centro de iniquidade não é necessariamente o mesmo que a ruína total de todos os gentios. Tenha ou não Natan composto o apocalipse, é evidente que os espíritos dos crentes estavam profundamente agitados durante o ano de 1667, e Natan não foi, por certo, o único que tentou sondar o mistério dos acontecimentos recentes.

No início de 1668, Natan chegou a Corfu vindo de Ioánnina. Durante sua estadia em Corfu, ele se preparou sem dúvida para a sua misteriosa jornada à Itália, passando a manter correspondência com os crentes italianos remanescentes. Ainda há muita coisa obscura no que diz respeito a essa viagem. Qualquer que tenha sido a natureza exata da missão cabalística, para a qual se diz que o próprio Sabatai forneceu os meios[137], Natan sabia certamente que a maioria dos rabis em Veneza estava contra ele. Por que então se dirigiu diretamente ao covil do leão – até mesmo anunciando de antemão sua intenção de fazê-lo – em vez de ir a comunidades tais como Livorno ou Ancona, onde poderia contar com algum apoio? De qualquer modo, as poucas semanas que passou em Corfu (fevereiro-março de 1668) foram repletas de atividade febril, reminiscente de sua permanência em Esmirna. Natan começou a adotar um comportamento dúplice, conforme estivesse lidando com crentes ou infiéis. Sabatai exibira similar duplicidade – salientando a sua missão messiânica para seus correligionários judeus, porém negando-a na frente dos gentios – mas Natan foi o primeiro a praticar tal dobrez dentro da comunidade judaica. No devido tempo, essa duplicidade tornou-se a marca característica do movimento sabataísta. Aos infiéis, Natan falava como um entusiasta desenganado; ao círculo de crentes nos quais confiava, dizia o que realmente pensava. Durante aquele período, ele escreveu diversas cartas explicando o mistério da apostasia. Sasportas relata ter Natan encontrado em Corfu "muitos tolos", aos quais ensinou suas doutrinas, fortalecendo-os em sua fé. Aos que não faziam parte de sua facção, afirmava que pretendia fazer penitência pública em Veneza para expiar seus erros, enquanto aos

137. Quando o rabino de Ancona expressou sua surpresa quanto ao fato de Natan e Samuel Gandoor, ao contrário de emissários comuns, não apresentarem quaisquer pedidos de caridade às comunidades pelas quais passavam, Natan retrucou que todas as despesas haviam sido providas pelo próprio bolso do salvador, e que Sabatai os instara a "não tomar um só centavo de qualquer judeu, pois estavam agora numa missão" em nome do messias (*H. A. Wolfson Jubilee Volume*, p. 233).

crentes confidenciava que ia para Roma, onde teria início a ruína dos gentios[138].

Os sabataístas não foram os únicos que se deixaram levar por essa falsidade. Um infiel que se fazia passar por crente conseguiu obter de Natan o texto de uma carta que, definitivamente, não era destinada à publicação. É o primeiro documento que expôs explicitamente a doutrina sabataísta da *necessidade* da apostasia do messias. Foi escrito em janeiro de 1668 e dirigido a um crente na ilha de Zante, perto de Corfu, que havia inquirido acerca "do Senhor o qual buscamos e pelo qual esperamos todos os dias e todas as horas, [...] o Grande *shabat* [isto é, Sabatai] que é o Sagrado *shabat* [...]" A carta[139] é de grande significação para uma melhor compreensão dos meios pelos quais os crentes justificavam a apostasia e manejavam a propaganda, e merecer ser citada pelo menos em parte:

> Sabei portanto [...] que [é] ele e nenhum outro, e além dele não há Salvador de Israel[140]. E embora ele haja colocado a bela mitra [o turbante] sobre a cabeça, sua santidade não é profanada, pois Deus jurou com Sua destra e Ele não enganará. Este é um dos mistérios de Deus, e quem quer que tenha algum conhecimento dos mistérios da Torá, não considerará isso estranho. Pois, embora nada semelhante a isso esteja indicado no sentido literal da Escritura, ainda assim vimos que os ditos dos antigos rabis sobre esses assuntos [escatológicos] são obscuros e absolutamente inexplicáveis, e temos o testemunho do grande luminar Maimônides [que declarou] que os ditos rabínicos se tornariam inteligíveis apenas após a acontecimento[141]. Não obstante quem tem olhos para ver [...] pode encontrar prova [suficiente] dessas coisas [...] e não falar falsamente contra a santidade do *shabat* [isto é, Sabatai Tzvi], pois quem quer que invective contra ele sem dúvida a sua alma é da "multidão misturada", como fica evidente do que é dito no livro sagrado *Raya Mehemna*, que [...] também fala do verdadeiro Redentor. Lá se diz[142] que "tu foste ferido devido à culpa do povo" (cf. Isaías, 53:5) e eu sofro grande dor como é dito 'e deram-lhe sepultura com os ímpios' (Isaías, 53:9), e eles não me reconhecem e sou considerado a seus olhos como a carcaça fedorenta de um cão". Isso certamente se refere ao que deveria acontecer mais tarde [...] Essas palavras seguramente não significam [que o messias será desprezado] por causa de seus sofrimentos [mas por causa de seus aparentes pecados[143]. E aqueles da "multidão misturada" [...] são chamados de ímpios [embora possam não ser pecadores efetivos] [...] por causa do veneno [da serpente] que está em suas almas não regeneradas

138. Sasportas, p. 259.

139. *Idem*, pp. 260-262; Baruch de Arezzo, pp. 59-61 (com pequenas variações).

140. Aqui Natan repete o fraseado que empregou em sua *Visão de R. Abraão*, escrita em 1665.

141. Natan torce aqui as palavras de Maimônides (ver vol. I, pp. 13-14) de forma a adequar-se a seu objetivo: uma vez que as profecias messiânicas serão entendidas tão-somente após o acontecimento, sua formulação original deve ter sido essencialmente esotérica.

142. Zohar III, 125b. O locutor é Elias, dirigindo-se a Moisés. Natan usa o trecho como se se referisse ao destino do messias.

143. O argumento é baseado num trocadilho intraduzível. A raíz hebraica *srh* significa "feder mal" e (idiomaticamente) também "pecar".

e que os leva a falar mal do messias em vez de [ao menos] manterem-se calados e aguardarem até que vejam o final dessa questão[144]. Isso também inclui os miseravelmente ricos [...] o *Raya Mehemna* revelou sem dúvida que [o messias] faria coisas estranhas e seria portanto considerado como um cão morto, tal como vimos, de fato, acontecer nesses dias com algumas pessoas que têm perdido sua confiança no Senhor. Uma ulterior prova definitiva pode ser achada nos *Tiqunim* [*Tiqun* 60], onde se diz, [...] "bom por dentro, mas sua vestimenta [isto é, sua aparência externa] é má – isso se refere ao humilde, montado sobre um jumento" [cf. Zacarias, 9:9]. Aqui cumpre-vos compreender apenas o sentido comum [...] pois a "má vestimenta" se refere ao turbante que ele pôs [...] O mesmo texto [*Tiqunei Zohar* 60] utiliza mais tarde a expressão "mau por dentro com uma boa vestimenta". Isso pode-se encontrar em muitas pessoas que vestem trajes judaicos, o que é bom [isto é, que são judeus observantes e não apostataram], e, ainda assim, estão cheios de impurezas [...] Em outras partes dos *Tiqunim*[145], o versículo "ele foi ferido por causa de nossas transgressões" é interpretado como significando "ele foi profanado"[146], e aquele que tem entendimento sabe que ninguém é realmente profanado, exceto aquele que apostatou da comunidade de Israel [...] A declaração [no Zohar] de que no último exílio o nome [do messias] se tornaria objeto de escárnio e derrisão se refere ao fato de que ele há de pôr o turbante [...] No entanto, nós [...] os verdadeiros crentes aprendemos que o *shabat* não foi profanado por ter ele posto o turbante... mas ele teve que agir assim por causa dos pecados de Israel, e seu destino foi similar ao de Ester que teve de comer alimento proibido [no palácio do Rei Assuero]. O pio Mardoqueu percebeu que "não foi sem motivo que Ester fora levada [a um lugar impuro] e a libertação, na verdade, veio através dela"[147]. O mesmo acontecerá neste caso. Nossos inimigos o verão e serão envergonhados, [...] mas aqueles que esperam por ele hão de provar delícias celestiais, e suas almas atingirão um grau muito alto [...] a razão para tudo isso não pode ser revelada, muito menos confiada à escritura, exceto para cabalistas peritos, mas logo tudo se tornará manifesto [...] Feliz é aquele que espera [...] Razão pela qual, meus irmãos e todos os crentes fiéis em Israel que esperam e tremem ao ouvir essas palavras, sede fortes e tende coragem, não temais e nem desanimeis, voltai-vos para o Senhor vosso Deus com todo o vosso coração e a vossa alma e dai graças a Seu grande nome, pois verdadeiramente haveremos de contemplar o que nossos antepassados não viram. E embora as pessoas possam dizer que essas palavras de reconforto são mera vaidade, porque sou incapaz, no presente momento, de operar um milagre, ainda assim não desistirei de reconfortar os abatidos que tremem a ouvir essa palavra, que me pedem regras justas e desejam aproximar-se de Deus, os pobres e os necessitados que estão em dificuldades e aflição pela santidade do nome de Deus[148].

144. Em seu repúdio às obrigações de Ipsola, Natan diz: "Todos aqueles que se mantêm fiéis à fé nele são dos frutos da árvore do Rei Messias, e aqueles que o injuriam com palavras pertencem à 'multidão confusa'. E aqueles que ficam em silêncio e não o caluniam, não são da mesma raiz que as almas da 'geração do messias', mas sua sabedoria será julgada de acordo com a medida de sua geração [de acordo com o seu comportamento]". Cf. *Sefunot*, V (1961), p. 270, e *Qobetz al Yad*, XVI (1966), p. 445.

145. *Tiqun* 20 (ed. de Mântua, fol 47a.). O sujeito desse trecho também é Moisés e não o messias.

146. Um trocadilho com a palavra hebraica *meholal*, que pode ser traduzida: "tornou-se parte da esfera profana". Esse trocadilho aparece na maior parte das cartas de Natan e de Cardozo.

147. Uma citação do *Midrash Rabá* sobre Ester, cap. 6.

148. A fraseologia e as doutrinas encontradas na carta a Zante já ocorrem numa breve carta de 1667-1668. Ao escrever a Samuel Primo, secretário do messias, Natan

A quem era dirigida essa carta de reconforto e doutrina? O sobrescrito diz que ela foi enviada a R. José Tzvi, mas isso deve ser um erro. José, o irmão de Sabatai, nunca viveu em Zante, e o destinatário da carta era evidentemente um cabalista. R. Jacó Saadun, de Salé (no Marrocos), faz repetidas citações de uma carta que Natan enviou de Corfu "ao rabi J. Hamitz"[149] e suas citações são evidentemente tiradas da carta em discussão. Saadun se refere claramente ao cabalista e médico José Hamitz[150], que vivia em Veneza[151] até pelo menos 1658. Naquele ano ele decidiu ir à Terra Santa, mas até agora nada se sabe acerca de seus movimentos reais e seu paradeiro por quase dez anos. De 1667 até sua morte[152] (aparentemente em 1675 ou 1676), ele viveu em Zante, de onde manteve estreito contato com o profeta Natan[153]. Ao contrário de seu mestre e amigo, o autor e rabi anticabalista Leone Módena, José Hamitz era uma adepto fervoroso da cabala, à qual fora atraído por influência de R. Aarão Berakhya Módena, discípulo de R. Israel Sarug. Hamitz mantinha relações de íntima amizade com o cabalista Moisés Zacuto, que preparou seus escritos para publicação. A introdução ao comentário

afirma que Sabatai e nenhum outro era o messias: "e além dele, não há salvador para Israel". Embora o messias "tivesse colocado a bela mitra sobre sua cabeça, ainda assim sua santidade não foi profanada". Apoio para essa asserção é tirado do trecho nos *Tiquney Zohar*, que diz: "bom por dentro, mas sua vestimenta [isto é, sua aparência externa] é má – isso se refere ao humilde que cavalga sobre um asno". A carta para Primo também reflete a vida de fugitivo e errante de Natan, pois "sou pobre e necessitado, desprezado e desvalioso, perambulando de lugar a lugar a fim de realizar um *tiqun* geral e especial". Cf. *Sefunot*, V (1961), p. 271.

149. Sasportas, pp. 327, 331, 333.

150. A identidade foi agora finalmente estabelecida por Is. Tishby em seu artigo hebraico "Documentos Referentes a Natan de Gaza nos Escritos de R. José Hamitz", *Sefunot*, I (1957), pp. 117-180. Tishby descobriu uma considerável coleção de homilias cabalísticas escritas por Hamitz no MS. Oxford 2 239, cujo caráter sabataísta está tão discretamente oculto que quase escapa à detecção. O autor, entretanto denuncia-se, com suas numerosas referências entusiásticas ao profeta Natan (Tishby, *loc. cit.*, p. 85). Quanto à discussão de Tishby sobre o possível destino da carta de Corfu, ver *idem*, pp. 102-103.

151. Várias obras de Hamitz foram impressas em Veneza em 1658 (isto é, antes de sua partida) e não em 1663, como se acreditava erroneamente; ver G. Scholem, *Bibliographia Kabbalistica* (1927), p. 175. A data correta também aparece na página de rosto da obra *Or Nogá*, de Hamitz; ver N. S. Libawitsch, "Extant Fragments from the Writings of the Philosopher, Physician and Kabbalist Joseph Hamitz" (Jerusalém, 1938), p. 13.

152. Durante esse período, Hamitz compôs as homilias mencionadas supra, nota 150.

153. Ver Tishby, *loc. cit.*, p. 101. Tishby assinala corretamente que Hamitz não era um sabataísta solitário em Zante, porém um membro de um grupo sabataísta denominado *Rodefey Tzedeq*. O começo de uma carta (de Natan?) dirigida a esse grupo está preservado no MS. Oxford acima mencionado.

de Zacuto *Yodey Biná* sobre o Zohar foi, na verdade, escrita por Hamitz[154].

Hamitz tornou-se crente entusiástico na fé sabataísta, e já em idade avançada compôs uma obra de homilias sabataístas. O pecado e o arrependimento de Israel eram os temas principais de seu pensamento messiânico, enquanto "a apostasia não era senão um acidente menor, uma espécie de queda temporária do messias e uma prova para Israel [...] Uma vez que acreditava com determinação que a redenção era iminente, seu problema principal se resumia na questão de se Israel, tendo abandonado o messias, ainda era merecedor de salvação"[155]. Eventos contemporâneos eram encarados sob uma perspectiva messiânica, e a guerra entre Veneza e Turquia em particular desempenhou importante papel em suas especulações. Essa guerra, identificada por Hamitz com as dores de parto da era messiânica e com a guerra de Gog e Magog, alcançou seu clímax em 1668 e o tratado de paz de setembro de 1669 foi uma desilusão amarga para suas expectativas escatológicas.

De acordo com R. Jacó Saadun, a carta de Natan a Hamitz era amplamente conhecida e cópias dela circulavam por todas as partes[156]. O nome do destinatário, tal como apresentado na versão de Sasportas, deve-se provavelmente a uma confusão por parte do copista. Natan costumava escrever também a José Tzvi – uma dessas cartas, que trata da missão secreta de Natan em Roma, foi preservada entre os papéis de Hamitz – e os escribas que fizeram cópias das cartas do profeta para as comunidades judaicas na Itália e outras, podem ter facilmente confundido os nomes dos dois correspondentes

154. H. Y. D. Azulay (*Shem ha-Gedolim*, II, s. v. *Yodeey Biná*) relata ter visto uma cópia desse livro: o começo e o fim do MS., mas no meio cerca de cem folhas impressas. Tive a sorte de descobrir uma cópia da obra impressa na biblioteca do *Beth Din* de Londres (antigamente, a biblioteca do Jews College, como a coleção original de R. Salomão Hirschel de Londres passou a ser chamada mais tarde). Essa cópia infelizmente incompleta (frontispício + fols. 144) também contém a parte do comentário composto por Hamitz. É possível que nada mais tenha sido impresso e o livro nunca tenha sido terminado. A página de rosto da obra de José Hamitz, *Belil Hamitz* (Veneza, 1624), que pertencia a N. S. Libawitsch (ver supra, nota 151) e que tive oportunidade de investigar em 1929, contém uma observação mordaz escrita de próprio punho por Leone Módena (que acompanhou o livro até sua impressão) que acusa Hamitz de incitar fornicação, fornecendo aos gentios amuletos e fetiches de amor. Quando Libawitsch imprimiu novamente *Belil Hamitz*, omitiu a observação marginal de Módena. Se não me equivoco, a cópia encontra-se agora na biblioteca do Jewish Theological Seminary, em New York.

155. Tishby, *loc. cit.*, p. 108.

156. Sasportas, p. 237. Talvez Saadun tivesse tomado conhecimento desse fato através de Sasportas, que lhe enviara uma cópia do MS. *Tzitzat Novel Tzvi*. Uma cópia da carta para Zante chegou a Jassy na Romênia e daí passou às mãos de R. Yair Haim Bacharach; cf. A. H. Weiss, *Beth ha-Midrash* (1865), p. 92.

de Natan. A cópia da carta que chegou ao Marrocos contém também importantes detalhes relativos às atividades de Natan em Corfu, mas foram acrescentadas depois que ele partiu da ilha e não faziam parte da carta original a Hamitz[157].

As cartas de Natan começaram a soar uma nota nova e significativamente social. Em sua exposição do *Raya Mehemna*, Natan combinou dois motivos distintos que nunca estiveram interligados no texto zohárico original. A escatologia e os mistérios messiânicos, por um lado, e a "multidão misturada", por outro, aparecem como dois temas diferentes no *Raya Mehemna*. Esta última foi descrita, em diatribes violentas e amargas, como uma classe social bem definida: os mundanos e ricos oligarcas que dominavam as comunidades judaicas na Espanha e dos quais os "pobres", quer dizer, os estudiosos rabínicos, eram totalmente dependentes. O contraste entre o pobre espiritual (isto é, os cabalistas, aos olhos do autor de *Raya Mehemna*) e os ricos mundanos é descrito do começo ao fim em termos das realidades sociais na Espanha ao final do século XIII[158]. A situação criada pela apostasia do messias convidava ao uso da mesma tipologia. Na realidade, Natan já a utilizava em 1665, em suas primeiras cartas de Gaza – os oponentes de Sabatai Tzvi faziam parte da "multidão misturada" – mas naquela época a tipologia tinha um significado puramente teológico, não se referindo a qualquer classe social específica. No fim das contas, o principal suporte do movimento incipiente não era outro senão o judeu mais rico do Egito, o *chelebi* Rafael José. Entretanto, depois da apostasia, a atitude de Natan para com a classe dominante dos ricos tornou-se mais negativa. Foram os "miseravelmente ricos", para os quais o messias é como a "carcaça fedorenta de um cão" que, de fato, causaram o impasse atual devido à sua descrença. A carta de janeiro de 1668 reflete sem dúvida as experiências de Natan durante o ano anterior e cristaliza sua reação frente à atitude dos rabis e dos abastados líderes laicos das maiores comunidades turcas. Falando em termos sociais, os destinatários da epístola de Corfu eram os mesmos dos textos sabataístas pseudo-*Hekhalot* (ver supra, p. 52), em que os rabis e os ricos chefes seculares são repreendidos severamente por vilipendiar o messias. Natan tirou seu imaginário de fontes tradicionais, mas, aplicando-o aos sucessos messiânicos de seus dias, investiu-o de uma explosiva atualidade. Os sabataístas começaram a con-

157. Sasportas, p. 331. Sasportas parece ter reconhecido a identidade do destinatário e certamente estava cônscio do fato de que ele era um zeloso crente na profecia de Natan. Este último fato não é ressaltado na carta de Saadun (*ap.* Sasportas, pp. 331, 345).

158. Y. F. Baer, *A History of the Jews in Christian Spain*, I (1961), pp. 270-277; cf. também vol. I, pp. 12, 222.

siderar-se como o corpo do cabalista eleito, o verdadeiramente espiritual, perseguido e oprimido pelos ricos mundanos e pelos rabis que não tinham compreensão dos mistérios da Torá. Eles interpretavam sua luta em termos da tipologia fornecida pelo *Raya Mehemna*. Os rabis, naturalmente, se ressentiram da imputação de mundanidade não-espiritual, que julgava de acordo apenas com a matéria. Porém, à medida que a perseguição aos crentes se intensificava, estes sentiram-se cada vez mais como os representantes do verdadeiro Israel, atormentado pela "multidão misturada" devido à sua fé, "e não fosse pela fé que nos protege, eles nos teriam engolido vivos"[159].

Dizia-se que Natan operava grandes feitos em Corfu, mas é impossível separar o fato da ficção. Os admiradores do profeta relataram que os "príncipes" (as autoridades venezianas em Corfu ou os líderes seculares judeus?) tentaram provocar a sua morte, mas todos eles foram feridos de mudez e por fim o cumularam de honras. Outro relato de Corfu, assinado por várias testemunhas, dizia que na noite de sexta-feira, 20 de Adar[160], Natan, após ter mergulhado no banho ritual, foi à sinagoga e enfiou a cabeça no pergaminho da Torá e ficou murmurando. Quando terminou de ler a porção semanal, permaneceu de pé por quase um quarto de hora, com o ouvido direito voltado para o relicário da Torá e sua face transfigurada pela alegria. Na manhã seguinte (*shabat*), ele pregou um vigoroso sermão perante a congregação reunida, declarando com solene juramento que "Deus mesmo apareceu diante de mim e contou-me que o rabi Sabatai Tzvi será o Redentor, e caso isso não aconteça, não terei parte no Deus de Israel"[161]. Natan referia-se provavelmente à sua grande visão original da primavera de 1665 e não a qualquer nova revelação. No começo de Nisan (final de março) de 1668, Natan, acompanhado por Samuel Gandoor, deixou Corfu e rumou para Veneza, onde chegou antes da Páscoa.

Não foi, todavia, com o propósito de espalhar a mensagem sabataísta e fortalecer corações débeis que Natan viajou para a Itália. Ele foi enviado para lá numa missão secreta pelo próprio Sabatai, embora o calendário de seus movimentos estivesse sob orientação celestial direta (*magid*). Qualquer que fosse a natureza exata do ritual cabalístico do *tiqun* que Natan deveria realizar em Roma, ele sem dúvida o considerava, de alguma forma, análogo à descida do messias rumo à *qelipá*. O ministério do messias foi exercido na esfera de Ismael; o fiel – e talvez o próprio Natan – acreditava que um

159. Natan de Gaza, no caderno de anotações sabataísta na biblioteca da Universidade de Colúmbia, Nova York (fol. 15a).

160. A data não pode estar correta, já que 20 de Adar (16 de março de 1667) era uma quarta-feira.

161. Sasportas, pp. 331-332.

ministério semelhante deveria ser exercido pelo apóstolo do messias na esfera de Edom (isto é, Roma). O que Natan (ou seu mestre) tinha em mente era provavelmente um ato mágico-cabalístico destinado a causar a ruína de Roma. Ele certamente não pensou em apostatar para a religião cristã.

Uma carta de Constantinopla preservada numa coleção de manuscritos da Armênia lança muita luz sobre o estado de espírito que prevalecia na época no campo dos crentes – contanto que minha datação do documento esteja correta. O emissário que trouxe a espúria confissão e a retratação falsa de Sabatai da Turquia para a Pérsia (ver supra, p. 44), parece ter carregado também cartas e documentos emanados de fontes sabataístas. Uma de tais cartas, escrita provavelmente depois que as datas messiânicas estabelecidas por Natan para 1667 não se cumpriram, exortava os crentes a esperar pacientemente e em silêncio

> pois a palavra de Deus não ficará vazia, e embora tarde, esperai por ela, e os prudentes hão de manter silêncio até que essa palavra venha, pois há muitos mistérios e coisas secretas e ocultas que não foram reveladas e aquilo que sim foi revelado [...] o coração não deve divulgar para a boca. Mas quem *viu com seus olhos e ouviu com seus ouvidos* mesmo uma pequena parte delas, perceberá a profundidade dessas coisas e não duvidará dos caminhos do Senhor [...] Possa ser esta a vontade de Deus, que os pecados dessa geração não impeçam [a concretização messiânica]. Não presteis atenção aos [cálculos] das datas [messiânicas] e dos tempos, nem a vozes e rumores e espíritos, e não vos perturbeis por mudanças e contrariedades, pois Seus pensamentos não são nossos pensamentos e o Senhor olha para o coração [cf. Samuel, I 16:7], conforme está escrito [Deuteronômio, 32:47]: "não é uma coisa vã para vós" – e se ela parece vã, então isso acontece apenas aos vossos olhos[162] por causa de vosso pobre entendimento. Essas coisas são ocultas e profundas, como o Rei Salomão indicou diversas vezes no Cântico dos Cânticos [2:7; 3:5; 8:4] "Eu vos conjuro, Filhas de Jerusalém [...] não desperteis, não acordeis o amor até que lhe apraza". A Escritura também diz [Êxodo, 12:22]: "Que nenhum de vós saia da porta de casa até pela manhã", isto é, até o alvorecer [da redenção], pois nós moramos no mundo das *qelipot* e da matéria, e não podemos sobrepujá-las "até que lhe apraza". Especialmente nessa geração, desprovida de méritos, dificilmente poderíamos sobreviver a salvo pela graça de Deus e pelos méritos de nossos grandes santos e pela humildade de Nosso Senhor, que esteve pronto a sacrificar-se, [...] e sobre o qual está escrito [Isaías, 53:4]: "Certamente eram as nossas doenças que ele carregava" e sem ele o decreto maligno teria seguramente acometido Israel [...] Todas essas coisas são verdadeiras mas exigem longas explicações. Entrementes, tudo o que podemos fazer é nos arrependermos, jejuar e rezar, testemunhar a verdade, [...] e auxiliar a Shekhiná [...] e não fazer como aqueles que dizem *se é verdade e o messias vem, então voltaremos* [a acreditar nele] *mas caso contrário não*, pois eles não sabem, e nem compreendem. Caminham nas trevas e por seus pecados causam o atraso da redenção, pois em Israel todo cada um é responsável pelo outro[163].

162. A interpretação rabínica tradicional de Deuteronômio, 32:47.

163. *Toey Ruah* (MS. Enelow, Jewish Theological Seminary, Nova York, n. 2 223), fols. 233b-234a.

Esta carta de encorajamento e reconforto pode ter sido escrita por Yakhini. Não sabemos. De qualquer modo, ela mostra que as profecias e indicações celestiais, no concernente às datas dos eventos messiânicos, provaram estar todas erradas. "Nosso Senhor estava pronto a sacrificar-se" e os crentes deveriam perseverar em sua fé e penitência. A apostasia é explicada de uma maneira simplista pela pecaminosidade da geração e não nos termos de uma tarefa místico-cabalística. O autor orienta sua polêmica para a atitude do "espere e veja" que, sem dúvida, estava difundida na judiaria turca, e argumenta em sentido contrário: o povo de Israel foi salvo do desastre[164] pelo messias, e sua falta de fé e seus muitos pecados prolongaram o exílio e atrasaram o advento da plenitude da redenção. A carta apresenta assim uma inversão completa dos argumentos sabataístas anteriores. Mas enquanto a maneira da argumentação mudava sob a pressão dos acontecimentos, a continuidade da fé permanecia intacta.

V. "CRENTES" E "INFIÉIS" DEPOIS DA APOSTASIA NA EUROPA, ESPECIALMENTE NA ITÁLIA E HOLANDA

O efeito imediato causado pela espantosa notícia da apostasia do messias parece ter sido mais ou menos idêntico em todas as comunidades européias, embora nossa informação no tocante à Polônia seja escassa, em comparação aos relatos completos e detalhados de Itália, Holanda e Alemanha. A julgar pelo que sabemos acerca da África do Norte – do Marrocos até o Egito – e do Curdistão, os judeus nos países muçulmanos não reagiram de forma diferente à de seus irmãos na Europa cristã. Não há, por certo, meio de se conhecer os pensamentos secretos dos numerosos rabis que não se manifestaram sobre o assunto. O fato de um rabino ter permanecido no cargo após a apostasia e levado uma vida irrepreensível de devoção ortodoxa, na verdade nada prova num ou noutro sentido. É portanto difícil avaliar, apenas por critérios externos, o número de eruditos e líderes laicos que perseverou na fé ou que estava disposto a ouvir a propaganda, oral ou literária, dos entusiastas sabataístas[165]. A liderança responsável sentia-se evidentemente propensa a manter o padrão tradicional da vida judaica, evitando qualquer coisa que pudesse acrescentar lenha à fogueira. Nesse aspecto, havia pouca

164. Provavelmente referindo-se ao perigo de um massacre geral das comunidades judaicas que, de acordo com os relatos sabataístas, foi impedido pelo messias; ver supra, pp. 14-16.

165. Ver supra, pp. 47-48, sobre a composição social do grupo balcânico de crentes.

diferença entre os rabis que repudiaram a revivescência messiânica como um fracasso completo, e aqueles que ainda nutriam algumas esperanças, por mais débeis que fossem. Todos concordavam que se deveria retornar à vida normal. Isto é especialmente evidente nos países islâmicos, onde muitos rabis perseveraram na fé, mas para todos os desígnios e propósitos práticos recomendavam uma atitude de espera paciente. Fricções e cismas foram assim em grande parte evitados, conhecendo-se somente uns poucos casos, como por exemplo no Egito, em que os crentes foram formalmente excomungados.

A carta que os rabis egípcios enviaram às grandes comunidades judaicas em fins de dezembro de 1666 não é, pois, representativa do padrão de reações algures. Os rabis egípcios apressaram-se a informar seus colegas no estrangeiro, de que haviam feito aquilo que os rabis de Esmirna e Constantinopla, sem mencionar os de Adrianópolis, não haviam ousado fazer: excomungaram solenemente o traidor que, pela sua apostasia, mostrara a sua verdadeira aparência sem disfarce. Tinham também proferido o anátema sobre os três mais perigosos e ativos apóstolos da fé, Natan de Gaza, Matatias Bloch Ashkenazi e Jacó Palache. Os dois primeiros haviam sido responsáveis pela abolição do jejum de 9 de Av no Egito; o último fora causa de "contenda e dissensão" cuja natureza é desconhecida[166]. O édito de excomunhão estendia-se a todos que "incitavam, instigavam e estimulavam o mal [...] razão pela qual resolvemos investigar seus preceitos [litúrgicos e outros], orações e outros escritos [...] e varrê-los da face da terra [...] e excomungar todo aquele que os estuda ou segue". Esta é na verdade uma linguagem bem forte, sendo o único exemplo, nesse período inicial, de um anátema geral sobre a literatura sabataísta. A proximidade de Gaza e a atividade na corte de Rafael José encorajaram, sem dúvida, a circulação de folhetos sabataístas no Egito, porém mesmo em Amsterdã, onde os devocionários de Natan foram impressos aos milhares, nenhum passo similar foi adotado, muito embora os rabis egípcios tivessem insistido junto a seus colegas em Amsterdã para que fossem fortes e perquirissem com diligência até o menor fragmento de literatura sabataísta e "destruíssem absolutamente tudo"[167]. Os manuais doutrinários foram, de fato, eliminados gradativamente, mas não se tomou, ao que parece, quaisquer medidas drásticas, tais como uma interdição formal. No Cairo e em Alexandria, entretanto, os crentes foram silenciados por ameaças de excomunhão. A princípio, também eles haviam se recusado a acreditar nos relatos sobre a apostasia. Pouco antes da excomunhão geral, Rafael José escrevera a Livorno

166. Sasportas, p. 198; cf. também vol. II, p. 295.
167. Sasportas, p. 199.

que quem quer que tivesse dito que Sabatai, "o verdadeiro messias, apostatara, estava proferindo mentiras e falsidade"[168]. A primeira reação dos crentes no Egito foi, portanto, semelhante à dos crentes em toda parte. Mas os rabis egípcios foram mais radicais e violentos na amargura de seu dasapontamento.

Nem todos os crentes, porém, foram efetivamente silenciados. O "falso profeta" Matatias Bloch Ashkenazi, a despeito de sua idade avançada, deixou o Egito e dirigiu-se ao Oriente, e um ano mais tarde encontramo-lo em Mossul como membro da corte rabínica. Longe de ocultar suas crenças sabataístas, ele obteve o cargo devido à sua reputação como profeta e homem de Deus. Também os rabis de Alepo contribuíram provavelmente para a carreira de Bloch em Mossul. Até 1669, R. Salomão Laniado e um emissário de Jerusalém, que recém começara sua jornada para o Oriente[169] atestaram sua crença na validade da explanação sabataísta sobre a apostasia: Sabatai salvara Israel da destruição[170]. Se essa versão da apostasia era aceitável numa comunidade tão importante quanto Alepo, e a fé sabataísta ali se manteve tanto tempo[171], não é de se admirar que comunidades mais distantes, que estivessem em contato com Alepo, perseverassem na fé e até nomeassem para um posto rabínico um pregador sabataísta conhecido. Alguns anos depois da apostasia ainda se acreditava no Curdistão que "até o dia de hoje [...] as províncias de Constantinopla e Alepo" celebram os quatro dias de jejum como festividade "pois sua fé permanece inabalada", se bem que as próprias comunidades curdas observassem os jejuns[172]. Documentos relacionados com a querela entre as congregações de Mossul e Amadia indicam que o movimento ainda não se extinguira. As pessoas continuavam falando acerca da iminência da redenção e do vindouro ano da salvação, e Matatias Bloch ainda era mencionado, em determinados círculos, como o "santo cabalista [...] a coroa de nossa cabeça cuja luz – a luz da Shekhiná – brilha sobre nós"[173].

168. *Idem*, p. 248.

169. A identidade desse emissário foi estabelecida por M. Benayahu, *Sefunot*, III-IV (1960), p. 13. R. Jacó Arye, que viajava por todo o Oriente durante os anos 1669-1679, era evidentemente um membro do grupo de crentes sabataístas em Jerusalém.

170. Numa carta datada de 15 de Av de 429, isto é, verão de 1669, quatro anos após Sabatai ter passado por Alepo.

171. No verão de 1667, Sabatai Hamoy terminou uma obra sobre a lei ritual, concluindo-a com a prece para que o Senhor "possa concerder-nos a compreensão da Lei [...] e conceda-me contemplar a face de Nosso Senhor Sabatai Tzvi"; ver Z. Rubashov em *Zion* (anual), VI (1934), p. 54.

172. À exceção de Rawenduz, onde em 1667 ou 1668, os jejuns foram celebrados como festas; cf. *Zion*, VII (1942), p. 196.

173. Ver *Zion*, VII (1942), p. 177. Cf. também os documentos reunidos em Ja-

Essas metáforas brilhantes realçam a carreira surpreendente do falso profeta, contra quem os rabis egípcios haviam lançado seu édito de excomunhão. Bloch trouxera consigo cópias dos folhetos e cartas de Natan, dos quais citava liberalmente em suas cartas a R. Phineas Hariri, cabalista proeminente naquelas partes[174]. Por volta dessa mesma época (1668) e possivelmente inspirado pela chegada de Matatias Bloch, ocorreu um movimento profético no Curdistão e na Pérsia[175].

Por um afortunado acaso, são conhecidos os pormenores das subseqüentes atividades sabataístas de Bloch. Numa carta circular, ele anunciou que lhe fora revelado "um capítulo do Livro de Daniel, que está faltando no livro [bíblico]"[176]. Bloch foi de Mossul à Pérsia e defendeu a messianidade de Sabatai perante as comunidades judaicas. De acordo com dois testemunhos, ele foi morto aparentemente em Esfahan ou perto dessa cidade, onde suas atividades haviam criado grande tumulto[177]. Por volta de 1674, Aarão, um médico versado, escreveu outra carta circular às comunidades persas, refutando as pretensões messiânicas de Sabatai e advertindo contra aqueles que o defendiam e espalhavam a sua mensagem. Ele ataca seu aluno que está presentemente nessa região (Pérsia) e expressa a esperança de que sua execução (que estava a ponto de acontecer ou já acontecera) "expiará nossos pecados", por haver tanta gente acreditado nas alvíssaras messiânicas[178]. R. Matatias é provavelmente também o autor da explicação sabataísta para Provérbios, 30:18-20, que o "profeta da paz proferira pela boca de seu *magid*"[179].

Estávamos bem mais informados sobre os efeitos da apostasia nas comunidades européias. A confusão em que a judiaria européia

cob Mann, *Texts and Studies*, I (1931), pp. 491-519, cujas datas corretas estabeleci em *Zion*, VII, *loc. cit.*

174. Ver vol. II, p. 290, sobre R. Phineas e seu pai, R. Isaac Hariri.

175. *Zion*, VII (1942), p. 178. Se a data apresentada em *Toey Ruah* é correta, então este é o único movimento profético durante aquele ano do qual temos conhecimento.

176. A carta e a "visão de Daniel, o profeta" encontram-se no MS. do Instituto Ben-Tzvi 2 263, pp. 151-153. Ele é chamado "o verdadeiro mensageiro de R. Matatias".

177. A morte de R. Matatias, "que disse: Sou o mensageiro de Sabatai Tzvi", está registrada em conexão a Isfahan, na crônica de Judá b. Eliezer, *Hovot Yehudá*, escrita em Isfahan, em 1686, no idioma judeu-persa. MS. Hebrew Union College, Cincinnati, 2 007, fol. 113a. Devo essa informação ao prof. Ezra Spicehandler, que descreveu a crônica no *Jewish Bibliography and Booklore*, VIII (1968), p. 116. As duas fontes complementam-se.

178. Ver M. Benayahu, *Sefunot*, III-IV (1960), pp. 25-32, especialmente p. 29. Benayahu assume corretamente que a diatribe estava dirigida contra R. Matatias, cujo nome é, na verdade, explicitamente mencionado na crônica persa.

179. Cf. M. Banayahu em *Sefunot*, III-IV (1960), p. 33, do mesmo manuscrito que trazia a carta do médico R. Aarão.

se viu lançada pelas novas perdurou por vários anos e foi agravada pelas aparições de Natan na Itália. As notícias sobre a apostasia chegaram à Europa já em novembro de 1666, por diversos canais, judaicos e cristãos. No início, até mesmo alguns cristãos deixaram de acreditar no relato. Henry Oldenburg[180], escrevendo em 10 de novembro de 1666, relatou que, de conformidade com notícias recebidas de Amsterdã, "o Rei dos judeus fora convertido em turco". Seu correspondente em Amsterdã o informara de que as últimas cartas, provenientes de Esmirna via Marselha, haviam chegado a vários cristãos aqui (em Amsterdã), mas não a judeus. "Nossos judeus" ainda não acreditavam nas notícias, e esperavam que o curso dos eventos messiânicos prosseguiria. Em geral, acreditava-se que o fato de Sabatai ir ao encontro do Grão Turco lhe custaria a vida. Mas, como ele fora recebido com grandes honras e sem nenhum dano, eles [os autores cristãos ou judeus da carta, em gritante contradição com o que haviam escrito na linha precedente?] concluíram que ele se tornara turco. Uma carta datada de 23 de novembro cita dois informes estranhamente contraditórios: por um lado, fora recebida uma carta de Natan, encorajando e tranqüilizando a congregação, que de pronto celebrou um dia especial de orações, e por outro, tinham chegado informações sobre a apostasia do messias. Quase na mesma época, recebeu-se uma mensagem do Oriente no sentido de que Sabatai havia profetizado já no verão de 1666 que por sua causa, sofrimentos assaltariam Israel por um período de quatorze ou quarenta dias. Nessa fonte[181] nada se diz sobre o fato de o próprio messias ter que sofrer.

180. Ver vol. II, p. 200. A carta está preservada no *Calendar of State Papers* para os anos 1665-1666 (p. 50), mas foi classificada por equívoco em 10.11.65, em vez de 10.11.66. As iniciais H. O. com as quais a carta é assinada podem apenas significar Henry Oldenburg, uma vez que a seqüência da carta (que consultei no original) se refere a uma carta que o autor recebera recentemente de Hevelius, em Danzig, e que discutia certas questões científicas. Sabemos que Hevelius era membro da Royal Society na época em que Oldenburg era secretário desta. O resumo impresso sugere que a carta se referia às reações dos judeus londrinos, porém uma leitura cuidadosa do original não deixa dúvidas de que Oldenburg estava fazendo citações de uma carta recebida de Amsterdã. A carta inglesa de Amsterdã citada por Oldenburg tem tanta semelhança com a carta francesa de Amsterdã preservada no Hottinger Collection (vol. 29, fol. 350a) que não se pode deixar de suspeitar que sejam fruto de um só e mesmo autor (Serrarius?); ver vol. II, p. 322, nota 236. O mesmo correspondente relatou em 1º de dezembro de 1666 que não havia notícias confiáveis sobre Sabatai Tzvi, exceto que ele agora ocupava um alto cargo na corte do Grão Turco. Entretanto, "le bruit qu'il s'est fait Turcq est tenu pour suspect". Em final de novembro, as notícias da apostasia eram conhecidas por toda a Europa Ocidental. A gazeta francesa *Muse de la Cour*, de 25 de novembro de 1665, publicou até mesmo um poema satírico sobre o tema.

181. MS. Hottinger, vol. 30, fol. 350a.

Foi apenas no começo de dezembro de 1666 que as notícias da apostasia foram definitivamente confirmadas e aceitas em Amsterdã como fato inegável – fato que os crentes interpretavam à luz de sua fé: Sabatai ainda era o rei de Israel, e seus méritos e sua apostasia aparente salvaram Israel do desastre. Até mesmo o correspondente cristão em Amsterdã (Serrarius?) pareceu confirmar essa versão[182]. A fonte, quer da confirmação do fato quer da interpretação que o tornou aceitável, não era outra senão o Dr. Isaac Nahar (ver vol. II, p. 187), que ainda estava em Livorno nessa ocasião. R. Isaac Saruk, membro da *yeshivá* de Amsterdã, informou a seu mestre, R. Josias Pardo, de Roterdã, do conteúdo da carta de Nahar, bem como do de uma carta que Sasportas escrevera a seu discípulo Maimun Hiya em Amsterdã, informando a esse seu antigo aluno que havia excomungado Sabatai Tzvi, pública e solenemente. A congregação em Hamburgo teve de aprovar, de bom ou de mau grado, o anátema, e Sasportas tirou sua desforra da sinagoga que em certo tempo ameaçara agir com violência contra aqueles que se recusaram a participar da prece pelo rei messiânico. Isaac Saruk, ao que parece, perseverou em sua fé por algum tempo, uma vez que ele se queixou a Pardo das "pessoas vãs e frívolas" em Amsterdã que, encorajadas pelas notícias maldosa, abriram suas bocas contra o Ungido do Senhor e livraram-se do jugo do reino do Céu. Apenas umas poucas almas fiéis continuaram com as práticas devocionais e os jejuns penitenciais às segundas e às quintas-feiras[183]. Saruk, embora profundamente perturbado, não repetiria, e muito menos aprovaria, as denúncias degradantes dos opositores. Rabi Pardo, por outro lado, indicou em sua resposta, que ele estava renunciando à fé no messias e sugeriu a seu antigo aluno que procedesse do mesmo modo e que meditasse sobre as desembriagantes advertências de Maimônides, que o ajudariam "a distinguir entre a verdade e a falsidade"[184].

182. *Idem*: "touchant l'estat present des Juifs il continue encor assavoir que Sabbathaj Sebi seroit tourné Turcq. Voilà comme escrivent les Chrétiens à l'envie et de mesme les Juifs qui n'ont jamais fait cas de luy. Mais il y apparence que ce roy esté par cy devant decrié mort mais est trouvé vivant depuis qu'aussi après ce blasme de Turcicme, il se trouvera derechef Juif et Roy des Juifs. Car il est certain que lui est ses compagnons Rabbins ne sont pas seulement en vie mais en honneur auprès de Grand Seigneur et qu'à Adrianopolis nul opprobre n'est arrivé à aucun Juif".

183. A carta de Saruk foi publicada por M. Benayahu em *Erets Yisrael*, IV (1956), pp. 202-203. Benayahu (*idem*, p. 199) tenta inutilmente atribuir um significado anti-sabataísta à primeira carta de Saruk. Saruk, é verdade, cita o relato de Sasportas do anátema pronunciado em Hamburgo, porém não está absolutamente contente com ele. Em outra carta (*idem*, p. 205) ele efetivamente descreve Sasportas como "briguento".

184. *Idem*, Sobre Maimônides, ver vol. I, pp. 13-14.

Na comunidade sefardita de Amsterdã continuou a existir por vários anos um pequeno grupo de crentes que costumava reunir-se sob a liderança do *hazan* Emanuel Benatar (Abiatar) e o patronato do milionário Abraão Pereira. A propaganda literária de Abraão Cardozo, promovida a partir de Trípoli, na África do Norte, produziu efeitos até mesmo em Amsterdã, onde Cardozo tinha um cunhado, Abraão Baruch Enriquez – provavelmente também um crente. No entanto, não foram apenas os judeus que receberam de bom grado os ensinamentos de Cardozo com respeito ao significado místico da apostasia do messias. Serrarius, que era muito ativo na divulgação do sabataísmo entre os cristãos em 1666, apoiou a causa dos crentes até sua morte em setembro de 1669. Este quiliasta entusiástico nada encontrou de errado na interpretação sabataísta de Cardozo, de Isaías 53, ou dos salmos 22 e 89[185], e ele acreditava firmemente que o despertar messiânico entre os judeus constituía o prenúncio da conversão dos cristãos. Até 1669, ano de sua morte, Serrarius ainda escrevia cartas a seus amigos nas quais se apoiava nos escritos de Cardozo.

A influência que a fé sabataísta exerceu sobre as comunidades asquenazitas da Holanda e do norte da Alemanha será ilustrada mais adiante neste capítulo, por meio da análise detalhada de um incidente específico. Nesse caso particular, apenas a intervenção determinada dos líderes sefarditas, que solicitaram o auxílio das autoridades civis cristãs, é que levou à expulsão de um profeta e agitador sabataísta. Fossem elas deixadas a seu próprio arbítrio, as comunidades asquenazitas ter-lhe-iam permitido prosseguir em sua atividade missionária, para grande pesar de Sasportas. Esse quadro geral é confirmado por P. Ragstatt de Weile, que estava intimamente associado com o movimento e que se tornara cristão em 1669. Num livro publicado em 1672, Weile declara que em sua própria região, isto é, na Holanda e no noroeste da Alemanha, os judeus ainda acreditavam em Sabatai como o verdadeiro messias. Os crentes justificavam a apostasia com argumentos inferidos evidentemente das cartas de Natan (e possivelmente também das de Cardozo), e se dizia que um discípulo de Sabatai teria composto "há alguns anos" um tratado sobre o ministério da apostasia[186]. R. Abraão b. Moisés, de Tismenitz, na Podólia, que vivia nessa época como tutor na casa de Gumpel Weisel, em Kleve, um laico abastado e influente líder judaico, escreveu, em 1669, uma continuação em ídiche da crônica hebraica *Tzemach David*, que, em seu final, "está impregnada de um espírito inteira-

185. Ver Wolf, *Bibliotheca Hebraica*, III (1727), p. 1 010. Essa passagem extremamente interessante em Wolf tem até agora escapado à atenção dos estudiosos.

186. Ragstatt de Weile, *Theatrum Lucidum* (Amsterdã, 1672), p. 31.

mente sabataísta[187]. Não foi apenas a "pobre ralé", como sustentava Sasportas, que perseverou na fé. O sogro de Glückel de Hameln, um judeu pio e comerciante perspicaz, esperou três anos antes de permitir que fossem abertos os barris "abarrotados de roupa de cama e mesa e de [...] toda espécie de comida que pudesse conservar-se" enviados por ele para Hamburgo. "Por três anos os barris permaneceram prontos, enquanto meu sogro esperava pelo sinal de partida.[188]" Evidentemente, o mero fato da apostasia não fora por si só suficiente para extinguir a fé e sufocar as esperanças.

Ecos do movimento são também preservados na literatura não-judaica escrita após 1666, e o mais notável escritor alemão de prosa da época combinou o despertar messiânico contemporâneo com uma lenda cristã tradicional, num de seus contos em *Das wunderbarliche Vogelnest* (*O Maravilhoso Ninho de Pássaro*). De acordo com a história medieval, um jovem cristão se apaixonara por uma linda moça judia e a seduzira dizendo-lhe que ela daria à luz ao messias. Na versão de Grimmelshausen, o amante cristão diz ser o profeta Elias, que surge entre os homens sob diferentes aparências, persuadindo a moça de que o messias deveria ser o filho de Elias. O boato logo dá origem a um grande movimento popular entre os judeus, que continua até mesmo após a donzela ter dado à luz uma menina, os crentes argumentando que a criança messiânica deveria parecer-se a uma menina para que pudesse estar segura contra as tramas dos gentios. Essa combinação de temas medievais e contemporâneos reflete a atmosfera peculiar gerada pelo movimento sabataísta e representa o primeiro tratamento beletrístico do assunto. O conto de Grimmelshausen, escrito em 1673[189], precede, em 140 anos, o primeiro romance hebraico sobre o movimento sabataísta. *O Relato dos Sonhos: o Fim das Maravilhas* (também, *Meoraot Tzvi*)[190], escrito por um autor anônimo da Galícia, do período da Ilustração judaica, foi

187. MS. Adler 178; ver a lista de Adler, p. 45.

188. *The Memoirs of Glückel of Hameln*, trad. de Marvin Lowenthal (1932), pp. 46-47. Ver também vol. II, pp. 228, 242.

189. Ver F. Aronstein, *Zeitschrift f. d. Geschichte d. Juden in Deutschland*, V (1935), pp. 236-241.

190. Primeira edição Kapust (1814), impressa por Israel Yaffe. Por razões desconhecidas, esta edição desapareceu quase que completamente e pude ver apenas duas cópias dela. O livro foi impresso de novo em Lvov, por volta de 1830, mas a página de rosto dá uma data falsa (1804) e, por conseqüência, pensou-se erroneamente que a edição fosse *editio princeps*. A data de 1815, que aparece na *Bibliography* (III [1954], p. 762) de H. D. Friedberg, também está errada. Pelo que é de meu conhecimento, nenhum estudante da literatura dos primórdios da *haskalá* ocupou-se do livro ou tentou identificar seu autor anônimo – talvez porque o livro tenha sido confundido com uma crônica genuína e não reconhecido como um romance.

lançado na forma de uma crônica histórica e confundiu muitos escritores subseqüentes, que o tomaram por fonte histórica genuína.

Nossas fontes indicam que casos de conversão ao cristianismo, por parte de crentes desenganados, não eram de modo algum excepcionais. A história impressa na gazeta francesa *Muse de la Cour* de 12 de dezembro de 1666, segundo a qual missionários jesuítas batizaram mais de mil judeus logo depois que a notícia da apostasia de Sabatai tornou-se conhecida, é uma peta jornalística óbvia. Porém existe outro testemunho e mais substancial. Vários dos apóstatas publicaram descrições sobre as circunstâncias de sua conversão, em que admitem francamente seu envolvimento no movimento de 1666. Além do acima mencionado Ragstatt de Weile, podem ser citados, à guisa de ilustração, mais três exemplos.

Jacó Melamed, de Cornitz [?], na Podólia, era mestre-escola na comunidade asquenazita de Hamburgo. Durante a maré montante do movimento, jejuava todos os dias da semana. Em 1676, ele e sua família converteram-se ao cristianismo, "uma vez que o barulho que os judeus haviam feito acerca de seu Sabatai Tzvi, pelo qual esperamos durante um ano inteiro com jejuns e mortificações, não passava de mentira"[191]. Salomão b. Meir, de Frankfurt-Main, foi batizado em Nordhausen em agosto de 1673. Na introdução a seu panfleto "Uma Canção de Louvor", declara que a questão sabataísta suscitara nele as primeiras dúvidas sobre a religião judaica. Deve-se acrescentar, entretanto, que este apóstata (que na verdade descreve a si mesmo como um "antigo rabi") não faz qualquer menção à apostasia de Sabatai, chegando mesmo a declarar que, segundo relatos de Constantinopla, Sabatai fora queimado na fogueira[192]. Baruch b. Moisés, de Prosnitz, na Morávia, era chantre na pequena comunidade de Bruchsal, em Baden, no ano de 1666. Ele conta sobre a excitação que se apoderara das comunidades judaicas quando ouviram as boas novas, e como, depois da desilusão, começou a reexaminar a doutrina do messias até converter-se ao cristianismo em 1674[193].

191. Ver J. J. Schudt, *Jüdische Merckwürdigkeitein, IV* (livro VI, Segunda Continuação), p. 242; *também idem*, vol. II, p. 56. O relato de Schudt é baseado na confissão impressa da esposa do apóstata; cf. também vol. II, p. 229.

192. *Danck – und Lob-Gesang... zur Bekräfftigung seiner [Taufe]... August 5, 1673, in Nordhausen* (Wittenberg, 1674). Como cristão, o autor denominava-se Christophorous Paulus Maier. Encontrei uma cópia desse panfleto na biblioteca do Jewish Theological Seminary em Nova York. A declaração sobre a morte de Sabatai baseia-se obviamente num dos folhetos contempôraneos fantásticos, tais como o descrito no vol. II, p. 212.

193. Ver J. J. Schudt, *op. cit.*, II (cap. 27, § 32), p. 56. Após sua conversão, Baruch passou a chamar-se Friedrich Albert Christiani. Seu relato foi impresso como um prefácio a seu livro *Der Jüden Glaube und Aberglaube* (Leipzig, 1705), pp. 66-67.

Um eco das repercussões do movimento pode ser detectado nos registros do Conselho das Comunidades Lituanas (§ 612). O Conselho, reunindo-se em Chomsk, em 1667, expediu uma ordenação proibindo severamente todas as recentes inovações litúrgicas, "e nós ordenamos que absolutamente nada seja mudado, nem sequer as melodias". A ordenação sugere que os sabataístas também introduziram novos cantos e melodias em sua liturgia em honra ao messias.

As notícias da apostasia parece terem alcançado a Itália em fins de outubro, pois, na primeira semana de novembro, R. José ha-Levi, de Livorno, escreveu sua resposta a R. Oséias Nantawa, de Alexandria. A carta de R. José é um grito de triunfo. Ele tinha certeza de que o movimento entraria em imediato e absoluto colapso, e na excitação da vitória deu rédeas a seus sentimentos de acumulados ódio e amargura há muito reprimidos[194]. Todas as palavras de execreção que ficaram sem ser pronunciadas nos meses precedentes, jorraram agora numa torrente de fúria justificada, vituperação e sarcasmos mordazes. Sua explosão é tão reveladora da tensão que se acumulara entre os partidos quanto as rapsódicas confissões de fé da época em que os crentes ainda se expressavam com liberdade. R. José ha-Levi parece ter viajado a Veneza a fim de obter permissão dos membros da Academia rabínica, que não estavam menos indignados e furiosos, para falar também em nome deles. Sua carta deveria ser uma desaprovação autorizada, em nome de judaísmo tradicional, de tudo o que acontecera nos doze meses precedentes, e R. José arrolou, item por item, todos os desvios sabataístas das normas da tradição e do bom senso. Em seu zelo, R. José enumerou até mesmo costumes luriânicos perfeitamente tradicionais, tais como mortificações extremas e o *tiqun* das almas, entre as perversas inovações que atribuiu a Natan. Além dos sarcasmos e invectivas, R. José também atirou a acusação de heresia contra os sabataístas, "pois quem quer que menospreze as palavras dos sábios talmúdicos é um herege". A acusação, feita aqui pela primeira vez, desempenhou um papel decisivo em fases subseqüentes da luta contra o movimento, embora, por ora, os rabis em geral preferissem adotar uma política de apaziguamento. Segundo R. José, todos os crentes sabataístas *ipso facto* negavam a fé no verdadeiro Messias[195]. Apenas três semanas após aliviar-se desta barragem modelar de invectiva polêmica, R. José deu-se ao trabalho de remeter a seu amigo Sasportas um relato circunstancial e razoavelmente correto da apostasia.

A esperança de R. José de um colapso rápido do movimento logo provou ser ilusória. Pouco depois da chegada dos primeiros

194. *Ap.* Sasportas, pp. 186-197.
195. *Idem*, p. 192.

informes, a guerra entre Turquia e Veneza pela posse de Creta interrompeu todas as comunicações com a Turquia. Segundo R. José, não chegavam à Itália navios de Esmirna e de Constantinopla por muitos meses, e descrições detalhadas dos acontecimentos no Oriente só foram recebidas em fevereiro de 1667[196]. Para muitas pessoas, a apostasia era simplesmente um boato não confirmado, e os crentes preparavam todos os tipos de explicações para o caso do boato vir a confirmar-se.

R. José ha-Levi faz um relato das diversas versões que podiam ser ouvidas em Livorno e Veneza. Os "crentes tolos" formavam vários grupos ("seitas"), um dos quais sustentava que Sabatai nunca apostatara: o falso boato se devia ao fato de o sultão ter abraçado e beijado Sabatai, colocando sobre sua cabeça uma coroa real adornada com um lenço verde. Essa versão foi também divulgada pelo milionário de Amsterdã, Abraão Pereira, em cartas que escreveu de Veneza para Livorno. Cartas semelhantes foram recebidas em Livorno, vindas de Verona e de outras partes. Outros diziam que talvez Sabatai apostatara a fim de conhecer os segredos de Estado do sultão e preparar-se para a sua própria próxima tarefa. Uma terceira "seita" apresentava o argumento cabalístico de que o messias tivera de ingressar na esfera da *qelipá* a fim de destruí-la. O advogado mais ativo dessa doutrina era Rafael Supino, enquanto Isaac Nahar sustentava o ponto de vista do primeiro grupo. Um quarto grupo argumentava que era apenas a sombra de Sabatai que parecia ter apostatado, enquanto um quinto grupo negava a apostasia por completo e pretendia que Sabatai simplesmente se desculpara perante o sultão pelas atividades de Natan. "E agora esses mestres da mentira estão se movimentando de novo e eles escreveram que o Grão Turco fê-lo comandante de seu exército, enviando-o com duzentos mil homens, para fazer guerra à Polônia, de modo a concretizar a profecia de Satan [*sic*] Ashkenazi de Gaza que dissera que ele [o messias] se vingaria dos mártires da Polônia"[197]. No processo de adaptação, a lenda convertera Sabatai, de comandante do exército das Dez Tribos, em comandante do exército turco.

O catálogo de "seitas" de R. José indica que, no início de 1667, antes mesmo da chegada das primeiras cartas de Natan sobre o assunto, estavam em curso diversas explicações sobre a apostasia e, seu significado. Tais explicações, vê-se claramente, não possuíam nenhuma fonte comum, originando-se espontaneamente em vários lugares ao mesmo tempo. Dois traços importantes da imagem messiânica inicial[198] – a de um herói militar marchando à frente de seus

196. *Idem*, pp. 247, 255.

197. *Idem*, pp. 247-248 e também p. 256.

198. Cf. o apocalipse iemenita discutido no vol. II, p. 304. As imagens militares e místicas, embora aparentemente contraditórias, não são mutuamente excludentes.

exércitos para vingar-se dos inimigos de Israel, e a do místico cabalista executando uma missão secreta ao descer na esfera das *qelipot* – reaparecem apenas ligeiramente alterados, a fim de se adequarem às novas circunstâncias. Os crentes mais destacados (por exemplo, Abraão Pereira e Isaac Nahar) não estavam aterrorizados pelo paradoxo de um messias apóstata. Rafael Supino já havia utilizado uma imagem caracteristicamente "marrana" em seus sermões aos crentes de Livorno: a sagrada rainha Ester também tinha mudado de religião no palácio de Assuero, a fim de trazer salvação a Israel. O motivo era popular entre os marranos da Espanha, e não é surpreendente que tenha sido adotado por crentes num messias "marrano". Muitos, e não apenas os "tolos ignorantes", ofenderam-se com as agressivas invectivas de José ha-Levi, e este precisou admitir que "nestas partes todo aquele que acreditou é amado e estimado pelo povo, ao contrário daqueles que não acreditaram"[199]. A queixa de R. José lança uma luz interessante sobre o movimento. É evidente que a simpatia instintiva do povo estava com os crentes, que, provara-se, estavam equivocados, e não com os críticos perspicazes. Este era um movimento popular, e fosse ele bem ou malsucedido, o povo não ficaria grato àqueles que o haviam hostilizado e que agora diziam: "Nós vos avisamos".

Os crentes em Livorno costumavam encontrar-se regularmente nas casas de alguns dos membros mais proeminentes das congregações[200], e mantinham contatos com seus irmãos na Turquia. Uma das figuras mais ativas e centrais no grupo era R. Moisés Pinheiro, que retornara a Livorno de Esmirna, depois da Páscoa de 1667. Pinheiro continuou a atrair as pessoas ao movimento mesmo após o retorno de Isaac Nahar a Amsterdã em 1668 e a desilusão de Rafael Supino com a fé. A maioria dos rabis que tomou parte no movimento não nos deixou cartas ou outros documentos escritos, sendo portanto quase impossível decidir se e quando um crente específico abandonou a fé. Nessas circunstâncias, tudo o que podemos fazer é aventurar suposições que podem ser derrubadas pela descoberta de novos documentos. Assim, por vários anos, encontramos novamente Rafael Supino mantendo estreitas e amistosas relações com Sasportas. Isso sugere, embora não o prove, que Supino havia abandonado a fé sabataísta, pois sabemos que Sasportas só estava em bons termos com rabis de cuja lealdade sabataísta contínua (e secreta) ele não tinha qualquer conhecimento.

199. Sasportas, p. 256.

200. Isto é verdadeiro para o inverno e a primavera de 1667 (Sasportas, *idem.*) bem como para a época da visita de Natan.

Já em 16 de março de 1667, chegaram a Veneza cartas de Ragusa e Adrianópolis, as quais mostram claramente que, nestas comunidades, não eram poucos os que se recusavam a encarar a apostasia em seu sentido "comum" e que ainda consideravam Sabatai como um judeu completo[201]. De fato, foi a recusa de numerosos judeus na Itália em abandonar sua fé em Sabatai Tzvi que incitou Emanuel Frances a coletar os seus poemas satíricos e os de seu irmão. Os poemas não se destinavam originalmente à publicação e, depois da apostasia, os autores efetivamente sentiram que seria melhor relegar toda a questão ao esquecimento. Porém, à medida que se tornava claro o fato de que os crentes "ainda permaneciam firmes em sua vigilância e se mantinham fiéis à sua impureza", Frances decidiu desferir seus dardos satíricos contra os sabataístas[202]. R. José ha-Levi também escreveu uma história de Sabatai Tzvi e seu profeta Natan; porém, seu relato, assim como seus outros escritos, perderam-se, enquanto o *Tzvi Mudá* dos irmãos Frances circulava largamente pela Itália. Mesmo assim, embora a crença em Sabatai persistisse em muitos círculos, o despertar penitencial ficou paralisado. De acordo com Emanuel Frances, apenas uma "minúscula minoria" dos penitentes do grande despertar perseverou em seu arrependimento e corrigiu sua conduta[203]. As cartas de Natan justificando a apostasia começaram a circular mais amplamente no verão de 1667 e foram logo seguidas por folhetos análogos oriundos de outras fontes, especialmente os escritos de Abraão Cardozo, de Trípoli.

Tendo os exercícios penitenciais e as mortificações extremas sido uma feição característica do movimento, os rabis de Veneza exigiram que cessassem. Os crentes, por outro lado, desejavam continuar nessa prática[204]. Os rabis de Veneza escreveram, pois, a todas as comunidades, ordenando-lhes que destruíssem todos os documentos relacionados ao movimento de 1666, e obliterassem todos os testemunhos desse episódio vergonhoso. Essa tentativa de censura é mencionada por R. Samuel Aboab numa *responsum* escrita cerca de oito anos após o evento. Aboab declara que depois da apostasia todas as congregações na Terra Santa, na Turquia, na Alemanha, na Holanda, na Polônia e na Rússia admitiram que os oponentes do movimento tinham razão e, reconhecendo seu erro,

201. Uma dessas cartas, contendo detalhes certamente corretos, está preservada no Hottinger Collection vol. 30, fol. 345.

202. *Tzvi Mudá*, pp. 101, 135.

203. *Idem*, p. 127. O trecho não significa (como Shulwass, *Rome and Jerusalem*, p. 129, compreendeu erroneamente) que apenas uma pequena minoria abandonou a fé após a apostasia.

204. Ver *Zion*, XIII (1948), pp. 52-54.

queimaram todos os registros e escritos nos quais seu nome era mencionado, a fim de que não viesse a ser lembrado [...] E aquilo que ouvimos das cidades longínquas nós mesmos vimos nas cidades da Itália [...] Eles se arrependeram [de sua crença em Sabatai] [...] e confessaram, 'Ai de nós, pois pecamos'. Também os rabis de Constantinopla [...] enviaram ordens às comunidades próximas e longínquas [...] [para acabar] com tudo o que fora escrito sobre aquele caso enganoso [...] que deveria ser esquecido e não mais mencionado''[205].

A eliminação em larga escala de registros e documentos relativos ao movimento teve, sem dúvida, êxito, em grande detrimento da pesquisa histórica. Os rabis italianos foram, talvez, encorajados em seu esforço pelo exemplo de seus colegas egípcios. Havia muito o que eliminar. No outono de 1666, isto é, antes que as notícias da apostasia fossem confirmadas com segurança, R. Moisés Borghi publicou em Mântua um manual de devoções para o meio-dia e a meia-noite, ''de acordo com o costume dos remanescentes de Israel''. O pequeno livro, que saiu do prelo em 11 de dezembro de 1666, era simplesmente outra edição das Preces da Meia-Noite, de Natan, cuja edição anterior já havia sido publicada em Mântua. De fato, a página de rosto descreve expressamente o *Tiqun ha-Midot* de Borghi como ''segunda edição''. Talvez o título fosse destinado a ocultar a verdadeira origem da publicação. Na verdade, bibliógrafos posteriores não lograram reconhecer sua origem sabataísta e o confundiram com um manual cabalístico comum de Preces da Meia-Noite. O editor, que talvez já ouvira rumores sobre a apostasia, evitou cuidadosamente qualquer menção a Natan e manteve suas observações no prefácio suficientemente vagas. No final (fols. 53-58) há uma prece adicional pela redenção, ''enviada de Jerusalém'', que sugere haver no verão de 1666, na Cidade Santa, um círculo ativo de crentes – a menos que ''Gaza'' tenha sido deliberadamente substituída por ''Jerusalém''. A oração não tem quaisquer características sabataístas específicas: ''Ó Senhor, inscrevei-nos para a redenção e aliviai as aflições messiânicas... Ouvi-nos quando clamamos por Ti'' etc. De todo modo, a publicação prova que até mesmo no final de 1666 havia compradores para esse tipo de publicação devocional.

205. *Devar Shemuel*, fol. 97a. Aboab também menciona um livro ''recentemente publicado'' numa língua gentia e que ''para a nossa vergonha'' arrola cerca de vinte falsos messias, incluindo os mais recentes e piores, mas não há certeza a que obra ele se refere. A primeira edição do livro de J. von Lent sobre os falsos messias não apareceu até 1683. Talvez a referência seja ao panfleto italiano de Carlo Alfano sobre Sabatai Tzvi, impresso (segundo Wolf, *Bibliotheca Hebraica*) em Viterbo, em 1666 (na verdade, em 1667), mas até agora não me foi possível examinar uma cópia desse panfleto.

VI. VIAGEM DE NATAN À ITÁLIA EM 1668. SEU INTERROGATÓRIO PELA CORTE RABÍNICA EM VENEZA E SUA MISSÃO MÍSTICA À ROMA. SUA VOLTA AOS BÁLCÃS E RESIDÊNCIA EM KASTORIA

Ao chegar a Veneza, pouco antes da Páscoa, em março de 1668, Natan ingressou diretamente no meio do turbilhão e da tensão entre os partidos em disputa. Ambos os lados tentaram capitalizar sua visita, e subseqüentemente puseram em circulação suas respectivas versões dela. De acordo com a história sabataísta, os rabis temiam Natan e tentaram evitar sua entrada. Entretanto, havia no gueto muitos crentes que dispunham de certa influência junto às autoridades. Eles se queixaram da injusta perseguição a Natan a um dos notáveis venezianos, e as ordens deste último asseguraram a admissão de Natan ao gueto[206]. Baruch de Arezzo, por outro lado, declara que os rabinos haviam pronunciado um édito geral de excomunhão contra quem quer que recebesse Natan em sua casa ou sequer falasse com ele. Apenas R. Samuel Aboab, o reitor da Academia, foi ver Natan e o informou de que ele não seria admitido no gueto "pois sua presença poderia causar alguma adversidade". Natan replicou que sua missão era divina e que ele estava a caminho "de um certo lugar em nome de toda a congregação de Israel". Esta é uma referência clara à sua intenção de prosseguir para Roma, embora não explique nem a sua viagem a Veneza e nem o fracasso de seu *magid* em fazê-lo ir diretamente a Roma via Ancona, que estava localizada nos Estados papais e onde ele poderia contar com algum apoio. De acordo com Baruch de Arezzo[207] (ele próprio um crente e possivelmente também uma testemunha ocular), Natan prontificou-se a não entrar na cidade, já que sua presença era indesejável. No dia anterior à Páscoa, R. Moisés Zacuto visitou Natan, e depois de uma longa conversa com ele confessou – segundo a versão sabataísta – que, embora tivesse estudado o Zohar por 38 anos, sua compreensão cabalística era inferior à de Natan. Dois magistrados venezianos, que encontraram Natan por acaso, convidaram-no a seu palácio, onde ele permaneceu por dois dias e uma noite – segundo a cronologia de Baruch, os dois primeiros dias da festa de Pessach! – após o que ordenaram à comunidade judaica que o admitissem ao gueto. Se se fizer o devido desconto dos embelezamentos lendários, os relatos concordam substancialmente.

É evidente que Natan planejara sua visita de antemão e informara devidamente seus adeptos. De todo modo, seus seguidores sa-

206. Sasportas, p. 263.
207. *Ap.* Freimann, p. 61.

biam que não poderiam endereçar cartas a ele em Veneza. Duas dessas missivas, desejando-lhe sucesso em seu empreendimento, foram preservadas[208]. O autor da primeira, um certo Moisés Abraão, ora pelo êxito da missão de Natan e de seu companheiro Samuel Gandoor, desejando a ambos um feliz retorno ao messias. Ele também declara sua disposição de ir para onde quer que Natan o enviasse. A carta foi redigida certamente em 1668. A outra carta, escrita por um certo Samuel Tunia (?) é semelhante em tom e conteúdo.

Natan permaneceu no gueto por cerca de quinze dias durante os quais foi reinquirido pelos rabis que, no entanto, não podiam evitar que os crentes se lhe associassem. Uma descrição, se bem que parcial, dos procedimentos inquisitoriais é apresentada no panfleto "Um Memorial aos Filhos de Israel", publicado pelos rabis de Veneza e que continha, além de sua própria versão dos modos de proceder, as primeiras declarações dos rabinatos de Ipsola e Adrianópolis[209]. De outra parte, possuímos também o relato feito por Natan desses procedimentos. Numa carta a Caleb Kohen, um dos crentes destacados em Sófia ou em Corfu, ele declarou que sua assinatura era nula e inválida, uma vez que fora extorquida dele "sob pressão". Sasportas admite que ao examinar Natan e ao publicar o panfleto, a Academia Rabínica pretendia "dissipar o erro" de modo a contentar os corações dos descrentes que não haviam sido seduzidos e fazer com que os crentes se arrependessem de sua loucura. Em outras palavras, os rabis de Veneza também preferiram uma política de moderação e persuasão, aos meios mais radicais do "sino, livro e vela"*.

A longa carta dos rabis venezianos (12 de abril de 1668) oferece um testemunho eloqüente de sua profunda preocupação com a integridade da tradição judaica, que estava ameaçada pelos crentes. Os rabis congratularam-se por não se terem afastado das tradições dos anciãos e consetido em coisas tolas (referindo-se, provavelmente à abolição dos dias de jejum), embora precisassem admitir que seu prestígio e sua autoridade haviam decaído muito aos olhos dos crentes. De fato, as autoridades rabínicas tiveram que adular as massas a fim de assegurar alguma obediência. Não há dúvida que Aboab, Treves e Saraval não esqueceram facilmente a humilhação que tinham sofrido durante a maré alta do movimento.

208. Antigamente, na biblioteca da comunidade judaica de Viena (Catalogue Schwarz 141, n. 5).

209. Existem apenas poucas cópias do panfleto, porém o texto foi reimpresso por R. Samuel Aboab no fim de suas *responsa Devar Shemuel* (Veneza, 1702), fols. 263-267.

* Acessórios do antigo ritual da excomunhão da Igreja Católica; chamar sobre alguém as maldições do inferno, ou seja, excomungar. (N. da T.)

Agora deploravam o fato de Israel ter sido desgraçado aos olhos dos gentios devido à sua crença precipitada em palavras vãs que se opunham claramente à "Escritura, à tradição e à razão". No que concernia àquele jovem, Natan de Gaza, que causara tal comoção, tentaram livrar-se dele em silêncio e sem escândalo, mas quando ficou provado ser isso impossível, não tiveram outra escolha senão empreender uma ação capaz de destruir efetivamente a heresia. Razão pela qual, "antes de sua partida, na segunda-feira, 12 do Omer [9 de abril de 1668], reunimo-nos, os rabis da *yeshivá* e os líderes da comunidade. Convocamo-lo e ele apareceu diante de nós, e quando o interrogamos, ele não pôde dar uma resposta satisfatória a qualquer das perguntas, e a vergonha cobriu sua face e ele mal pôde falar". Ele estava – escreveram eles – evidentemente enfermo em sua imaginação e admitiu ter estado perturbado por um espírito mau e ter sido induzido por um espírito de loucura a dizer coisas que nunca existiram e declarar que as trevas eram luz e o impuro era puro. Porém, uma vez que ele causara esse dano devido a uma imaginação doentia e não por uma perversidade deliberada, eles não o puniram severamente. Possa Deus perdoar "aqueles que poderiam ter erguido sua voz contra ele no início" – uma referência óbvia aos rabis da Palestina, cujo silêncio havia favorecido a atividade messiânica de Natan – "antes que fôssemos desgraçados aos olhos de todos os gentios". Mas, como outros haviam falhado por não agir, os rabis venezianos sentiam-se algo incertos quanto ao que fazer: a questão era "oculta e selada" e ninguém poderia sondar os propósitos secretos da Providência. Embora se abstivessem de excomungar Natan, enviaram o seu "Memorial aos Filhos de Israel" a todas as congregações, a fim de desacreditar o profeta. E nisso eles foram indubitavelmente bem-sucedidos.

O texto da retratação que Natan foi obrigado a assinar é tudo menos enérgico ou convincente: "Considerando que os rabis de Veneza decidiram que embora eu dissesse ter visto a Carruagem [divina] como a vira Ezequiel, e [ouvido] uma profecia no sentido de que Sabatai Tzvi é o messias, ainda assim eu estava errado e não havia substância na visão, eu portanto concordei com suas palavras e disse que minha profecia no que concerne a Sabatai Tzvi não tinha substânvia. Eu, Natan Benjamin". Em vez de uma expressão de arrependimento e de um apelo aos crentes para que abandonassem a fé, deparamo-nos apenas com uma insulsa declaração no sentido de que os rabis negavam a profecia – está bem, que seja como eles querem. A fragilidade do documento residia, por certo, no fato de que deixava de apresentar uma descrição completa do interrogatório, convidando pois inevitavelmente, à acusação de que uma pressão injusta fora exercida. Na verdade, não se passou muito tempo e Natan e outros sabataísta impugnaram a legitimidade do processo. No relato de Natan há uma nota inequívoca de amargura, e é possível que haja algo de verdadeiro em sua versão (ver infra, nota 212, sobre Azulay).

Natan escreveu aos crentes que não se impressionassem com os panfletos e com as proclamações oficiais, "uma vez que não há nada neles". Os rabis de Veneza eram homens sem qualquer valor, que pensavam não haver ninguém como eles em Israel e que alegavam "ter investigado e examinado a questão, nela nada encontrando, como se fossem os mestres da verificação" Segundo a narração de Natan, os rabis lhe haviam solicitado que operasse um milagre, ao que ele respondera – como sempre – que não tinha o poder de fazê-lo, mas que pretendia ir a um lugar especial (Roma) para realizar um *tiqun* místico em nome de Israel. Razão pela qual eles declararam que sua profecia era vã e inválida, "e é a apenas isso que sua investigação se reduz". Os rabis podem ter exultado com sua vitória ao forçá-lo a assinar a confissão, mas ele levara a melhor, pois todo mundo podia ver "como eu os enganei a fim de cumprir o versículo [Salmos, 18:27]: 'Sede puro com quem é puro, mas com o perverso te mostras astuto'. Pois eu simplesmente disse que consentia [...] no que haviam ordenado – numa questão que não está sujeita a regulamentos. Eles quiseram me perseguir [...] mas pela graça de Deus [...] que destruiu sua deliberação, eles não puderam proferir sequer uma palavra dura contra mim"[210]. Natan até admite que não foi intimado a assinar nem o fez por sentir-se amedrontado. Baruch de Arezzo[211] especifica a natureza do artifício de Natan: na assinatura, "Eu, Natan Benjamin", a palavra hebraica *ani* ("Eu") foi escrita de modo a ficar indistinguível de *ag* – a ser interpretada como as iniciais de *anus gamur* ("totalmente sob pressão"). O que parece ser invenção fantasiosa de um cronista sabataísta é corroborado surpreendentemente por uma testemunha tão boa quanto R. Moisés Zacuto[212].

Em Veneza e em outros lugares Natan tinha muitos seguidores e patrocinadores, que receberam o "Memorial" oficial (publicado em abril de 1668) com indisfarçada hostilidade e audíveis protestos. Um dos rabis venezianos, que pregara um sermão anti-sabataísta, recebeu pronta resposta por uma carta circular escarnecedora[213] na

210. *Ap.* Freimann, p. 63.

211. *Ibid.*

212. Como é relatado por H. Y. D. Azulay; ver M. Benayahu em *Sefunot*, V (1961), 335. Sobre a transmissão dessa tradição de Zacuto a Azulay, ver *ibid.*, p. 322. Quando Zacuto percebeu a impostura, Natan já desaparecera. A fórmula utilizada por Natan é a contrapartida exata do latim C. F. (*coatus feci*) usado em tais circunstâncias.

213. Publicado por G. Scholem em *Zion*, XIII (1948), pp. 52-54.

qual o autor, Meir de Mestre, habitante de Veneza[214], ridicularizava o "interrogatório" de Natan pela corte rabínica e exortava os crentes a perseverarem em seus exercícios penitenciais. Em seu "Memorial" oficial, os rabis de Veneza haviam acusado os crentes de "calcular o final". R. Meir de Mestre devolve o cumprimento: são os incrédulos que estão calculando o fim – conquanto de forma negativa – ao insistir que o momento atual não poderia ser de forma alguma a época do advento messiânico. Os crentes, por outro lado, estavam prontos para a redenção a qualquer momento, até mesmo "hoje se ouvirdes a sua voz". A penitência nunca pode causar dano, e ai dos rabis que abafam o ardor penitencial do povo. O teor e o conteúdo do panfleto indicam que o autor estava atuando como porta-voz de um grupo bastante forte em Veneza.

Entre as autoridades rabínicas execradas pelo autor do panfleto encontramos também o nome de R. Moisés Zacuto, sem dúvida porque este rompera definitivamente com a "fé" após a apostasia. Zacuto, que, segundo parece, estava sob o ataque de vários grupos, delarou sua posição numa carta escrita em maio de 1668 (isto é, cerca de um mês depois do comparecimento de Natan perante a corte rabínica em Veneza) a R. Meir Isserles da *yeshivá* em Viena. R. Meir recebera uma cópia do "Memorial" difundido pela Academia de Veneza, mas desejava informações mais detalhadas sobre o processo. Escreveu portanto a Zacuto, cuja reputação como cabalista já estava bem estabelecida. Em sua resposta[215], Zacuto expôs seus pontos de vista, tal como se cristalizaram em definitivo após a apostasia, numa linguagem afiada e direta. Os crentes eram rematados tolos, transviando o povo com suas fantasias enganosas e alimentando "um fogo estranho [...] dentro da congregação do Senhor". Eles não tinham nenhum respeito para com os rabis, e ele próprio sofrera ignomínia em suas mãos em Rovigo. Zacuto se identifica com as cartas dos rabis venezianos contidas no "Memorial". O movimento causara um triplo dano à judiaria italiana: ocasionara perdas materiais à comunidade, contribuíra para o perigo da apostasia entre os tolos e desiludidos crentes, e expusera os judeus à hostilidade de seus vizinhos cristãos. Zacuto assegurou a seu correspondente que "o rabi Natan" fora examinado de forma adequada e extensiva, embora a carta oficial dos rabis de Veneza não desse quaisquer pormenores, com receio de que pudessem chegar ao conhecimento dos gentios. Nesse ponto, a informação de Zacuto, da qual não há nenhum bom motivo para se duvidar, contradiz o relato de Natan.

214. Ele estava em contato com Leone Módena, como transparece de uma carta escrita em 1647; cf. Benayahu, em *Sinai*, XXXIV (1945), p. 187.

215. *Zion*, XIII, pp. 55-56.

Zacuto elogia as comunidades alemãs por terem observado os jejuns mesmo no ano de 1666 – ao contrário, podemos inferir, dos judeus italianos, alguns dos quais festejaram o 17 de Tamuz e o 9 de Av até em 1667. Apesar de sua condenação enfática dos sabataístas, Zacuto é moderado em comparação a Sasportas e José ha-Levi, compartilhando claramente da opinião dos rabis turcos de que o silêncio era melhor política do que a perseguição e a controvérsia pública.

Como teólogo, Zacuto não ficou impressionado com as heterodoxias cabalísticas dos sabataístas. Quer ele tenha ou não elogiado realmente Natan por seu conhecimento do Zohar (como afirmou Baruch de Arezzo), o fato é irrevelante. O espírito irrequieto e revolucionário de Natan era visceralmente alheio ao temperamento essencialmente conservador de Zacuto, embora alguns dos discípulos favoritos de Zacuto tivessem se tornado e permanecido adeptos zelosos do movimento sabataísta.

É evidente – não obstante pequenas contradições em nossas fontes – que Natan perseguiu a meta de sua viagem com notável determinação. De acordo com um relato[216], ele foi enviado a Livorno pelos rabis venezianos que, sabendo ter ele poderosos protetores cristãos em Veneza, não ousaram excomungá-lo. Em Livorno, onde a comunidade judaica desfrutava de uma liberdade maior, os rabis estariam em condições de lidar com ele de maneira mais severa. Natan, entretanto, escapou-lhes e foi diretamente a Roma. Um relato sabataísta (e provavelmente mais exato) atribui intenções mais amistosas às autoridades venezianas: alarmados por sinais e interesse cristão em Natan – sua chegada fora assinalada nas gazetas – e temendo que isso pudesse levar à sua detenção pela Inquisição, os rabis o aconselharam a viajar em silêncio para Florença[217].

Os detalhes da viagem de Natan não são muito claros, porém conhecemos seu itinerário. Acompanhado por Samuel Gandoor, ele zarpou de Veneza para Finale di Modena e daí viajou por via terrestre até Bolonha, Florença e Livorno. Em Livorno permaneceu por

216. Sasportas, p. 267.

217. Baruch de Arezzo nos dá sem dúvida uma informação de primeira mão, uma vez que relata (*ap.* Freimann, p. 62) ter sido enviado de Veneza com cartas a seu tio Samuel Formiggini, solicitando-lhe que arranjasse a viagem de Natan a partir de Finale di Modena. O temor, expresso na carta de Veneza, de que os "mensageiros do papa" pudessem causar algum mal a Natan, contradiz claramente a versão de Sasportas. Baruch de Arezzo descreve o perigo em que Natan se encontrou, quando uma multidão cristã se reuniu às margens do rio Panaro, gritando "Vejam o messias dos judeus", mas o incidente é um tanto obscuro. Talvez uma pesquisa nas gazetas de Veneza daquele ano possa lançar alguma luz sobre a questão. Até agora, não consegui localizar tais gazetas.

cerca de dois meses[218], ensinando a doutrina sabataísta a um grupo de crentes devotos e entusiastas que se havia formado ao redor de Moisés Pinheiro. Ele não apareceu, todavia, em público e absteve-se de promover qualquer propaganda aberta. A pregação sabataísta ocorria na clandestinidade, e a fé era proclamada nas casas particulares dos crentes.

Acompanhado por Moisés Capsuto, um abastado mercador e por muitos anos, um dos mais ativos sabataístas da Itália[219], Natan prosseguiu até Roma, para onde ''foi em paz e retornou em paz. Mas não sei o que ele fez ou disse ali, e mesmo que soubesse, não deixaria escapar uma só palavra a respeito disso''. A última parte dessa declaração está mais próxima da verdade, pois Baruch de Arezzo seguramente sabia o propósito da missão mística de Natan. De acordo com Sasportas, Natan viajou para Roma incógnito, porém sua presença ali tornou-se conhecida. As autoridades judaicas quiseram tratá-lo com severidade, porém Natan se disfarçou, raspou a barba e fugiu para Livorno. A seus crentes dessa cidade disse ter estado em Roma ''numa missão do messias, e que executara sua missão jogando no rio um pergaminho escrito – e dentro de mais um ano Roma será destruída''[220]. Uma versão ligeiramente diferente é apresentada na descrição pormenorizada que R. Samuel Catalani,

218. Assim, Abraão Cardozo, em carta escrita em 1669; ver *Zion*, XIX (1954), p. 13. Baruch de Arezzo (*ap.* Freimann, p. 62) é menos explícito e, por conseguinte, provavelmente mais correto, quando diz simplesmente que Natan permaneceu ali ''por algum tempo''. A carta de Samuel Catalani afirma explicitamente que em 1º de Tamuz (10 de junho de 1668), Natan já havia deixado Ancona, comprimindo assim as viagens de Natan pela Itália num curto período de tempo, entre meados de abril e meados de junho. Entretanto, a data que aparece na cópia preservada da carta de Catalani é o resultado de um erro de escrita. Natan chegou a Ancona em 21 de junho e partiu no dia 29; ver infra, nota 221.

219. Seu nome é mencionado repetidamente na correspondência entre Meir Rofe, de Livorno, e R. Abraão Rovigo, no anos 1674-1678 (British Museum, MS. Or. 9 165, publicado por Israel Tishby em *Sefunot*, III-IV [1960], 71-130). Capsuto atuou como elo de ligação entre os diversos grupos sabataístas, recebendo cartas da Turquia metropolitana e dos Bálcãs, e passando adiante dinheiro para os crentes; ver os documentos publicados por Tishby em *Sefunot*, I (1956), pp. 93-95. Durante os anos sessenta e setenta daquele século, ele viveu em Livorno (ver *Sefunot*, III-IV) [1960], p. 95, nota 24). O Moisés cujo pai David Capsuto morreu em Florença no ano de 1684 (ver Freimann, p. 62, nota 4) não é, talvez, o mesmo Moisés Capsuto ao qual nos referimos. Na carta de Meir Rofe a Rovigo (Tishby, *loc. cit.*, p. 91), David Capsuto de Florença é ainda mencionado como se estivesse vivo. O nome da família foi posteriormente mudado para Cassuto.

220. Sasportas, p. 268. Sasportas provavelmente quis dizer que essa sentença, meio profecia e meio maldição, modelada claramente de acordo com a profecia de Jonas em Nínive, foi escrita no pergaminho que Natan atirou no Tibre. Cf. também Sasportas, p. 259.

de Ancona, enviou a seu filho Rafael Catalani, em Corfu. A carta de Samuel[221] foi escrita no início de julho de 1668, e já mostra indícios de uma transformação lendária dos eventos. Segundo Samuel Catalani, todos os judeus de Roma estavam convencidos, graças ao comportamento extraordinário de Natan, de que ele atuava numa missão divina. Ele raspara a barba e se apresentava muito bem trajado. Permaneceu em Roma por uma noite apenas, mas passou esta noite junto com seu companheiro (Moisés Capsuto?) num abrigo para viajantes pobres. Uma vez que seu companheiro era conhecido como um abastado mercador, todo mundo ficou extremamente admirado e começaram a imaginar se o estrangeiro não era Natan de Gaza. O companheiro lhes disse ser o visitante um asquenazita que não podia falar [sua língua]. Ambos partiram antes do amanhecer, dirigindo-se ao palácio papal (Santo Angelo), por onde vagaram o dia inteiro, estando Natan entretido o tempo todo em meditações místicas. Partiram uma hora antes da meia-noite "e viajaram uma distância de oito dias em dois dias, chegando aqui em Ancona. Ele aqui permaneceu por oito dias, e partiu alegre e com o coração em júbilo. E para onde quer que fosse, nada de mal acontecia aos judeus e nada chegou ao conhecimento das autoridades, embora esses lugares enxameassem de informantes e apóstatas".

Os dois relatos, embora diferindo em pormenores, proporcionam um quadro bastante claro da visita de Natan a Roma. Era evidente que Natan queria escapar da atenção das autoridades papais e não (como Sasportas supunha) da comunidade judaica. Suas perambulações "ao redor do palácio" eram um rito de magia destinado a provocar a destruição de Roma, tendo provavelmente um duplo significado. Em primeiro lugar, a ação de Natan era uma imitação de seu messias. Assim como Sabatai, também o profeta penetrara no reino dos poderes malignos (isto é, a residência do papa) e realizara

221. A carta foi descoberta por Tishby na Bodleian, Oxford (n. 2 239, fol. 191a); ver o artigo de Tishby em *Sefunot*, I (1956), 113. A data *Rosh Hodesh* Tamuz (10 de junho de 1668) parece ser um erro de copista. A data correta, 25 de Tamuz, aparece no MS. Milan (ver infra, nota 230), descoberto pelo Dr. N. A. Alloni em 1960; a cronologia derivada da carta de Samuel Catalani e adotada na versão hebraica original da presente obra (p. 656) deve ser corrigida de acordo. Segundo o MS. Milan (fol. 1a), Natan e Gandoor chegaram a Ancona numa "quinta feira, 12 de Tamuz de 428 (21 de junho de 1668) [...] e não se revelaram a nenhum judeu [...] até que R. Jacó Sabatai Kohen os reconheceu". A data *R. H.* (*Rosh Hodesh*) na cópia de R. José Hamitz da carta de Catalani, deve-se a uma leitura incorreta ou a um erro de copista. A data 28 de Tamuz é improvável (pois era um sábado) e conseqüentemente, podemos assumir que a indicação original deva ter sido 25 de Tamuz (sendo as cartas hebraicas respectivas muito semelhantes). A declaração de Catalani de que Natan se dirigiu diretamente de Roma a Ancona é contradita por nossas outras fontes, que sugerem ter ele retornado a Livorno por um certo período de tempo.

atos místicos com o fito de causar a sua destruição. Entretanto, ao contrário do messias, Natan não se demorou no abraço da *qelipá* e afastou-se o mais depressa possível – segundo a lenda sabataísta, uma jornada de oito dias em dois dias. Em segundo lugar, os atos místicos de Natan foram claramente inspirados pela lenda rabínica (B. Sanhedrin 98a), de acordo com a qual o messias estava sentado como um pária entre os leprosos e os mendigos aos portões de Roma. Um ato similar de identificação simbólica fora executado em 1530 pelo entusiasta messiânico, visionário e mártir, Salomão Molkho, e descrito em sua carta autobiográfica[222]:

> Entrei na cidade e deixei meu cavalo e meus belos trajes com o estalajadeiro, dizendo-lhe que tinha uma amada nessas regiões a quem amava desde os tempos idos: minha alma estava presa à dela, mas seus pais a escondiam [num lugar] onde eu podia falar com ela apenas disfarçado nos andrajos de um mendigo. Pedi-lhe que me arrumasse esse disfarce [...] e pintei meu rosto de preto e vesti os andrajos imundos [...] e caminhei entre os mais desprezados e rejeitados dos homens, como um homem que conhece o pesar e a aflição [...] E caminhei pelas ruas da cidade até chegar a uma ponte sobre o Tibre, perto da fortaleza do papa, onde ficam os mendigos e os enfermos, e permaneci entre eles como um ferido e golpeado por Deus, durante trinta dias.

O dramático relato de Molkho era, sem dúvida, do conhecimento de Natan e quase certamente lhe inspirou sua ação simbólica, a começar por uma noite entre os pobres e terminando na famosa ponte em frente ao castelo de Santo Angelo. Tenha Natan agido conforme instruções de Sabatai (como é afirmado por ele próprio e por Sasportas) ou por sua própria iniciativa, ele por certo atribuía grande importância ao *tiqun* místico que realizara para o messias. A seus fiéis amigos e associados, Natan relatou a realização de sua missão, em breves cartas[223]. Ao seu pai Elisha Haim, que, segundo parece, se achava em Viena nessa ocasião, escreveu: ''Abençoado seja Deus a quem devemos graças, que me deu tudo o que é bom e me concedeu força e ajuda para efetuar Sua missão e unificar Seu grande Nome e executar meu propósito''. A José Tzvi, irmão de Sabatai, escreveu: ''Dirigi-me à conhecida grande cidade, pois esse era o propósito de minha viagem à Itália''. Ao retornar a Livorno, Natan compôs um ''Relato sobre a Missão Cumprida pelo Rabi'', cópias do qual foram enviadas aos crentes em diversos lugares. Essa estranha e obscura carta apocalíptica foi escrita num aramaico rimado curiosamente artificial e alusivo, que ocasionalmente desafia a

222. Impresso sob o título *Hayat Quané*, Amsterdã (1658?); o relato de seu disfarce místico, *ibid.*, fols. 3b-4a.

223. As cartas foram descobertas por Tishby no MS. Bodleian, mencionado supra, nota 221.

compreensão, embora seja evidente que a linguagem simbólica é devedora de algumas passagens no Talmud[224]. Entretanto, o que fica claro a partir dessa carta críptica é que Natan, confiando sua alma a Deus, lançou-se, de suas alturas espirituais, ao abismo negro e à *qelipá* de Roma, onde batalhou com êxito – sob a influência e a luz do messias Sabatai Tzvi ''cuja Lâmpada brilha no Levante'' – contra as forças do mal.

Natan não dá indicação alguma do motivo pelo qual expediu esse comunicado referente à sua campanha mística. Talvez tivesse a finalidade de encorajar os crentes: o poder da *qelipá* ainda não estava completamente rompido, e muitas coisas estranhas e incompreensíveis teriam que acontecer no decurso do embate, porém ambos, Sabatai e Natan, estavam lutando na batalha, cada um segundo seu chamado. Sabatai penetrara no palácio do sultão e na esfera de Ismael, enquanto Natan assumira o combate contra Roma. Que ninguém se desesperasse, pois o messias e seu profeta estavam labutando duramente para realizar o *tiqun* final. R. José Hamitz, num sermão entusiástico, exaltou a coragem de Natan em enfrentar

> um perigo sem precendentes, e ele certamente estava sendo protegido por anjos, caso contrário não teria escapado da boca do leão de modo natural [...] Pois ele foi obrigado a descer às profundezas das *qelipot* e a atirar-se ali, de modo a cumprir [Salmos, 91:13]: ''Hás de caminhar sobre o leão e a víbora, pisarás o leãozinho e o dragão'' – como ele sem dúvida fez naquela ocasião[225].

Outro pronunciamento no mesmo estilo enigmático foi enviado aos adeptos de Natan em Veneza, provavelmente escrito pelo próprio profeta. Prediz a queda da ''terra das trevas espessas'' (isto é, Roma; cf. Jeremias, 2:31)[226].

Após seu retorno a Livorno, Natan continuou a fortalecer os corações de seus seguidores, que organizaram uma espécie de contra-inquirição formal a respeito de suas credenciais proféticas. O objetivo era contrapô-la à investigação dos rabis de Veneza, e as ''atas do processo'' foram divulgadas entre os crentes na Itália. O testemunho de R. Moisés Pinheiro (ver vol. I, p. 200), no que concerne

224. Tais como Pesahim 36, Baba Kama 3b, Sanhedrin 7a. O texto, conforme apresentado no *SS* (pp. 658-659), e baseado em Sasportas (p. 268), o caderno de notas sabataísta na biblioteca da Universidade de Colúmbia (fol. 24a) e MS. Oxford 2 239, podem ser agora corrigidos com o auxílio do manuscrito descoberto na Ambrosiana em Milão (ver supra, nota 221, e infra, nota 230). Parece que o próprio Natan modificou os comentários nas cópias que deixou com diversas pessoas.

225. Ver o sermão na íntegra no artigo de Tishby, *Sefunot*, I (1956), 112-117, especialmente p. 114.

226. Foi encontrado entre os papéis de Meir de Mestre; cf. o texto em *H. A. Wolfson Jubilee Volume* (1965), parte hebraica, pp. 228-229.

às suas conversas com Natan, deixa transparecer a amargura que o profeta albergava contra seus perseguidores, pois ele "não estava com medo, nem um pouco, dos gentios, *mas* unicamente dos perversos dentre os judeus"[227]. O presente malogro das esperanças messiânicas e o atraso da redenção se deviam à "multidão misturada" e aos pecadores em Israel (isto é, provavelmente, seus opositores rabínicos) e não aos gentios. Há aqui uma significativa mudança na posição de Natan. Suas primeiras cartas afirmavam claramente que os incrédulos não poderiam atrapalhar e nem retardar o inexorável progresso da consumação messiânica: o *tiqun* cósmico fora completado e os descrentes estavam simplesmente ferindo-se a si próprios (ver vol. I, p. 264). Agora, sob a pressão dos acontecimentos, Natan vira-se obrigado a rever suas opiniões anteriores e a ponderar sobre onde é que havia interpretado mal sua visão original. Na hora da crise e da provação, ele percebeu que os pecadores, isto é, os descrentes, eram capazes de obstruir ativamente o processo da concretização messiânica.

Natan pode ter tido boas razões para temer a hostilidade dos rabis. De todo modo, após retornar da Itália à Turquia, ele e seus adeptos ocultaram seu paradeiro por um tempo considerável e com tanto sucesso, que se pensou ter ele morrido ou sido capturado por piratas[228]. Também em Veneza corria o boato de que Natan fugira da Turquia e levava uma vida errante[229]. Na realidade, Natan e Gandoor, tendo cumprido sua missão mística em Roma, dirigiram-se para Ancona, onde chegaram na quinta-feira, 21 de junho de 1668[230]

227. Freimann, p. 95. A palavra grifada *mas* é a tradução do hebraico *ela* do manuscrito; o texto impresso de Freimann deturpa para *ela ló* – que significa exatamente o oposto.

228. A carta de Cardozo aos rabis de Esmirna sugere que isto era, de fato, o que eles acreditavam; daí não estarem provavelmente cientes do paradeiro real de Natan no fim do verão de 1668. Cf. *Zion*, XIX (1954), p. 13.

229. Baruch de Arezzo, *ap.* Freimann, p. 62. A carta de Cardozo do verão de 1669, mostra que também ele não sabia onde Natan estava na ocasião. Um poema anti-sabataísta pelo autor caraíta Daniel b. Moisés Melamed, de Damasco, afirma que, após a apostasia, o profeta "fugiu para um lugar longínquo, e ninguém tem conhecimento de seu paradeiro". O poema foi escrito em 1669; ver o texto na íntegra em S. Poznanski, em *MGWJ*, LX (1916), 149-150.

230. Ver supra, nota 221. O manuscrito no qual essa data figura foi descoberto na Ambrosiana em Milão, pelo Dr. N. Alloni. O manuscrito, que não figura no catálogo de Bernheimer, tem a marca *x 148 sup.* do lado de fora, e *MS III. 47* por dentro. Suas catorze folhas, escritas em bela caligrafia, contêm vários documentos sabataístas, alguns desconhecidos até então. As folhas 1a-7b contêm uma descrição detalhada da visita de Natan a Ancona, composta quase com certeza, isto é, ditada, pelo cego rabi de Ancona, R. Mahalalel Aleluia, e copiada por um escriba. R. Mahalalel, ao modo dos cronistas, refere-se a si próprio na terceira pessoa como "o rabi"; porém há poucas dúvidas sobre a identidade do autor. Ver G. Scholem, "Documentos Sabataístas

e lá permaneceram até 29 de junho[231]. Ocultaram sua identidade mas foram reconhecidos por um certo Jacó B. Sabatai Kohen, que os vira anteriormente naquele mesmo ano em Corfu e trouxera uma das "mensagens de reconforto" de Natan, ao regressar a Ancona[232]. Razão pela qual, o idoso e cego rabino da comunidade, R. Mahalalel Aleluia – ele próprio um cabalista, poeta e crente fervoroso em Sabatai Tzvi – acercou-se deles na sinagoga, dando-lhes as boas-vindas. O relato que o rabi de Ancona fez de suas conversas prolongadas com Natan[233] constitui não apenas uma importante fonte histórica, mas também um *document humain* de considerável interesse psicológico. Os dois cabalistas dirigiram-se um ao outro com um formalismo oriental e com a maior prudência e circunspeção, se não suspeita. Após alguns rodeios iniciais, ambos abriram-se gradativamente um ao outro e R. Mahalalel começou a interrogar Natan sobre a "fé". Às suas perguntas, que exibem curiosa mescla de argumento racionalista e homilético, Natan respondeu de forma calma e metódica, contraditando pontos halákhicos com considerações legais, e teológicos, com argumentos cabalísticos e *gematria*. Ficamos sabendo, incidentalmente, da atitude positiva de Sabatai em relação aos caraítas (alguns dos quais acreditavam em sua messianidade) e nos é dito que Sabatai incumbira pessoalmente Natan de sua misteriosa missão em Roma e provira, ele próprio, todas as despesas[234]. Natan confiou a R. Mahalalel a natureza de sua missão[235] e expôs-lhe as alusões místicas na Escritura ao nome e ao ministério de Sabatai. Quando Natan embarcou, os dois se abraçaram e se beijaram, chorando um nos ombros do outro. Uma brisa milagrosa apressou a passagem de Natan de Ancona para a costa balcânica[236].

Segundo uma fonte, eles desembarcaram em Ragusa (Dalmácia)[237], porém possuímos uma carta autógrafa escrita por Natan de Durrës (Albânia) ao seu amigo David Yitzhaki, que estava então

concernentes a Natan de Gaza, dos Arquivos de R. Mahalalel Aleluia de Ancona", em *H. A. Wolfson Jubilee Volume* (1965), parte hebraica, pp. 225-241. Baruch de Arezzo, cuja informação sobre a visita de Ancona é confiável em geral (embora ele prolongue a duração para três semanas, o que é um equívoco) diz que Natan manteve uma conversa "com o cego rabi", cujo nome, entretanto, não menciona.

231. A carta de Samuel Catalani, *Sefunot*, I (1956), p. 113: "ele permaneceu aqui por oito dias".

232. O texto dessa carta em *H. A. Wolfson Jubilee Volume* (1965), pp. 237-238.

233. *Idem*, pp. 230-236.

234. *Idem*, p. 233.

235. Cf. também Baruch de Arezzo (*ap.* Freimann, p. 62) onde *maassé ha-shelihim* deve ser corrigido para *maassé ha-shelihut*, de acordo com a indicação no caderno de notas sabataístas na biblioteca da Universidade de Colúmbia.

236. *H. A. Wolfson Jubilee Volume* (1965), p. 236.

237. Baruch de Arezzo, *ap.* Freimann, p. 63.

com Sabatai em Adrianópolis. Ele anunciou, em 10 de Elul (17 de agosto de 1668), haver concluído sua missão em Roma "onde me lancei nas profundezas do grande abismo"[238]. Visto que a viagem de Ancona a Durrës não poderia demorar seis semanas, é evidente que Natan e Gandoor ficaram em Ragusa por algum tempo, descendo então pela costa do Adriático. De Durrës, perambularam "ao longo e ao largo" da Grécia, guiados por um *magid* celestial, até chegar a Salonica[239] onde (de acordo com uma fonte sabataísta), Natan permaneceu por cerca de seis meses ensinando o evangelho sabataísta[240].

Uma coleção de anotações sabataístas escritas em Salonica em 1668, foi preservada na Coleção Musayoff em Jerusalém. O escritor anônimo se pergunta por que, "uma vez que hoje, no ano de 5428 [1668] a Shekhiná já se ergueu da poeira", ainda estamos no exílio, e explica isso pelo fato de ainda existirem algumas centelhas na esfera das *qelipot*. O manuscrito contém também as primeiras páginas de um comentário sabataísta sobre o livro de Ester, o texto bíblico que mais prontamente se presta a uma tipologia sabataísta[241]. Outra fonte sabataísta[242] arrola os nomes dos rabis em Salonica que se tornaram discípulos de Natan nesse período e que dele receberam a nova doutrina (isto é, pós-apostasia). Vários dos rabis aí mencionados constam como crentes sabataístas também em outras fontes e, portanto, a lista ganha ainda mais credibilidade. Os nomes[243], é verdade, não pertencem aos rabis do primeiro escalão de Salonica.

238. A carta foi publicada a partir dos arquivos de Dönmeh; cf. *Sefunot*, V (1961), 262-263. Leva também a assinatura de Gandoor. É curioso o fato de a carta não mencionar Sabatai Tzvi, que acompanhava Yitzhaki. Provavelmente lhe enviaram uma carta em separado.

239. A caminho de Salonica, eles passaram por Patras e Navarino (Baruch de Arezzo, *idem*).

240. A carta de Cardozo a Samuel de Paz, em Livorno, impressa em *Beth ha-Midrash* (1865), p. 66, de A. H. Weiss. Nosso conhecimento atual da cronologia dos movimentos de Natan não possibilita uma estadia tão prolongada, exceto no fim do verão e no outono de 1668, i. é, até sua partida para Adrianópolis e Kastoria. Sua visita anterior a Salonica em 1667, foi muito mais curta, e visitas subseqüentes, embora não impossíveis de *per se*, devem ter sido muito breves. Visto que a hostilidade para com os crentes aumentava, é improvável que Natan tivesse permanecido um período mais longo. M. Benayahu tende a fixar essa longa estada após 1674.

241. O manuscrito (anteriormente anotado como n. 213) pertencia a um certo Jacó Vidal, de Salonica.

242. Ver *Zion*, VI (1941), 128-129. Outros manuscritos da lista (da Coleção Günzburg) são agora acessíveis em microfilme.

243. Eles são R. Salomão Florentin, R. José Filosoff, R. José Russo, R. Isaac Hanan (em seu epitáfio, o nome é soletrado Hanin; ele era provavelmente o membro dirigente do grupo), R. Abraão Peretz, R. Jeremias, R. Judá Brussa, R. José Konat, R. Rafael Baruch (genro de Florentin), R. Mordecai Kohen Hasid, R. Eliezer Kohen, R. Asher Abravanel, R. Sabatai Immanuel e R. David Kerimisin.

Estes, aparentemente, haviam abandonado o movimento após a apostasia. Não obstante, os seguidores de Natan estavam longe de ser insignificantes, e muitos deles são mencionados em outras fontes como eruditos e pregadores bastante conhecidos. Os termos panegíricos utilizados pelo mais afamado pregador de então em Salonica, R. Salomão Amarillo, quando da morte de vários deles, ao final do século XVII, atesta sua reputação[244]. Salomão Florentin e José Filosoff (genro do ilustre rabi Baruch Angel) parecem ter sido os membros mais antigos do grupo; eles encabeçaram subseqüentemente a apostasia em massa que resultou na formação da seita de Dönmeh. R. Isaac Hanan foi um dos mais proeminentes rabis de Salonica. Suas homilias[245] estão impregnadas não apenas de cabalismo em geral, mas também de idéias especificamente sabataístas, conforme ensinadas na ocasião por Natan. São citadas diversas vezes doutrinas que o autor ouvira "da boca da Lâmpada Sagrada, Rabi N." e que podem ser encontradas nos escritos de Natan posteriores à apostasia. Não pode haver dúvidas quanto à identidade de "Rabi N." e, visto que um certo número dessas homilias foi composto depois da morte de Natan, a conclusão que se impõe é que Isaac Hanan perseverou na fé até sua morte[246]. Seu livro é um dos raros casos de literatura sabataísta publicada.

De Salonica, Natan finalmente prosseguiu – em mais um flagrante desrespeito à proibição que os rabis lhe haviam imposto – para Adrianópolis, onde chegou na primavera ou no verão de 1669. Daí por diante, ocorreriam freqüentes encontros entre ambos até a morte de Sabatai, mesmo após Natan ter partido de Adrianópolis e se estabelecido em Kastoria. Não é impossível, entretanto, que depois de seu retorno de Roma, Natan já tivesse estado com Sabatai em Salonica, no final do verão de 1668. Tobias Rofe Ashkenazi, cujas poucas informações sobre o período pós-apostasia é em geral fidedigna (embora sua cronologia seja confusa), afirma ter Sabatai visitado as três grandes comunidades, Adrianópolis, Constantinopla "e às vezes Salonica"[247]. Uma visita conjunta de Sabatai e Natan a Salonica é mencionada no "testemunho" de Moisés b. Isaac b.

244. Ver Salomão Amarillo, *Peney Shelomó* (Salonica, 1717), fol. 59a (sobre R. Sabatai Immanuel, morreu em 1690), fol. 61a (sobre R. Eliezer Kohen, morreu em 1690), fol. 82d (sobre R. Asher Abravanel, faleceu em 1698). Nos anos 1668-1669, estes rabis dificilmente estariam na meia-idade. Os epitáfios de cinco desses alunos foram agora publicados por Isaac Emanuel, *Pedras Preciosas dos Judeus de Salonica* [Hebraico], vol. II (Jerusalém, 1968). Mordecai Kohen morreu em 1699.

245. Uma coleção deles foi impressa em 1756 sob o título *Beney Yitzhak*.

246. Natan faleceu em 1680. R. Isaac Hanan morreu em 15 de dezembro de 1684, segundo seu epitáfio. Ver também *Zion*, VI (1941), 200-201.

247. Emden, p. 46.

Habib[248], mas a data 425 (1665) é claramente impossível e deve, talvez, ser lida como 428 ou mais tarde. A tradição de Dönmeh também fala da estada de Sabatai em Salonica, de seus sermões aos crentes e sua amizade com R. José Filosoff, com cuja filha se casou subsequentemente[249].

De Adrianópolis, onde se demorou por um período de tempo desconhecido, Natan passou a Kastoria. Lá havia uma comunidade judaica considerável, que consistia principalmente de abastados comerciantes de pele, e Natan encontrou muitos crentes tanto entre os mercadores como entre os rabis. Um dos membros mais famosos da comunidade, Jacó Kohen, até apostasiara, imitando o messias, mas a seguir se arrependera, mudando-se então para uma comunidade longínqua onde seu lapso não seria conhecido[250]. Esse, entretanto, parece ter sido um caso excepcional, e a maioria dos crentes em Kastoria permaneceu como judeus fiéis. Eles ofereceram abrigo a Natan, que ali chegou pela primeira vez no mês de Sivan de 1669, a caminho de Adrianópolis ou de lá retornando[251]. Durante o período de sua permanência em Adrianópolis, e de sua subseqüente residência em Kastoria, Sabatai viajou muito por entre as comunidades judaicas na Trácia, na Macedônia e na Bulgária. Onde quer que fosse, encontrava crentes fervorosos, e não há evidência de qualquer ação empreendida contra ele pelos ''infiéis''. A autoridade da ''Lâmpada Sagrada'' (como Natan passou a ser chamado) era geralmente reconhecida nessas regiões, e em Kastoria até lhe foi solicitado que atuasse como árbitro em disputas internas[252]. Em suas muitas cartas às comunidades balcânicas, expôs os mistérios da fé sabataísta e exortou os crentes a perseverar na expectativa da segunda manifestação do messias em sua glória. ''Em Salonica, existia uma vasta coleção dessas cartas até a véspera da Segunda Guerra Mundial.[253]'' Em

248. *Idem*, p. 53. O autor era natural de Salonica e podia ter preservado a tradição local.

249. Isaac R. Molkho em *Reshumot*, VI (1936), 538-539.

250. Rosanes, IV, p. 150.

251. A visita (ou visitas?) de Natan a Adrianópolis é mencionada por Baruch de Arezzo (p. 63) e também muitas vezes no comentário sobre os Salmos escrito por R. Israel Hazan, discípulo e amanuense de Natan. O mais antigo testemunho referente à permanência de Natan em Kastoria está contido numa carta, datada de 27 de Sivan de 429, de David Kohen, de Patras, descoberta entre outros documentos sabataístas no MS. Oxford 2 239; ver I. Tishby em *Sefunot*, I (1956), p. 115. Também Baruch de Arezzo (p. 63) menciona a estada ''prolongada'' de Natan em Kastoria.

252. Cf. o documento publicado por S. Asaf em *Zion*, I (1936), pp. 454-455.

253. Comunicação oral de R. Michael Molho, que tinha visto ele próprio essa coleção. Após a publicação da edição hebraica desse livro, a coleção foi recuperada através dos bons préstimos do sr. Albert (Abraão) Amarillo, que mais tarde doou o valioso manuscrito ao Instituto Ben-Tzvi, onde agora se encontra sob o n. 2 262 (Ver

Kastoria, R. Israel Hazan tornou-se discípulo de Natan e serviu como seu amanuense por três anos[254]. As duas cartas, que são tudo quanto chegara a ser anteriormente publicado da coleção de Salonica (ver supra, nota 253), foram remetidas a Kastoria por volta de 1675 e 1677, corroborando assim os laços íntimos de Natan com esta comunidade. Em 1670, Natan compôs sua obra principal, *Sefer ha-Beriá* (*O Livro da Criação*), na qual expôs suas doutrinas sobre a estrutura do cosmo, a divina emanação e a função do messias Sabatai Tzvi no processo cósmico. O argumento do *Livro da Criação* é concebido em larga escala e elaborado com muito pormenor, e o livro parece ter sido escrito durante um período de residência ininterrupta num só lugar – provavelmente em Kastoria. *O Livro da Criação* tornou-se, durante a geração seguinte, a *magnum opus* da cabala sabataísta, e suas doutrinas, bem como as contidas nos outros escritos de Natan, desempenharam papel decisivo no subseqüente desenvolvimento do sabataísmo, especialmente em suas formas heréticas[255].

VII. O PROFETA RAFAEL SABATAI E SUAS VIAGENS NA EUROPA

Já se fez menção, em diversas ocasiões, ao papel desempenhado pelos ''profetas'' na história do movimento sabataísta e na disseminação de sua propaganda. Nem todos os profetas eram pessoas de envergadura. Na verdade, alguns eram homens de integridade duvidosa, e a carreira de Sabatai Rafael pode servir de exemplo instrutivo. Sabatai Rafael[256] surgiu em cena logo após a apostasia do messias, e – afortunadamente para o historiador – sua breve mas pitoresca carreira, foi relatada em detalhe por Sasportas. Comparado à estatura espiritual de Natan, Sabatai Rafael é um mero anão. Não sabemos se ele foi enviado em ''missão'' pelos crentes na Palestina

vol. I, meu prefácio à presente edição). Na ocasião, permitiu-se a Molho que copiasse e publicasse apenas duas cartas curtas relacionadas com Kastoria; ver *RÉJ*, CIV (1938), pp. 119-121, e também infra, p. 200.

254. O texto impresso das memórias de Baruch de Arezzo (*ap*. Freimann, p. 94), diz ''vinte anos'', mas o lapso de tempo correto é mencionado no manuscrito original, no Jewish Theological Seminary em Nova York.

255. Cf. o importante artigo (hebraico) de C. Wirszubski, ''A Teologia Sabataísta de Natan de Gaza'', em *Knesset* (publicado pelo Mossad Bialik), VIII (1944), pp. 210-244.

256. Em sua introdução a *Taalumot u-Mequorot ha-Hokhmá*, uma coleção de receitas mágico-cabalísticas que imprimiu em Veneza em 1667, ele deu como seu nome ''Sabatai Rafael, filho de Daniel Rafael''. Isto sugeriria que Rafael era o nome de família. Por outro lado, suas duas cartas a Sasportas estão assinadas ''Sabatai, filho de R. Rafael'' (Sasportas, pp. 274, 276).

ou se agiu como um emissário autonomeado; tampouco sabemos se ele desempenhou o papel de um profeta por toda parte ou apenas perante os simples e iletrados.

Sabatai Rafael, assim como Sabatai Tzvi, veio de uma abastada família de origem greco-judaica. Passou a infância em Misitra (também chamada de Mistra)[257], na península do Peloponeso – uma cidade medieval construída perto do local da antiga Esparta e que foi, por algum tempo, capital da província da Moréia e berço de uma grande escola filosófica do platonismo no século XV. Em 1662, aos dezenove ou 23 anos de idade[258], incentivado por R. Moisés e R. Josué Benveniste, foi a Constantinopla a fim de prosseguir seus estudos rabínicos. Sabatai Rafael pretendeu posteriormente ter sido um *dayan* (juiz rabínico) em diversas grandes congregações[259], mas a verdade é que após um período muito breve de estudos, ele se dedicou ao comércio e perdeu a fortuna[260]. Os rabis de Constantinopla lhe deram uma carta de recomendação, na qual afirmavam pretender ele continuar seus estudos em Jerusalém. Sabatai Rafael dirigiu-se à Terra Santa, onde chegou provavelmente em 1663, juntando-se ao grupo à volta de Sabatai Tzvi, "que estudava com alguns discípulos mas ainda não se intitulava messias[261]. De todo modo, essa é a história que ele contou a Sasportas, embora não se tenha conhecimento, por nenhuma outra fonte, que Sabatai Tzvi encabeçasse um grupo de discípulos em Jerusalém, naqueles anos. Sasportas descreveu Sabatai Rafael como "desprovido de cultura e devoção"[262] e, embora seus julgamentos acerca de crentes sabataístas não sejam, via de regra, caracterizados por objetividade e moderação, sua opinião nesse caso é corroborada pelo pouco que restou dos escritos de Sabatai

257. A introdução de Sabatai Rafael a seu tratado cabalístico (ver nota 256); Sasportas, p. 273. Ver também a carta de recomendação dos rabis de Constantinopla, citada por Sasportas, p. 278.

258. Dois documentos do ano de 1667 dão sua idade como 27 anos (Sasportas, p. 273) e 24 anos (ver J. Meijer em *Liber Amicorum Prof. J. Romein* [Amsterdã, 1953], pp. 103-104) respectivamente. De acordo com o documento impresso por J. Meijer, Sabatai Rafael alegava que sua mãe era de Jerusalém e que ambos, ele e o pai, eram naturais da Sicília. Uma vez que nessa época não era permitido a nenhum judeu morar na Sicília, o detalhe deve ser um erro ou uma deliberada afirmação falsa. Iohannes Pastritius, em carta escrita em 1698 (ver Wolf, *Bibliotheca Hebraica*, IV [1733], p. 971) cita a declaração de um judeu apóstata em Roma e antigo conhecido de Sabatai Rafael no sentido de que este último nascera em algum lugar "entre Adrianópolis e Filipolis". Isto não excluiria o fato de ele ter crescido em Misitra.

259. Sasportas, p. 275.

260. *Idem*, pp. 271, 322.

261. *Idem*, p. 271.

262. *Idem*, p. 322.

Rafael, cuja loqüacidade inflada e linguagem pseudo-aramaica artificial não sugere uma cultura rabínica profunda.

Sabatai Rafael pretendeu ter testemunhado não só o êxtase profético de Natan por ocasião de Shavuot de 1665, em Gaza, como também os feitos subseqüentes do profeta e do messias na Terra Santa. Ele deixou, a seguir, a Palestina em companhia "de um amigo" – erroneamente identificado por vários autores como Matatias Bloch Ashkenazi, que contava o dobro da idade de Sabatai Rafael – a fim de pregar o evangelho sabataísta e, segundo Sasportas, ele se considerava não meramente um pregador, porém um profeta[263]. Não há evidência de que haja passado pelo Egito, onde Matatias Bloch atuava na ocasião, sendo mais provável que tenha ido diretamente à Itália, provavelmente no verão de 1666. Não foi bem-sucedido em Roma, mas ressarciu-se mais tarde de seu fracasso vangloriando-se em Amsterdã de que falara com o Papa Alexandre VII e profetizara sua morte "dentro de uns poucos dias"[264]. De Roma viajou a Veneza, onde permaneceu por um lapso de tempo desconhecido. Encontrava-se nessa cidade quando chegaram as desconcertantes notícias da apostasia do messias.

Em Veneza, Sabatai Rafael publicou uma antiga coleção de textos e fórmulas mágico-cabalísticas, à qual deu o título de *Os Mistérios e as Fontes da Sabedoria*[265]. Em sua introdução ao livreto, Sabatai Rafael não faz nenhuma reivindicação de autoria. De fato, sua pretensão é de ordem completamente diferente: ele havia posto à prova as fórmulas cabalísticas contidas na publicação e, como resultado, o profeta Elias se lhe apresentara. "E assim ele apareceu diante de mim: tinha um olho grande à direita e dois olhos menores à esquerda." Sabatai Rafael parece ter repetido esse relato da aparição de Elias por onde quer que passasse. Em Amsterdã, confirmou essa versão uma vez mais, acrescentando que Elias viera a ele quando estava desperto (isto é, não simplesmente em sonho) numa sinagoga em Jerusalém. Quando lhe perguntaram como soubera da iden-

263. *Idem*, pp. 271, 322.

264. *Idem*, pp. 271, 273. Tishby (nota *ad loc.*) dá abril de 1667 como data da visita de Sabatai Rafael a Roma, uma vez que o papa morreu em maio daquele ano. Essa cronologia é baseada na suposição de que Sabatai Rafael chegou à Itália após a apostasia. A evidência, entretanto, sugere o oposto. Sabatai Rafael ainda estava provavelmente na Itália quando Alexandre VII morreu, e inventou de pronto a história de sua entrevista com o papa tendo em vista aqueles que não conheciam nem a ele e nem a verdadeira cronologia de seus movimentos.

265. A página de rosto declara que o livro foi impresso no verão de 1662, mas essa data é um erro de impressão ou uma falsificação deliberada. Em 1662, Sabatai Rafael ainda se encontrava em Constantinopla, não tendo ido a Jerusalém e muito menos à Itália. A data efetiva é 1667; ver a discussão (*SS*, p. 667, nota 2).

tidade da aparição, ele explicou que Elias declinara seu nome ele próprio[266]. O livreto mostra que Sabatai Rafael era um *Baal Shem* típico, isto é, um "Mestre de Nomes Divinos [místico-mágicos]" itinerante, mediante os quais pretendia poder curar os doentes. A introdução afirma explicitamente que "resolvi imprimi-lo para que me auxilie com aqueles que buscam a cura", isto é, como um *vade mecum* para o curandeiro mágico perambulante. Sabatai Rafael parece ter sido o primeiro de uma série de *Baalei Shem* sabataístas que vagavam pela Europa combinando a "cabala prática" com a propaganda sabataísta.

Desconhece-se a data em que Sabatai Rafael deixou Veneza; é provável que tenha partido pouco depois que a notícia da apostasia enfraqueceu, de forma considerável, a posição dos crentes[267]. Sasportas conta uma história um tanto confusa sobre uma discussão entre Sabatai Rafael e um alfaiate de Portoferraio, na ilha de Elba, que, em 1666 (ver vol. II, p. 150) havia alcançado uma certa notoriedade como profeta sabataísta. De acordo com Sasportas, o profeta de Elba exclamara: "Que Deus puna Sabatai Rafael por pretender ser um profeta e alegar ser superior a Natan. Pois Natan é um verdadeiro profeta". Foi apenas por perceber que os adeptos do alfaiate eram mais numerosos que os seus, que Sabatai Rafael desistiu de usar a violência contra o profeta rival e decidiu deixar a Itália, seguindo para a Europa setentrional. Infelizmente, o relato de Sasportas[268] não contém qualquer indicação sobre a natureza da disputa entre os dois profetas. Quais eram, na verdade, as questões que poderiam causar dissensão entre os crentes antes que a apostasia do messias fornecesse amplas razões para a discórdia? Talvez a querela se devesse, de fato, às notícias da apostasia. Pelo que Sabatai Rafael disse em Amsterdã, parece que sua principal inovação doutrinária era a teoria segundo a qual Sabatai Tzvi era o messias da Casa de Efraim (José) que teria de sofrer, e talvez morrer, antes que o filho de David aparecesse. Essa doutrina, que contradizia os ensinamentos de Natan sobre a pessoa de Sabatai Tzvi, pode bem explicar o choque entre os dois profetas. Caso o profeta de Portoferraio fosse adepto da doutrina "ortodoxa" anterior, a inovação de Sabatai Rafael deve ter envolvido a pretensão a uma autoridade profética superior à de Natan. Sabatai Rafael logo percebeu que a maioria dos crentes seguia Natan e o profeta de Elba, e decidiu que era melhor deixar

266. J. Meijer, *loc. cit.*, p. 304. O documento impresso por Meijer foi publicado pela primeira vez por Hillesum no mensário *Elsevier* (agosto de 1917), que, entretanto, não vi.

267. Cf. Sasportas, p. 321.

268. Sasportas, pp. 271, 281.

a Itália. Isso deve ter acontecido em algum momento do verão (ou do fim do verão) de 1667. O fato de a introdução do livro cabalístico que ele imprimiu em Veneza não conter nenhuma referência a Sabatai Tzvi (exceto, talvez, uma referência muito indireta e velada) pode bem ser devido à mudança que a apostasia provocou na opinião pública. No todo, parece que os rabis de Veneza não deram muito campo de ação aos profetas sabataístas.

Não se conhecem pormenores sobre as "malfeitorias" de Sabatai Rafael em Frankfurt, por onde passou a caminho de Amsterdã. David de Mercado, um erudito mercador sefardita, que vivia em Frankfurt na época, escreveu a seus amigos em Amsterdã, solicitando que ficassem de guarda contra o visitante. A fim de tornar suas advertências mais efetivas, Mercado também, citou Sabatai Rafael, atribuindo-lhe algo que seguramente iria enfurecer os sefarditas de Amsterdã, isto é, que eles eram todos "filhos de mulheres menstruadas"[269]. Esse era, na verdade, um ponto doloroso para todos os descendentes de marranos, pois as mulheres marranas na Espanha e em Portugal não tinham como tomar o banho ritual mensal de purificação prescrito. Portanto, todos os seus filhos foram concebidos em pecado mortal e era fácil lançar difamações quanto à pureza ritual de seus rebentos.

A chegada de Sabatai Rafael a Amsterdã, na véspera do Dia da Expiação (27 de setembro de 1667), causou de imediato comoção. A maioria dos asquenazitas e alguns sefarditas ainda guardavam firmemente a fé, e a presença de um "emissário" da Terra Santa não poderia deixar de aumentar suas esperanças. Sabatai Rafael fez um jogo duplo: com os crentes, desempenhou o papel de profeta e apóstolo, enquanto aos "infiéis" ele se queixava de que a turba tola o havia confundido com um profeta, por causa de seus conhecimentos cabalísticos e quiromânticos[270]. Os sefarditas enviaram três eruditos para examinar o visitante "e verificaram que ele era [não santo mas] uma latrina". Ele pregou na sinagoga asquenazita, onde uma audiência crédula e simplória tomou sua suposta e confusa erudição por mistérios cabalísticos profundos. Ele, no entanto, pretendeu explicitamente ser um profeta e ter conversado com Elias[271]. Aos crentes (e a alguns descrentes) que o questionavam, ele respondia "em

269. *Idem*, p. 271. Sabatai Rafael, numa carta a Sasportas, negou ter feito essa observação a Mercado (*idem*, p. 275).

270. *Idem*, p. 277, 281, 321.

271. *Idem*, p. 271. A referência de Sasportas a um folheto de Rafael José sobre "Abate Ritual e Leis Dietéticas" se deve a um lapso de memória. Numa carta ao Marrocos (*idem*, p. 321), ele declara corretamente que a pretensão a ter visto o profeta Elias fora feita por Sabatai Rafael em forma impressa, numa obra sobre cabala prática (e não sobre lei ritual).

hebraico, aramaico, grego e espanhol'', explicando que Sabatai era o messias da Casa de José e que o messias davídico em breve apareceria e dava a entender que ele próprio estava destinado a esse papel[272]. Quando questionado em nome do *Mahamad,* o Conselho da comunidade sefardita, reiterou sua pretensão ao dom da profecia e da presciência[273].

A assertiva de que Sabatai Tzvi era o messias da Casa de José, o que era uma nova torção da ''ideologia'' sabataísta causou, naturalmente, sensação. Alguns sefarditas quiseram empregar violência contra ele, mas a massa dos asquenazitas estava estava de seu lado. Suas atividades como cabalista prático e fornecedor de amuletos simplesmente serviram para aumentar a agitação. Contava-se a seu respeito toda espécie de milagre, e quando os sefarditas começaram a pressioná-lo mais energicamente, ele ameaçou queimar-lhes a sinagoga por meio de encantamentos cabalísticos. A comoção aumentou nos poucos dias entre o Dia da Expiação (28 de setembro) e a Festa dos Tabernáculos (3 de outubro). Os crentes asquenazitas, cujo entusiasmo não conhecia limites, forçaram seu rabi, Isaac Deckingen, a alojar o profeta em sua casa, ameaçando expulsá-lo caso ele ousasse juntar-se à oposição liderada por seus colegas sefarditas. Estes últimos (Aboab, Mussafia e Moisés Rafael de Aguillar) haviam chamuscado dolorosamente os dedos no grande despertar de 1666 e sentiam-se avessos a encorajar qualquer atividade sabataísta ulterior. A tensão endêmica entre sefarditas e asquenazitas inflamou-se uma vez mais, quando estes deram abrigo e proteção a um visitante que aqueles queriam excomungar. Sabatai Rafael permaneceu na cidade, quando os rabis sefarditas lhe ordenaram, em 2 de outubro de 1667, que a deixasse em 5 de outubro, isto é, imediatamente após os primeiros dias da festividade, a menos que ''se arrependesse'' – isto é, provavelmente, renegasse suas crenças sabataístas. Isso Sabatai Rafael se recusou a fazer e, instigado pelos seus seguidores asquenazitas, apresentou uma queixa formal aos magistrados da cidade, no sentido de que a comunidade sefardita estava usurpando as prerrogativas dos magistrados, ordenando a expulsão de um visitante distinto, simplesmente por estarem com inveja de sua grande erudição[274].

Os sefarditas consideraram esse apelo aos magistrados uma vil traição e contra-atacaram apresentando, por seu turno, uma queixa. As atas da inquirição de Sabatai Rafael pelos edis da cidade foram preservadas nos arquivos de Amsterdã. A hostilidade dos rabis, explicou Sabatai Rafael aos magistrados, devia-se à inveja que lhes

272. *Idem*, p. 273.
273. *Idem*, p. 283.
274. *Idem*, cf. também *idem*, p. 274.

despertava sua grande erudição, pois havia estudado todos os livros rabínicos. Ele negou todas as outras acusações: nunca pretendera ser um profeta ou um cabalista prático e alguém capaz de curar os doentes. Nunca dissera que se tornara invisível quando a polícia papal tentara detê-lo em Roma. Porém, insistia ele, vira o profeta Elias. Em 7 de outubro de 1667, os magistrados assinaram uma ordem de expulsão de Sabatai Rafael de Amsterdã, concedendo-lhe, porém, o prazo de uma semana para concluir seus assuntos, desde que se abstivesse de promover encontros ou pregar em público[275].

De Amsterdã, Sabatai Rafael dirigiu-se a Hamburgo, onde chegou por barco em meados de outubro. Sua chegada deu ao arqui-infiel Sasportas a oportunidade de encontrar um profeta e apóstolo sabataísta em carne e osso. Ele exprimiu de imediato sua fúria contra esse objeto de sua execração e censurou duramente os rabis de Amsterdã por não terem provocado a morte do impostor ou, pelo menos, seu aprisionamento. Os rabis de Amsterdã, que conheciam muito bem o temperamento intransigente de seu desabrido colega, responderam, polida mas categoricamente, citando o conselho talmúdico: ''Não julgue teu semelhante até que estejas na mesma condição''[276]. Sabatai Rafael fora precedido por cartas de Amsterdã, que informaram a comunidade de Hamburgo de tudo o que acontecera, embora os rabis e os anciãos se abstivessem – por razões desconhecidas – de enviar um informe oficial a seus colegas em Hamburgo[277]. Também em Hamburgo, a chegada do profeta causou uma tempestade na comunidade. Ele foi recebido entusiasticamente pelos asquenazitas, que lhe deram lugar de honra em sua sinagoga, convidaram-no para seus casamentos e o aclamaram como um grande cabalista e realizador de milagres. Ele sempre carregava consigo seu livro de magia cabalística, e um dos anciãos da congregação asquenazita confirmou ter visto o profeta curar milagrosamente uma criança que estivera paralisada e presa ao leito por vários anos[278]. Sabatai Rafael manteve-se cuidadosamente à distância dos sefarditas, não fazendo nenhuma tentativa de esconder sua hostilidade para com eles.

Na realidade o *Mahamad* da comunidade sefardita havia excomungado o profeta imediatamente após sua chegada a Altona, que

275. O documento publicado por Hillesum e de novo por J. Meijer (*loc. cit.*, p. 304) confirma e complementa os relatos de Sasportas (pp. 272-274) e dos rabis de Amsterdã (*idem*, p. 283). Uma cópia da ordem de expulsão foi obtida finalmente pela comunidade de Hamburgo, embora tendo de se superar consideráveis dificuldades administrativas (Sasportas, pp. 287, 288).

276. Sasportas, pp. 281, 283; cf. também p. 287.

277. *Idem*, p. 283.

278. *Idem*, p. 284.

fica perto de Hamburgo[279]. Sabatai Rafael agiu de maneira das mais surpreendentes nessa situação constrangedora, o que pode lançar alguma luz sobre seu caráter: escreveu uma carta, em seu usual estilo verboso, inflado e artificial, a seu arquiinimigo Sasportas. Se Sabatai Rafael era realmente a criatura infame e odiosa que Sasportas fazia com que parecesse, por que desejou entrar diretamente no covil do leão? Talvez Sasportas não o tinha, no fim das contas, descrito corretamente, e sua referência de passagem ao ''vilão iludido''[280] pode estar mais próxima da verdade do que pretendia. Sasportas respondeu com uma carta repleta de sarcasmos mordazes, aconselhando-o a não aparecer em público e a abandonar a cidade o mais rápido possível. Em sua réplica, Sabatai Rafael afirmou jamais haver pretendido passar por profeta: estava viajando ''para conhecer o mundo e não por causa do messias''. Sasportas rejeitou essa defesa com uma carta arrogante, dando a entender que não receberia o turista inocente. Entretanto, quando Sabatai Rafael bateu à sua porta dois dias mais tarde, Sasportas pediu autorização ao *Mahamad* para falar com o excomungado a quem, para dizer a verdade, reconheceu imediatamente como sendo um ''bandido [...] isolente [...] e ignorante''. Sabatai Rafael aparentemente solicitou permissão para ficar em Hamburgo e Sasportas estava disposto a apoiar seu pedido, desde que abjurasse a fé sabataísta. De acordo com Sasportas, Sabatai Rafael confessou seu erro uma vez mais, expressando sua disposição de retratar-se publicamente na sinagoga. Ao mesmo tempo, chegavam cartas de Esmirna, trazendo notícias da visita de Natan e dos jejuns e mortificações com os quais Rabi Benveniste (que – corria o rumor – havia renunciado a seu cargo rabínico) expiava seu erro atroz. Sasportas tomou de imediato Benveniste como modelo para a emulação de Sabatai Rafael[281].

Sasportas não era o tipo de pastor que recupera suas ovelhas tresmalhadas pela pura bondade e amor paternal. Na realidade uma de suas razões para convidar Sabatai Rafael de volta ao aprisco era o temor de que o profeta pudesse apostatar ao cristianismo[282], como acontecera com outros crentes amargurados e desabusados na Alemanha (ver supra, p. 67). Entrementes, Sabatai Rafael continuava a suscitar muito entusiasmo entre os asquenazitas, ganhando seguido-

279. Ver *JJLG*, XI (1916), 47, sobre as relevantes entradas nas minutas da congregação. Os anciãos consultaram o rabino, cujo conselho foi contrário ao ''Grande Édito de Excomunhão'', pois seria impossível impor a expulsão de Sabatai Rafael sem a cooperação da comunidade asquenazita. Em razão disso, eles proferiram um ''Pequeno Édito'', proibindo os membros da congregação a dar-se com ele.

280. Sasportas, p. 272.

281. *Idem*, pp. 275-77, também p. 281.

282. *Idem*, p. 283.

res não somente entre os mendigos e a turba (como pretendia Sasportas), mas também entre os líderes da comunidade[283]. Seu aparecimento, cerca de um ano após a apostasia, causou impressão profunda aos judeus de Hamburgo, que até então se haviam alimentado de relatos distantes e de segunda-mão sobre o messias e o profeta Natan. Agora, por fim, tinham entre eles uma testemunha ocular que lhes poderia contar a história autêntica dos acontecimentos em que ela própria tomara parte. Ao ficar sabendo que Sabatai Rafael continuava a espalhar o veneno sabataísta entre os asquenazitas, Sasportas enviou-lhe um mensageiro que lhe mostrou os relatos dos rabis de Esmirna, Constantinopla e Adrianópolis sobre os feitos de Sabatai e Natan durante o verão de 1667. Sabatai Rafael rejeitou essas cartas como "bobagem" e pretendeu que haviam sido escritas pelos bedéis das sinagogas e outros ignorantes. Os rabis de Constantinopla, declarou, ainda se mantinham fiéis à fé. Afinal, ele realmente tinha conhecimento dos fatos, ao contrário de todos os outros, que dependiam de cartas, boatos e relatórios falsos[284].

Entrementes, a reputação de Sabatai Rafael como *Baal Shem* continuou a crescer, e o livro de registros da comunidade sefardita consigna indignamente que diversos membros da congregação haviam solicitado permissão para buscar a cura em suas mãos. É desnecessário dizer que a autorização foi recusada, mas um apoio poderoso veio da mais inesperada direção. O burgomestre de Hamburgo, Peter Lütkens, sofria de gota há muito tempo, e suas mãos e pés estavam paralisados. Sabatai Rafael prometeu curá-lo e lhe foi permitido permanecer na cidade, para grande pesar da comunidade sefardita, que era obrigada a ver o excomungado cavalgando ou passeando na carruagem do burgomestre e pavoneando-se pelas ruas da cidade, vestido com suas roupas exóticas e acompanhado por dois servidores[285]. Nesse meio-tempo, os anciãos da congregação sefardita tentaram persuadir seus colegas asquenazitas a também excomungar Sabatai Rafael. O desencanto dos líderes asquenazitas começou a

283. As minutas da congregação sefardita mencionam o caso de Benjamin Wulff, um comerciante de tabaco, que tentou persuadir todos os doentes a buscar a cura nas mãos do *Baal Shem* Sabatai Rafael. Ele foi posto sob anátema já no início de dezembro de 1667; ver *JJLG*, XI (1916), 48. Benjamin Wulff estabeleceu-se mais tarde em Dessau, onde morreu em 1696. Sua irmã foi a bisavó de Moisés Mendelssohn, como veio a ser demonstrado por Alex Altmann, *Bulletin des Leo Baeck Instituts*, X (1968), pp. 243-252.

284. Sasportas, pp. 278, 281-282

285. *Idem*, pp. 278-279. Um relato da proteção estendida pelo burgomestre a Sabatai Rafael está também contido numa carta escrita no começo de fevereiro de 1668, pelo *Mahamad* de Hamburgo aos seus colegas em Amsterdã; ver J. Meijer, *loc. cit.*, p. 105.

precipitar-se: a princípio, consideraram o visitante um profeta, depois um grande erudito rabínico, a seguir um simples médico, depois um tolo até que, por fim, perceberam que ele era um patife[286]. Em mais de uma ocasião, foi pego transgredindo a Lei, e Sasportas também o acusa de adultério e fornicação[287]. Havia muita correspondência entre os rabis e os anciãos de Hamburgo, por um lado, e os de Amsterdã, por outro. Os primeiros queriam de Amsterdã o texto da ordem oficial da expulsão, mas não puderam obtê-lo por algumas semanas, até que o *Mahamad* de Hamburgo o solicitou formalmente ao *Mahamad* de Amsterdã. Em sua carta a Amsterdã, os anciãos de Hamburgo referiram-se ao "logro do homem de Esmirna e às mentiras do homem de Gaza que haviam apanhado toda a dispersão em suas redes", e admitiram que "todos aqueles que tinham acreditado naqueles dias não podiam deixar de sentir-se agora profundamente infelizes". Repetições de tais fatuidades deviam ser evitadas a todo custo, e patifes como Sabatai Rafael não podiam ter outra oportunidade[288]. Como os autores dessa carta estavam, eles próprios, entre aqueles "que haviam acreditado naqueles dias", seu testemunho é de considerável interesse.

Ao receber o almejado documento de Amsterdã (6 de fevereiro de 1668)[289], os anciãos da congregação de Hamburgo apressaram-se a mostrá-lo ao burgomestre, cuja gota não tinha melhorado, a despeito dos préstimos de Sabatai Rafael. Este, no entanto, conseguiu manter-se firme em Altona até depois de Pessach (abril de 1668)[290],

286. Sasportas, p. 279.

287. *Idem*, pp. 279, 322. A acusação é assaz inconsistente e foi apresentada apenas após Sabatai Rafael ter abandonado a cidade.

288. A carta original, escrita em português, está preservada nos arquivos da congregação hispano-portuguesa de Amsterdã.

289. Sasportas havia escrito aos rabis de Amsterdã solicitando um relatório completo sobre Sabatai Rafael já no começo de novembro de 1667 (Sasportas, p. 282). Em sua segunda carta, quatro semanas mais tarde, ele também pediu uma cópia da ordem de expulsão (*idem*, p. 285), prometendo a cooperação das duas congregações de Hamburgo para a excomunhão de Sabatai Rafael e para divulgar o édito de excomunhão em forma impressa. Em fevereiro, os anciãos da congregação sefardita enviaram uma solicitação formal de uma cópia da ordem de expulsão ao *Mahamad* de Amsterdã (cf. *idem*, p. 288). A cópia autenticada chegou a Hamburgo em 24 de Shevat (cf. *JJLG*, XI [1916], 58). Os rabis de Amsterdã responderam a Sasportas na semana de 23-28 de Shevat, i. é, após o *Mahamad* ter enviado a Hamburgo a cópia da ordem de expulsão solicitada.

290. O domicílio legal da comunidade asquenazita era em Altona, que, na época, era território dinamarquês. Uma ordem de expulsão da Cidade Livre de Hamburgo não se aplicaria, portanto, a Altona. Não obstante, os sefarditas parecem ter alimentado a esperança de que, impedindo Sabatai Rafael de entrar em Hamburgo, levariam os asquenazitas a concordar em expulsá-lo também de Altona. Sasportas (p. 279) menciona que Sabatai Rafael foi pego transgredindo uma das leis dietéticas especiais de Pessach. Isso sugere que ele não saiu de Altona até o fim de abril.

quando percebeu que sua causa estava perdida e fugiu para Poznán, na Polônia. Sasportas alertou os rabis poloneses, em particular o famoso rabino de Poznán, Isaac b. Abraão. Na viagem, Sabatai Rafael passou por muitas aldeias e pequenas comunidades, onde foi recebido como um profeta e pregou sermões sobre a redenção messiânica. Em sua *Adress to the Jews* (*Alocução aos Judeus*) (Dublin, 1716), Abraão Jacobs, um judeu polonês que subseqüentemente foi para Irlanda e converteu-se ao cristianismo, em 1706, ainda se lembrava de ter ouvido em sua juventude os sermões de Sabatai Rafael[291]. O profeta, ao que parece, não perambulava incógnito (como Sasportas alegava), mas continuava suas atividades em público. Cartas de Poznán informaram Sasportas de que Sabatai Rafael se casara numa das congregações polonesas e era considerado um profeta. Quando R. Isaac, de Poznán, enviou três eruditos para examiná-lo e trazê-lo a Poznán, Sabatai Rafael desapareceu da noite para o dia e fugiu. De acordo com o relato da Polônia[292], Sabatai Rafael – assim como Jacó Frank um século mais tarde – usava "vestimenta turca", mas isso pode significar apenas que, como muitos outros rabis orientais, trajava roupas orientais em suas andanças pela Europa.

Rycaut[293] relata que

> em janeiro de 1674[294] apareceu outro Impostor atrevido entre os judeus de Esmirna, vindo da Moréia, como se dizia, ou não se sabe de onde, que a despeito de Sabatai e seus próprios Governadores[295], pretendia ser o Messias; mas, com um Enganador tão insignificante e sem importância quanto esse, os judeus resolveram agir depressa; porém, tendo vergonha, no início, de trazer à cena outro messias, com o auxílio de dinheiro eles o acusaram de Adultério conseguindo do Cádi uma sentença que o condenava às Galeras; em conseqüência desta ordem, e como prova de seu bom comportamento, ele permaneceu por algum tempo na prisão, e nesse Ínterim encontrou meios de inocentar-se daquele Crime por aberta evidência do contrário, e teria escapado ao poder da Sinagoga, não tivesse a Autoridade deles e seu dinheiro prevalecido sobre os Amigos ou os Discípulos desse Impostor; o qual deixaremos na prisão [...]

Graetz[296] supôs que o relato de Rycaut sobre o impostor anônimo referia-se a Sabatai Rafael, mas não há indícios que corrobo-

291. Devo esse detalhe à gentileza do Sr. N. L. Hyman, de Haifa (carta de 18 de outubro de 1943), que viu o panfleto.

292. Sasportas, p. 289.

293. *Op. cit.*, p. 219.

294. Tal é a data em Rycaut. Graetz, que não cita a partir do original em inglês, mas sim de uma tradução francesa (*Histoire de l'Empire Ottoman* [Haia, 1709], p. 208), dá o ano, como consta de sua fonte, como 1672; outros escritores copiaram Graetz.

295. Provavelmente querendo referir-se aos líderes judaicos em Esmirna.

296. *Geschichte der Juden*, 3. ed., vol. X, p. 459.

rem essa identificação. O fato de esse último messias ser natural do distrito da Moréia não é razão para identificar os dois. Não há nada (exceto uma das investidas polêmicas de Sasportas) capaz de indicar que Sabatai Rafael jamais tenha se apresentado como o messias, e houve na época outros pretendentes messiânicos[297]. Até a descoberta de novas evidências, não há forma de se saber se Sabatai Rafael permaneceu na Polônia ou regressou à Turquia.

VIII. A TEOLOGIA DOS CRENTES SABATAÍSTAS DEPOIS DA APOSTASIA

Descrevemos no que precede os eventos e desenvolvimentos que ocorreram durante os primeiros anos posteriores à apostasia, as reações do público a esse golpe severo e inesperado, o distanciamento cada vez maior entre crentes e infiéis, e as mudanças na disposição das forças. Cumpre agora retornar, uma vez mais, ao aspecto teológico da questão. A apostasia de Sabatai, como já observamos anteriormente, constitui-se num dos momentos mais trágicos da história judaica. Por todo um ano ou mais, as massas judaicas foram conturbadas nas profundezas de suas almas pelas alvíssaras da redenção. Uma emoção sem precedentes apoderara-se de todos os corações, e os olhos divisavam um mundo novo e luminoso. A redenção não estava simplesmente ''ao dobrar a esquina''. Estava bem ali, e os crentes sentiram-se postados no limiar de um novo *éon*.

Em meio a esse estado de espírito em alta tensão de entusiasmo e expectativa, a apostasia de Sabatai estourou como uma bomba, tomando de surpresa os adeptos mais próximos do messias, bem como os incrédulos mais veementes. Nem a tradição literária e nem a psicologia do judeu comum consideravam a possibilidade de um messias apóstata, e o espanto e a perplexidade resultantes só poderiam semear confusão e ambigüidade durante muitos dos anos vindouros. Os elementos essenciais da crise já foram descritos antes neste capítulo. Os paroxismos de exultação e penitência no clímax do movimento haviam dado à luz um sentimento de vida cabalmente novo e uma sensação de liberdade em que o mundo do gueto se fundia. Na perspectiva dos crentes, a regeneração espiritual do cosmo (o *tiqun*) e a redenção da miséria do exílio amalgamaram-se, e as forças espirituais liberadas pelo poderoso surto emocional não mais podiam ser reprimidas. Sua fé no messias não era alimentada por acontecimentos externos, mas sim pela visão interior de suas

297. Cf. o caso mencionado em meu artigo em *Schocken Volume*, p. 174.

almas. Por que então o veredicto de eventos externos deveria invalidar neles a afirmação da experiência messiânica? Os sinais da redenção tinham estado claramente visíveis a todos aqueles que possuíam olhos para ver. Deveriam agora ser descartados como a ilusão de um pesadelo? Mas, se o messias não falhara, por que então apostatara e por que a plenitude da redenção tardava tanto?

Em face de tais questões, o abismo entre os dois aspectos da noção de redenção inevitavelmente alargou-se. Na esfera política nada mudara, o messias e seus seguidores tampouco haviam recebido reino e domínio. Entretanto, na teologia cabalística, o elemento místico da redenção – a elevação das "centelhas sagradas" aprisionadas nas "cascas" e a restauração do cosmos à sua essência espiritual – fora considerado essencial e primário. As duas noções que até então eram vistas como aspectos de uma mesma realidade, agora se apartavam e cada uma passava a levar sua vida independente. O drama da redenção não era mais representado num só palco ou, para colocar as coisas de forma diferente, os dois palcos já não eram mais congruentes. À medida que a brecha entre as duas esferas aumentava, os crentes tiveram de optar por uma ou outra. A escolha era inevitável, e destruía a unicidade simples e ingênua da fé messiânica original.

Como vimos, uma parte considerável do mundo judeu preferiu, de fato, a realidade da visão de seu coração, à da desencantadora realidade externa. Daí por diante, o movimento sabataísta dependeu da assunção paradoxal de que a apostasia do messias era um mistério e – não obstante as aparências – um acontecimento essencialmente positivo. A fim de sobreviver, o movimento precisou desenvolver uma ideologia que permitisse a seus seguidores viver em meio a tensões entre as realidades interior e exterior. Devia providenciar conceitos que expressassem a plenitude do paradoxo. De fato, teria não apenas de justificar a existência de uma brecha entre as duas esferas, mas também de depreciar a realidade "externa", visível e tangível. A ênfase veio a recair crescentemente sobre a vida interior, oculta, da fé. Essa mudança de acento podia, às vezes, levar a uma "transvaloração" radical de valores tradicionais; a realidade histórica tornou-se mera ilusão e apenas a realidade interior incontestável é que era verdadeiramente real.

Esse desenvolvimento não poderia deixar de ter conseqüências de longo alcançe para o judaísmo histórico, isto é, rabínico. Na teoria, é claro, era possível restringir o paradoxo que residia no âmago da fé sabataísta à pessoa do messias, e foi isto, na verdade, o que alguns dos teólogos do movimento (por exemplo, Abraão Miguel Cardozo) tentaram fazer. Porém, movimentos religiosos têm uma lógica interna e um dinamismo próprios, e o paradoxo da missão do messias levou, quase inevitavelmente, a uma reavaliação da tradição rabínica. Os crentes possuíam um novo padrão pelo qual podiam medir as realidades tradicionais do gueto onde, por ora, os infiéis que interpretavam a Torá "de acordo com a carne" ainda mantinham seu domínio. No devido tempo, os crentes, isto é, os judeus verdadeiramente "espirituais", tornar-se-iam críticos – alguns moderados, outros radicais – do judaísmo rabínico como tal. Ao contrário da crítica do Iluminismo (no período da Revolução Francesa ou durante a luta pela emancipação política), que foi inspirada por idéias e circunstâncias impingidas de fora, a crítica sabataísta do judaísmo rabínico era um fenômeno interno: era a crítica dos "espirituais" cujos valores paradoxais não mais se adequavam ao molde tradicional e que buscavam novas formas de expressão para seu judaísmo utópico. Embora estivessem engajados num conflito aberto com a sociedade judaica tradicional, nunca pensaram em negar sua identidade histórica enquanto judeus.

É claro que a negação do judaísmo rabínico e a oposição a ele não eram tudo. Os sabataístas também tentaram definir o conteúdo positivo de seu novo judaísmo, isto é, de um judaísmo baseado numa "escatologia realizada". Nisso eles fracassaram, embora, nos desenvolvimentos "heréticos" de sua teologia tenham conseguido sugerir certas respostas e tirar determinadas conclusões que capacitaram o movimento a sustentar-se. O malogro na formulação de um judaísmo pós-messiânico foi inevitável, pois nenhuma definição positiva de liberdade é possível enquanto a liberdade mencionada permanece abstrata e não é real plenamente concretizada. Somente aquele que vive uma vida de liberdade é que pode dizer qual o conteúdo da liberdade. Os sabataístas estavam vivendo uma ficção que haviam convertido numa realidade psicológica e daí estarem suas tentativas de definição doutrinária condenadas ao malogro. Embora aparecessem sob a veste de novas e positivas asserções, esses empenhos doutrinários eram essencialmente negações de antigos valores e nesse aspecto, também, o destino do sabataísmo se assemelha ao do cristianismo e ao do movimento socialista.

As doutrinas sabataístas peculiares desenvolveram-se e cristalizaram-se com rapidez extraordinária nos anos que se seguiram à apostasia. Dois fatores foram responsáveis por isso, bem como por muitos desenvolvimentos similares na história das religiões: de um lado, uma fé profundamente enraizada, nutrida por uma experiência profunda e imediata, cuja verdade era independente da reflexão racional e, de outro, a necessidade ideológica de explicar e racionalizar a dolorosa contradição entre a realidade histórica e a fé. A interação desses dois fatores deu origem à teologia sabataísta, cuja doutrina do messias foi definida pelo profeta Natan nos anos seguintes à apostasia. É fácil, por certo, não ver nas doutrinas sabataístas nada mais do que racionalizações e tentativas ridículas de inventar uma ideologia que substituísse o fracasso pelo triunfo. Tal visão é indubitavelmente correta, mas apresenta também, sem dúvida, apenas uma metade do quadro total.

Ao se discutir o paradoxo sabataísta, por meio do qual o cruel desapontamento se transformou em afirmação positiva de fé, a analogia com o cristianismo dos primórdios quase se impõe. Os dois movimentos messiânicos exibem muitas semelhanças, que são tão instrutivas quanto as diferenças igualmente óbvias. Ambos os movimentos foram produto da atuação de dois fatores: fé e racionalização. Ambos tiveram de prover uma ideologia que explicasse a desilusão inicial. A morte de seu mestre foi um golpe que os discípulos de Jesus só puderam superar cultivando a imagem de sua ressurreição e a esperança em seu retorno triunfante como senhor e juiz. Enquanto os historiadores devem acautelar-se quando encaram a teologia como sendo nada mais que ideologia e o produto de racionalizações, há poucas dúvidas de que, sem o esforço adicional de ter que explicar também o atraso do Segundo Advento, o impressionante edifício da teologia católica nunca teria sido erguido. Quer o cristianismo quer o movimento sabataísta tomaram como ponto de partida o antigo paradoxo judaico do Servo Sofrente, que o cristianismo, entretanto, sublinhou com tanto radicalismo que praticamente o pôs à testa. Ambos os movimentos deram origem a uma fé mística centrada num sucesso histórico explícito, extraindo sua força do caráter paradoxal desse acontecimento.

Um salvador que morre como um criminoso e um redentor cuja missão o leva à apostasia são fatos igualmente inaceitáveis à consciência religiosa ingênua. No entanto, o aparente empecilho provou ser uma fonte de força da qual os dois movimentos extraíram sua justificação religiosa, pois ambos acreditavam numa segunda manifestação da glória daquele que haviam contemplado em sua degradação. Os primeiros cristãos acreditavam no retorno do crucificado após sua ascensão ao céu. Também os sabataístas acreditavam que a ausência do redentor (uma ausência moral após a sua apostasia, uma ausência física após a sua morte) era somente temporária e que ele retornaria em breve, a fim de cumprir sua missão messiânica. Com o decorrer do tempo, e à medida que o desapontamento se aprofundava, as formulações dogmáticas tornaram-se cada vez mais radicais. A princípio, os desenvolvimentos doutrinários relacionavam-se sobretudo com a natureza e a pessoa do messias e com o mistério de seu sofrimento. Porém, muito em breve, o cristianismo antigo passou a divergir amplamente da crença e da prática judaica tradicionais. O mesmo ocorreu com o movimento sabataísmo, e com a mesma rapidez.

Em ambos os casos, veio à tona um novo valor religioso. A concepção sabataísta de fé pura, desacompanhada de obras específicas e sem exigir sinais ou milagres, teve seu predecessor na doutrina paulina da fé. O judaísmo tradicional, pré-sabataísta, jamais alimentou a idéia de uma fé pura, dissociada de atos específicos e, ainda assim, dotada de um poder de redenção, como valor religioso supremo. A fé messiânica, entretanto, mudava agora seu caráter: o aspecto crucial não era a fé na redenção iminente mas a fé no paradoxo da missão do messias. O paradoxo básico da nova fé levou, como é inevitável, a paradoxos ulteriores e não menos audaciosos.

Os novos desenvolvimentos doutrinários estenderam-se além da questão da missão do messias e do lugar da "lei" na era messiânica, à doutrina da Divindade, que agora assumia uma feição definitivamente herética – ao menos do ponto de vista do judaísmo rabínico. Os dois pontos principais de dessemelhança entre o cristianismo e o judaísmo nesse aspecto são a doutrina da Trindade e da encarnação da Divindade no messias. O judaísmo, inclusive o judaísmo cabalístico, jamais admitira essas idéias, mas agora elas começaram a enraizar-se em alguns círculos sabataístas, provavelmente sob a influência (direta e indireta) de doutrinas cristãs análogas. Os numerosos marranos que retornaram ao judaísmo nessa época atuaram, sem dúvida, como um canal através do qual idéias e doutrinas cristãs foram transmitidas à teologia sabataísta. Na verdade, vários dos crentes mais proeminentes eram antigos marranos, mas as idéias que introduziram no sabataísmo pertenciam mais às tradições heréticas do que às ortodoxas do cristianismo. O caráter gnóstico da maioria dos sistemas sabataístas é de fato surpreendente. Os estudos teológicos de Abraão Cardozo podem tê-lo familiarizado com antigas heresias gnósticas e, como ele, também outros escritores sabataístas podem ter desenvolvido, num contexto especificamente judaico, idéias gnósticas que originalmente derivavam da literatura patrística. Não obstante, a significação de influências cristãs estranhas não deve ser exagerada. Certos desenvolvimentos são inerentes à própria natureza e estrutura dos fenômenos religiosos. A teologia sabataísta teria provavelmente evoluído no sentido em que o fez mesmo sem o gnosticismo cristão e o retorno de muitos marranos à sua religião ancestral. O cabalismo luirânico, o sistema de referência original dos sabataístas, era, no fim das contas, baseado num conjunto de idéias essencialmente gnóstico. Cada crise na formulação doutrinária da experiência da redenção, sem falar na questão da existência escatológica de Israel e, mais ainda, da pré-escatológica, acabaria por levar a desenvolvimentos análogos na especulação religiosa.

Em ambos os casos, a destruição de valores tradicionais, seguida de uma desilusão amarga e de um despertar religioso intenso, conduziu a uma explosão de antagonismo para com a Lei. A experiência de liberdade dos filhos de Deus deu origem a doutrinas antinomianas, tais como as de Paulo, que continham as sementes de desenvolvimentos ainda mais radicais, como é exemplificado por algumas das seitas gnósticas mais extremas. No caso do movimento sabataísta, o elemento antinomiano foi intensificado pela personalidade de Sabatai Tzvi e por seus "atos estranhos". Havia um cerne de antinomianismo potencial no legado que Sabatai deixou à doutrina sabataísta posterior, tal como elaborada por Natan. Na história do movimento sabataísta, os escritos de Natan desempenharam um papel semelhante ao das cartas de Paulo no desenvolvimento da doutrina cristã. Por mais cautelosa que fosse, nos termos de Natan, a formulação de certas idéias radicais, ela encorajou as tendências antinomianas mais violentas de alguns círculos sabataístas. As similaridades nas situações históricas do cristianismo e do sabataísmo, e a lógica interna de suas respectivas noções doutrinárias, levou a resultados semelhantes. Cada um considerava o aparecimento de seu respectivo messias como o início de uma nova era e como o estabelecimento de uma nova realidade. Daí terem que adotar uma atitude radicalmente diferente com respeito aos valores dominantes até então, a saber, a Lei de Moisés e a tradição halákhica do judaísmo rabínico, respectivamente.

Entretanto, as similaridades estruturais não devem encobrir as diferenças profundas entre o cristianismo primitivo e o sabataísmo. Cada um dos dois movimentos tem seu próprio horizonte histórico, religioso e psicológico. O despertar sabataísta foi uma revolta contra o gueto, que se verificou dentro dos estreitos limites do gueto, e trazendo as marcas deste último mesmo quando prometeu tornar novas todas as coisas. Faltando-lhe a amplitude e a extensão natural do judaísmo que deu origem ao cristianismo, o sabataísmo constituiu numa tentativa de defender, dentro do gueto, um mundo espiritual que já havia irrompido das paredes do gueto. De certo modo, pode-se dizer que o movimento desempenhou um papel pioneiro ao considerar um mundo novo que, no entanto, ainda não dispunha dos meios de apreender e muito menos de conceitualizar adequadamente. Cento e vinte anos tiveram de passar até que este "Novo Mundo" se tornasse suficientemente concreto para os judeus, a ponto de tornar-se suscetível de uma definição mais adequada. As emaranhadas complexidades resultantes da tensão entre a visão religiosa do novo mundo, de um lado, e a relutância em abandonar o gueto, de outro, apareceram claramente nos subseqüentes desenvolvimentos do movimento.

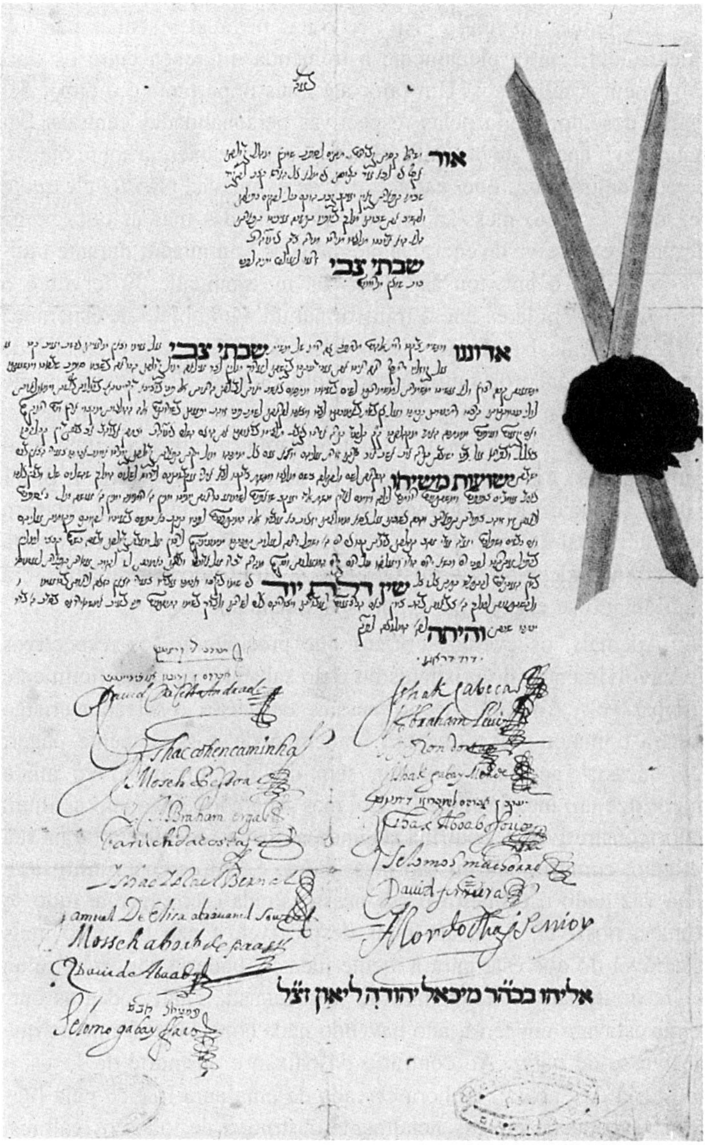

2. Declaração reconhecendo a realeza de Sabatai Tzvi, escrita e assinada pelos membros do *yeshibah Yeshu'oth Meshiho*, em Amsterdã, com data de 26 de setembro de 1666. O texto hebraico foi publicado na edição hebraica da presente obra, II, 448-449. Arquivos da Comunidade Portuguesa em Amsterdã, Biblioteca *Ets Haim*. Foto, Bibliotheca Rosen-thaliana, Amsterdã.

Diferenças no fundo histórico e nas realidades sociais não explicam, entretanto, plenamente a tremenda diferença entre os dois movimentos religiosos. Um fator até mais importante é o papel decisivo desempenhado pelas respectivas personalidades centrais. Sabatai Tzvi, apesar da indubitável fascinação que exercia sobre outros, carecia de grandeza quer caráter quer de expressão. Não foi ele quem fez o movimento messiânico, mas sim a fé das massas que, numa descarga explosiva de energias messiânicas acumuladas durante muitas gerações, o arrastou às alturas da messianidade. O fervor e o entusiasmo populares que o transformaram num objeto de esperança para a Casa de Israel não podem esconder a fraqueza essencial de sua personalidade de outro modo multicolorida. Essa fraqueza não impediu que as massas judaicas o aclamassem como seu messias, especialmente à medida que a tradição rabínica carecia de uma imagem vigorosa e claramente delineada do redentor (ver vol. I, p. 51 e ss.). O judaísmo tradicional possuía, sem dúvida, uma imagem potente e vital da redenção, mas a pessoa do Redentor estava oculta atrás da grandeza de sua missão – ao contrário do cristianismo, em cujo âmago se ergue uma grande personalidade.

Ademais, os eventos críticos que precipitaram os respectivos desenvolvimentos do cristianismo e do sabataísmo, são dificilmente comparáveis. Ao contrário do messias sabataísta, o salvador cristão pagara o maior preço que um homem pode possivelmente pagar. Um messias apóstata constitui, sem dúvida, um paradoxo ainda maior que um messias crucificado, mas o paradoxo não tem nenhum valor construtivo. A doutrina segundo a qual o redentor, ao trair sua religião, cumpriu sua missão messiânica, é, em essência, niilista, e uma vez dado o primeiro passo nessa estrada escorregadia, tudo se tornava possível. Se o ato mais desprezível, e não há outro mais execrável do que este para a mente judaica, poderia converter-se na pedra doutrinária fundamental da fé sabataísta, então todas as barreiras estavam por terra, não havendo nada concebível frente ao que se tivesse de parar. Ao contrário da paixão e da morte de Jesus, a apostasia de Sabatai, embora cercada de uma aura trágica pela literatura sabataísta, era essencialmente destrutiva de todos os valores. O redentor sabataísta, que estava pronto a render-se passivamente ao poder da impureza e a mergulhar no abismo da *qelipá* enquanto continuava a cultivar seu sonho de cumprir uma missão messiânica, na realidade abriu a porta para a transvaloração mais niilista dos valores religiosas. Era muito natural que o frankismo, a forma mais importante do sabataísmo posterior, tirasse as conclusões implícitas no "ato constitutivo" do fundador. Os esforços empenhados pelos crentes para descobrir um significado positivo e construtivo naquilo que era essencialmente um ato negativo e destrutivo, constitui sua contribuição peculiar à história da religião em geral e à história subseqüente do judaísmo em particular. Sua fé exigia deles uma medida de tensão e uma luta com o paradoxo que ia além de tudo quanto era exigido do crente cristão.

O paradoxo pessoal do fundador (isto é, seus "atos estranhos") generalizou-se num padrão sacramental para a comunidade de seus seguidores. As "iluminações" de Sabatai legaram ao movimento uma herança que levava sua marca pessoal: o fiel glorificaria certos "atos estranhos", ou até mesmo exigiria sua realização ritual como expressão de sua consciência religiosa peculiar. Porém, além desse padrão de comportamento paradoxal, muito pouco da personalidade de Sabatai permaneceu vivo no movimento que levava seu nome. Sua figura tornou-se vaga, quase ao ponto do anonimato, e tudo o que restou foi um conto de um herói mítico cujas semelhanças ao indivíduo histórico real eram puramente coincidentes.

A fim de que a fé no messias se mantivesse, não bastava justificar sua apostasia: esta deveria ser justificada nos termos judaicos tradicionais. Não obstante, a doutrina resultante era necessariamente insólita e até mesmo herética nos termos do judaísmo tradicional. A doutrina do messias, tal como foi exposta por Natan de Gaza e seus discípulos durante os dez anos subseqüentes à apostasia, enfatiza três novos pontos singulares[298].

Em primeiro lugar, afirmava-se redondamente que a redenção ainda não estava completa. As asserções originais, ingênuas e o super-entusiásticas, no sentido de que a esfera das *qelipot* estava totalmente vencida, agora, dizia-se, eram erradas. A redenção começara, mas ainda precisava ser plenamente concretizada e consumada, em meio à dor e ao sofrimento – incluindo a angustiante vergonha da apostasia do messias. A Shekhiná "alçara-se da poeira", mas ainda não fora restaurada em sua plenitude. Foi esse estágio intermediário, entre o

298. As fontes para o nosso conhecimento dessa doutrina são, acima de tudo, as cartas de Natan e de Cardozo, que foram largamente copiadas na época. A mais importante das cartas de Natan, a ser discutida na próxima seção desse capítulo, é, sem dúvida, a mais longa carta circular que ele escreveu, por volta de 1673-1674. O texto na íntegra foi preservado nos arquivos de Dönmeh e tornou-se acessível apenas após a publicação da versão hebraica do presente livro. Encontra-se agora à disposição em minha edição no *Qobetz al Yad*, XVI, Nova Série (1966), pt. II, pp. 421-456. Partes desse texto já eram conhecidas anteriormente e foram publicadas por Ch. Wirszubski em *Zion*, III (1938), pp. 227-235 (ver sua discussão do conteúdo, *idem*, pp. 215-227). O texto integral refuta a suposição anterior de Wirszubski e a minha de que a carta fora escrita em 1667. Outra carta, escrita no começo de 1668, já foi citada supra, pp. 52-53, e parte de outra, escrita após 1668, foi publicada por mim em *Erets Yisrael*, IV (1956), 191-192. As cartas relevantes de Cardozo, afora o *Magen Avraham*, a ser discutida infra, são: sua carta aos rabis de Esmirna, *Zion*, XIX (1954), pp. 1-22; as cartas a seu cunhado, em hebraico (*ap.* Freimann, pp. 87-92) e em espanhol, MS. Oxford, Neubauer 2 481.

despertar da Shekhiná e sua restauração completa, que forneceu o horizonte espiritual e emocional do movimento sabataísta.

O segundo ponto doutrinário é um corolário imediato do precedente. A concepção de um estágio intermediário resultou numa compreensão diferente da missão do messias. De acordo com as diferentes formas da teologia sabataísta, essa missão podia ter um caráter ativo ou passivo. A apostasia podia ser interpretada em termos puramente passivos como a paixão misteriosa do salvador que "está sozinho e mantém silêncio porque o Senhor a impôs a ele" (Lamentações, 3:28), ou como uma descida ativa ao abismo das *qelipot*. De um ou de outro modo, o messias não mais servia de símbolo de redenção consumada (como no cabalismo luriânico), porém se tornava um agente a cumprir uma missão decisiva e única. Todos os demais santos haviam "elevado" as centelhas sagradas das profundezas da *qelipá*, mantendo-se, ao mesmo tempo, à distância da zona de perigo. Somente o messias realizava o terrível *descensus ad inferos*, "a fim de realizar a sua obra, a sua obra estranha, a fim de executar a sua tarefa insólita" (Isaías, 28:21).

Em terceiro lugar, o embate cósmico entre o bem e o mal assume, em seu estágio final, uma forma mais complicada e paradoxal. A cabala luriânica ensinara um modo de separar, isto é, de elevar e arrancar as centelhas sagradas das garras do mal em que eram retidas. De fato, o mal existia em virtude da vitalidade que hauria das centelhas do bem, que havia arrebatado e que mantinha aprisionadas. Uma vez que essas centelhas eram libertadas e "elevadas", o mal, por si só impotente e exangüe, automaticamente entraria em colapso. Nesse ponto, a doutrina sabataísta introduz uma torção dialética na idéia luriânica. Segundo a nova versão sabataísta, não basta arrancar as centelhas da santidade da esfera da impureza. A fim de cumprir sua missão, o poder da santidade – encarnado no messias – deve descer até a impureza, e o bem deve assumir a forma do mal. Essa missão está carregada de perigos, pois parece reforçar o poder do mal antes de sua derrota final. Durante a vida de Sabatai, a posição doutrinária era que, entrando na esfera da *qelipá*, o bem se transformara no mal apenas em aparência. Havia porém possibilidades mais radicais a serem explorados: apenas a transformação completa do bem no mal poderia exaurir a plena potência deste último e assim explodi-lo. Essa dialética liquidação do mal requer não só que o bem esteja disfarçado em forma de mal, mas que se identifique totalmente com ele. Foi ao longo de tais linhas que se desenvolveu a subseqüente teologia dos sabataístas radicais.

Para a massa dos crentes, a certeza de que a apostasia do messias tinha um valor religioso positivo era primordial; a natureza exata e o conteúdo desse valor religioso era um problema secundário, "ideológico''. Daí ser possível considerar duas respostas aparentemente contraditórias à questão de qual seria exatamente o significado da ação de Sabatai. Segundo uma das respostas, o messias tornara-se um dos gentios a fim de salvá-los da pura destruição. Como já observamos anteriormente, o extremo tradicionalismo da escatologia judaica popular não estava contente com a derrota e a submissão dos gentios, mas exultava com a idéia de sua aniquilação última. A escatologia do cabalismo luriânico compartilhava, em grande parte, se não inteiramente, dessa atitude. A doutrina sabataísta dizia, assaz surpreendentemente, que o messias se submeteria ao domínio dos gentios com o fito de salvar as almas que poderiam ser salvas e elevá-las até si.

A outra réplica toma o ponto de vista oposto. O messias desceu à esfera da *qelipá* a fim de destruí-la de dentro. Apenas fingindo submissão à *qelipá* é que ele poderia alcançar seu objetivo de destruí-la completamente. Esse estratagema ou ''artifício sagrado'' pode ser comparado à ação de um verme numa árvore que parece sadia pelo lado de fora, mas que, quando rachada ao meio, pode-se ver que está carcomida. ''Razão pela qual é absolutamente impossível a qualquer criatura compreender quaisquer de suas ações, e quem disser que compreende os caminhos do rei messiânico está completamente equivocado.[299]''. O mesmo texto contém outra analogia, extremamente reveladora, na parábola do rei (isto é, Deus) cuja noiva (isto é, a Shekhiná) e sua família (isto é, as centelhas sagradas) foram capturados por inimigos (ou seja, a *qelipá*), e que envia seu fiel servidor (isto é, o messias) como espião ao território inimigo para indagar sobre os cativos. Esse servidor deve agir com grande astúcia ''e adotar os trajes do povo por cujo país passa, e comporta-se como eles, para que não percebam que ele é um espião [...] Conservai essa parábola em vosso coração, pois ela é um fundamento para satisfazer vossas várias dúvidas sobre o assunto''[300]. Ambas as respostas aparecem lado a lado nos escritos de Natan e seus discípulos.

IX. A DOUTRINA DO MESSIAS APÓSTATA E DO SIGNIFICADO DA LEI, DE ACORDO COM OS ESCRITOS DE NATAN DE GAZA

Os seguidores e crentes de Sabatai eram bons judeus. Acreditavam nos livros sagrados. Daí que sua primeira reação pode-se dizer

299. Cardozo, em seu *Magen Avraham* (ed. G. Scholem, em *Qobets al Yad*, XII (1938), p. 138). A comparação de Sabatai Tzvi a um verme já se encontra no *Tratado sobre os Dragões*, de Natan (ver G. Scholem, *Be Iqvot Mashiah*, p. 37).
300. *Magen Avraham, loc. cit.*, p. 139.

quase que um reflexo – foi pesquisar insinuações, alusões e indicações dos acontecimentos extraordinários e desconcertantes nas Escrituras e na tradição. E vejam só! – a Bíblia, a Hagadá rabínica e a literatura cabalística apresentaram-se repletas de alusões a Sabatai Tzvi em geral e ao mistério de sua apostasia em particular. Os sabataístas nada ficavam a dever, a quem quer que fosse, na arte de interpretar, sofismar e torcer textos, na qual os judeus sempre desfrutaram de tão inconteste reputação. E embora sua exegese tropológica e cabalística estivesse muito longe do sentido manifesto de seus textos, refletia certamente o sentido manifesto do que lhes movia os corações. "De versículos bíblicos e fragmentos de versículos, de ditos rabínicos cujas possibilidades implícitas ninguém percebera até então, de expressões paradoxais na literatura cabalística e dos mais estranhos ângulos da literatura judaica, produziram um material como nunca fora visto anteriormente na teologia judaica.[301]" O ridículo com que alguns historiadores têm derramado sobre essa "bobagem" exegética revela pouco entendimento do fenômeno real, especificamente a imersão do nada de uma terminologia judaica original a engalfinhar-se com as contradições na vida e no ministério do redentor. No tocante ao seu conteúdo, as interpretações sabataístas eram, sem dúvida, audaciosas e insólitas, mas seus métodos exegéticos não diferiam muito dos que eram empregados tradicionalmente na literatura rabínica. Daí também o sucesso e o poder de persuasão dos sermões sabataístas, que não só apelavam para ocultas emoções religiosas, como também fascinavam o público pelo modo com que preenchiam imagens e figuras de linguagem tradicionais com novos conteúdos. Representavam, de fato, uma explosão dialética dentro do uso lingüístico e conceitual tradicional.

Explanações paradoxais acerca do destino do messias já haviam sido oferecidas, se bem que em menor escala, após a detenção de Sabatai em Galípoli. Agora, os mesmos métodos eram aplicados à questão muito mais séria da apostasia. Onde quer que os textos antigos falhassem em prestar o que a ingenuidade exegética e a fé ardente dos sabataístas exigia, eram, na ocasião, citados de forma incorreta ou até mesmo falsificados. Os leitores das cartas de Paulo podem aprender muito desses escritos judaicos posteriores, compostas numa situação psicológica muito semelhante. O choque entre o velho e o novo, que é uma característica tão conspícua no pensamento de Paulo, manifesta-se de uma maneira mais tradicionalmente judaica, embora não menos radical, nas cartas subsistentes de Natan.

301. Citando minha própria formulação no artigo *Mitzvá ha Baá ba-Averá*, em *Knesset*, II (1937), 360; ver Scholem, *The Messianic Idea* (1971), p. 96.

A fim de se apreciar a literatura sabataísta, deve-se, por certo, levar em conta o papel tradicional do método alegórico e tipológico. Argumentos totalmente desprovidos de sentido para o leitor moderno estavam repletos de significado para os contemporâneos de Sabatai na era do barroco europeu. A tradição lhes proporcionava um vasto tesouro de alegoria vivente que os escritores sabataístas exploravam ao máximo. Para Natan de Gaza, as vidas de Abraão, de Moisés, do Faraó, de Jó, David, Ester e outros eram imagens e prefigurações do messias. Na verdade, os heróis bíblicos eram centelhas da alma do messias. Em adição aos textos das Escrituras, a literatura rabínica e cabalística abastecia a avidez homilética dos crentes sedentos de confirmação com uma provisão inesgotável de símbolos. A vara de condão mágica da fé produzia água para a imaginação sequiosa até mesmo de textos os mais áridos. Segundo os rabis antigos, ''a Escritura tem setenta significados distintos'', e R. Abraão Yakhini acrescentou que um desses significados sempre ''se referia ao messias AMIRAH. E quando ele se revelar, então seremos capazes de compreender as Escrituras nesse sentido''[302]. Na obra da qual essa citação é extraída, Yakhini ofereceu mais de 1 200 interpretações sabataístas de um versículo do Livro de Êxodo.

As explicações avançadas originalmente por Natan com o fito de justificar a personalidade de Sabatai e seus ''atos estranhos'' foram ampliadas e aplicadas ao estranho ato *par excellence*. Assim, Natan havia afirmado que a alma do messias precisaria ser libertada da prisão da *qelipá*, onde tivera que ser mantida em cativeiro durante os meses precedentes ao *tiqun* final, antes de sua suprema auto-revelação. Com uma mudança mínima, porém realista, essa doutrina era agora aplicada à situação criada pela apostasia: mesmo após a sua auto-revelação, o messias teria de oferecer-se uma vez mais ao cativeiro dos poderes demoníacos.

Os heróis bíblicos também prenunciaram a apostasia do messias, e cada caso de exílio, degradação e humilhação, ou falsas aparências (por exemplo, David na corte de Aquis, rei de Gat; Moisés na corte do faraó; Abraão descendo ao Egito; Ester, que não ''declarou seu povo nem sua linhagem'' na corte de Assuero), podia servir de grão ao moinho tipológico dos crentes. Natan interpretara Jó como o protótipo do messias (ver vol. I, p. 299 e s.) ainda antes da apostasia. O Servo Sofrente de Isaías era uma figura óbvia de Sabatai Tzvi: o messias ''foi ferido por causa de nossas transgressões'' (Isaías,

302. Uma citação do livro *Vavey ha-Amudim*, de Yakhini, encontrada num MS. sabataísta; ver G. Scholem em *Zion*, VII (1942), p. 181. A citação parece ser parte da introdução ao livro de Yakhini, que está faltando na cópia autógrafa na Bodleian Library (Neubauer n. 2 761).

53:5), mas a palavra hebraica *meholal* (''ferido'') pode ser lida também como ''profanado''. Após a apostasia, a ''profanação'' do messias podia ser interpretada de vários modos. Natan declarou que o messias foi profanado pelos rabis por causa ''dos pecados do mundo'' (isto é, dos pecados de seus contemporâneos; não há referência aqui ao pecado original)[303]. Mas ele e Cardozo haviam também explicado que o profeta se referia ao êxodo do messias da esfera da santidade (isto é, Israel) e sua entrada na esfera profana dos gentios[304]. Muitas outras expressões nos capítulos sobre o Servo podem ser elaboradas como se se referissem à submissão do messias ao poder da *qelipá*. Essa interpretação tipológica do Servo Sofrente é perfeitamente explicável em termos de seu pano de fundo judaico e da lógica interna da homilética sabataísta; não há necessidade de se buscar influências cristãs específicas. Alusões ao destino do messias apóstata e à sua glória futura foram encontradas outrossim no Livro dos Salmos (ver infra, pp. 165-168).

A profusão de interpretações cabalmente novas e nunca ouvidas anteriormente, abundantes em todos esses escritos, pode ter suscitado algumas questões, mas os sabataístas contavam com uma explicação à mão: apenas *após* a apostasia seus olhos ter-se-iam aberto ao significado verdadeiro dos textos bíblicos, rabínicos e cabalísticos. Natan escreveu que os detalhes do ministério do messias ''não apareciam explicitamente revelados no Talmud, para que as pessoas não os interpretassem mal; e no livro do Zohar [...] estão indicados de forma oculta [...] Diz-se também que diversos livros da Hagadá revelando tais coisas seriam encontrados na época do advento do messias''[305]. Certos ditos talmúdicos, como ''David desejou adorar ídolos'' (B. Sanhedrin 107a), ou ''Uma transgressão executada com boa intenção é melhor do que um preceito cumprido com má intenção'' (B. Nazir 23b) gozavam de particular predileção, especialmente na medida em que as transgressões no interesse da redenção eram exigidas não só do messias, mas também, talvez, dos crentes. Sobre o dito rabínico de que o messias vem ''incônscio'' (literalmente, ''na ausência de mente''), Natan comentou: ''Pois a mente não pode aceitar isso, porquanto o seu comportamento parece ir contra a religião tradicional''[306]. De acordo com outro dito talmúdico (B. Sanhedrin 97a), ''o reino [isto é, o Império Romano] será convertido

303. *Qobets al Yad*, XVI (1966), p. 428.

304. Natan, na carta citada no vol. II, pp. 93-95, e Cardozo, ap. Friemann, pp. 88-90.

305. *Qobets al Yad*, XVI (1966), p. 428. A última sentença pode conter uma alusão à sua própria pseudo-epigrafia.

306. *Idem*, p. 426.

à heresia''. Natan cita R. José Taytatsak, um erudito e cabalista proeminente em Salonica na primeira metade do século XVI, no sentido de que este dito rabínico deve referir-se ao reino do Céu e não a Roma, que de qualquer modo era pagã[307]. Em outras palavras, o próprio reino do Céu, conforme representado pelo messias, deveria voltar-se para a heresia e ser profanado antes que a missão messiânica pudesse ser cumprida.

R. Abraão Galanté, de Safed, cabalista do século XVI, escrevera em seu comentário ao Zohar que era impossível atingir o ápice da perfeição, a não ser que se houvesse descido primeiro à esfera do mal e dali se elevado; este, de fato, era o significado místico da descida de Abraão ao Egito (Gênesis, 12:10)[308]. Nos ensinamentos de Natan, a descida dos justos à esfera da *qelipá* tornou-se um princípio maior, alegadamente derivado do Zohar onde, por certo, não se pode achar nada nem remotamente que se assemelhe ao radicalismo de Natan. O Zohar diz apenas que os patriarcas viajaram através do Egito e de Haran (ou seja, a esfera das *qelipot*) e emergiram imaculados e ilesos. Na paráfrase de Natan, entretanto, a conclusão é que ''ninguém pode ser chamado de justo [*tzadiq*], a menos que tenha entrado na impureza e emergido puro''[309].

Natan encontrou uma notável ilustração de sua doutrina do descenso do justo à *qelipá*, nas afirmações dos cabalistas concernentes à oração de súplicas conhecida como *nefilat apaim* (''cair sobre a face'', prostrar-se). Essa prece (Salmo 25 no rito sefardita, Salmo 6 no asquenazita) é recitada durante os dias da semana após a oração principal, a *amidá*, nos serviços religiosos da manhã e da tarde. Sendo a oração essencialmente uma elevação da alma aos degraus mais altos da escada cósmica-espiritual, pode-se assumir que o culto atinja seu clímax na conclusão da *amidá*. Nesse momento, aquele que é verdadeiramente justo se atira, do alto do mundo da *atsilut*, para dentro do abismo das *qelipot*, a fim de arrebatar as centelhas sagradas que ali são mantidas prisioneiras[310]. Quanto mais elevado o ascenso espiritual durante a prece, mais profundo é o mergulho dentro da *qelipá* durante a ''queda sobre a face''. Na prática luriânica, esse exercício é, por certo, puramente uma questão de meditação mística, embora contenha um elemento de risco e aventura: em seu mergulho meditativo, o devoto expõe-se aos perigos que ameaçam desde o interior da *qelipá*. Na versão sabataísta, essa

307. *Idem*, p. 431.

308. *Zahorey Hammah*, comentário ao Zohar I, 81b, de Abraão Galanté.

309. *Qobets al Yad*, XVI (1966), p. 434. A paráfrase de Natan refere-se a Zohar I, 147b. Na seqüência, Natan tabém se refere a Zohar II, 34a.

310. Cf. Haim Vital, *Shaar ha-Kavanot* (Jerusalém, 1873), fol. 47a.

aventura espiritual serve como modelo alegórico da apostasia do messias[311].

Um paradoxo similar, que exercia atração considerável sobre os crentes sabataístas, era a imagem da corça, tal como era aplicada pelo Zohar à redenção de Israel do Egito (e possivelmente, também à sua redenção messiânica final). Uma passagem talmúdica (B. Baba Batra 16b) diz que o útero da corça é tão estreito que ela não pode dar à luz de forma natural. Quando se agacha para parir, Deus, por isso, envia uma serpente que a morde na abertura do útero, e assim ela consegue livrar-se de seu fruto. O Zohar interpreta essa passagem de forma alegórica: a corça é a divina Shekhiná, que está cercada por todos os lados e não pode dar à luz. Ela coloca sua cabeça entre seus joelhos e grita em alta voz, razão pela qual Deus envia uma serpente para mordê-la e abrir seu últero. R. Simão bar Yokhai conclui sua exposição zohárica com uma grave advertência: "e no que diz respeito a essa questão, não pergunte e nem tente o Senhor"[312]. De acordo com os discípulos de Natan, a apostasia do messias é precisamente essa mordida da serpente, sem a qual o nascimento da redenção não pode acontecer. A transgressão da Lei pelo messias é tão dolorosa para Israel quanto o bote de uma serpente[313].

A própria estranheza dos atos do messias é prova da autenticidade de seu chamado[314]. O fato de o messias transgredir a Lei e induzir outros ao pecado não é argumento contra ele, pois ele não apenas tem direito a dispensas especiais (segundo a lei rabínica relativa a "decisões em casos de emergência"), como efetivamente tem o poder de rebaixar os judeus de sua santidade e, inversamente, fazer com que a Santidade passe de Israel para as outras nações.

> Em razão disso Oséias [2:1; AV 1:10] disse "que onde se lhes dizia: 'Não sois meu povo', se lhes dirá: 'Filhos do Deus vivo'. Isto quer dizer que mesmo se ele os fizesse passar para outra nação [isto é, religião], pareceria que eles não mais podem ser chamados de 'meu povo', ainda assim, é precisamente em virtude dessa ação que 'lhes será dito: sois os filhos do Deus vivo' "[315].

Há portanto evidência de que Natan considerava a possibilidade de uma apostasia em massa a mando do messias. Natan também

311. Assim Natan numa carta ao irmão de Sabatai Tzvi (Sasportas, p. 201), e em seus escritos subseqüentes (cf. MS., Brit. Mus. Margoliouth 856, fol. 75a). Natan acrescenta que, quando um homem se lança para dentro das *qelipot*, existe um perigo real, porém isso não acontece quando ele é lançado ali por Deus. Cf. também *Qobets al Yad*, XVI (1966), p. 454.

312. *Zohar* II, 52b.

313. MS. Kaufmann 255 (Budapeste), fol. 17a.

314. Natan de Gaza, na carta, *Qobets al Yad*, XVI (1966), p. 426.

315. *Idem*, p. 433.

sugere uma certa analogia entre a apostasia do messias e a metempsicose. Uma alma essencialmente sagrada pode ser punida, por uma razão ou outra, com a transmigração ao corpo de um gentio ou de uma gentia, onde forçosamente viverá uma vida bastante afastada da santidade da Lei. Não obstante, essa alma não perderá com isso os méritos adquiridos em suas existências anteriores[316]. A fim de salvar Israel, o messias deliberadamente ''transmigra'' de sua condição de santidade para a esfera do profano, e daí o Talmud chamá-lo mui apropriadamente de *bar nafle* (''o caído'')[317].

A lei da novilha vermelha (Números, cap. 19) simboliza, segundo Natan, a situação curiosa do messias que salva o mundo transgredindo ele próprio a Lei. Os antigos rabis já observaram que o ritual de purificação envolvendo as cinzas de uma novilha vermelha era incompreensível, pois em sua realização o impuro tornava-se puro, enquanto os oficiantes puros tornavam-se impuros na cerimônia. De acordo com Natan, esse era exatamente o mistério incompreensível do ministério de Sabatai[318]. Natan ensinara que a alma do messias se originava no *tehiru*, especificamente, aquela parte do cosmos que, desde a ''ruptura dos vasos'', esperava seu *tiqun* das mãos do messias (ver vol. I, p. 295). Em seus escritos posteriores à apostasia, Natan explicou que as leis incompreensíveis da Torá estavam similarmente enraizadas no *tehiru*, e como a lei da novilha vermelha se referia à construção do vaso espiritual para a alma do messias, havia necessariamente ''várias contradições nela''[319]. Natan não hesitou em ''emendar'' citações de textos luriânicos para que servissem a seus propósitos, como, por exemplo, a fim provar que certos tipos de almas podiam transgredir a Lei com impunidade[320]. Citações incorretas dessa espécie não são infreqüentes na literatura sabataísta e nem sempre é fácil identificar as fontes e avaliar a extensão das modificações feitas.

316. *Idem*, p. 435.

317. Cf. o panfleto de Natan no livro de anotações sabataísta na biblioteca da Universidade de Colúmbia, fol. 9a. Ver também vol. I, pp. 130-131.

318. *Idem*, fol. 18a.

319. MS. Adler 493 (Jewish Theological Seminary, New York), fol. 8b. Ver também o artigo de minha autoria sobre R. Elias Kohen ha-Itamari, em *A. Marx Jubilee Volume* (New York, 1950), parte hebraica, pp. 459-460. Por meio de um trocadilho homilético, Natan conecta a novilha vermelha com Ismael, o ''homem selvagem'' (cf. Gênesis, 16:12). O valor numérico de Ismael é igual ao de *tehom* (''abismo''); no início da criação, a alma do messias estava no abismo do *tehiru*; na fase messiânica, após a apostasia, encontrava-se no abismo de Ismael (MS. Adler 493, fols. 9-10).

320. *Qobets al Yad*, XVI (1966), p. 435; ver também as notas de Tishby em *A Doutrina do Mal e a ''Qelipá'' na Cabala Luriânica* (1942), p. 112. A declaração luriânica original (em *Etz Haim, Shaar Qelipat Nogá*, cap. 5) é perfeitamente ortodoxa e não há nada de antinomiano nela.

Para justificar a apostasia, Natan também recorreu, como vimos, ao argumento legalista convencional de que o messias tinha direito a isenções especiais segundo as provisões relevantes da lei rabínica. Ainda assim, cabe presumir que sua efetiva opinião sobre o assunto esteja representada pelos pontos de vista muito mais radicais e profundos expostos em seu *Zemir Aritzim* e, de novo, no *Livro da Criação*. A doutrina dos dois tipos de Torá derivados respectivamente da "Árvore da Vida" e da "Árvore do Conhecimento" desenvolvida no Zohar (especificamente, na parte denominada *Raya Mehema*; ver vol. I, pp. 11-12) foi retomada por Natan e combinada sistematicamente com sua teoria cosmológica do *tehiru*. A Árvore da Vida simboliza a unidade paradisíaca da Torá antes de sua separação na dualidade da Árvore do Conhecimento. No futuro escatológico, o domínio da Árvore da Vida englobaria todo o cosmos, e as leis e preceitos derivados da Árvore do Conhecimento, que é a Árvore da Morte, desapareceriam.

A alma do messias estava lutando para libertar-se de sua morada original no abismo do *tehiru*. Suas vitórias metafísicas nesse embate foram o resultado de longos e heróicos labores, e o ordálio deixou sua impressão na personalidade do salvador, mesmo após o seu nascimento e a assunção de seu ministério final. A despeito de ter origem no *tehiru*, sua alma conseguiu elevar-se ao mais alto grau de comunhão com a Árvore da Vida, onde estava além do bem e do mal. Daí ser a relação do messias com a Lei algo especial e único. Essa doutrina, a bem dizer, não se enquadra muito bem com outra idéia de Natan, segundo a qual, no curso de sua missão, o messias deveria assumir a forma do mal e identificar-se com ele. Se a alma do messias está além da dualidade e das distinções de bem e mal, que derivam da Árvore do Conhecimento, então ela não se identifica dialeticamente com o mal, mas, ao contrário, tendo apreendido e incorporado o bem absoluto, pode descer sem conspurcar-se no abismo da *qelipá*, a fim de libertar qualquer santidade ali aprisionada. As categorias de *proibido* e *permitido* não se aplicam ao messias,

> e embora seu poder esteja rompido e ele seja atraído para a esfera do mal e caia em suas redes [...], comportando-se [desde a apostasia] de acordo com seus modos e sua religião, ainda assim, isto de maneira alguma o deprecia [...] pois em virtude de sua adesão à Árvore da Vida, tudo o que ele faz é um *tiqun*. Ele é como uma alma no Paraíso [...] desobrigada de todos os preceitos desse mundo.

O rompimento de seu poder e o obscurecimento de sua luz não alteram sua natureza essencial, e longe de estar entregue nas mãos do mistério da morte, "até mesmo os fragmentos quebrados derivam do mistério da vida e permanecem em sua condição elevada''[321]. Estritamente falando, não há algo como um messias apóstata a pecar contra a Lei, pois seus atos não podem ser medidos pelos padrões comuns de certo e errado. A doutrina de Natan é mais um exemplo do conhecido princípio de que o homem perfeito não pode pecar, não obstante todas as aparências ao contrário. Concepções espiritualistas desse tipo amiúde tenderam a um antinomismo explícito, e o sabataísmo não constitui exceção a essa regra. Os escritos de Natan (especificamente seu *Zemir Aritzim*), com suas acentuadas formulações de conclusões potencialmente antinomistas, são exemplares nesse aspecto.

A pedra de toque de todas as teorias antinomianas é o delicado tópico da moralidade sexual. O severo e austeramente ascético profeta sabataísta não recuou diante das mais audaciosas especulações antinomistas sobre esse tema: na perspectiva da ordem paradisíaca das coisas, onde a Árvore da Vida suplantou a Árvore do Conhecimento, até mesmo as leis bíblicas do incesto – simbolizando as restrições da moralidade sexual – perdem sua validade incondicional. As leis do incesto foram impostas a Adão nesse mundo inferior, mas no mundo superior da *atsilut* ''não há incesto''[322]. Enquanto os tabus do incesto estiverem em vigor aqui na terra, ''é impossível realizar as unificações acima''; na suspensão mística das proibições do incesto, o homem se tornará ''como seu criador no mistério da Árvore da Vida''[323].

A doutrina do *Raya Mehemna* da Torá e das duas árvores assumiu uma relevância imediata e vital para o pensamento de Natan. Na dispensação segundo a Árvore da Vida, a Torá significa ''o estudo da Lei sem a obrigação de guardar seus mandamentos, mas apenas e somente para [o propósito de] unificação da luzes supernas e a execução de atos espirituais'' que levariam a cabo a destruição do ''lado mau''[324]. Essa definição da Torá certamente se aplica ao messias e a outros *perfecti*, que realizaram a comunhão permanente

321. Ver *Tratado sobre a Menorá*, de Natan, em G. Scholem, *Be Iqvot Mashiah*, p. 102. O tratado é parte da obra mais ampla de Natan, *Zemir Aritzim*, existente em vários MSS. (e. g., British Museum, Margoliouth 856).

322. *Tiquney Zohar* 69, no início.

323. Ver G. Scholem, *Be Iqvot Mashiah*, p. 104, e o artigo de Wirszubski (mencionado supra, nota 255), p. 239. Os sabataístas encontraram apoio para sua tese na declaração talmúdica (B. Erubin 100b), de que o incesto e o adultério foram proibidos somente depois de Eva ter sido amaldiçoada por seu pecado. R. Elias b. Kalonymos, um conhecido pregador do final do século XVII, cita a este respeito um dito proveniente dos escritos dos ''cabalistas'', cf. *Aderet Eliyahu* (Frankfurt/Oder, 1694, fol. 93c). Suspeito que os cabalistas em questão não eram outros senão Natan e seus discípulos.

324. Scholem, *Be Iqvot Mashiah*, p. 96.

com a Árvore da Vida. Todo o povo de Israel alcançou outrora esse estado de perfeição por um breve momento, durante a entrega da Lei no monte Sinai[325]. Em virtude da luz superna inerente à Árvore da Vida, esses *perfecti* são capazes de salvar até mesmo o próprio mal e restaurá-lo ao bem, enquanto as almas de uma ordem inferior podem, no melhor dos casos, libertar e separar o bem do mal[326]. Essa doutrina está, por certo, intimamente associada às concepções de Natan sobre a possibilidade de uma restauração total das *qelipot* à santidade e à perfeição.

Outro princípio da cabala clássica exerceu considerável influência, se bem que menos conspícua, sobre a concepção sabataísta da Torá messiânica. Trata-se da doutrina dos ciclos do mundo (*shemitot*) conforme exposta no livro *Temuná*, do século XIII[327]. De acordo com essa doutrina histórico-cosmológica, o poder das sete *sefirot* inferiores manifesta-se em sete períodos consecutivos de desenvolvimento cósmico, que têm a duração de sete mil anos cada. Toda *sefirá*, desde *Hessed* até *Malkhut*, constrói uma estrutura cósmica completa. Ao final dessas sete "semanas" cósmicas, isto é, no ano cinqüenta mil (o Grande Jubileu), o cosmos retornaria à sua origem na *sefirá* mais elevada, *Biná*. A Torá absoluta e primordial, que não é outra senão a divina Sabedoria, e apenas à qual é aplicável o dogma da eternidade e da imutabilidade da Torá, manifesta-se de formas distintas durante os sucessivos ciclos de mundo. Dentro de qualquer período dado, a manifestação específica da Torá possui validade absoluta, mas, com o advento de um novo ciclo, manifesta-se um novo e diferente aspecto da Torá. Na linguagem do misticismo cabalístico das letras: as letras da Torá, refletindo a divina Sabedoria, não mudam, porém suas combinações e significados se modificam de acordo com a natureza dos vários períodos. O período corrente, segundo o livro *Temuná*, é o da segunda *sefirá*, Julgamento Severo (*Guevurá* ou *Din*), daí serem a sua natureza e a sua "lei" expressas em termos de preceitos e proibições, puro e impuro, sagrado e profano – consoante a presente leitura da Torá. Na era vindoura, entretanto, a Torá será lida de forma diferente, e aquilo que é agora proibido não será necessariamente proibido então. As especulações sobre a natureza da Torá nos períodos atual e futuro das *shemitot* ocuparam muito espaço na literatura cabalística até o século XVI, quando perderam a popularidade em conseqüência da rejeição

325. Natan, em seu *Sefer ha-Beriá*; ver G. Scholem, *loc. cit.*, p. 93.

326. *Idem*, p. 97.

327. A melhor edição é a de Lvov, 1892. Sobre o livro e sua doutrina, ver G. Scholem, *Ursprung und Anfänge der Kabbalah* (1962), pp. 407-414, e *idem*, *A Cabala e seu Simbolismo*, São Paulo, Perspectiva, 1978, pp. 94-104.

da doutrina das *shemitot* pelos grandes cabalistas de Safed, Moisés Cordovero e Isaac Luria. Ainda assim, há uma qualidade utópica inegável que contribui para uma certa similaridade entre a doutrina de ciclos de mundo da *Temuná* (que os cabalistas de Safed rejeitavam) e a doutrina zohárica das duas árvores (a qual aceitavam). Não é de surpreender, portanto, que essas doutrinas se fundissem, apesar de suas origens históricas distintas, nos corações dos crentes sabataístas.

Três gerações antes da erupção sabataísta, um cabalista ortodoxo e erudito talmúdico, R. Mordecai Yaffe, de Lublin, afirmara que a transição da primeira *shemitá* para a segunda tivera lugar durante a entrega da Lei no monte Sinai, isto é, dentro da ordem cósmica atual. O fim de um ciclo e a entrada do ciclo seguinte não careciam, pois, de uma catastrófica destruição do mundo[328]. Não havia por que os sabataístas não devessem anunciar uma transição semelhante à uma nova era com o advento do messias. Dado que o messias estava prestes a adentrar nessa transição, a força dominante, especificamente, a *sefirá*, da próxima *shemitá*, já se afirmava ao fim do ciclo precedente.

Em um ponto, todavia, Natan efetuou um grande desvio da doutrina tradicional das *shemitot*: nosso ciclo atual de sete mil anos, sustentava ele, foi criado sob o poder da *sefirá Hessed* (Misericórdia). Ainda estamos vivendo no primeiro ciclo cósmico e não na segunda *shemitá* (isto é, a da *Guevurá*, o Julgamento Severo), conforme ensinado pela doutrina clássica. O período vindouro da *Guevurá* teria início com o advento do messias[329], cujo ministério efetuaria a transição de um período a outro. O *tiqun* das *sefirot* divinas, figuradas como círculos ou esferas no *tehiru*, só poderia ser realizado pela "Serpente Sagrada", isto é, o messias. Ao contrário da Lei de Moisés (simbolizava por seu cajado), que é reta, o messias é curvado ou "tortuoso" como uma serpente e como os círculos das *sefirot* no *tehiru*. É por isso que o cajado de Moisés "se transformou numa serpente [...] e Moisés fugiu dela". O que estivera sob o domínio do "raio reto" da luz divina, vinda do *En-Sof*, isto é, a Lei Mosaica, tivera de ser trocado por uma dispensação, que obteria seu poder da "luz circular". Portanto, todas as questões relacionadas ao messias, que opera através da luz circular, são misteriosas e incompreensíveis, e não seguem a Lei de Moisés. O próprio Moisés estava cônscio disso, mas "fugiu dela" e de suas implicações. A Torá de Moisés era realmente a "Torá da Verdade", *torat emet*, mas o Islã é chamado agora, nos escritos sabataístas, de *torat hessed*, a Torá da gra-

328. Ver M. Yaffe, *Levush Or Yeqarot* (Lvov, 1881), parte II, fo. 8d.

329. G. Scholem, *Be Iqvot Mashiah*, pp. 120-122 (do *Tratado sobre a Menorá*, de Natan).

ça, utilizando a ambigüidade da palavra hebraica *hessed*, que significa graça (ou bondade afetuosa) mas também vergonha. A Torá messiânica – onde coisas que eram anteriormente vergonhosas são agora permitidas como atos de graça e bondade afetuosa – está disfarçada sob o manto de um Torá representando esse *éon* e seu poder dominante, ou seja, o Islã e seu livro sagrado, o Corão[330]. Ao descobrir analogias tipológicas dessa espécie, Natan podia explicar por que o verdadeiro Moisés, isto é, Sabatai Tzvi, teria primeiro que abandonar a Lei mosaica e aceitar a religião de Ismael, e depois desaparecer por entre as luzes divinas celestiais. Natan havia aprendido, do próprio Sabatai, a doutrina da ocultação do messias.

Natan e seus discípulos citavam freqüentemente o livro *Temuná* para dar suporte a suas doutrinas. Uma boa ilustração do emprego que faziam dessa fonte do século XIII é fornecida pelo seguinte exemplo. O *Temuná* declara que, assim como as almas sagradas se multiplicaram a princípio de um (Adão) para três (os patriarcas), para setenta (o número de almas que vieram ao Egito com Jacó; ver Gênesis, 46:27), para seiscentos mil (o número de israelitas na época do êxodo), do mesmo modo seu número decresceria de novo no fim dos dias, entre uma *shemitá* e outra, o mundo seria deserto e desprovido de vida. A reinterpretação mística que Natan faz desse texto ignora o quadro de um declínio e de uma cessação final de vida, e o substitui pela noção da unidade da comunhão com as fontes de vida. ''Então, todos os corpos ficarão unidos e se transformarão num só corpo [...], embora anteriormente estivessem completamente separados [...] E isso se deve à maravilhosa união que as almas em Israel têm com as *sefirot* supernas. Pois o *tiqun* do cosmos não se consuma até que todas as almas em Israel tenham alcançado seu *tiqun* perfeito, tornando-se todas unidas num só corpo, que é o messias.[331]'' Natan nos oferece aqui uma notável analogia sabataísta com a doutrina de Paulo da unidade dos fiéis no corpo místico de Cristo. O argumento de Natan baseia-se na exegese de um texto cabalístico.

330. *Idem*, p. 124, e o *Tratado sobre a Merkavá*, de Natan, MS. Adler 493 (no Jewish Theological Seminary, Nova York), fol. 9a. Nos fólios precedentes, este último manuscrito traz uma longa explanação sobre como esses rituais e mandamentos da Torá, para os quais não é apresentada nenhuma razão concebível, tornar-se-ão iluminados e compreensíveis na era messiânica, e tudo isso através de um novo arranjo da letra da Torá atual. Ver a citação em *SS*, pp. 699-700.

331. A citação é tirada de uma parte do livro de Natan sobre a criação, publicado por Ch. Wirszubski na coletânea literária *Qobets Hotzaat Schoken le-Divrey Sifrut* (Tel Aviv, 1940), pp. 180-191, particularmente, pp. 182-183. Wirszubski não consegue rastrear a alegada citação do livro *Peliá*, mas a fonte efetiva é o livro *Temuná*. A mesma passagem do livro *Temuná* é também citada na epístola de Cardozo, *Magen Avraham*, p. 136.

O fato de sua exegese ter na verdade invertido o significado original do texto, não perturbou o profeta sabataísta, na medida em que tal interpretação de que Israel seria unido num só corpo, isto é, no messias, que era idêntico a Adão. Ao realizar essa unidade, a presente *shemitá* encontraria sua consumação e seu fim.

X. A CARTA *MAGEN AVRAHAM* POR ABRAÃO MIGUEL CARDOZO

As idéias de Natan concernentes à missão do messias e ao significado da Torá na era escatológica encontraram expressão exemplar num tratado escrito por Abraão Cardozo em Trípoli, na Líbia[332]. As cópias de alguns escritos de Natan haviam sido levados para Trípoli, tendo despertado o interesse de Cardozo. Este se propôs então a escrever uma defesa da apostasia e compôs, em 1668, *Igeret Magen Avraham meeretz ha-Maarav* (*A Epístola Magen Avraham* [escudo de Abraão] *do Magreb*). A autoria de Cardozo, que foi objeto de considerável dúvida, está agora provada conclusivamente por seu próprio testemunho[333], e cumpre portanto descartar a afirmação de um determinado manuscrito, atribuindo tal autoria a Abraão Peretz, um dos discípulos de Natan em Salonica[334]. O folheto serve de evidência para a rapidez com que tendências extremamente radicais se afirmavam nos primeiros anos que se seguiram à apostasia. Mais

332. O texto foi publicado por mim, a partir de um manuscrito anônimo em Oxford, em *Qobets al Yad*, II, Nova Série (XII), (1938), pp. 121-155, onde o atribuí, embora com consideráveis dúvidas, a Abraão Cardozo. A doutrina de *Magen Avraham* foi analisada por Wirszubski em *Zion*, III (1938), pp. 234-245.

333. O manuscrito do Instituto Ben-Tzvi 2263, que vem dos arquivos de Dönmeh, contém não apenas (pp. 1-30) o texto do folheto, afirmando ter sido trazido do Magreb para Salonica por um dos discípulos de Cardozo, mas também (pp. 32-53) uma versão posterior e mais ampliada da resposta de Cardozo aos rabis de Esmirna, cuja versão original publiquei em *Zion*, XIX (1954), pp. 1-22. Nessa versão ampliada, Cardozo cita expressamente o *Magen Avraham* como sua própria obra, dizendo ter enviado uma cópia dela a Esmirna.

334. Na edição hebraica da presente obra (p. 701), aceitei o testemunho do MS. Günzburg 517 em Moscou. Não está claro como é que surgiu essa atribuição errônea a Peretz. Outro folheto de cabala sabataísta, dando o nome completo de seu autor, Avraham Peretz, está preservado no MS. Halberstamm 40, atualmente na biblioteca da corte rabínica de Londres (ver supra, nota 154). O texto foi publicado anonimamente e com a omissão do nome de Natan de todas as citações, numa coletânea de comentários sobre o Zohar (*Torat Natan* [Lvov, 1894], pp. 71-75). Este folheto, baseado nos últimos escritos de Natan, foi certamente escrito por Peretz após a morte do profeta. Encontrei vários ditos do "finado Avraham Peretz" citados em *Yalkut David* (Dyhernfurth, 1691), fol. 72d. Parece que Peretz morreu como judeu e aparentemente não tomou parte na apostasia em massa ocorrida em 1683 em Salonica.

ou menos nessa mesma época (1668-1669), após o contato renovado com Sabatai, Natan compôs sua obra *Zemir Aritzim*[335]. As obras de Natan e os escritos de Cardozo se complementam mutuamente e a contínua evolução do pensamento de Natan, desde o *Tratado sobre os Dragões* até seus últimos escritos, fica evidente. Seus pontos de vista iniciais sobre a conexão metafísica essencial entre a alma do messias e o "*tehiru* inferior" reaparecem de forma mais desenvolvida, como que amadurecidos e confirmados pela experiência da apostasia. Tanto o *Zemir Aritzim* de Natan quanto o *Magen Avraham* de Cardozo exibem cabalmente o caráter gnóstico do misticismo sabataísta em todo o seu dinamismo e no ponto de virada a partir do qual seu ímpeto se moveu em direção herética. O folheto de Cardozo, entretanto, apresenta um argumento mais sistemático e metodológico, e está isento da prolixidade de Natan e de sua tendência de desviar-se por uma tangente, e seguir os errantes atalhos de suas associações, o que torna a leitura de seus tratados maiores bastante difícil.

Cardozo mostra pouco interesse em acontecimentos e circunstâncias históricos concretos, concentrando-se nas questões teológicas, que expõe em formulações incisivas e radicais. Evita o estilo rabínico floreado e alusivo, escrevendo de forma direta e num hebraico moderno. Também faz uso das idéias e dos símbolos cabalísticos descritos nas páginas anteriores, mas insiste que "não chegamos a essa fé perfeita por meio [da interpretação homilética] desses textos, [...] mas porque penetramos nas profundezas da fé em virtude das raízes de nossas almas, tão logo ouvimos as boas novas"[336]. O autor, evidentemente, considerava-se um dos *perfecti* pneumáticos, cujas capacidades para a interpretação tipológica do *midrash* e do Zohar se deviam a apreensões espirituais imediatas outorgadas a almas superiores. Mesmo assim, a despeito de suas pretensões pneumáticas, seu argumento se distingue pela consistência e pela lógica.

Cardozo foi o primeiro autor a declarar claramente o que havia, subseqüentemente, de transformar-se em argumento sabataísta de uso corrente: Deus não "permite que a besta dos justos erre em pecado, e muito menos que o façam os próprios justos"[337], e ele

335. Publiquei longos extratos de *Zemir Aritzim* (a partir de um manuscrito onde estava intitulado *Tratado sobre a Menorá*) em meu livro *Be Iqvot Mashiah* (1944), pp. 88-128. A obra completa existe em vários MSS. (e. g., Brit. Museum, Margoliouth 856, fols. 13-76; Oxford, Neubauer 1 897; Günzburg 187[3]; Kaufmann 536[2]; Berlin, Staatsbibliothek 3 076, 8°; Jewish Theological Seminary, New York, Enelow Collection 731; Jews College, Londres (ver supra, nota 154), 123, fols. 12-40. Evidentemente, o livro gozou de larga circulação.

336. *Magen Avraham*, p. 148.

337. Um famoso dito talmúdico (cf. B. Hulin 7a).

certamente não permitiria que seus santos, muito menos todo o seu povo, caíssem em erro tão atroz. O argumento é de interesse considerável. Cardozo rejeita a opinião, aparentemente expressa por muitos crentes desenganados, de que Sabatai agira de boa fé no início de sua carreira, mas que passara ao logro e ao pecado após perceber seu erro. Pois se esse ponto de vista fosse correto, mostraria que uma vida de santidade exemplar pode ser recompensada caindo-se em pecado, e milhares de penitentes devotos e crentes sinceros tornar-se-iam vítimas de mentiras e logro. Isso seria equivalente a negar a justiça e a providência divinas[338]. A alma do messias era parte do mundo superior da *atsilut*, e seres humanos comuns, cujas almas provinham de esferas inferiores, não poderiam possivelmente compreender seus atos[339].

O autor expõe o significado mais profundo do exílio e da redenção segundo premissas luriânicas tradicionais. O exílio e o sofrimento de Israel eram, em última instância, resultado do descenso das luzes supernas e da degradação subseqüente da Shekhiná divina. Isto, por sua vez, provocou a queda de Adão, em cuja alma estavam contidas todas as outras almas. A queda de Adão ocasionou o descenso das centelhas sagradas ao abismo das *qelipot*. Cada geração tinha que realizar o *tiqun* apropriado à origem específica de suas almas no corpo do Primeiro Adão, por meio de mandamentos adequados. Daí exigirem períodos diferentes (Adão, Noé, Israel no monte Sinai) versões distintas da Torá e de seus preceitos[340]. A queda cósmica original e o *tiqun* subseqüente, por intermédio da Lei, podem ser comparados a um homem que cai numa fossa profunda. Todos os seus membros (como os do *macroanthropos* divino) estão seriamente contundidos e exigem a aplicação de emplastros e cataplasmas por um médico hábil, que também prescreve uma dieta estrita. Quando o paciente fica curado, ele pode dispensar o tratamento e a dieta que, estritamente falando, vão contra sua natureza. ''Essa parábola se aplica facilmente aos preceitos [da Lei] que são como cataplasma, em decorrência dos quais as luzes e todos os mundos hão certamente de se elevar a um grau muito alto. Mas isso só pode ser efetuado nos dias do messias, pois apenas ele pode realizar o *tiqun* de todos os mundos, sendo ele próprio o Primeiro Adão.[341]''

Nesse ponto de seu argumento, Cardozo tira uma conclusão extraordinária da distinção talmúdica entre dois possíveis tempos de redenção. Alegando uma contradição na profecia de Isaías (60:22),

338. *Magen Avraham*, p. 129.
339. *Idem*, p. 128.
340. *Idem*, p. 132.
341. *Idem*, p. 133.

''Eu, o Senhor, no tempo próprio, apressarei a realização desta'', o Talmud (B. Sanhedrin 98a) explica: ''se eles forem merecedores, eu a apressarei; caso contrário, então [o messias virá] em seu devido tempo''. Se Israel tivesse vivido de acordo com sua alta vocação e realizado o *tiqun*, a redenção teria sido apressada. Entretanto, em virtude de sua desídia, a redenção teria que ser lavrada por Deus e Seu messias no tempo devido e prescrito, ''e Deus não mais exige seu {isto é, de Israel] estudo e sua observância da Lei''[342]. O autor prova, com grande minúcia, que agora havia chegado o tempo prescrito, e ele inculca em seus leitores as implicações desse fato para um entendimento adequado do presente *status* da Lei. Pois a ''Torá presente'' – isto é, a *halakhá* rabínica tradicional – ''não se aplica à era messiânica'', em cujo tempo a ''Lei Oral se torna negativa''. A Lei Oral, com suas seis ordens e sessenta tratados da Mishná, corresponde aos seis dias da semana, que estão sujeitos ao domínio da Árvore do Conhecimento, por meio da qual Adão pecou. O *shabat*, entretanto, é dominado pela Árvore da Vida, e daí a lei da Mishná e do Talmud não mais se aplicarem, ''e todo aquele que deseje [continuar] a servir [a Deus] na forma presente [...] destrói as plantações e viola a santidade do *shabat*'', de acordo com os padrões da era messiânica[343]. A lógica sabataísta conduziu, portanto, a uma conclusão antinomiana radical: os preceitos da Lei não apenas prescreveriam; sua observância tornar-se-ia uma profanação positivamente pecaminosa do *shabat* messiânico. O autor sustenta o seu argumento com um largo número de citações do *Raya Mehemna* e do *Tiquney Zohar*, e também apela para um comentário midrástico ao Salmo, 146:7 ''O Senhor liberta os prisioneiros''. Lendo a palavra *issurim* (''proibições'') em vez de *assurim* (''prisioneiros''), o versículo passa a significar:

> O Senhor liberará todas as proibições – inclusive a proibição da carne de porco[344]. É claro que, a partir de uma leitura até mesmo superficial desses ditos, quando os mundos ficarem limpos das impurezas das *qelipot*, então as vestimentas externas (da Torá) tornar-se-ão supérfluas [...] e a Torá será renovada [...] Porém, nenhuma criatura pode realizar tal coisa, exceto o rei messiânico, que não é outro senão [uma reencarnação de] Moisés[345].

342. *Idem*, pp. 133-134.

343. *Idem*, p. 135. Essa declaração é baseada num dos trechos mais audaciosos no *Tiquney Zohar* (*Zohar Hadash*, ed. R. Margaliot, fol. 108a.

344. *Idem*, p. 145; cf. *Midrash Tehilim* 146, 4, na edição de Buber e na nota do editor *ad loc.*

345. *Idem*, p. 146.

Como judeu devoto e piedoso, o autor se protege contra as conseqüências antinomianas de seu próprio ensinamento. Ele adverte seus leitores a não extraírem conclusões precipitadas de seu argumento ou se permitirem sequer o menor desvio da lei e dos costumes rabínicos, pois a dispensação da Árvore da Vida será inaugurada somente depois que a da Árvore do Conhecimento for completamente realizada. Mas, ninguém conhece o momento dessa realização, salvo o messias[346]. Enquanto o messias permanecer – ainda que como uma espécie de cavalo de Tróia – no reino das *qelipot*, a Lei tradicional nada perderá de sua validade. A posição do autor é tão clara e definida quanto possível, e foi provavelmente compartilhada por muitos outros crentes. Mesmo assim, ela também mostra quão tênue e precária era a linha que separava um antinomianismo teórico e potencial de sua aplicação prática.

Segundo Cardozo, o messias desempenharia um papel decisivo na introdução na nova era, pois Israel falhara no intento de levar a cabo o *tiqun* cósmico. A natureza de seu ministério, no entanto, estaria além da compreensão de simples mortais, pois os atos estranhos do messias "são *tiqunim* secretíssimos para elevar os mundos e as centelhas da santidade que, ao se romperem os vasos, haviam caído junto com ele no grande abismo". Essa queda é mencionada simbolicamente em Êxodo, 21:33: "se um homem cavar um fosso [...] e nele cair um boi ou um jumento". De acordo com o Zohar[347], o boi simboliza o messias da Casa de José e o jumento, o filho de David, "humilde e montado num jumento". A contração da luz primordial e a ruptura subseqüente dos vasos foram como o escavar de um fosso, "e o messias, isto é, Moisés, caiu dentro dele". Daí também a servidão de Moisés na corte do Faraó e na terra de Cush. Os atos do messias devem ser adaptados à natureza e ao caráter da *qelipá* específica que ele deve conquistar "e dentro da qual deve penetrar a fim de arrebatar as centelhas da santidade como se de um fogo"[348]. Existe uma pequena diferença aqui entre Cardozo e o profeta de Gaza. No *Tratado sobre os Dragões* e em outros escritos, Natan assevera que a alma do messias estava no Grande Abismo do *tehiru* desde o começo do *tzimtzum*, enquanto a espístola *Magen Avraham* parece sugerir que o messias "caiu" no abismo quando os vasos se romperam. Cardozo, porém, talvez não pretendesse que seu modo solto e figurativo de usar a linguagem fosse pressionado demais.

346. *Idem*, p. 147.

347. Zohar III (*Raya Mehemna*), 279a.

348. *Magen Avraham*, pp. 137-138. A continuação dessa passagem é citada supra, p. 109.

A fim de cumprir sua missão, o messias teria que adotar caminhos "tortuosos". Estes, como vimos, foram atribuídos por Natan à origem da alma do messias nos círculos do *tehiru*, em contraste com a "linha reta" da luz do *En-Sof* que penetra no *tehiru* após o *tzimtzum*. Não era sem razão que as origens e a história de David, o fundador da dinastia messiânica, eram "tortuosas" segundo padrões humanos comuns: O incesto de Lot com suas filhas (do qual descendeu a ancestral Rute, a moabita), Judá e Tamar, Boaz e Rute, as circunstâncias da concepção de David[349] e seu deslize com Batsheva. Na verdade, os líderes da oposição contra David, como Doeg, o edomita, e Sheba, filho de Bichri, longe de serem meros vilões e velhacos estavam (segundo a lenda talmúdica) entre as maiores autoridades rabínicas de seus dias e chefes do Sinédrio. Que ninguém, portanto, lance precipitadamente calúnias contra o Ungido do Senhor. A fim de compreender esses mistérios, deve-se buscar diligentemente nos livros antigos, "pois coisas tão profundas não são compreendidas por um conhecimento simplista"[350]. Os crentes não deveriam ficar desconcertados com a oposição de tantos rabis eminentes, pois era inevitável que houvesse dois partidos na época do advento do messias. Ademais, todos os verdadeiros cabalistas estavam do lado do messias[351]. O autor sem dúvida exagera quando pretende que todos os cabalistas estavam no campo sabataísta, porém seu testemunho pode bem refletir a sensação geral entre os crentes. De todo modo, deve ter havido muitos cabalistas e crentes durante os primeiros anos seguintes à apostasia que ficaram impressionados com os argumentos apresentados por Natan e por Cardozo.

349. Seu pai, Jessé, veio ter com a sua esposa, confundindo-a com uma de suas criadas; ver vol. I, p. 63, nota 90.

350. *Magen Avraham*, pp. 139-140. Similarmente, também R. Isaac Hanan, outro discípulo de Natan em Salonica, em sua obra *Beney Itzhak* (Salonica, 1756), fols. 55-56.

351. *Magen Avraham*, pp. 147-148.

8. Os Últimos Anos de Sabatai Tzvi (1668-1676)

I. A CONSOLIDAÇÃO DO GRUPO SABATAÍSTA EM ADRIANÓPOLIS

O relato anterior acerca dos efeitos imediatos da apostasia sobre as comunidades judaicas da Europa e do Oriente de alguma forma negligenciou a pessoa do próprio messias, Sabatai Tzvi, aliás Mehemed Kapici Bashi, a quem havíamos deixado, no verão de 1667, em Adrianópolis.

O estado de espírito de Sabatai após a apostasia foi brevemente descrito num capítulo anterior (cf. vol. II, pp. 333-334). No início, ele parece ter ficado totalmente confuso e perdido, mas com o tempo o desânimo deu lugar a novos acessos de exaltação e o ritmo familiar das alternâncias maníaco-depressivas reafirmou-se. Durante os períodos de iluminação, todas as dúvidas desapareciam. Ele tinha novamente certeza de sua vocação e misteriosa missão e os seus seguidores mostravam-se tão suscetíveis como sempre à estranha fascinação que parecia irradiar do messias apóstata. A apostasia gradualmente assumia um caráter definido como o clímax lógico de todas as provas, experiências e "estranhas" ações anteriores. Antes, Sabatai havia experimentado uma libertação das garras das *qelipot*, mas agora ele era de novo seu prisioneiro, sendo esta última provação a mais difícil de todas. Ele procurou sondar as profundezas do mistério de seu sofrimento e sua troca de cartas com os seguidores mais proeminentes que procuravam explorar o mesmo mistério o ajudou a formular a própria interpretação de seu destino.

Sabatai também permaneceu em contato com Natan, e os rabis tinham bons motivos para queixar-se de que o profeta não havia mantido a palavra (cf. supra, pp. 45-46). Alguns seguidores, por exemplo Abraão Yakhini, visitaram Sabatai e o consultaram, depois retornaram a suas casas sem que lhes fosse solicitada a apostasia. Outros escolheram residir em Adrianópolis ou nas proximidades para ficar perto do messias. Samuel Primo, não obstante haver se mudado para Sófia algum tempo antes, continuou a visitar Sabatai e a receber seu ensinamento. Embora alguns dos visitantes de Sabatai apostatassem por solicitação sua, nada prova que os companheiros de Natan, que se haviam separado dele em Brussa e seguido para Adrianópolis (cf. supra p. 32), tenham feito o mesmo. Com efeito, ignoramos os nomes dos primeiros apóstatas. Quando Natan chegou a Adrianópolis, econtrou muitos membros de seu grupo, inclusive representantes das "Doze Tribos de Israel". Um certo número de líderes do movimento e íntimos de Sabatai forám enviados a Adrianópolis. Quando Coenen visitou Natan em Esmirna, na casa do rico irmão de Sabatai, Elias Tzvi, ficou sabendo que este estava prestes a partir para Adrianópolis. De fato, Elias Tzvi e seu filho mais velho dirigiram-se a Adrianópolis no verão de 1667, mas somente apostataram posteriormente por solicitação de Sabatai, como fizeram muitos outros membros do círculo do messias[1]. Assim, veio a formar-se o primeiro grupo de apóstatas que costumavam acompanhar Sabatai onde quer que fosse, atraindo a atenção de observadores cristãos não menos que a ira de muitos judeus. Elias Tzvi, que se elevara entrementes da condição de simples comerciante "que não entendia nada de teologia mística" (cf. vol. II, p. 267) ao grau de "grande sábio", permaneceu com o irmão. Após a morte de Sabatai, ele fugiu, voltou à religião dos antepassados, e até conseguiu reestabelecer-se em Esmirna como respeitado membro da comunidade[2]. Aparentemente ninguém estava interessado em resolver o passado ou em entregar o antigo converso reconverso às autoridades turcas. Tanto quanto se sabe, nenhum dos dois irmãos de Sabatai tornou-se membro da seita Dönmeh e não se conservou nenhuma tradição associando-a a alguns dos membros da família.

O comportamento dúplice de Sabatai é atestado em todas as fontes, tanto nas sabataístas como nas demais. As sabataístas, naturalmente, tinham suas próprias razões para enfatizar esta duplicidade,

1. Coenen, p. 139; Baruch de Arezzo, *ap.* Freimann, p. 63; De la Croix, p. 382; e sobretudo a crônica de Jacó Najara, *Sefunot*, V (1961), pp. 254-262 (cf. infra, pp. 149-155).

2. Cf. as *responsa* de R. Salomão ha-levi, *Leb Shelomo*, n. 57.

pois desejavam – ao menos durante o primeiro ano – promover a versão que apresentava a apostasia como mero fingimento. Com o passar do tempo, contudo, a nova doutrina sabataísta acerca do significado positivo da apostasia passou a ser apresentada de modo mais audacioso e os crentes deixaram de sustentar que o messias não havia realmente transgredido e abolido a Lei. Segundo Tobias Rofe, Sabatai "comportava-se como um rabi, como era seu costume. Às vezes rezava e comportava-se como judeu, outras vezes como mulçumano, e fazia coisas esquisitas"[3]. Cristãos que viram Sabatai naqueles anos relatam o mesmo. Parece, portanto, que não se pode rejeitar como tagarelice os relatos de Sabatai sentado com o Corão em uma mão e o rolo da Torá em outra, ou usando filactérios ao dizer suas preces, como os emissários de Casale e Isaac Sasportas estavam inclinados a fazer[4].

As cartas escritas pouco depois da apostasia pelos crentes em Adrianópolis e Raguna e onde se relata que Sabatai havia observado os grandes feriados judaicos (setembro e outubro de 1666) segundo costume litúrgico tradicional[5], sem qualquer estorvo ou oposição, podem ser verídicas.

De la Croix afirma ter visto em mais de uma ocasião Sabatai passear cercado de um grande séquito de judeus apóstatas "que o acompanharam em todas as sinagogas, onde ele pregava a conversão ao Islã com tamanho sucesso que, no decurso dos cerca de cinco anos que durou a missão deste zelota da religião de Maomé, o número de turcos isto é, judeus apóstatas ao Islã) cresceu enormemente"[6]. Os sermões de Sabatai sobre conversão também são mencionados pelo embaixador florentino, Santi Boni, num relato escrito em 28 de fevereiro de 1671[7]. Rycaut descreve o comportamento de Sabatai durante aqueles anos como segue[8]:

> Desta maneira Sabatai passou algum tempo na Corte Turca, assim como Moisés o fez por algum tempo na dos egípcios. E talvez imitando-o, lançou os olhos sobre a aflição de seus irmãos, a quem continuava a apresentar-se como um libertador,

3. *Cit.* por Emden, p. 46. Tobias não era um "crente" sabataísta e não utiliza o termo técnico "ações estranhas" corrente entre os sabataístas.

4. *Cit.* por Carpi, p. 19; Sasportas, p. 248. Ver também as descrições citadas por Baruch de Arezzo (*ap.* Freimann, p. 64) e as lendas contadas por A. Cuenque (*ap.* Emden, pp. 41-42). O testemunho de Israel Hazan acerca de seu comportamento em muitas ocasiões é igualmente confiável.

5. MS. Hottinger, vol. 30, fol. 345, citando os relatos datados de 16 de março de 1667, que foram recebidos em Veneza provenientes de Ragusa e Adrianópolis.

6. De la Croix, p. 381. Uma descrição de semelhante procissão solene, onde estão incluídos o círculo de apóstatas de Sabatai, é feita na crônica de Najara, *loc. cit.*, p. 258.

7. O texto foi publicado no *Vessillo Israelitico*, LIX (1911), p. 513.

8. Rycaut, p. 219.

mas com o cuidado e a precaução de não causar escândalo aos turcos, declarou que a menos que sua nação se tornasse semelhante a ele, isto é, renunciasse às sombras e aos elementos imperfeitos da Lei Mosaica, que seria completada pela adesão à maometana e outras adições que sua inspirada sabedoria sugerisse, jamais estaria em condições de persuadir Deus a favor deles e a conduzi-los a Terra Santa de seus antepassados. Ao que acorreram muitos judeus, alguns vindos de tão longe quanto Jerusalém, Babilônia e outros lugares remotos e jogando os chapéus no chão, em presença do Grão Senhor professavam-se voluntariamente maometanos. O próprio Sabatai, ganhando a estima dos turcos por tais prosélitos, tinha o privilégio de ir visitar os irmãos, aproveitando este tempo para circuncidar as crianças no oitavo dia segundo o preceito de Moisés e pregar suas novas doutrinas, pelas quais confirmou muitos na Fé de que ele era o Messias que aguardavam e assombrou a todos com a expectativa do que estas estranhas vias do Entusiasmo poderiam produzir; mas ninguém ousava reconhecê-lo em público para não atrair a cólera dos turcos e dos judeus, expondo-se à excomunhão por parte destes e à forca por parte daqueles.

O relato de Rycaut é a descrição fiel de uma seita em processo de formação. Tudo é disfarce e dissimulação: Sabatai e seus discípulos ocultavam suas efetivas convicções e os sermãos do apóstata sobre a conversão eram tão falsos quanto as negativas públicas, de muitos crentes, a respeito de sua fé no messias. A descrição de Rycaut, embora não seja aplicável a todos os crentes, é certamente verdadeira com relação a um grande número deles. A pressão dos dois lados – tanto dos turcos como dos judeus – obrigou o movimento a entrar na clandestinidade. O grupo de Sabatai floresceu na penumbra em que começava a operar, mas uma confissão pública de seu credo e seus objetivos teria provocado o desastre. Rycaut também menciona a "nova doutrina" de Sabatai, e sobre este ponto também, como veremos a sua informação era correta.

Embora os testemunhos acima mencionados se refiram principalmente aos últimos anos da atividade de Sabatai (1669-1672), eles seriam quase igualmente válidos para o período imediatamente posterior à apostasia. Leyb b. Ozer soube por viajantes provenientes da Turquia que os discípulos e rabis que apostataram estavam tentando persuadir aos outros judeus a seguirem seu exemplo e, de fato, "atraíram para si muitos pecadores". Sabatai também ordenou a muitos seguidores a "comparecer diante dele, e lhes explicou que tudo havia sido ordenado no Céu, como estava escrito no *Pirquei de-Rabi Eliezer*, que o messias seria engolido pelos ismaelitas[9]. Ele explicava tudo nos termos de sua falsa cabala e tinha respostas prontas para tudo, levando assim à apostasia mais de trezentos judeus no curso de dois ou três meses"[10]. Leyb b. Ozer provavelmente

9. Trata-se aqui de uma interpretação sabataísta deformadora do texto que figura nos *Pirquei de-Rabbi Eliezer*, trad. G. Friedlander (1916), p. 222.

10. MS. Shazar, fol.41 a-b.

confundiu relatos sobre os esforços conversionários de Sabatai com as subseqüentes atividades dos Dönmeh[11]. Não há prova de que, durante a vida de Sabatai, seus discípulos apóstatas tenham se engajado em proselitismo ativo, e fontes sabataístas sugerem que esforços neste sentido foram feitos somente por Sabatai ele próprio. Além do mais, o número apresentado por Leyb parece exagerado. Um viajante cristã que se econtrava na Turquia nos anos 1672-1673 estimava o total de apóstatas em duzentas famílias[12]. Se sua estimativa para o ano de 1673 estiver correta, então o número deve ter sido consideravelmente inferior em 1667, imediatamente após a apostasia do messias.

Houve casos, até nos primeiros anos, de apóstatas que se arrependeram e retornaram à religião judaica. Já em 1669, Sasportas informou a seus correspondentes no Marrocos que vários partidários de Sabatai Tzvi que haviam apostatado com ele e desposado mulheres não-judias de Constantinopla "arrependeram-se de seu erro": deixaram as esposas e viajaram ao principado de Valáquia, perto da fronteira polonesa[13]. Deve ter havido muitos outros casos de discípulos de Sabatai a sentirem ferroadas de consciência.

Em 1667, nasceu um filho de Sabatai Tzvi. O acontecimento fora profetizado por Natan em uma carta escrita no início de 1667, quando a mulher de Sabatai já estava grávida, e a criança foi chamada de Ismael Mordecai, de acordo com a profecia de Natan. ("Mordecai, em honra ao pai de Sabatai, Mordecai Tzvi"). Mas, contrariamente ao que Natan havia profetizado[14], a criança não nasceu circuncidada (como, segundo a lenda rabínica, Moisés, o primeiro redentor) e fontes sabataístas declaram que o próprio Sabatai o circuncidara segundo o rito judaico na presença de muitos turcos e ofereceu um banquete para celebrar o evento[15]. Se este relato for verdadeiro, ele indicaria que a

11. Conjectura que confirma a seqüência do relato de Leyb (MS. Shazar, fol. 41a): "eles recitam o *Shema* três vezes ao dia nas suas orações, mas onde os judeus dizem "Ouve, ó Israel", eles dizem "Ouve, ó Ismael" e introduzem outras modificações análogas, de acordo com a heresia deles". Leyb diz ter escutado isto de "inúmeros indivíduos dignos de confiança", mas o relato refere-se seguramente às práticas dos Dönmeh de seu tempo.

12. *Journal d'Antoine Galland*, I (Paris, 1881), 194. Suponho que os números apresentados por Leyb também se referem similarmente aos de chefes de família e não a indivíduos.

13. Sasportas, p. 345. A Polônia e a Valáquia não tinham fronteiras comuns e Sasportas deve ter confundido esta última com a Moldávia. Cf. igualmente o incidente mencionado supra p. 87, ocorrido em Kastoria.

14. Em carta citada por Sasportas, pp. 200-201.

15. Baruch de Arezzo, ap. Freimann, p. 68; De la Croix, p. 377. Um relato contraditório da circuncisão de Ismael é apresentado na crônica de Jacó Najara, citado infra, p. 149. Há uma ligeira discrepância entre a narração de Baruch de Arezzo e a de De la Croix. Segundo Baruch, Sabatai "conheceu sua mulher depois de colocar-lhe na

proibição de visitar a Sabatai não foi imposta pelas autoridades turcas até sua segunda prisão e banimento em 1672. Tanto quanto se sabe, nunca houve tal proibição, embora os emissários de Casale tenham ouvido rumores neste sentido em Esmirna; se ela existiu, foi provavelmente cancelada após a apostasia. R. Israel Hazan de Kastoria descreve sua peregrinação a Sabatai em 1667: uma vez admitido à sua presença, ele pronunciou a bênção litúrgica prescrita para a ocasião em que se contempla um rei em Israel e Sabatai mostrou-lhe escritos que havia composto com respeito à sua pessoa e sua vocação messiânica[16]. Um viajante cristão, por outro lado, foi informado de que Sabatai havia escrito aos judeus e pediu-lhes que o deixassem só[17]; mas seria vão buscar coerência e lógica no comportamento caprichoso e impulsivo de Sabatai. Talvez as cartas que desencorajavam os visitantes a procurá-lo tenham sido escritas numa época em que a perseguição aos crentes em Constantinopla pelos rabinos assumira sérias proporções[18].

As fontes sugerem não só que seguidores de vários países continuavam a visitar Sabatai, mas também nos informam sobre a variedade de tipos e personalidades entre os crentes. Sente-se facilmente tentado a supor que os fiéis que continuaram a acreditar mesmo após a apostasia foram recrutados principalmente entre os emotivos e os instáveis, cuja razão era presa fácil de seus sentimentos, mas esta pressuposição seria certamente errônea. Havia, entre os crentes, pessoas que seriam normalmente descritas como atiladas, racionais e ponderadas. Jonas Salvador, de Pinerolo, próximo a Turim, é um caso assim. Mercador e erudito, ativo nos negócios da comunidade judaica, encontrava-se em Paris durante vários meses no início de 1670. Ali, tornou-se amigo de Richard Simon, o erudito francês e eminente especialista em estudos bíblicos, e é às cartas de Simon que devemos o nosso conhecimento de Jonas Salvador[19]. Ju-

cabeça a mitra pura e ela concebeu e deu à luz uma criança'', enquanto De la Croix afirma que ela já estava com uma criança na época da apostasia. A versão de De la Croix é corroborada pela carta de Natan (Sasportas, p. 201) e a declaração de Sabatai em Esmirna segundo a qual sua mulher havia concebido e estava grávida era, portanto, incorreta. O relato de De la Croix sobre o nascimento de Ismael (*ap.* Emden, p. 42) é um tanto quanto obscuro, mas utiliza evidentemente (e expande) a mesma tradição sabataísta subjacente ao relato de Baruch. Simbolicamente, o filho foi chamado de Isaac (ver *Schocken Volume*, pp. 172-173).

16. Ver Scholem em *Schocken Volume*, p. 146.

17. Galland, *loc. cit.*

18. Cf. H. J. Schoeps, *Philosemitismus im Barock* (1952), pp. 3-17. Curiosamente, o próprio Peyrère não parece ter manifestado grande interesse pelo movimento sabataísta, embora Richard Simon lhe tivesse sugerido (gracejando?) que Salvador lhe conseguiria uma carta de apresentação caso quisesse fazer uma visita a Sabatai Tzvi.

19. Sobre Jonas Salvador, ver *Lettres Choisies de Richard Simon* (Amsterdã, 1730), vol. I, p. 15 e vol. III, p. 13.

deu piedoso e ortodoxo, Salvador estava interessado nas idéias correntes entre os intelectuais franceses mais esclarecidos e esperava ganhar seu apoio para a realização de seus próprios projetos. Ele se preocupava muito com idéia de um retorno à Palestina e com a restauração do poder político aos judeus. Assim, ficou vivamente impressionado pela obra de Isaac de la Peyrère intitulada *Du Rappel des Juifs* (1643), da qual tomara conhecimento por intermédio de Richard Simon e ele se recusou a acreditar que um autor que falava tão positivamente sobre Israel não fosse de origem judaica (marrana). Em suas conversas com Richard Simon, Salvador mostrou-se um homem de sólido e crítico bom senso, o que não o impediu de admitir igualmente a sua condição de sabataísta. Não obstante a apostasia de Sabatai "ele estava convencido – ou, ao menos, pretendia estar convencido – de que o messias ora em Adrianópolis conduziria seu povo sob seu estandarte até a Cidade Santa e lá o serviço de Deus seria restabelecido em sua pureza". Simon assinala ter visto uma carta sobre este assunto que Salvador escrevera à sua filha, que havia sido educada num convento em Turim. Salvador também contou a Simon que judeus de vários países continuavam a visitar Sabatai em Adrianópolis e seu testemunho está de acordo com o que sabemos de outras fontes. O caso de Jonas Salvador mostra, de todo modo, que, apesar do relatório dos emissários de Casale, ainda havia crentes no Piemonte e estes crentes não eram necessariamente sonhadores fantasiosos, irrealistas. A descrição do campo sabataísta no conjunto como uma seita separatista, que já se desligara, naquela data, da comunidade judaica mais ampla, seria certamente errônea. Havia sabataístas de todas as espécies como sua literatura mostra amplamente e, entre eles, existiam homens práticos, ativos nos negócios públicos e destituídos de tudo o que se poderia chamar de mentalidade "sectária". Jonas Salvador certamente não era o único crente a falar aberta e francamente de sua fé.

II. AS REVELAÇÕES DO ANO DE 1668 E O PANFLETO *O TESTEMUNHO DA FÉ*. SABATAI E SEU GRUPO ATÉ 1672

Cerca de um ano e meio após a apostasia, houve nova agitação em Adrianópolis em torno da pessoa de Sabatai Tzvi, desta vez ligada a uma "grande iluminação" que lhe sobreviera durante a Páscoa de 1668. Sabatai que, como sabemos, não tinha nenhum talento como escritor, parece ter se limitado a fazer um relato oral das visões celestiais aos discípulos mais próximos, que as registraram por escrito. Aparentemente, dois destes textos foram redigidos no curso da primavera ou do verão de 1668. Um dos dois folhetos parece estar atualmente perdido, embora Rosanes o tenha visto em Salonica em 1915 quando os Dönmeh lhe permitiram examinar seus arquivos secretos. Nessa ocasião, Rosanes viu um manuscrito que ele descreveu como segue: "Revelação – um curto folheto em duas partes, cerca de trinta folhas, que começa assim: 'Sabei[20] que no ano de 1668, enquanto Nosso Senhor AMIRAH estava à sua mesa celebrando o ritual da noite de Páscoa, apareceram-lhe ali vinte e quatro mil anjos, todos dizendo-lhe: Tu és nosso Senhor, nosso Rei, tu és nosso Redentor' "[21]. O outro opúsculo, intitulado *Sahaduta de-Mehemenuta* (*Testemunho Concernente à Fé*), parece ter circulado entre os crentes e vários exemplares ainda subsistem. O texto contém uma descrição, em cinco capítulos, de um encontro visionário entre Deus e Sabatai Tzvi na Páscoa de 1660, um comentário sobre o primeiro capítulo e um comentário sabataísta sobre o Salmo 19[22].

Este relato, escrito em estilo simples, atraente e, por vezes, até belo, revela uma genuína e profunda emoção. Sua importância reside no fato de ser o primeiro documento a emanar da *entourage* imediata de Sabatai após a apostasia, e nos permitir um relance de olhos no coração e nas mentes dos mais resolutos e entusiásticos crentes. Não se sabe se o autor do *Testemunho* apostatou ou não juntamente com Sabatai. De qualquer modo, sua narração respira um espírito de firme e decidida fé e profundo sentimento judaico, indicativos de linha de pensamento precisa e claramente definida, refletindo possivelmente a atitude do próprio Sabatai na época. As concepções e doutrinas expressas pelo autor diferem muito daquelas desenvolvidas por Natan de Gaza nos seus panfletos e cartas dos anos de 1667-1668[23].

20. Rosanes lê ''Eles sabiam''; corrigi a leitura de acordo com o segundo manuscrito.

21. Rosanes, IV, p. 475.

22. Publiquei o texto em *Be Iqvot Mashiah*, pp. 69-77. Na época, eu considerava Natan como o possível autor, mas a hipótese pode ser agora descartada; cf. as observações de Tishby em *Kiriat Sefer*, XXI (1944), 17. Tishby sublinhou com razão as grandes diferenças entre as doutrinas de Natan e as do autor do *Testemunho*. Além do mais, o folheto foi composto numa época em que Natan estava longe de Adrianópolis, na Itália. Um testemunho assaz surpreendente acerca do autor do folheto veio à luz numa nota marginal a um outro exemplar do folheto, *in* MS. 2 262 do Instituto Ben-Tzvi, p. 74. A letra na nota é de R. Abraão Miranda, que coletou os folhetos das obras e dos documentos reunidos neste manuscrito (por volta de 1760). Em um de seus livros, intitulado *Neeman Shemuel*, ele relata que Abraão Yakhini citou estes capítulos e os atribui a R. Salomão Laniado, o conhecido rabi de Alepo. Se isto for verdade – e Yakhini estava em condições de saber o que se passava no campo sabataísta – caberia supor que Laniado efetuou uma peregrinação a Adrianópolis em 1668.

23. Vários escritos de Natan deste período ainda subsistem; uma análise mais pormenorizada da teologia sabataísta revolucionária e herética de Natan será apresentada na seqüência da presente obra.

Natan é, de longe, mais extremado e radical em sua interpretação da apostasia e em sua doutrina da missão do messias e do mistério de sua descida no reino das *qelipot.* A atitude dele para com as nações gentias é consistentemente hostil: o messias penetrou no mundo delas não para salvá-las, porém para acelerar a pura destruição destas. É evidente que, em 1668, os discípulos de Adrianópolis ainda não haviam absorvido as novas tendências do ensinamento de Natan e não tinham consciência de todas as suas implicações. Estavam ainda preocupados com os problemas da missão do messias entre os gentios e com a atitude que Israel deveria adotar diante de um redentor que se havia conspurcado. Deve ter havido durante os primeiros anos após a apostasia muitas tentativas de explicar os desconcertantes e deprimentes eventos, e sem dúvida tais explicações, assumiam amiúde a forma de revelações celestiais. Muitos desses textos perderam-se mais tarde, embora um espécime deste gênero literário tenha sobrevivido no diário em que R. Jacó b. Isaac Sirojon, um crente de outro modo desconhecido, registrou revelações *magídicas* acerca da apostasia de Sabatai e de suas estranhas ações, a que estivera entregue no período desde o Dia da Expiação, de 29 de setembro de 1667 até o ano de 1668. Tais revelações, inspiradas pela Shekhiná e transmitidas na linguagem do Zohar, compunham-se principalmente de ''provas'' em forma de *gematria*[24].

O autor do *Testemunho Concernente à Fé* aborda estas questões assumindo o papel de um observador que assiste ao reencontro celeste entre Deus e o messias. Seu relato está, por isso, redigido na linguagem de uma visão apocalíptica mais do que na da teologia cabalística. De fato, o autor jamais teria divulgado estes fatos terríveis, não fosse a ameaça de uma inequívoca punição do Céu. Pois a cada capítulo que desejava suprimir, era visitado por fogo e torturas ''piores do que uma centena de mortes'', sofrendo a penalidade prescrita pela Escritura a ''uma testemunha de um fato, tenha-o visto ou sabido, se ela não o contar, carregará a sua iniquidade'' (Lev., 5:1)[25].

O depoimento desta ''testemunha'' declara:

Sabei [...] que na noite da Páscoa de 1668 Deus quis que Seu Santo Espírito repousasse sobre o verdadeiro redentor, Nosso Senhor, o grande, puro e santo Rei e Messias Sabatai Tzvi [...] a fim de salvar e redimir Israel naquele exato momento. Mas o Redentor replicou : ''Se tu te obrigas à condição original que estipulei de que

24. As revelações foram preservadas num MS. na Coleção Amarillo, atualmente no Instituto Ben-Tzvi da Universidade Hebraica de Jerusalém (MS. 2 262, pp. 85-100). M. Benayahu foi o primeiro a chamar a atenção para este manuscrito (*Sefunot*, V [1961], 307, n. 55). Cf. supra, pp. 46-47 e as notas.

25. Ver G. Scholem, *Be Iqvot Mashiah*, p. 72. Salvo indicação em contrário, todas as citações são extraídas do texto do *Testemunho Concernente à Fé*.

tu pouparias teus filhos das tribulações da era messiânica [...] então eu me comprometo a redimir mas, do contrário, peço-te para aguardar um pouco''. Então Deus lhe disse: ''Tu tens mais piedade de meus filhos do que eu tenho. Metade das tribulações [preordenadas] já foram desagravadas; que eles assumam a outra metade e não sofras tu próprio '' Ao que ele respondeu: ''Senhor do Universo! Tu fazes tudo isto para salvar minha honra que foi profanada entre alguns judeus *desde o dia em que entrei no campo a fim de colher a semente que havia sido plantada entre as nações.* Vê que, desde aquele dia reuni muitos feixes, dos gentios, que converti e que acrescentei a Israel. Permite que minha honra seja profanada para que aumente a glória de Deus e a glória de Israel, pois todos eles se arrependerão com perfeito arrependimento quando vierem contemplar os milhares e as miríades de gentios juntando-se a Israel''. Então ele chamou os patriarcas e lhes disse : ''Não sabeis que, se os gentios ousassem admitir um ao outro a nova e perfeita fé que entrou em seus corações depois que me conheceram, provaram e comprovaram, [...] e contemplaram a luz brilhante e resplandescente dentro de mim, eles poderiam aniquilar os inimigos de Israel [isto é, eufemisticamente, Israel], mas cada um duvida se o outro partilha de sua fé. Israel não sabe que é o escárnio dos gentios por ignorar a futura felicidade que lhe está preparada, mas pensa que é alvo de zombaria por acreditar em mim. Entretanto, isto não é assim, e os [gentios] apenas pretendem ser esta a razão, pois como temem mostrar ao outro o que têm em seus corações, certamente não o mostrariam aos judeus".

Deus o exortou, em presença dos patriarcas, dizendo: ''Mesmo o ceifeiro do trigo não consegue colher tudo sem perder um ou dois grãos de cada espiga. Eu sou o proprietário do campo e o trigo é meu. Não me importa perder alguns grãos desde que colhas o grão''. Ele respondeu: ''Dá-me licença'', e chamou um pássaro para vir pegar um grão [...] Então [o messias] matou o pássaro e retirou o grão, e o semeou, e o molhou com o suor das bestas celestiais, e o grão se transformou numa árvore frondosa que deitou flores e frutos maravilhosos. Ele tomou as primícias das frutas, e ofereceu-as a Deus, que as cheirou como o odor das especiarias do Paraíso. Então [o messias] disse: ''Se um só grão pode produzir muita fruta maravilhosa, como posso eu salvar a Israel [de tal maneira] que algumas almas se percam?''[26]

O messias coleta cuidadosamente cada grão dos quatro cantos do universo e dirigi-se aos pássaros, leões e aos animais selvagens como segue: ''Eu vos ordeno por minha fé e conhecimento restituir imediatamente o que bicastes e mordastes da carne dos filhos de Israel''. Enquanto os pássaros trazem o corpo desmembrado de alguém que desesperou da redenção de 1648, o messias conta a cada um deles o que haviam feito: a águia arrancara-lhe o coração, os pássaros devoraram sua carne etc [...] Esta passagem parece sugerir que o *Testemunho* se baseia efetivamente nos próprios relatos de Sabatai acerca de suas visões. R. Israel Hazan, de Kastoria, que era muito próximo de Sabatai nos anos de 1667 (ou 1668) e 1672, expõe Jó, 39:12 – ''ele trará para casa tua semente'' – como segue:''Nenhum grão de areia será perdido. Daí por que o AMIRAH dizia que mesmo que uma pessoa morresse e os pássaros lhe devorassem a

26. *Idem.* Os ''animais celestes'' aqui mencionados são os que conduzem a carruagem celestial, a *merkavá.*

carne, ele lhes ordenaria que a restituíssem e a tornassem novamente perfeita [...] e foi assim o que ouvi de sua boca: eu posso reunir todo o trigo e juntá-lo num celeiro, e nenhum grão se perderá. E se por acaso um pássaro devorar um grão, eu o recuperarei de sua boca [...] pois o propósito do *tiqun* de suas obras notáveis é o de que nenhuma alma de Israel seja perdida''[27].

Aqui se exprime claramente a concepção de Sabatai e de seu círculo de Adrianópolis acerca da significação secreta de sua apostasia: há uma ''semente secreta'' mesmo entre os gentios, que somente o messias pode recolher, e ele deve não apenas enceleirá-la elevando as centelhas sagradas e as almas ''caídas entre os espinhos'' (como ensina Haim Vital e a Cabala luriânica clássica), mas, na realidade, espalhando a fé e convertendo os gentios ao judaísmo sabataísta. As fontes cristãs referem-se, de um modo geral, ao fato de que gentios (provavelmente turcos) chegaram a acreditar em Sabatai Tzvi, mas não houve nada para corroborar a asserção. No *Testemunho*, encontramos Sabatai vangloriando-se de seus conversos, embora os milhares mencionados em sua visão não passassem, provavelmente, de alguns poucos indivíduos. R. Israel Hazan fala em ''crentes gentios'' como um fato conhecido que não requeresse nenhum comentário ulterior[28].

O redentor não abandona um único grão – nem os maus e incrédulos israelitas que eventualmente hão de arrepender-se, nem a semente plantada entre os gentios, que somente o Messias pode recolher. E até que tudo seja recolhido, ele não consideraria cumprida sua missão preparatória, nem tornaria manifesta a redenção. Antes da apostasia, ninguém jamais cogitou de uma doutrina assim, ao passo que, depois deste acontecimento, ela parece ter brotado em vários lugares ao mesmo tempo – conquanto assumisse suas formas mais extremas em Adrianópolis – como a explicação mais óbvia da entrada voluntária do messias no reino da *qelipá*. Esta doutrina carece da noção, tão conspícua nos escritos de Natan de Gaza, de um solapamento de dentro, por assim dizer, do poder da *qelipá*, mas certamente mostra que todos os crentes partilhavam do senso de tragédia diante da ''saída do messias pelos campos''. Este sentimen-

27. Ver G. Scholem in *Schoken Volume*, p. 168. A não ser que Israel Hazan tenha ouvido tudo isso numa visão – neste caso seria ele o autor do *Testemunho* (cf. supra, nota 22) – cumpre supor que Sabatai falou a seus visitantes e fiéis a respeito de suas experiências visionárias. O autor do *Testemunho* sempre se refere a Sabatai na terceira pessoa.

28. A propósito do versículo ''não lhes desdenhou as orações'' (Sal., 102:18), Israel Hazan comenta: ''Estes são crentes que professam a verdadeira fé e que são a raiz de Israel, pois tanto os crentes judeus como os gentios estavam rezando para ele e jurando pela vida do AMIRAH''; V. Scholem *in Schoken Volume*, p. 180.

to encontrou na doutrina do grupo de Adrianópolis sua mais profunda expressão até aquela data. A Cabala luriânica desenvolvera o senso altamente dramático na missão histórica de Israel. Na sua transformação sabataísta, isto se tornou o drama da missão do messias.

A idéia básica de que o messias não abandonaria sequer uma única alma é recorrente ao longo do *Testemunho*. O capítulo 3 em particular trata de um problema que parece ter preocupado muitos crentes[29]: Qual é o valor e o mérito de Israel depois de ter ele rejeitado o messias? A visão responde com esta mensagem:

> Sabei vós, ó Casa de Israel, que um grupo de novos anjos que foram criados no ano 426 [1666] a partir dos atos de penitência de Israel estão agora muito aflitos, queixando-se perante o trono divino e dizendo: "Onde estão as coroas feitas com as boas ações de Israel, que costumávamos levar a Deus? [...] e eis que agora nossas mãos estão vazias e se não fosse por algumas almas em Israel que nos vivificam por sua fé, nós já teríamos deixado de existir. E se elas também resvalarem, Deus nos livre, o que será de nós? Enquanto ainda se queixavam, outro grupo de novos anjos chegou, trazendo em suas mãos milhares e miríades de boas obras realizadas por Israel, mas quando viram o primeiro grupo em pranto, eles disseram: "Talvez todo o nosso afã seja também em vão?" [...] [Razão pela qual, Deus enviou anjos] para trazer Nosso Senhor o rei messiânico Sabatai Tzvi [...] a fim de responder-lhes. E Deus lhe disse: "Eu não te pedi para não ser demasiado justo? Toma este sinete onde estão gravados os nomes de todos os filhos de Israel [...] e quem quer que cause dor a estes anjos, apaga-o". Então ele disse: "Senhor do Universo! Por que tu acrescentastes a letra a [ao nome Abraão, mudando seu nome de Abrão para Abraão: cf. Gen., 17:5] Não é com o fito de que todos os seus membros possam herdar a vida eterna?[30] Ora, se tu tens piedade de um dos membros de Abraão, tu não terás piedade de milhares e miriades de Israel? Um rolo da Lei é inválido se uma única letra estiver faltando. Como então posso eu apagar de teu sinete tantos nomes de filhos dos Israel, sendo eles como o número de letras da Torá?"[31] [...] Então Deus lhe disse: "O que farás com todos estes anjos em pranto?" [...] E o Nosso Senhor também chorou com eles. Razão pela qual, os patriarcas se dirigiram a Moisés, levando-o [a Sabatai Tzvi] com eles e lhe disseram: "Os inimigos de Israel [um eufemismo para os filhos de Israel] hão de perecer" [...] [razão pela qual Moisés também intercedeu; cf. Êxodo, 31:11-14 e 34: 8-9] e Deus disse: "Possa a iniquidade ser perdoada na bondade e na verdade".

A quinta visão é ainda mais explícita. O autor evidentemente não espera a completa aniquilação da *qelipá* como resultado da extração de elementos de santidade nela aprisionados, mas, pelo contrário, prevê a apoteose de Sabatai Tzvi, que será exaltado acima

29. Tal é também o tema de inúmeras homilias do douto cabalista e crente sabataísta R. José Hamis.

30. A formulação aqui é extraída de um dos mais antigos textos cabalistas, o *Sefer Bahir*.

31. A noção segundo a qual cada letra da Torá corresponde a uma das "seiscentas mil" almas de Israel é corrente na Cabala luriânica; cf. G. Scholem, *A Cabala e seu Simbolismo*, p. 80.

dos príncipes das setenta nações e mediará entre elas e Deus. A ênfase aqui reside em duas idéias. Em sua manifestação última, o messias, sentado no trono de Deus em Jerusalém, exporia todos os mistérios da Torá. Não se faz aqui nenhuma alusão a uma nova lei messiânica e nada é dito sobre a abolição dos mandamentos. Os elementos antinomianos tão característicos dos pronunciamentos de Natan estão totalmente ausentes[32]. Além do mais, esses príncipes das nações que perseveraram na rebelião, extraindo forças do pecado dos infiéis (não se trata provavelmente dos pagãos que negavam a unidade de Deus, mas dos israelitas que negavam o caráter messiânico de Sabatai Tzvi) iriam arrepender-se, e todas as setenta nações aceitariam o jugo de seu reinado. Israel será reunido em Jerusalém e Sabatai exporá a Torá tanto para Israel como para as nações. A missão messiânica significa portanto salvação para os gentios também.

Parece evidente, portanto, que, em 1668, algum tipo de visão bem determinada foi experimentada no círculo de Sabatai. O messias, desprezado pela maioria dos judeus por causa da apostasia, ainda se considerava, ou era considerado pelos outros, como altamente exaltado e sentado seja no trono de Deus seja à Sua destra[33]. Esta última frase, contudo, não significa necessariamente que o messias seja considerado divino. No quinto capítulo, que também contém um comentário ao Salmo 19, uma advertência explícita é soada na prece messiânica: "Ó Senhor, minha força e meu redentor" (Sal., 19:15) – isto significa que o messias ordena ao mundo não errar como os anjos erraram quando[34] quiseram adorar o Primeiro Homem [por causa de sua semelhança com Deus], pois Deus é minha força e meu redentor [...] e Ele me criou assim"[35]. Aparece aqui um jogo de palavras intraduzível, associando as palavras hebraicas "força" (ou "rocha") e "forma", e nosso autor prossegue dizendo que "Deus vai transformar", isto é, transfigurar, o messias. Entretanto, esta transfiguração não ocorrerá no mundo presente, mas após a ocultação do messias e seu ascenso às luzes supernas. Mal se pode duvidar da intenção polêmica e é duplamente interessante, considerando-se a tendência de Sabatai a brincar – embora jamais de um modo explícito – com a idéia de sua própria divindade. Moisés Pi-

32. Cf. Is. Tishby in *Kiriat Sefer*, XXI (1944), 17.

33. O quarto "Testemunho" ("Visão") relata uma disputa entre as almas de Israel e os infiéis, na presença de Deus, na qual se faz referência ao messias, sentado à direita do Senhor. A imagem não implica necessariamente influência cristã, pois um antigo *midrash* aplica o Salmo 101:1 ao rei messias; cf. *Midrash Tehilim,* 18, (ed. Buber, fol. 79a).

34. Segundo a lenda rabínica, *Genese Raba,* ed. Theodor, p. 63.

35. *Be Iqvot Mashiah*, p. 84.

nheiro conta[36] que durante aqueles anos Sabatai costumava assinar seu nome como sendo *Turco*, mas as mesmas letras hebraicas que formavam "o turco" poderiam ser também lidas cabalisticamente como "a montanha de Deus". Para a sua mulher, usava uma assinatura similar, igualmente suscetível de idêntica interpretação esotérica. Queria ele indicar que a divindade repousava sobre ele assim como sobre o monte Sinai? Sabatai já havia aplicado a si mesmo, anteriormente as palavras do *midrash* no sentido de que o messias seria chamado pelo nome de Deus, e o mesmo haviam feito muitos de seus discípulos. Não há dúvida de que o *midrash* servia tanto para uma interpretação inofensiva como também para uma interpretação mais audaciosamente radical, e aparentemente tendências diversas, moderadas e extremas, confrontavam-se em Adrianópolis. O testemunho de Israel Hazan no tocante às práticas litúrgicas dos crentes nestes anos é, a este respeito, bastante ilustrativo: "A cada manhã e a cada noite, dizemos: ele e nenhum outro é nosso Deus". Esta confissão de fé era provavelmente recitada junto ao tradicional: "Ouve, ó Israel, o Eterno é nosso Deus, o Eterno é único". Este costume, estabelecido quer pelo próprio Sabatai, quer por Natan após ter se juntado ao grupo de crentes nos Bálcãs, passou posteriormente para o livro de orações dos Dönmeh[37]. A deificação do messias tornou-se assim um problema extremamente agudo.

Explorando a liberdade de movimento e de contatos que tanto os turcos como os judeus lhe concederam, Sabatai realizou diversas visitas a Constantinopla, onde se aconselhou com vários crentes fiéis, liderados por Abraão Yakhini[38]. Parece que, nessas ocasiões, ele também estabeleceu contatos com certos grupos religiosos muçulmanos cuja situação na Turquia era análoga à sua. Os sabataístas eram exteriormente muçulmanos mas interiormente buscavam um judaísmo esotérico e, em certo sentido, concreto, cuja natureza precisa não lhes era clara. Esta existência dúplice aproximava-os sem dúvida a certas ordens de dervixes, como os Bektashis, cuja ortodoxia islâmica e lealdade haviam sido similarmente alvo de suspeita durante a sua história[39]. Eram tidos por muçulmanos apenas na aparência externa, e por praticantes entre si de libertinismo e da "liberdade" dos filhos de espírito. Esse assunto, conquanto de considerável importância na subseqüente história do sabataísmo não precisa nos

36. *Ap.* Freimann, p. 96. Ver também Israel Hazan, *ap.* G. Scholem in *Schocken Volume*, p. 169.

37. G. Scholem, *loc. cit.*, p. 175; ver supra, p. 131, nota 11.

38. Yakhini menciona inúmeras vezes tais encontros em seu manuscrito, *Vavey ha-Amudim* (MS. Oxford 2 761.

39. Cf. John K. Birge, *The Bektashi Order of Dervishes* (Londres, 1937).

preocupar no presente estádio de nosso estudo, mas parece bastante provável que Sabatai conseguiu de algum modo contactar os meios dervixes. Há cem anos, a tradição Dönmeh ainda se lembrava de que Sabatai manteve laços de amizade com um dervixe e poeta turco chamado Nyazi e que havia se hospedado em seu monastério durante as visitas a Constantinopla[40]. Embora haja um bocado de confusão nas tradições históricas dos Dönmeh, não há motivo para se duvidar deste detalhe em particular. Mehemet Nyazi é uma personalidade histórica (faleceu em 1694) e é conhecido como cabeça de uma ordem de dervixes e como autor de poemas místicos de sabor panteísta. Não é de modo algum impossível que os dois encontrassem uma linguagem comum para além dos respectivos símbolos judaicos e muçulmanos.

No comentário ao Salmo 143:10, "Ensina-me a fazer a Tua vontade, pois Tu és o meu Deus: Teu espírito é bom", Israel Hazan coloca a seguinte prece na boca do messias: "Já que ainda não sei nada a respeito das leis desta religião, devo portanto ser ensinado [...] pois tu és meu Deus, tu e nenhum outro. Teu espírito é bom, pois esta nação [os ismaelitas] caminha na loucura, pois se comportam loucamente à raiz do louco [Maomé], e quando se comportam loucamente, atraem sobre si um espírito mau. *Mas embora eu esteja entre eles, não sou deles*: pois Tu, ó Deus, Teu espírito é bom, mas o espírito deles é mau"[41]. Esta homilia parece sugerir que Sabatai tomou parte nos ritos extáticos dos "loucos" dervixes, que atraíam sobre si um "mau espírito" por meio de suas danças e invocações do nome de Alá. É a esta prática do *dhikr* que Israel Hazan parece referir-se quando aplica as palavras "minha garganta está seca" (Sal., 69:4) "aos que repetem o nome de Deus assim e tantas vezes em suas orações, conforme um número que lhes é conhecido"[42].

Sabatai não abandonou o hábito de inventar ocasionalmente festas e rituais próprios. Segundo Israel Hazan, "certa vez, ele sacrificou uma pomba, pronunciando com grande devoção 'uma oferenda feita por meio do fogo, de odor agradável ao Senhor' "[43]. (Ele havia oferecido sacríficios duas vezes antes – uma na Palestina e outra em Constantinopla, onde sacrificou o cordeiro pascal, que, de conformidade com a Lei, só poderia ser sacrificado em Jerusalém.) Tendo assim abolido o regozijo de 9 de Av no verão de 1667 (cf. supra p. 43), reintroduziu esta inovação messiânica em 1671, quando decretou que todos os crentes deveriam celebrar a festividade como a

40. Ver *MGWJ*, XXXIII (1884), 60.
41. *Schocken Volume*, p. 182.
42. *Idem*, p. 209.
43. *Idem*, p. 167.

Páscoa, durante toda uma semana[44]. As tentativas feitas pelos opositores judeus a fim de persuadir as autoridades turcas[45] a tomar medidas contra Sabatai não lograram êxito. A toda evidência Sabatai ainda era considerado um missionário *bona fide*, e as autoridades tinham instruções de não interferir, muito embora ele parecesse culpado de inovações religiosas que não eram nem judaicas, nem muçulmanas. Esta celebração em particular, assim como as três festas de peregrinações, todas elas realizadas numa única e mesma semana em 1658, não foram de novo repetidas, mas Natan de Gaza, em carta a Salonica, encontrou uma justificativa para "os sete dias da festividade de regozijo" nos *Tiquney Zohar*, folio 44 (edição de 1558)[46].

Os comentários de Israel Hazan sobre os Salmos preservam alguns pormenores interessantes sobre a conduta de Sabatai nesses anos. Ele continuava a cantar suas *romanzas* espanholas ("e os ignorantes dizem que ele está cantando canções licenciosas"), assim como salmos. Sempre que ele recitava o Salmo 118, repetia sete vezes o versículo 16 ("A destra do Senhor é exaltada") "e nós fazíamos do mesmo modo, como sói acontecer". Israel Hazan parece ter observado Sabatai imerso em meditações cabalísticas: "Quando AMIRAH praticava a solidão com sua alma santa, ele unia sua alma "aos quatro mundos supernos do cosmos cabalístico, unindo e elevando estes mundos no signo de "o filho de Isai vive" e realizando a suprema e sagrada união no mundo da *atsilut*. "E eu contemplei a tudo isto. Bendito seja o Senhor que permitiu ver sua face quando ele praticava a sua solidão"[47]. Sabatai sempre nutriu o mais alto respeito pelo sultão, que, como sabemos, parece ter tido especial

44. O decreto de Sabatai é reproduzido textualmente em uma carta preservada na Coleção Amarillo, proveniente dos arquivos Dönmeh; cf. *Sefunot*, V (1961), 252. Ele também é mencionado por A. M. Cardozo, em carta não-datada que enviou de Tripoli ao cunhado em Amsterdã (MS. Hamburgo 312, fol 17). Cf. também mais adiante, p. 147 e ss., acerca da carta de R. Salomão Kohen sobre o mesmo assunto. Segundo o testemunho de Samuel Gandoor (ver infra, p. 181) esta celebração foi interrompida, por ordens de Sabatai, depois de 1672.

45. Cardozo, *loc. cit.*; "o *kaimakam* e o chefe dos janízaros"; ver também a Coleção Amarillo (*Sefunot, loc. cit.*), segundo a qual o cádi e o chefe da polícia (*bustanji bashi)* foram chamados.

46. Ver G. Scholem *in Zion*, VII (1942), 188. À época da redação do referido artigo, esta celebração de 9 de Av ainda me era desconhecida e eu não podia, portanto, explicar a declaração de Natan.

47. Ver *Schocken Volume*, p. 165. Outro incidente ali contado sugere que Sabatai e outros crentes apóstatas continuaram a observar as leis e práticas judaicas quando estavam a sós, e que Sabatai esperava ser inquerido por seus discípulos sobre as suas razões místicas sempre que agia de um modo contrário ao costume judaico tradicional. Em dada ocasião, repreendeu um dos que deixaram de interrogá-lo.

simpatia por ele. Israel Hazan sabia que o "Grão Turco gozaria de um lugar de honra perante o AMIRAH mesmo depois da plena manifestação (deste último) [...] e eu ouvi com meus próprios ouvidos que o AMIRAH não tolerava que ninguém o amaldiçoasse [isto é, ao sultão][48]. Um outro crente sabataísta, Moisés Franco, foi informado pela "Senhora" (matrona, em referência provavelmente a Sara), com base na autoridade do próprio Sabatai, de que o sultão seria recompensado pela bondade a Sabatai com grandes honras e o *tiqun* de sua alma[49].

O grupo de Adrianópolis recebeu considerável reforço com as freqüentes visitas de Natan, e eles começaram a preparar-se para a "segunda manifestação" do messias. Esta manifestação de poder e glória era esperada para 1673 ou 1674, isto é, sete anos após a apostasia empreendida com o propósito de "reunir a semente semeada entre os gentios". As massas judias em Adrianópolis ainda não haviam perdido a sua fé no messias[50] e estavam prontas a confiar nos rumores de que em breve o propósito místico da apostasia se tornaria completamente manifesto. Entrementes, ao messias e seu profeta dever-se-ia conceder o benefício da dúvida. A princípio, "a seita deste homem" costumava reunir-se no domicílio do rico discípulo Moisés Kohen[51] e posteriormente no pátio de José Karillo, que ainda não havia posto o turbante "na presença do Grão Turco" e era altamente considerado no círculo sabataísta[52]. Inúmeros eruditos dentre os crentes de várias comunidades visitaram Sabatai durante todos aqueles anos. R. Meir Rofe, de Hebron deu mais tarde um relato consideravelmente abrandado dos acontecimentos que serão descritos adiante (p. 149 e ss.) e antes que o documento decisivo fosse descoberto, sua narração podia ser lida de um modo bastante idílico. Rofe veio com três eruditos de Brussa, "e eles e outros grandes eruditos sentaram-se com AMIRAH na presença do Grão Turco. Por fim, Sabatai disse-lhes que Deus era como um jovem glorioso que se parecia com ele". Meir Rofe deixou tudo muito vago, evitando sublinhar indevidamente o fato de que algumas das

48. *Idem*, p. 168.

49. MS. Günzburg 517, fol. 80b.

50. Sasportas, pp. 206-207.

51. Ver supra, p. 43. Ele provavelmente não o confunde com o genro de Samuel Primo, autor da obra rabínica *Kehunat Olam*. É improvável que este último já tivesse idade suficiente em 1667, e não há nenhuma base para a identificação proposta por Rosanes (IV, p. 238).

52. Ver infra, p. 150. Cf. também o relato da visita do prosélito astrólogo a Sabatai Tzvi (citado por G. Scholem, in *Schocken Volume*, p. 166, segundo um manuscrito de Israel Hazan): "quanto nossa santa companhia se reuniu, com R. Natan, na cidade de Adrianópolis, na corte de R. José Karillo".

mais famosas apostasias ocorriam nessas ocasiões[53]. Do testemunho de Israel Hazan, sabemos que algumas dessas apostasias deram-se por exigência de Sabatai durante seus momentos de iluminação, quando ficava qual uma serpente "atingindo quem quer que aparecesse no caminho. E é por isso que Rabi Natan nos advertiu para mantermos a maior distância possível do AMIRAH durante suas iluminações, pois em tais momentos ele queria que todos os presentes abraçassem a religião de Ismael"[54]. Naturalmente, as fontes sabataístas não nos permitem julgar de que modo as autoridades turcas em Adrianópolis usavam as reuniões dos crentes para seus próprios objetivos de propaganda, nem em que medida os processos psicológicos e o comportamento do célebre apóstata serviam a seus propósitos. A atmosfera mística, com todas as suas luzes e penumbras, tal qual descrita por Israel Hazan, constitui seguramente apenas uma metade do quadro, e não há nenhum meio de se conhecer as considerações não-místicas e mais prosaicas das autoridades turcas.

Falamos do testemunho de Israel Hazan. Porém, dispomos de um testemunho mais autorizado: o do próprio Sabatai. Em uma das cartas que Natan enviou a Kastoria, ele incluiu uma carta circular escrita pelo messias num dos momentos de maior agressividade. Esta carta, redigida numa mistura de espanhol e hebraico, mostra Sabatai no seu aspecto mais desabrido[55]. Ele se desmanda contra o velho judaísmo tradicional e defende os novos caminhos do Islã que ele abraça com espantoso entusiasmo – embora, a bem dizer, isto tampouco dura muito. Eis o que ele escreve:

> Sabei, meus irmãos, meus filhos e meus amigos que reconheci com grande clareza que o Verdadeiro [Deus] a quem só eu conheço por muitas gerações e por quem fiz tanto, quis que eu entrasse com todo o meu coração na religião islâmica [*din islam*], a religião de Ismael, a fim de permitir o que ela permite e de proibir o que ela proíbe, e anular a Torá de Moisés até o tempo do Fim. Pois isto é importante para a glória de Sua Divindade e para a Sua revelação que eu introduza nela todo aquele cuja alma concordaria comigo [a fazer assim] após haver lhe revelado [o Mistério] da Divindade, que é [passível] de ser demonstrado com rigor; isto é, o grau supremo de Seu verdadeiro ser e a prodigiosa glória da Causa de Todas Causas. E é isto que o salmo diz [Sal., 119:126]: [Quando] é tempo de trabalhar para Deus, eles anulam a Tua Torá"[56], como os Ismaelitas costumavam dizer: a Torá de Moisés é anulada, como está esotericamente

53. Cf. a homilia de Cardozo, citado por A. H. Weiss, *Beth ha-Midrash* (1865), p. 65, na qual há menção também à apostasia ulterior de Karillo na presença do sultão. Evidentemente, Cardozo recebeu a informação de Meir Rofe quando eles se encontraram em Livorno, na primavera em 1675.

54. *Schocken Volume*, p. 163. O fato é confirmado pelos acontecimentos narrados na crônica de Najara, ver nota 72.

55. A carta foi publicada em *Sefunot*, V (1961), 266-267.

56. Esta audaciosa explicação do versículo – cujo sentido literal é uma queixa a Deus de que seus inimigos esvaziaram a Torá – já se encontra várias vezes no Talmud.

também implícito no dito talmúdico [onde consta que Deus disse a Moisés]: Possa tua força aumentar porque quebrastes as tábuas da Aliança[57]. [E isto é assim] porque a Torá de Moisés, sem o [conhecimento] do verdadeiro Um nada vale como está dito [II Cr., 15:3]: Por muito tempo, Israel deve [estar] sem o verdadeiro Deus e sem a Torá. Como eles não têm o Verdadeiro Deus, a sua [de Moisés] Torá não é Torá. Mas *Din Islam haq haq* [a religião do Islã é a própria Verdade][58] [...] E quando Maimônides, de abençoada memória, formulava o dogma de que "A Lei de Deus nunca será emendada nem jamais substituída por outra Lei"[59], ele estava completamente enganado porque não conhecia o Deus da Verdade, que é o Deus de Sabatai Tzvi. Não acrediteis meus irmãos que fiz isto [tornando-me muçulmano] por força de uma iluminação, de modo a ficardes aterrados e dizerdes: hoje ou amanhã a iluminação o abandonará e ele há de lamentar o que disse, e se sentirá pesaroso com isso. Não é assim, pois eu fiz isto de vontade própria, através da grande força e poder da Verdade e da Fé, que nenhum vento no mundo e nenhum sábio e profeta poderá levar-me a deixar o meu lugar [...] Assim fala o senhor da Verdade e da Fé, o Turco e o Mesurano.

A curiosa assinatura *Mesurano* significa obviamente "alguém que se tornou 'egipcianizado' ", isto é, quem foi levado à esfera Mitzraim, Egito, que é o símbolo do poder e do reino da *qelipá*, o poder do mal. Sabatai gosta com associações ligadas à palavra "Mitzraim", tais como *metzrei yam*, "os estreitos do mar". Ele está "em estreitos", tornou-se um turco e um "egípcio" por causa de sua missão. Aqui, ficamos sabendo também que as pessoas que o conheciam falavam da falta de estabilidade de seu espírito e duvidavam da validade dos atos que ele cometia no estado de iluminação.

É impossível determinar a data exata em que esta carta foi escrita, mas o contexto sugeriria uma data anterior a 1670, talvez por volta de 1668 ou 1669. Natan conta a seu correspondente que ele havia escrito uma longa missiva a Primo explicando-lhe a retórica radical precedente que ele anexa, mas o anexo se perdeu. Ele acrescentou, contudo, outro parágrafo, onde fala de um encontro com Sabatai e de sua [de Natan] esperança de que Sabatai possa revelar logo a Glória da Divindade, não mais a uns poucos eleitos, mas ao conjunto reunido do povo escolhido. Adiciona então, aparentemente em continuação a seu relato acerca da seqüência de eventos, que as pessoas o haviam malsinado, razão pela qual Sabatai lhe escrevera uma carta de amarga admoestação, datada da semana de 20 a 25 de outubro de 1669, copiada por Natan[60]. Nela Sabatai ordenou a ele

57. Esta é uma citação talmúdica, B. Shabat 87a.

58. Trata-se provavelmente de uma sentença popular que Sabatai ouviu de seus mestres muçulmanos.

59. Sabatai não cita a efetiva formulação de Maimônides, mas a que foi usada no poema *Yigdal*, ulterior, que faz parte dos serviços diários.

60. É evidentemente possível que a menção ao ano de 5430 no exemplar preservado resulte de uma alteração do texto, e que a carta pertença a um período mais tardio, entre 1670-1672.

e a seu amigo Gandoor vir vê-lo. Ele acusa Natan de ser a causa de sua "desconsagração" (aos olhos do mundo?) e de não haver entendido corretamente o Mistério da Divindade, que ele lhe exporia agora. Ele lança insinuações acerca da atividade literária de Natan, as quais não são fáceis de entender, mas que parecem exprimir grande insatisfação com os escritos cabalísticos de Natan. "Eu vou tirar a presa, o figo verde, do meio dos teus dentes, pois tu transgredistes meu interdito e roubastes e comestes e fizestes outros comer na tua esteira, e te trajastes de vestimentas supostamente refinadas que, na verdade não passam de farrapos, e fizestes mal a ti mesmo e feristes a minha alma"[61]. Estas palavras traduzem muita amargura e descontentamento por parte de Sabatai e só podem ser explicadas como um protesto contra os ensinamentos e os escritos de Natan que já haviam sido disseminados entre os crentes. Isto é por si só algo bastante notável, mas é confirmado pelo surpreendente, porém autenticado, fato, de que Natan só foi admitido aos ulteriores ensinamentos esotéricos de Sabatai acerca do "Mistério da Divindade" após ter composto a maioria de seus tratados e opúsculos[62]. Isto nos ajuda a compreender o tom acrimonioso da carta de Sabatai, escrita por um homem que era ele próprio incapaz de desenvolver suas intuições em um contexto de raciocínio conseqüente e de exprimi-las literariamente segundo seus próprios critérios. Revela uma ambigüidade de sentimentos para com o seu profeta, ambigüidades que mal poderíamos esperar sem o conhecimento desse documento.

Não se sabe qual foi a exata reação de Natan ao receber tais calúnias provenientes de seu mestre e rei, mas uma longa carta escrita de próprio punho, cuja cópia foi guardada nos arquivos Dönmeh, nos dá um vislumbre de sua atitude, que era de submissão e completa subserviência[63]. Enviada a Sabatai e difundida entre os discípulos, está redigida no mais solene e cerimonioso estilo de prosa rabínica rimada. Suas intraduzíveis alusões bíblicas e cabalísticas combinam, de maneira das mais engenhosas, uma evocação das 32 "luzes inteligíveis" que, segundo os textos clássicos da Cabala, emanaram da Sófia divina, com frases bíblicas descrevendo o desenrolar da criação no capítulo 1, da Gênesis. Ao cabo de tudo, importa uma declaração da fé absoluta e inquebrantável na messianidade de Sabatai e em sua autoridade suprema. É inteiramente impossível dizer se a carta foi escrita, de fato, como resposta à acima mencionada carta de reprovação, o que é bastante possível, ou mais

61. Cf. *Sefunot*, V (1961), 268.

62. Cf. o testemunho de Cardozo e Ch. Malákh citado por G. Scholem, *Zion*, XI (1946), 173.

63. MS. 2 262, Instituto Ben-Tzvi, pp. 247-251.

tarde, em outra ocasião, entre 1670 e 1675. De qualquer modo, depois de tudo prosseguiram as relações amigáveis entre o messias e o seu profeta.

Cabe pouca dúvida quanto ao fascínio que o ''homem desprezado'' (como Cardozo o chamou em Adrianópolis) ainda irradiava. Ele continuava a atrair uma multidão de visitantes, alguns do quais vinham para pô-lo à prova, enquanto outros desejavam desfrutar da visão beatífica do semblante do messias. Uma descrição valiosa de uma visita assim foi preservada numa carta que um rabi da Volínia, Salomão Kohen, enviou em 11 de agosto de 1672 a seu irmão, depois de retornar de Adrianópolis à Polônia, na primavera do mesmo ano. O autor exerceu as funções de juiz rabínico (*dayan*) em Budapeste por mais de doze anos, mas havia deixado o posto a fim de ''ver a face de Nosso Senhor'' em Adrianópolis[64]. A carta, da qual existem várias cópias, parece ter tido larga circulação entre os ''crentes'' sabataístas, especialmente na Itália, sendo também citada por Baruch de Arezzo[65] . A descrição entusiástica parece refletir a atmosfera de alta intensidade reinante então em Adrianópolis, complementando e confirmando o relato de Israel Hazan:

> Dou Graças a Deus por ter-me sido concendido lá [em Adrianópolis] estar com o messias de nossa retidão e com o verdadeiro profeta, o Rabi Natan, e outros eminentes sábios que ainda continuam com Nosso Senhor. E eu contemplei a face do rei na sua cintilante radiância, na grande festividade de 9 de Av até o 17 deste mês [16 a 24 de julho de 1671][66]. Vimos ali as coisas mais impressionantes [...] Pois

64. Segundo Rosanes (IV, p. 143), houve um caso de apostasia sabataísta em Budapeste: o presidente da ''Santa Irmandade'' (que se encarregava dos enterros), um certo Jacó b. Mordecai, tornou-se muçulmano a fim de acelerar a vinda da redenção, mas logo reconheceu o erro, retornando à sua comunidade. Rosanes baseou-se numa coleção de *responsa, Shaar Ephraim,* de Efraim Kohen de Vilna, *responsum* n. 121 (leia-se 122). R. Efraim Kohen era rabino de Budapeste. No entanto, uma leitura atenta da *responsum* mostra que o caso não tem nenhuma relação com o movimento sabataísta. Jacó b. Mordecai não apostatou por causa de suas crenças sabataístas, mas por estar ameaçado de torturas cruéis (cf. ed. Lemberg [1887], fol. 78a). De outro lado, R. Elisha Ashkenazi, o pai do profeta Natan, menciona um ancião da congregação em Budapeste que era um crente, mas não um apóstata. Elisha Ashkenazi viveu por algum tempo, após 1667, em Budapeste e em Viena. O pormenor acima provém de uma carta de R. Elisha, citado por D. Kaufmann, *Die letze Vertreibung der Juden aus Wien* (1889), p. 91. Estas cartas estavam em poder de uma família judaica da Itália.

65. *Ap.* Freimann, pp. 65-66. O fragmento publicado por Carpi em *Toledot Sabatai Tzvi* (1879), pp. 18-19, provém da mesma carta. Existe outra cópia em Jerusalém, MS. 1 466, 8º. Este manuscrito foi redigido na Itália, no círculo de R. Benjamin Kohen de Reggio, e ali consta (fol. 114b) que a missiva de Salomão Kohen foi trazida pelo sabataísta polonês R. Leyb Ziwitover, que também estivera em Adrianópolis.

66. Ele viu Sabatai assim, em estado de iluminação, durante dez dias. Esta iluminação aparentemente coincidiu com os sete dias de regozijo que Sabatai ordenou a seus fiéis; cf. supra pp. 140-141, e infra, p. 162.

todas as suas ações são verdadeiras, e ele é sem qualquer dúvida o verdadeiro Redentor: ficamos com ele continuamente dia e noite durante mais de oito semanas. Posso testemunhar que, quando a grande luz está sobre ele, não tem sono regular, conquanto cochile ocasionalmente, e sua face resplandece com uma grande luz [...] Também me foi concedido orar com ele várias vezes. E agora esperamos que todas as coisas se tornem claras e evidentes, e que as coisas ocultas se tornem manifestas e que aqueles que usaram sua língua contra o justo serão envergonhados, pois ocorreu recentemente de haverem eles urdido uma traiçoeira trama e gasto muito dinheiro para entregá-lo às autoridades, [mas, no fim] eles caíram diante dele com preces e súplicas [...] "e o justo viverá pela sua fé"[67]. Os blasfemadores arrependeram-se enormemente, pois perceberam que as coisas não tardariam a ocorrer e sua glória se tornaria manifesta por toda a terra, e os olhos de todo Israel iriam contemplá-la. Na sinagoga de Nosso Senhor, vi coisas espantosas que nenhuma boca pode exprimir nem pena alguma descrever[68]. Falei também com o irmão de nosso messias, um homem de grande erudição e muito rico, que é vários anos mais velho do que o Nosso Senhor, e ele me contou tudo o que aconteceu a seu irmão desde a infância até nossos dias, e eu registrei tudo por escrito[69]. Tive também o privilégio de pregar na grande Sinagoga Portuguesa, de Amsterdã, na presença de Rabi Natan e outros eruditos (que ali se encontravam com o consentimento de Nosso Senhor), e mais tarde veio Nosso Senhor em pessoa, porque nenhum serviço foi oferecido ao Nosso Senhor por causa do sermão pelo qual todos vieram à Sinagoga Portuguesa. Eu também falei ao coração dos infiéis. E o sábio Dinan [isto é, R. Jacó Danon], o principal incrédulo presente à sinagoga, estava por força com medo de Nosso Senhor, pois agora arrependera-se mas não ousava mostrá-lo ao mundo, tendo sido ele o principal blasfemador contra Deus e Seu ungido [...] Pois todos os que haviam buscado sua destruição morreram, e o nosso Senhor estava mais forte todos os dias, porquanto era manifesto a todos os turcos que ele era o messias [...] Meu ternamente amado irmão, que eu sei temente a Deus, reza fervorosamente para que possas partilhar a fé em Nosso Senhor e merecer a grande bondade [que Deus reservou a quem o teme: cf. Sal., 31:20], pois a fé neste assunto é maior do que toda a Torá [...] nosso Rei e Senhor é o verdadeiro messias [...].

A visita a que esta carta alude ocorreu, tudo leva a crer em 1671. Seu valor histórico e psicológico dificilmente pode ser superestimado. O escritor era um talmudista polonês e membro da corte rabínica da qual R. Efraim Kohen, o autor de *Shaar Ephraim* e um dos sábios mais eminentes de seu tempo, era presidente. Mas mesmo para este pio e íntegro erudito, parecia perfeitamente aceitável dizer que "a fé neste assunto é maior do que toda a Torá". Tais palavras não foram escritas na crista de uma repentina onda de histeria coletiva como ocorreu em 1667, pouco antes da apostasia de Sabatai,

67. Hab. 2:4; as iniciais das três palavras hebraicas formam o acróstico "Tzvi". Os acontecimentos aludidos são os descritos infra, p. 149 e ss.

68. Provável alusão às "estranhas ações" do messias durante suas iluminações ou possivelmente a alguma das ações da congregação dos crentes, tais como as apostasias registradas nas páginas seguintes.

69. O relato de Salomão Kohen foi portanto o primeiro relato biográfico sobre Sabatai Tzvi a ser escrito por um judeu, precedendo o de Baruch de Arezzo em muitos anos. Não se conservou até os nossos dias.

porém muitos anos depois. A carta é um testemunho comovente da profunda crise que o movimento messiânico poderia precipitar na alma de um rabi instruído. A fé "messiânica" estava se tornando, de um modo crescente, paradoxal, e os que sucumbiram ao paradoxo não tinham necessariamente consciência disto.

Plena evidência acerca da atmosfera reinante entre os crentes em Adrianópolis, bem como da atitude dúplice de Sabatai (e mais especificamente de seus esforços para persuadir os seus seguidores a apostatar) pode ser encontrada na crônica da visita do Rabi Jacó Najara ao messias, um dos documentos mais extraordinários a lançar luz sobre a personalidade de Sabatai. A crônica consta de um manuscrito dos arquivos dos Dönmeh, um documento recentemente descoberto[70]. Jacó Najara, o rabino de Gaza, e um colega de Jerusalém, estavam viajando para o Marrocos (seja numa missão especificamente sabataísta ou no interesse das comunidades judaicas da Terra Santa) e, no verão de 1672, ambos se acharam em Tetuan, com fé sabataísta ainda intacta (Freimann, p. 98). No caminho para o Marrocos, passaram por Adrianópolis onde ficaram vários meses em 1671, talvez mesmo um ano inteiro. A crônica abre-se com uma interessante descrição de um sonho em que Sabatai, "que estava sem iluminação há um ano e dois meses", via-se caindo dentro de um poço profundo. Ao olhar para cima, avistou seus pais parados, que lançaram-lhe uma corda, com a ajuda da qual saiu do poço. A crônica data este sonho, que consigna claramente o início de uma nova fase de iluminação, em 17 de Shevat, isto é, 28 de janeiro de 1671. Similarmente, Natan, em 1672, menciona 18 de Shevat como o dia da renovação da iluminação de Sabatai[71]. Portanto, ao longo de 1670, Sabatai atravessava uma fase normal.

Durante a primeira audiência de Najara com Sabatai, este explicou que a maioria dos judeus – ou ao menos, os eleitos entre os verdadeiros crentes – deveriam tomar o turbante. No dia anterior à festa de Purim, Sabatai, acompanhado de "quatro homens de Vani Efendi" visitou seu irmão, instando-o a apostatar imediatamente e assegurando-lhe que nunca antes em sua vida ele havia experimentado uma iluminação tão poderosa, razão pela qual, o irmão de Sa-

70. *Sefunot*, V (1961), pp. 254-262; cf. também supra, nota 44. Os detalhes fornecidos pela crônica suplementam o que foi dito acima com respeito ao comportamento e aos contatos de Sabatai, bem como o testemunho de Israel Hazan no tocante à pressão exercida por Sabatai sobre seus seguidores a fim de levá-los a apostatar quando se encontrava em estado de iluminação. O documento intitula-se "Uma Crônica do que se passou aqui, em Adrianópolis, desde o dia da chegada do douto erudito R. Jacó Najara".

71. Numa carta contida no mesmo manuscrito; ver *Sefunot*, V (1961), pp. 263-265). A carta complementa a crônica no tocante a inúmeros pormenores.

batai, acompanhado de seu filho, dirigiram-se à residência de Vani Efendi, onde ambos "puseram turbantes". No dia de Purim, Sabatai celebrou a festa na casa de José Karillo com a tradicional leitura litúrgica do Rolo de Ester e um banquete. No dia seguinte, Sabatai, a cavalo, percorreu a cidade, e, no sábado seguinte, realizou serviços judaicos tanto numa residência privada como na Sinagoga Portuguesa. Estes serviços foram conduzidos em meio a grande estardalhaço e publicidade, de tal modo que os turcos, inclusive alguns janízaros, pudessem ouvi-los, "mas ninguém se atrevia a abrir a boca". De noite, Sabatai reuniu um certo número de seguidores que estavam dispostos a apostatar e na manhã seguinte os levou – doze homens e cinco mulheres – à sala do Conselho Imperial, onde tomaram o turbante. O sultão, que do seu *cafes* estava acompanhando tudo, ofereceu aos novos conversos uma pensão (*ulufé*), mas Sabatai protestou com indignação que seus discípulos abraçaram o Islã apenas por uma questão de fé e que não permitiria nada capaz de sugerir ou encorajar motivos indignos.

Uma semana mais tarde, um judeu vindo de Ipsola foi prontamente persuadido a tomar o turbante, e aconselhado a trazer seus correligionários de Ipsola a Adrianópolis para o mesmo propósito. No *shabat* seguinte, o messias apareceu na sinagoga com todos os sequazes apóstatas, impôs silêncio à congregação e conduziu ele mesmo o serviço de oração. Antes da leitura da Torá, pregou um longo sermão, declarando que muitas contradições das Escrituras e da literatura rabínica só podiam explicar-se satisfatoriamente em termos de mistérios messiânicos. Ao fim da prédica, abriu um exemplar do Corão, do qual leu algumas passagens (cf. supra, p. 129). Alguns dias depois, em 4 de Nisan, ditou cartas anunciando uma convocação geral dos eruditos mais proeminentes entre os discípulos: desejava persuadi-los a apostatar durante um debate a ser realizado na presença do sultão. De fato, chegou mesmo a dizer ao Vani Efendi que somente ele possuía o verdadeiro Mistério da Divindade, mas que poderia divulgá-lo apenas quando todos os sábios judeus que havia convidado estivessem reunidos. Também informou ao sultão e a Vani Efendi que – como verdadeiro profeta – não poderia prever o resultado de tal disputa, pois tudo dependeria de quanto espírito e iluminação seriam outorgados pelos céus. Pois, como os verdadeiros profetas dos tempos antigos, "e assim como foi o caso de Jesus, de acordo com o livro deles", também ficava inspirado em certos momentos e em outros não. As cartas de convocação foram, ao cabo, enviadas somente para Constantinopla, Sófia e Brussa, e um certo número de crentes de nomeada dirigiram-se a Adrianópolis. Entre eles, se achava R. Meir Rofe, de Hebron, que residia então em Constantinopla e que, alguns anos depois, contou a Cardozo sobre o encontro. Alguns dos rabis foram impedidos de vir por causa de negócios oficiais com o governo turco, entre eles R. Moisés Alfandari e R. Aarão ibn Haim, de cujos laços com o movimento após a apostasia não há nenhum outro testemunho. De início, planejou-se convidar a Natan, que se encontrava na época em Iznemed (Nicomédia), mas sua inclusão foi cancelada, não se sabe por quê.

Em 5 de Nisan (6 de março de 1671), Sabatai divorciou-se de sua mulher Sara, com quem se casara sete anos antes (cf. vol. I, p. 187.), justificando sua ação com um texto bíblico de prova: "seis anos ele [o escravo hebreu!] servirá, no sétimo será liberto" (Ex., 21:2). Sara, contudo não quis separar-se do filho Ismael de quatro anos (ver supra, p. 131). Com efeito, sob a lei muçulmana Sara tinha o direito à guarda da criança até os sete anos de idade, mas Vani Efendi a persuadiu a enviar a criança ao pai. A chegada do menino em 7 de Nisan recebeu prontamente uma interpretação mística do pai, o qual também anunciou que o circuncidaria no dia seguinte, de modo que fossem cumpridas as Escrituras: "três anos ele será para vós incircunciso. Porém no quarto ano todo seu fruto será santo" (Lev., 19:23-24). Quando Sabatai enviou os convites em 8 de Nisan, os notáveis turcos pensaram naturalmente que a cerimônia se realizaria no dia seguinte (9 de Nisan, conforme o calendário turco), mas Sabatai cumpriu o rito no próprio dia, servindo José Karillo de padrinho (*sandak*). A cerimônia realizou-se em estrita conformidade com o ritual judaico, embora não sem as características inovações rituais de Sabatai. Na cerimônia, a criança recebeu o nome de Israel, enquanto ao filho de um dos discípulos apóstatas, com dez anos de idade, foi dado o nome Ismael. Isto contradiz os relatos anteriores a respeito da circuncisão (cf. supra p. 131). No *shabat* seguinte, Sabatai procedeu a uma leitura solene do capítulo 14 do Levítico, que começa com as palavras "Esta será a lei do leproso no dia de sua purificação" (referindo-se, sem dúvida, à separação da esposa impura) e dos capítulos 19 e 20 do Êxodo (indicando que a ocasião era tão significativa quanto a grande teofania e a entrega dos Dez Mandamentos no monte Sinai). O serviço e o subseqüente banquete foram realizados com as janelas abertas para que todos os turcos escutassem. Sabatai ordenou a seus seguidores na apostasia a recitar em voz alta a oração *alenu* (que contém algumas referências depreciativas às outras religiões que "se curvam à vaidade oca e rogam a um deus que não salva"), mas não lhes permitiu participar no banquete ulterior. À noite, tornou a efetuar um serviço vespertino judaico tradicional e, depois, cavalgou pela cidade, acompanhado de trinta de seus discípulos apóstatas, tendo na mão um exemplar do Zohar. Em 1º de Iyar (11 de abril), Sabatai persuadiu vários crentes de Ipsola a tornarem-se muçulmanos.

3. A exposição do truque e da apostasia do pretenso messias judaico, oriundo de uma fonte autorizada em Constantinopla com datas de 10 e 20 de novembro de 1666, via Viena. Os quadros são descritos da seguinte maneira: (1) O falso messias é levado por correio a Constantinopla. (2) Ele é escarnecido e saraivado com frutas estragadas. (3) Ele é apresentado ao imperador turco. (4) (O imperador lhe permite escolher entre o islamismo e a morte.) Sabatai renega o judaísmo e aceita a fé turca. (5) Ele é levado à presença do Sr. Presidente. (6) Tiram-lhe as roupas, nele descobrem biscoitos I com os quais ele secretamente mitigara seus ''miraculosos'' jejuns I e o vestem com roupas turcas. (7) O emissário da parte dos judeus da Polônia torna-se turco e renuncia à sua fé. (8) O messias apóstata em pé com seus criados em roupas turcas. (9) A esposa do messias, que também se torna uma turca. Folheto germânico: *Dess vermeinten jüdischen Messiae entdeckter Betrug und Abfall* (o último folheto da série impressa provavelmente em Augsburgo, no início de 1667). Museu Britânico, Londres.

Neste ponto, há uma lacuna na crônica de Najara, que prossegue com a narração da disputa entre Sabatai e os rabis que ele havia convocado. A sessão, descrita com muitos pormenores cerimoniais, começou na sala de audiência imperial (*o bash oda*) e na presença do sultão, sentado num trono (*takht*), de Vani Efendi e de outros dignatários. Vani Efendi perguntou aos rabis (em árabe) por que haviam se decidido a vir, e estes responderam que Sabatai era altamente estimado entre eles, mas que não podiam entender sua conversão ao islamismo. Já que ele havia se dado ao trabalho de convocá-los, iriam debater a questão com ele e – se os argumentos dele os convencessem – seguiriam seu exemplo. Depois disso, Sabatai e o restante dos acompanhantes dirigiram-se do *bash oda* até o Divã, enquanto o sultão se retirou ao *kafes* (uma alcova treliçada) de onde poderia observar a disputa travada em espanhol, que logo degenerou em vociferante debate ''como numa escola talmúdica''. Quando as autoridades palacianas sugeriram que Elias Tzvi pedisse ao irmão para conduzir a discussão de maneira mais calma e digna em deferência ao sultão, que de seu *kafes* estava acompanhando a polêmica, Sabatai exlamou em turco: ''Litigantes berram neste Divã por causa de uns poucos centavos e por que não deveria eu gritar quando está em questão a palavra do Deus vivo!" No final, perguntou a cada qual separadamente se estaria disposto a abraçar o Islã, mas apenas Abraão Gamaliel, de Constantinópla, e José Karillo apostataram. Segundo a crônica, o sultão deu ordens ao *jalat* (carrasco) para executar aos que não quiseram se converter ao Islã, mas quando ouviu Sabatai assegurar aos presentes que não haveria nenhum tipo de coerção ou pressão, e que somente deveriam tomar o turbante quem o fizesse por livre e espontânea vontade, cancelou a ordem dada ao *jalat*. Sabatai desculpou-se perante o sultão pelos magros resultados de seus esforços, lembrando-lhe que os judeus eram um povo de cerviz dura, e apresentou-lhe os dois novos conversos. A seguir, Sabatai escreveu uma carta para Sófia, convocando, a Adrianópolis, Samuel Primo, Aarão Majar e outros dez. Ele havia anteriormente chamado Najara e anulado os títulos honorários das ''Dez Tribos'' distribuídos em Gaza, por não mais representarem a nova ordem de coisas que agora se iniciava. Aparentemente, queria nomear novos representantes e, desta vez, de Sófia, onde seus seguidores ainda estavam em vantagem. No dia seguinte, com ânimo alto, reiterou a Natan a ordem para que viesse vê-lo. Ocorre que Natan havia decidido por si mesmo visitar o messias, chegando em Adrianópolis a 19 de Sivan (18 de maio) junto com Samuel Gandoor e outro companheiro. Entretanto, antes de deixar Rodosto, Natan havia escrito a Sabatai, implorando-lhe para que não pedisse sua apostasia. Natan sabia perfeitamente o que Sabatai costumava impor a seus visitantes e tinha medo disso[72].

Quando Natan chegou a Adrianópolis, Sabatai havia recaído num estado de abatimento, que durou até o dia de seu noivado com aquela que seria a sua nova esposa, a filha de R. Aarão Majar, de Sófia. A crônica de Najara data de 25 de Sivan (24 de maio de 1671), o retorno da iluminação, dia da "consumação da abençoada união". Esta expressão, entretanto, parece uma mera figura de linguagem, pois o que efetivamente aconteceu foi que houve um acordo nupcial entre Sabatai e Aarão Majar. A carta de Natan do inverno de 1672 a Shemaia de Mayo[73] discute com certo detalhe o divórcio de Sabatai a esta segunda união. Pela primeira vez, novos documentos lançam alguma luz sobre a situação marital de Sabatai, pelo menos após a apostasia. Ele se considerava um escravo hebreu que havia sofrido sob o jugo de Sara por sete anos e a julgava má esposa que (segundo um provérbio judaico) é "como lepra para seu marido". Natan, que desde o início não era grande admirador dela, diz que "o veneno da velha serpente prevalecia nela, que ela estava sempre começando novas brigas com ele e procurava persegui-lo com todo o seu poder. Tentou duas vezes pôr veneno na sua comida e, embora nenhum mal lhe adviesse, ela persistiu em sua insolência, e esta era a razão real para o divórcio". (Em todas as outras fontes o episódio é sempre glosado, ou a alusão a ele é feita em termos tão enigmáticos, que ninguém sequer o captaria.) Por outro lado, o próprio Natan contava na mesma carta que no final de 1671 Sara dera uma filha a Sabatai. A decisão de divorciar-se dela, deve, portanto ter sido tomada pouco tempo depois de Sara haver concebido. Agora, Sabatai anunciava a intenção de casar-se de novo com a filha de um judeu e não com um mulher turca. Sua nova esposa não deveria converter-se formalmente ao Islã, embora tivesse que vestir-se como uma muçulmana e desempenhar o papel de uma Ester diante de Assuero (isto é, Sabatai). Inteirando-se das intenções do messias, Aarão Majar ofereceu a filha, mas, quando de sua chegada a Adrianópolis, Sabatai caiu de novo em depressão e não quis falar de um novo matrimônio. Somente depois de renovada a sua iluminação, a nova união foi contratada. A filha de Aarão Majar (que permaneceu em Sófia) era, portanto, tecnicamente, noiva de Sabatai. Mas o casamento jamais foi consumado, pois a moça morreu em Sófia antes de poder juntar-se a Sabatai em Dulcingo (também chamada Ulcinj: cf. infra p. 186). A efetiva razão para o adiamento era mais uma das impulsivas e imprevisíveis ações de Sabatai. Natan

72. Cf. supra, p. 144.
73. *Sefunot*, V (1961), pp. 263-265.

relata na carta que, pouco tempo depois, a iluminação de Sabatai cessou mais uma vez e que, em tais ocasiões, ele dificilmente se lembrava, muito menos compreendia, o que havia feito no decorrer das fases maníacas. Ele ficou com pena de sua mulher divorciada e "contra o conselho de todos os seus amigos" – como Natan aponta – recebeu-a de volta, depois do que a iluminação retornou-lhe de novo. Não obstante, não abandonou a idéia de consumar, em data posterior, o casamento com a filha de Araão Majar. Em todo caso, o noivado foi contratado em 25 de Sivan e Sabatai, que estava em estado de iluminação, convocou a todos os visitantes a vir à Adrianópolis, "e nós o contemplamos em sua beleza e força, e todos nós o abanamos com um leque como fazem os escravos com seus amos"[74]. Najara apresenta uma descrição minuciosa da ocasião e da maneira como Sabatai se comportava.

Que este peculiar estado de espírito persistiu em Adrianópolis até a época da última viagem de Sabatai a Constantinopla é atestado por um documento igualmente revelador que informa sobre o mês de fevereiro de 1672. Trata-se de uma carta a Samuel Primo, escrita por um erudito anônimo pertencente ao círculo íntimo[75]. Ele havia estado com Sabatai em Galípoli. Por onde andou nos anos intermédios não fica claro. Agora o encontramos vindo de Esmina e ele descreve suas experências com Sabatai entre 4 de fevereiro e 6 de março de 1672. Sua descrição coincide com a de Najara: alternância contínua de estados maníacos e depressivos, repletos de comportamento bizarro e provocador. O autor, de sua parte, sente-se "no jardim do Éden" quando lhe é concedido observar o gradual crescimento da "luz" de Sabatai e "a completa reviravolta do lado santo" no *shabat* – referindo-se, sem dúvida, à execução de sagradas

74. *Idem*, p. 261.

75. A carta foi copiada por volta de 1815 por Abraão Khalfon em Trípoli, Líbia, e incorporada à sua crônica *Maase Tsadiqim*, MS. do Instituto Ben-Tzvi em Jerusalém, parág. 132. Ele tinha diante de si uma coleção de material sabataísta, escrito num caderno, que não pôde transcrever integralmente por causa do mau estado de conservação e da escrita borrada. A presente carta, no entanto, contém apenas lacunas e erros menores. O ano de 1672 não é expressamente mencionado, mas pode será inferido pelo contexto e por uma das datas, mostrando que os eventos descritos ocorreram durante um ano bissexto. Esta indicação, combinada com outros dados, aponta para o ano judaico 5432 (1672). O autor menciona que R. Jacó Ludai ainda estava em Adrianópolis, mas é fácil corrigir o erro na ortografia do nome: trata-se de R. Ludrik, um dos rabis de Bruxelas, convocados por Sabatai em abril de 1671, sendo os outros Moisés Yafe e Isaac Sardina (cf. *Sefunot*, III-IV [1960], 166). Ele também menciona as sessões com R. Jacó Marga e R. Jacó Ashkenazi em que discutiam minuciosamente as provas do messiado de Sabatai a partir da literatura bíblica e cabalística. O nome Marga, de outro modo desconhecido, pode ser explicado como uma deformação de Nagra (=Najara).

transgressões. Mas justamente nesta ocasião ele se recusa "a falar outra coisa exceto a língua sagrada, e também esta apenas para os mais urgentes propósitos. "Sabatai vai a um conhecido convento dervixe[76] e, mais tarde, ao serralho (palácio turco), acompanhado do mulá Mustafá e de dois ou três rabis – entre eles o apóstata Moisés Harari que posteriormente retornou ao judaísmo – e se comporta de um modo estranho, mas os guardas que o repreendem não o tocam, sendo apaziguados com uma falsa de dez tomãs. No palácio, ele portou-se abertamente à maneira judaica, "segundo a lei mosaica", sentou-se na cadeira do Grão Vizir e recitou passagens da Bíblia hebraica. O autor diz que se sentiu obrigado a pronunciar a benção prescrita para eventos extraordinários. No estado de iluminação, que amiúde prossegue por seis dias, "todas as criaturas lhe aparecem como insetos" mas "quando Deus se oculta de Nosso Senhor, ele não pensa nem minimante na sua gente" e se recusa a sair "a fim de não ver judeus, de alto ou baixo nível". Ele celebra Purim com animação, à maneira judaica, e pouco depois, também vai com seu irmão Elias, com Benjamin Rejwan e Abraão Alsheikh à casa de um alto dignatário, Ali Paxá, com quem parece manter relações de amizade. Ali, oferece um banquete para o qual o autor da carta e outros trazem comida e vinho *kascher* da casa de R. Moisés Kohen, seu fiel discípulo. Parece que foram feitos preparativos para Sabatai ir a Constantinopla com Benjamin Rejwan – o que poderia indicar ser este um dos principais apóstatas – mas ele não se sentiu bastante forte e a viagem foi cancelada. (Ela ocorreu quatro meses mais tarde.) O missivista conta haver estado com Sabatai durante três horas por dia, ouvindo suas preces e sua fala sobre o "Mistério da Divindade" e o "Deus de Sabatai Tzvi". O missivista não diz se ele próprio fora chamado a converte-se ao Islã, e é provável que ele, como tantos outros, haja permanecido judeu. Mas ele narra que em 3 de março de 1672 (4 de Adar *sheni*), Sabatai "voltou-se inteiramente para a lei de *hessed*", isto é, o Islã. O sentido do reparo só pode ser o seguinte: em vez de representar um papel duplo, ele se torna, ao menos por algum tempo, um muçulmano devoto que se

76. A carta reza: "ele foi a um local chamado Izurilak". Trata-se obviamente de uma leitura ou transcrição errônea de Hizirlik, que – como amavelmente me comunicou o professor Norman Itzkowitz da Universidade de Princeton – situa-se numa colina ao noroeste de Adrianópolis. Lá havia um *tekke* (convento dervixe) fechado pelas autoridades em 1641-1642, quando algumas pessoas queixaram-se que dera asilo a indivíduos ímpios. Mehemed IV erigiu lá um pavilhão e o local foi reaberto como um *zariye* (recolhimento); cf. M. Tayyib Gökbilgin, "Os Fundadores da Cidade de Edirna" (turco) *in Jubilee Volume Edirne Edirnenin* 600 (ed. Fethi Hildönümü [Ancara, 1965]. Isto constitui prova adicional das relações estreitas de Sabatai com os círculos dervixes. Não consegui descobrir se o local havia sido ou não um retiro bektashi.

engaja de novo em ativa obra missionária, e se faz defensor do Islã, como já fora alguns anos antes, quando escreveu a carta circular acima citada (p. 144). Isto explicaria sua conduta ulterior em Constantinopla. O missivista transmite duas palavras de Sabatai na ocasião: ''Ele nos diz: não se preocupem com isto, pois esta é a vontade de Deus e eu devo cumprir sua ordem. E eles [o grupo de Sabatai] responderam dizendo: Tu não nos dissestes várias vezes 'Eu ergui e eu abati, eu abati e eu ergui'? Na despedida do *shabat*, comi com ele em sua casa, e desde ontem a iluminação lhe retornou novamente. Estou rezando a Deus para que esta alegria possa manifestar-se na face do sol, pois ele me disse: 'Eu não tenho satisfação em nada e não vou renunciar à lei de *hessed* [o Islã], pois por seu intermédio é que virá minha redenção na face do sol' ''.

Essas crônicas e cartas combinam com outros testemunhos (como o de Israel Hazan), transmitindo uma viva impressão não só dos próprios acontecimentos mas também do universo mental dos crentes sabataístas. Também David Yitshaki, que posteriormente se tornaria presidente da corte rabínica de Jerusalém, ainda era na época um crente fiel[77]. Como Samuel Primo e Natan de Gaza, David Yitshaki havia deixado a Palestina em 1666 ou 1667. Permaneceu por um tempo em Adrianópolis, onde aprendera o ''Mistério da Fé'' da boca do próprio Sabatai. Quando ele e R. Benjamin Rejwan foram acusados de titubear na fé, apresentaram desculpas a Sabatai, que lhes enviou uma resposta cortês[78], prometendo que a salvação divina logo ficaria manifesta através de ''seu servidor cujo nome é o mesmo de seu mestre''. Sabatai assina a carta: ''Assim fala vosso irmão na verdade [é um trocadilho, pois a palavra hebraica *meemet* também poder ser pronunciada de modo a soar ''Mehemed'' ou ''Me'emed''] da fé no Senhor, o Deus da Verdade, este portal do Senhor pelo qual entrará o justo". Em outras palavras: Mehemed Sabatai Tzvi é o portal do Senhor (cf. Sal., 118:20) e o garante da verdadeira fé.

R. David Yitshaki não era o único rabi de Jerusalém cuja fé resistira à crise da apostasia. Uma curiosa carta criptográfica, parcialmente indecifrável, que foi enviada aos crentes em Jerusalém, Safed e Hebron, em 1669, mostra que a fé ainda estava viva lá,

77. Sobre o seu papel no movimento em 1666, ver vol. I, p. 239. Reuni os testemunhos fragmentários e as referências *in Zion*, VI (1941), 87-89 e XIII (1948), 59-62.

78. Citado por Baruch de Arezzo, *ap*. Freimann, p. 64. Sobre Benjamin Rejwan, ver G. Scholem *in Zion*, VI (1941), 89 e *Schocken Volume*, p. 166. Benjamin Rejwan foi a única pessoa a ter visto as marcas físicas do messiado de Sabatai quando uma vez (e excepcionalmente) o acompanhou ao banho. Via de regra, ninguém era autorizado a acompanhar Sabatai ao banho, de conformidade com a regra talmúdica de que a ninguém era permitido olhar ao rei tomando banho (ver. B. Sanhedrin 22a).

mesmo em círculos rabínicos eruditos[79]. Esta carta foi provavelmente escrita em Adrianópolis e grande parte de seu teor desafia toda tentativa de interpretação (por exemplo, a referência ao velho juiz rabínico em Jerusalém que se tornaria um profeta antes de morrer); no entanto, ela pode servir de indício de que, mesmo dois anos após a apostasia, havia crentes entre os rabis de Jerusalém e de que eles estavam em contato com seus colegas nos Bálcãs.

A existência de um grupo sabataísta em Jerusalém em 1669 confirma-se igualmente pela interessante e controversa obra litúrgica *Hemdat Yamim*[80]. No presente contexto é a liturgia prescrita para o "dia do perdão menor" (isto é, o dia que precede o início de um novo mês) a qual nos interessa, pois tal ordem no serviço não passa de um ritual sabataísta. Contém uma longa oração recitada pelo autor e pelos membros do círculo, aparentemente usada para ser dita junto aos túmulos dos santos enterrados em Jerusalém, e daí estar fora de dúvida a origem hierosolimitana dessa prece. De outro lado, é evidente que a liturgia emana de círculos sabataístas, tendo sido composta pouco tempo após a apostasia. Uma das orações constata "que somos prisioneiros em cativeiro por 1601 anos desde a destruição de nosso Tempo", o que, segundo a cronologia tradicional, daria o ano de 1669. Em outra prece, o messias, que fora salvar as santas centelhas caídas no abismo de *qelipá* é apostrofado nos seguintes termos:

> Levanta-te rei-messias e contempla a congregação do Senhor, qual a um rebanho sem pastor.

A oração expressa-se numa terminologia bíblica tomada principalmente do Salmo 89 e do capítulo 53 de Isaías. O messias é solicitado a suplicar a seu pai celeste:

> Até quando hás de rejeitar e se aborrecer, hás de estar furioso com o Teu ungido, hás de baldar a aliança com o Teu servo, hás de profanar-lhe a coroa, jo-

79. Publiquei o documento *in Zion*, X (1945), 144-145; cf. também meus comentários, *idem*, p. 143. M. Benayahu tentou interpretar a carta como tendo sido escrita por David Yitshaki, que se encontrava então no Egito; cf. suas observações *in Studies in Mysticism and Religion in Honor of G. Scholem* (1970), parte hebraica, pp. 41-45.

80. Não é necessário resumir aqui as discussões acerca desta obra e de seu caráter sabataísta. A fase mais recente da controvérsia, no qual tomaram parte A. Yaari, Is. Tishby e G. Scholem, conseguiu estabelecer que o livro não pode ter sido composto no século XVIII. Ele não foi escrito nem por Natan de Gaza (como pretendeu Emden), nem por Benjamin ha-Levi (como sustentou Yaari). No quadro da presente discussão, só é relevante a seção relativa à liturgia para o dia que precede a lua nova (*Rosh Hodesh*), pois esta liturgia em particular (ed. Veneza, 1763, pt. II, fols. 3-14) baseia-se claramente em doutrinas sabataístas correntes nos anos que se seguiram à apostasia. A respeito a literatura relativa à controvérsia sobre o *Hemdat Yamin*, ver *SS*, I, p. 727, nota 1.

gando-a ao chão [...] de modo que todos os que passam pelo caminho o espoliam e ele é o escárnio de seus vizinhos? [Por quanto tempo] hás de elevar a destra dos seus adversários, dar regozijo a seus inimigos [...] e lançar por terra o seu trono? Hoje sou homem dos pesares e familiarizado com a dor, golpeado por Deus e aflito, levado como um cordeiro ao matadouro; [...] O que consegui por carregar estas dores e tristezas [...] [e] expiando por Teus filhos, visto que ainda estão presos aos grilhões e aos ferros do exílio? Ó Senhor, não desvieis tua face de Teu ungido, e deixa a Tua mão ficar estabelecida com ele; e em Teu nome a sua trompa será exaltada e será abertamente manifesta a Israel Teu povo santo, para salvar os que caíram no abismo profundo e tirar da escuridão aqueles que têm estado perdidos e poluídos entre as nações, a fim de aperfeiçoar o mundo no reino do Onipotente, e o Senhor será rei sobre toda a terra.

Ninguém mais, exceto os crentes sabataístas dos primeiros anos após a apostasia, poderiam ter usado este tipo de terminologia a propósito do messias e de sua missão. Há pouca, se é que há alguma, diferença entre as orações que R. Israel Hazan, de Adrianópolis, coloca na boca do messias (cf. infra, p. 165) e as orações com as quais o crente anônimo, efetuando suas devoções sobre as tumbas santas de Jerusalém, apostrofa o messias. Os crentes em Adrianópolis e seus correspondentes, "os homens de fé na Cidade Santa de Jerusalém" falam a mesma linguagem: a dos "homens de fé" sabataístas.

III. AS DOUTRINAS DO GRUPO SABATAÍSTA. O COMENTÁRIO DE ISRAEL HAZAN AOS SALMOS

O grupo de crentes em Adrianópolis e os visitantes provenientes de outras comunidades que faziam peregrinações ao messias passaram gradualmente a desenvolver atitudes e padrões de comportamentos de uma seita emergente e começaram a exibir as feições características do que se poderia descrever como um incipiente sentimento e uma organização "sectários". Consideravam-se os eleitos do "verdadeiro Israel" e suas homilias "tropológicas", explicando o mistério trágico do salvador, guardam notável semelhança com aquelas propostas pelos primeiros cristãos. De fato, a analogia revela um substrato psicológico comum a todos os movimentos messiânicos, não importando quão diferentes sejam em outros aspectos.

Dentre os documentos a expor as concepções dos crentes sabataístas mais próximos da própria fonte de inspiração (AMIRAH, o santo rei e R. Natan, a "lâmpada sagrada"), o mais esclarecedor e mais comovedor em sua profundidade humana talvez seja o comentário de vários salmos e outros textos bíblicos de autoria de Israel Hazan. Os comentários de Hazan iluminam alguns dos abismos da fé messiânica e sua valia para o historiador aumentou grandemente com a destruição quase integral da maior parte da literatura sabataísta. De fato, quase nada sobreviveu da presuntiva produção literária da primeira geração de apóstatas à volta de Sabatai[81] e, por isso, os escritos deste "crente" fiel de Kastoria, que também era e discípulo e secretário de Natan, devem ser considerados uma fonte teológica e histórica de primeira importância[82].

Repetidas vezes o autor tenta descer nas tortuosas profundezas da alma do messias após a apostasia e é lá que encontra a chave dos clamores desesperados do salmista. A apostasia é mais do que o problema pessoal do messias. É, por assim dizer, a cruz que um grupo eleito dentre a "sagrada congregação" dos crentes deve carregar, isto é, aquele grupo ao qual o messias havia exigido que compartilhasse sua terrível prova e *tiqun*. Israel Hazan não esconde o seu alívio por ter sido poupado desta suprema prova, embora não deixe dúvida de que estaria pronto a seguir os passos do messias se isto lhe fosse exigido. A boa sorte de alguns foi a de não estar presente nos momentos de iluminação de Sabatai quando "atacava como uma serpente" (cf. supra, p. 144), mas coitado de quem recebesse do messias a ordem de apostatar e desobedecesse: a recusa impediria a realização da plena redenção. A formulação de Israel Hazan sugere que a apostasia voluntária ao Islã não era julgada necessária ou meritória no círculo de Sabatai e que a "fé sagrada" na missão do messias não implicava esta conseqüência extrema. No entanto, com relação àqueles que haviam sido especificamente convidados a dar este passo, poder-se-ia dizer que "nenhum dos que nele confiam, há de ser culpado" (Sal., 34:22) – e assim, nenhum dos que "entraram no crisol da provação e abandonaram a Lei de Moisés a fim de levar a efeito o *tiqun* do mundo tomando o turbante" teria que expiar pela transgressão. O autor explica a expressão em Isaías 2:2: "e ele será elevado sobre os outeiros" (a palavra hebraica para "sobre os outeiros" pode ser também erroneamente interpretada como significando "chapéus" ou "turbantes"): "Aqueles que tomaram o turbante por ordem do AMIRAH serão julgados de acordo com o bem com que se houveram para com Israel, assumindo este *tiqun* a bem da nação israelita".

81. As únicas exceções são dois textos da primeira geração Dönmeh, ambos publicados por mim: (1) "The Sprouting of the Horn of the Son of David", *in Essays in Honor of Abba Hillel Silver* (1963), pp. 368-386 (inglês); (2) um texto dos primórdios da seita Dönmeh em Salonica (hebraico), *Sefunot*, IX (1965), 193-207. Foram compostos após a morte de Natan.

82. Salvo indicação em contrário, todas as citações são extraídas de meu artigo sobre Israel Hazan (*Schocken Volume*, pp. 176-194), no qual apresentei referências pormenorizadas da única fonte subsistente (provavelmente, um autógrafo do próprio Hazan), que é o MS. Kaufmann 255 de Budapeste.

A apostasia estava, portanto, sujeita a uma ordem do messias e não era questão do desejo do crente. Nem todo crente recebia ordem ou permissão de apostatar, "e nós vimos pessoas implorando ao AMIRAH para se juntar a ele no seu *tiqun* quando tomou o turbante, mas ele não quis permiti-lo, exceto a uns poucos" a quem julgava dignos de participar de sua missão. É uma questão discutível se o relato de Israel Hazan é evidência confiável ou uma tendenciosa reescritura da história. De todo modo, este autor pretende sugerir que, desde o início, Sabatai distinguia entre várias categorias místicas de crentes e apóstatas. Ele cita o messias dizendo: "Alguns põem o turbante para o bem e outros para o mal, assim como há alguns que mantêm o solidéu (judaico) para o bem e outros para o mal". Para Israel Hazan era evidente que alguns usariam o turbante "para o bem" mesmo após a manifestação do messias na glória, ao passo que "eu permitirei a outros que conservem o solidéu [isto é, o judaísmo] para o bem e não os submeterei a esta prova". Natan de Gaza e Israel Hazan pertenciam a esta categoria.

Um quadro bem diferente e mais sombrio é pintado por De la Croix[83], o qual sustenta que Sabatai, no Divã imperial, acusava aos que se recusavam a apostatar de haverem injuriado a religião muçulmana e blasfemado contra ela. As desafortunadas vítimas do zelo de Sabatai foram forçadas a abraçar a desprezada religião para escapar da morte. Terá Sabatai realmente caído tão baixo, comportando-se com pérfida maldade, que seria traço de seu caráter e não teria absolutamente nada a ver com sua iluminação maníaca? Sabatai exibira alguns destes traços de caráter anteriormente, na sinagoga de Esmirna e não se pode descartar o relato de De la Croix porque lança borrifos de calúnia sobre o messias. O fato é que as informações de De la Croix referentes aos últimos anos de Sabatai são bem mais confiáveis do que seus relatos do período anterior, pois ele se encontrava então na Turquia e teve oportunidade de observar os sermões de Sabatai nas sinagogas de Adrianópolis até o banimento final para a Albânia. O comportamento de Sabatai naqueles anos, assim como sua doença inicial, podem ter sido objeto de reescritura teológica posterior. A narração de Israel Hazan talvez represente o ponto de vista de um crente que, ao elaborar sua teologia, falsifica certos fatos históricos.

Há, contudo, óbvia discrepância entre o relato de Israel Hazan e as indicações de outras fontes que não se pode esquecer: Sabatai não se limitou a instar alguns indivíduos "eleitos" a apostatar, mas, na realidade, pregava sermões nas sinagogas exortando os fiéis à

83. De la Croix, p. 382, mas referindo-se possivelmente aos eventos reportados por R. Jacó Najara (supra, p. 154) de maneira mais confiável.

conversão. De la Croix[84] relata que em diversas ocasiões viu Sabatai pregar "com considerável êxito – pois nunca deixou uma sinagoga sem que algum judeu jogasse fora o solidéu para receber um turbante de Sabatai, que fazia então o novo converso desfilar pelo bairro judeu a fim de encorajar outros com o exemplo". Nenhum sinal disto pode ser encontrado nos escritos de Israel Hazan, que parece ter suprimido tais fatos embaraçosos, quer por não se ajustarem a seu viés teológico, quer por ele não julgar que tais ações "externas" em que Sabatai ia dando, por assim dizer, largas à sua propensão de fazer coisas que não tencionava, fossem significativas. O silêncio de Hazan lembra o dos autores frankistas na Polônia no século XVIII, que jamais sequer mencionavam nos escritos destinados a seu próprio círculo, a acusação de assassínio ritual que seus líderes haviam dirigido contra a comunidade judaica e seus rabis. Os escritores frankistas provavelmente estimavam que o libelo de sangue fora proferida sob pressão da Igreja Católica e por isso era irrevelante para seus propósitos teológicos e missionários. Do mesmo modo, Israel Hazan talvez acreditasse que este lado da atividade missionária pública de Sabatai destinava-se meramente a silenciar os turcos e, por conseguinte, não requeria nenhuma discussão séria de sua parte.

Os esforços de Sabatai – privados ou públicos – em persuadir seus seguidores e apostatar provocaram um tipo de crítica dos mais inusitados no campo sabataísta. Os crentes certamente não pensavam em criticar quaisquer das ações do messias. Elas eram, por definição, puras e misticamente inspiradas, e era dado por pressuposto que o messias teria de agir de maneira estranha e pôr à prova seus seguidores, mesmo a ponto de exigir-lhes a apostasia. Não obstante, cabia aos crentes sustentar a prova e resistir à exigência do messias. Dirigiam-se, pois, críticas aos que sucumbiam à pressão de Sabatai. Pode-se encontrar evidência desta atitude em uma carta escrita em 1672 ou 1673 por Abraão Cardozo ao cunhado. Os relatos chegados a Trípoli eram tão desencorajadores que Cardozo deixou de engajar-se em polêmica pública (como ainda havia feito em 1669) com os anti-sabataístas. As notícias de que Sabatai exigia que seus seguidores tomassem o turbante eram tão óbvia e visceralmente incompatíveis com qualquer doutrina judaica que "ele não iria bancar o tolo e portanto preferia guardar silêncio". Com efeito, nestas circuntâncias, era impossível dar a outrem uma explicação satisfatória do mistério messiânico "e, de minha parte, sinto-me incapaz de fornecer uma prova convicente". Justificar o comportamento de Sabatai descobrindo alusões veladas nas Escrituras poderia lembrar em de-

84. *Idem*, p. 381.

masia os métodos da exegese cristã. No entanto, embora não dispusesse de qualquer prova, Cardozo tinha uma opinião sobre o assunto. "Sabatai é o messias, o redentor e salvador; e todos os ventos do mundo e todas as suas estranhas ações não podem debelar esta luz de meu conhecimento [...] Mas, de minha boca a teu ouvido, explicarei o mistério desse estranho serviço [...] [A Providência] decretou uma [terrível perseguição que levaria a uma apostasia em massa]. O messias sabia disso e fez com que isto se desse por seu intermédio, para afligir nossos corações e ferir nosso espírito com sua vergonha e com a profanação da Torá e o desespero da redenção. E, conquanto aqueles que tomam o turbante [porque pensam que devem seguir o messias] estejam pecando, isto todavia não é tão mau como se tivessem apostatado sob perseguição e evitado o martírio, pois tal fato seria uma verdadeira profanação do nome de Deus[85]. No presente caso, porém, eles pecam por ignorância, pensando que estão trazendo a redenção para mais perto e que por isso era certo proceder assim.[86]"

Ao contrário de Cardozo, Israel Hazan não era atormentado por quaisquer dúvidas. Escrevendo em 1678 ou 1679[87], declara sem hesitação que os verdadeiros pranteadores em Sião, a quem as Escrituras haviam prometido "esplendor em vez de cinzas" (cf. Isa., 61:3) eram os apóstatas sabataístas que estavam agora ungidos com o "óleo da alegria" do rei messiânico. Com razão, são chamados "pranteadores" porque esqueceram a Lei de Moisés e, no entanto, assim procedendo, estabeleceram o reino de Deus nos domínios das *qelipot* e daí serem eles "a plantação do Senhor, glorificado seja Ele".

Tentando justificar a denominação "homens de fé", Hazan proporciona de passagem algumas informações históricas muito interessantes. "Quando AMIRAH estava enpenhado em introduzir uma pessoa neste *tiqun* [isto é, na apostasia], revelava-lhe o Mistério da Divindade." O "Mistério da Divindade" era a revelação especial outorgada a Sabatai, e ele a transmitia aos eleitos. Certa vez, Sabatai divulgou o mistério a um de seus seguidores, mas este se recusou, no último momento, a tomar o turbante, razão pela qual Sabatai o censurou: "Por que me furtaste meus deuses?" (cf. Gen., 31:30), isto é, por que me deixaste comunicar-te o mistério reservado ao eleito que apostata (cf. também supra, pp. 144-145).

A história contada por Hazan, instrutiva e reveladora como é, pode estar exagerando uma verdade parcial, pois sabemos de vários

85. Aqui, Cardozo alude inegavelmente aos marranos de Portugal.

86. MS. Hamburgo 312, fol. 17 a-b. A mesma carta também menciona a celebração do 9 de Av como uma festividade de sete dias; cf. supra, pp. 141, 147.

87. Para a datação do panfleto de Hazan, ver G. Scholem in *Schocken Volume*, p. 161.

crentes que receberam o "Mistério da Divindade" sem serem convidados a tomar o turbante, embora corrs o rumor a respeito de alguns deles, de que haviam apostatado[88]. Cardozo menciona[89] que os rabis que visitaram Sabatai em Adrianópolis receberam o mistério, e também relata[90] que o piedoso rabi Azaria ha-Levi escutara repetidamente do próprio Sabatai Tzvi "que o Santo, Bendito seja ele, o Deus de Israel, era uma Segunda Causa revestida na *sefirá Tiferet*". Todas as fontes parecem concordar que Sabatai concitava todos a quem havia comunicado o mistério a não divulgá-lo a outros. Segundo Israel Hazan, o "Mistério da Divindade" e da apostasia estavam estreitamente associados não só com respeito aos crentes que imitavam o mestre, mas também no caso do próprio Sabatai: foi unicamente como fruto da apostasia que lhe fora dada a permissão de revelar o mistério a outrem. Deve-se lembrar que Moisés Pinheiro pretendeu que Sabatai lhe revelara, assim como a outros amigos seus em Esmirna já em 1650 (cf. vol. I, p. 118 e ss.). A verdade na questão é que, nas fontes, praticamente nenhum traço de semelhante mistério subsiste, no referente aos anos de 1665-1666 (com a possível exceção dos relatos das discussões de Sabatai com Natan); toda referência ao mistério[91] data de um período posterior à apostasia. Não há unanimidade nas fontes no tocante à natureza exata deste mistério, embora todos pareçam concordar que ele se relaciona de algum modo com a manifestação do "Deus de Israel" na *sefirá Tiferet*. Sugeriu-se, às vezes, que o Deus de Israel é idêntico à *Tiferet*, caso em que este mistério dificilmente vai além da doutrina explícita do Zohar. Outras vezes foi dito que *Tiferet* é apenas uma "roupagem" para este ser mais interior que, entretanto, não se confunde com o *En-Sof*, mas é uma "causa secundária" dele emanada. Israel Hazan, que menciona freqüentemente o "Mistério da Divindade", jamais diz qual é o seu significado exato, e contenta-se com as habituais referências à *Tiferet*, isto é, à letra *Vav* (a terceira do Tetragrama) como o "Deus da Fé de AMIRAH". A fórmula é demasiadamente vaga para permitir uma compreensão mais precisa de como se pensava que a Divindade se manifestaria na sexta *sefirá*, ou seja, na letra *Vav* do Tetragrama.

Mas voltemos ao assunto da apostasia e às controvérsias surgidas em conexão com o relato de Israel Hazan, segundo o qual os

88. Carta de Cardozo a Samuel de Paz, sobre o "Mistério da Divindade".

89. *Idem, Beth ha-Midrash* (1865), p. 65.

90. *Raza de-Razin*, in MS. Deinard 153, Jewish Theological Seminary, Nova York, fol. 11a. Ver também infra, p. 209.

91. Especialmente as numerosas referências detalhadas, nos escritos de Cardozo, aos crentes que receberam o mistério de Sabatai.

crentes se dividiam em duas escolas de pensamento. Um grupo sustentava que o messias deveria ser obedecido no que quer que dissesse, ''mesmo na questão do turbante'' – ao que Hazan acrescenta ''esta é, na minha opinião, a visão correta''. A atitude oposta foi defendida pelos crentes que tinham desobedecido a Sabatai e se recusado a apostatar. ''Eles hão de carregar seu pecado'' comenta sombriamente Israel Hazan, ''pois é possível que por causa deles a redenção de Israel foi retardada''. Ambas as partes justificam suas posições a partir de uma exegese de Deuteronômio, 30:2. Vê-se claramente que as tendências radicais ou moderadas, bem como os argumentos adiantados por ambos os grupos, cristalizaram-se tão logo o movimento messiânico se transformou em uma ''seita'' de crentes. Os radicais não queriam deter-se diante de nada, contanto que fosse ordenado pelo messias; os moderados traçavam o limite naquilo que Deus havia ordenado, isto é, a Lei de Moisés como um todo. Em determinada ocasião, Israel Hazan dividiu os crentes em três grupos[92]: os ''jovens'' cheios de zelo, prontos a submeter-se a todas as provas; os ''velhos'', que davam as costas quando a fé se tornava muito exigente; e as ''criancinhas'' que passavam sem cessar da fé à incredulidade sem qualquer constância. Aparentemente, o segundo e o terceiro grupos estavam bem representados no ambiente de Israel Hazan nos Bálcãs.

A tipologia dos tipos de crentes é evidentemente inspirada nas doutrinas do autor acerca do *status* do messias após a apostasia. As homilias de Hazan sobre o Livro dos Salmos, sorvem até o fundo a taça de sofrimento e amargura que acompanha o mistério messiânico. O messias apóstata é descrito por Hazan com a vitalidade e a premência de um paradoxo vivo. Este paradoxo constituía o problema central e capital, comparado ao qual todas as outras questões doutrinárias (por exemplo, a origem e a natureza da alma messiânica) eram apenas derivados e relativamente ''simples''. Embora as concepções de Israel Hazan se inspirassem manifestamente nos escritos de Natan – mesmo lá onde o profeta de Gaza não é mencionado –, ainda assim seu talento homilético confere a seu comentário um caráter altamente individual e interessante.

Hazan usa freqüentemente os termos *Torat Emet* e *Torat Hessed*, ''lei da verdade'' e ''lei da bondade'', quer dizer ''mercê'' (cf. Prov., 31:26), denotando a primeira a Lei de Moisés e a religião judaica, enquanto a segunda significa o Corão e o Islã. O uso deste par de conceitos deriva de Natan, que o menciona amiúde[93]. Hazan afirma: ''A religião de Ismael é chamada lei da bondade, e a nossa

92. Ver o texto em *Schocken Volume*, pp. 179-180.
93. Ver a citação acima, pp. 119-120.

sagrada religião é a verdade [...] pois os ismaelitas possuem somente o que seus antepassados lhes transmitiram; daí [...] sua religião, ser chamada mercê como está escrito [Salmos, 26:3] "pois Tua mercê está perante meus olhos – isto é o mistério do turbante que está "perante os meus olhos"; e, no entanto, Eu não caminho em suas palavras e em suas sendas, mas 'tenho caminhado na Tua verdade' [Salmos, 26:3], que é nossa sagrada religião, chamada de Verdade". As duas religiões são dois aspectos de uma mesma Lei – uma declaração muito audaciosa nos anos 1670-1680.

O salmo 143 é interpretado no mesmo sentido, de uma maneira por vezes profundamente tocante, como a prece do messias após a apostasia. Pela apostasia, ele entrou na "religião da mercê" e, no entanto, continua a ansiar pela religião da verdade. Quando Sabatai "canta a lei da mercê ou da bondade", isto é, o Corão dos ismaelitas, cumpre a Escritura (Prov., 31:26), abrindo a sua boca com sabedoria e guardando a instrução da bondade de sua língua, pois combina duas leis. Este também é o sentido místico de Salmos 85:11: "Mercê e verdade encontram-se". As duas leis encontram-se em Sabatai e, conseqüentemente, ele tem de cumprir a ambas, conquanto que para os que "têm olhos mas não podem ver", ele parece haver esquecido a lei da verdade e transgredido seus mandamentos. De fato, só Deus, que sonda os rins e o coração, pode conhecer a verdade acerca do serviço do messias, que por isso mesmo ora [Salmos, 26:2], "Examina-me, ó Senhor, e prova-me" e quem deseja ser posto à prova por Deus lhe prove com as águas amargas, como a mulher suspeita de infidelidade (cf. Núm., cap. 5). Segundo o Talmud (B. Sucá 49b) a comentar o Provérbio 31:26, a Torá da bondade é aquela que é perseguida apenas por amor a Deus.

No uso que Israel Hazan faz desta noção, não há nada da preferência cristã pela lei do amor em Israel. É verdade que o trono de Deus deve ser estabelecido na mercê (isto é, pelo *tiqun* místico realizado por meio da lei da bondade); no entanto, "ele se sentará sobre o trono com verdade", pois "o verdadeiro entronamento e o reino superno só existem no reino da verdade" (cf. Isa., 16:5: "e na mercê será o trono estabelecido, e sobre este ele se sentará em verdade". A lei do amor de Hazan tampouco pode ser identificada com a "lei do mundo da emanação divina", da qual se dirá mais coisas adiante. A lei do amor é um estágio intermediário no caminho da consumação messiânica, mas não é a revelação última da espiritualidade da Torá, que se tornará manifesta na plenitude do tempo, como a "nova lei" do messias. Ela não é ainda nada, exceto uma cômoda referência ao Islã.

A apostasia tem um triplo significado religioso. Ela visa restaurar a Shekhiná divina, salvar as nações do mundo e destruir o domínio das *qelipot*. A Shekhiná está aprisionada pela *qelipá*, mas o messias que está apegado a ela e, por sua causa, desce no interior reino da "lei da bondade", pode restaurá-la, ilustrando assim o adágio talmúdico (B. Nazir 23b), "uma transgressão realizada com boa intenção [isto é, para o cabalista sabataísta, com o fim de restaurar a Shekhiná caída] é melhor do que um preceito realizado com uma má intenção". A vereda do messias é a que "nenhuma" ave de rapina conhece, e os olhos do falcão jamais a viram", pois é uma via insólita nunca trilhada por ninguém e pela qual o messias deve padecer reprovação e ignomínias. O messias tomou sobre si esta prova dolorosa, a fim de destruir as *qelipot*, de "extrair o precioso do vil" (Jer., 15:19), isto é, elevar as centelhas sagradas que caíram no grande abismo, "e até fazer com que a própria *qelipá* retorne em arrependimento e a restaure na santidade". A doutrina segundo a qual o messias é o instrumento na redenção das nações do universo e da própria *qelipá*, restaurando-as à esfera de santidade, pode ter exercido especial atração sobre Sabatai e pode ter contribuído para acalmar-lhe a alma perturbada. De outro lado, há certos indícios mostrando que esta doutrina não era muito popular com um bom número vários crentes mais simples que tinham dificulade em imaginar uma era messiânica na qual a *qelipá* não seria aniquilada e os gentios pisoteados. Israel Hazan sugere uma fórmula de compromisso[94], mas sua discussão torna claro que havia muita controvérsia sobre o assunto. Sugeria-se, ocasionalmente, que a atividade redentora do messias a favor dos gentios se estendia apenas a Ismael. Por vezes, a doutrina de que o messias optou por entrar na *qelipá* por sua própria e livre vontade e de acordo com o desígnio divino é contradita pela noção oposta de que os poderes perseguiam o messias até ele ser apanhado em sua rede.

A consciência torturada do crente irrompe no grito angustiado de Israel Hazan: "A inveja é cruel como a sepultura[95] – esta é a inveja que sentimos porque a luz e a santidade de Israel tiveram de submeter-se a esta prova. É uma inveja muito cruel". Nenhuma explicação pode remover inteiramente a ferroada do paradoxo e Israel Hazan põe na boca do messias "a oração dos aflitos"(Sal. 102), assim como todos os outros salmos nos quais o sofredor, oprimido pela angústia, volta-se para Deus. Havia sido predeterminado que o messias teria de palmilhar atalhos tortuosos que estão acima do entendimento humano e daí o significado especial da prece do salmista: "Ensina-me o teu caminho". O símbolo da "Torá tortuosa" vin-

94. MS. Kaufmann 255, fol. 120 a-b. Aqui também lemos que os crentes são autênticos "Pranteadores de Sião" (cf. supra, p. 163).

95. Cântico dos Cânticos, 8:6; a palavra hebraica "inveja" também pode significar "zelo" ou "sentimentos violentos", cf. Números, 25:11.

cula-se facilmente ao conceito do ''círculo tortuoso'' de Natan (cf. p. 119) e é por isso que o messias, segundo Israel Hazan, reza: ''Os meus passos se afizeram às tuas veredas'' (Sal., 17:5) – pois embora eu tenha andando em círculos tortuosos [em hebraico, a palavra hebraica ''vereda'' também significa ''círculo''] estes são, no entanto, sendas [ou círculos] do justo, como R. Natan explicou e, portanto, ''não deixes os passos de meus pés escorregarem'' (Sal., 17:5), pois muitos tentaram, sem o conseguir, fazer o mesmo, mas eu desci nas profundezas das *qelipot* sem que os passos de meus pés escorregassem. ''Sabatai Tzvi cumprirá com sucesso sua missão porque sua alma está continuamente unida à Shekhiná, o que, no simbolismo cabalístico, também é chamado ''relidão''. Daí a prece messiânica terminar com as palavras ''Quanto a mim, eu contemplarei a tua face na retidão'' (Salmos, 17:5), vale dizer, por sua união íntima com a ''relidão'' o messias consegue unir e salvar todas as centelhas e as almas santas aprisionadas na *qelipá*.

O comentário de Israel Hazan sobre Salmos 37:7, ''Silência no Senhor'', permite-nos um vislumbre do debate acerca de qual seria a atitude sabataísta mais correta para com os incrédulos. Hazan recomenda ''silêncio no Senhor'', isto é, abstenção de todas as polêmicas e disputas públicas e até a réplica apologética. ''Mesmo quando os ouvires zombar, blasfemar e amaldiçoar [...] não digas nada. ''O silêncio proposto por Israel Hazan não é ainda o silêncio hipócrita e enganoso do sabataísmo posterior, tal como exposto em forma extrema nos adágios de Jacó Frank sobre *O Fardo de Dumá* (Isa., 21:11; a palavra hebraica *duma* também pode ser traduzida por ''silêncio''). Segundo Hazan, o crente sabataísta não deve negar sua fé, mas apenas guardar silêncio quando ouve injúrias contra ela. Não obstante, observa-se aqui, parece, os primórdios daquela duplicidade que se tornou subseqüentemente a marca característica do sabataísmo. Israel Hazan discorda enfaticamente dos ''insensatos que dizem: eu hei de guardar a fé em meu coração, mas [exteriormente] porei uma cobertura sobre meu lábio superior e clamarei 'Impuro, impuro' [isto é, juntar-se ao coro de vozes que insultam Sabatai Tzvi; cf. Lev., 13:45]. Eles dizem agir a fim de que os infiéis não descubram que eles são crentes [...] mas isto é pura burla [...] Outros por sua vez [...] dizem com sua boca serem grandes crentes [em Sabatai Tzvi] a fim de enganar os [outros] crentes''. Hazan insiste em que o coração e os lábios devem ser congruentes na fé e, citando o Deuteronômio (30:14): ''pois o Senhor está mui perto de ti, na tua boca e no teu coração, para que possas fazê-lo''.

Aqui, como em outras alusões a diversos grupos e tendências no campo sabataísta, Israel Hazan está fornecendo uma informação histórica valiosa. Aparentemente, já havia crentes que começavam a dissimular e esconder sua fé, enquanto outros – provavelmente na própria cidade de Hazan, Kastoria, e em outras comunidades da Macedônia, onde os sabataístas ainda eram maioria – conquanto não fossem sabataístas, pretendiam sê-lo. Hazan não exige que o crente sabataísta se apresente e testemunhe sua fé, expondo-se, assim, a uma perseguição inútil[96]; limita-se a denunciar a dissimulação e a falsidade atuantes. Sua denúncia, contudo, não inclui o tipo de ''santo engano'' praticado por Sabatai Tzvi e os que apostataram a seu pedido. Este ato de burla fazia parte das táticas de combate contra os poderes demoníacos da *qelipá*, sendo, assim, de uma ordem totalmente diferente. A atitude de Israel Hazan evidencia um caráter nobre e um espírito íntegro, embora não rigorosa coerência.

A tensão e a acrimônia entre os dois campos devem ter sido, na verdade, consideráveis, e o ódio era recípocro. Na maioria das comunidades, a maior parte dos rabinos e dirigentes laicos eram ''opositores'' e Israel Hazan constrasta sua ''fedorenta sabedoria'' com a simplicidade e ''tolice'' dos crentes – provavelmente uma admissão de que a massa ordinária dos sabataístas compunha-se de gente ignorante e sem instrução. Os descrentes eram considerados uma ''multidão misturada''. Eles não eram o verdadeiro Israel[97], e as violentas diatribes do *Raya Mehemna* contra os ricos dirigentes laicos e os rabis anticabalistas da época (cf. vol. I, p. 222) aplicavam-se agora à oposição anti-sabataísta. Os sabataístas exibem um senso característicamente sectário de superioridade: eles são os verdadeiros espirituais e gostam de descrever-se como tolos em contraste aos rabis que estão plenos de sabedoria imaginária ''mas nos quais não há nenhum espírito''[98]. Israel Hazan enfatiza que o poder da liderança dominante e a sabedoria dos sábios mundanos podem ser de fato enganosas e distantes da verdade do Senhor ''porque dele são a sabedoria e o poder'' (Dan., 2:20).

O panfleto de Israel Hazan proporciona interessantes informações sobre as crenças correntes em seu círculo quanto à seqüência do processo redentor. Embora o folheto tenha sido composto após a morte de Sabatai e, sem dúvida, contenha ajustes à nova situação (por exemplo, a idéia de que houve um estágio intermediário entre a apostasia e a manifestação última, podemos, não obstante, supor que as grandes li-

96. Israel Hazan faz inúmeras alusões ao início da perseguição anti-sabataísta; cf. G. Scholem *in Schocken Volume*, p. 210, nota 97. Hazan também menciona que os ''opositores'' invadiram as casas dos crentes em 9 de Av para verificar se eles estavam se alimentando secretamente neste dia de jejum.

97. Cf. MS. Kaufmann 255, fol. 10b.

98. Abraão Yakhini, em carta escrita a Natan de Gaza, *RÉJ*, XXVI (1893), p. 214.

nhas do sistema foram formuladas em vida de Sabatai, no final dos anos sessenta ou início dos setenta. Durante este período, a manifestação última era provavelmente esperada para depois da apostasia, e podemos, portanto, reconstruir a cronologia messiânica como segue:

a. Sabatai é ''ungido'' rei messiânico. A unção mística teve lugar em 1658 (cf. vol. I, p. 138)
b. A ''primeira manifestação'' e a grande revivescência penitencial de 1666. Esta primeira manifestação, entretanto, ante a qual o reino de Sabatai se tornou conhecido no mundo, não era ''a verdadeira [isto é, última] manifestação'' e por isso os poderes hostis puderam crescer e tornar necessário um período de provas.
c. O salvador teve de ''vestir-se de roupas estranhas'' e, por causa da multidão de pecados e do crescente poder do mal ''a redenção que estava brotando em nossos dias foi adiada''.
d. Neste ponto, Israel Hazan, escrevendo dois anos após a morte de Sabatai, introduziu um novo estágio, o da ''ocultação de AMIRAH''. Mas esta fase, como a precedente, era apenas um período intermediário de transição, levando à] –
e. [Última ou ''verdadeira manifestação'', quando o reino messiânico seria final e definitivamente estabelecido. Este estágio final é descrito de uma maneira que lembra as concepções do cristianismo primitivo acerca da Parousia, o Segundo Advento do Cristo (cf. vol. I, p. 93).

A esperança messiânica tradicional e seus aditamentos especificamente sabataístas eram agora transferidos (precisamente como no milenarismo cristão) à ''última manifestação'', quando o messias terminaria o que havia começado ao tomar o turbante. ''Não haverá mais necessidade de armas de guerra, mas apenas de preces de louvor''. A principal preocupação de Israel Hazan é mais com a significação espiritual desta última manifestação do que com as outras mudanças tradicionalmente esperadas para a utópica ordem messiânica. Sua homilia sobre Salmos, 19:7 e ss. explica que ''a lei do Senhor é perfeita e restaura a alma'' porque Sabatai, por esta lei, restauraria todas as almas de Israel. Diz-se também que o testemunho ''torna sábio o simples'' porque ''muitos são totalmente ignorantes e nada têm exceto sua fé em AMIRAH, mas por esta fé eles hão de ser grandes sábios e se rejubilarão na nova Torá do messias''. Por certo esses crentes sabataístas que eram eruditos cabalistas não seriam desfavorecidos por sua prévia falta de ignorância, mas, ao contrário, também colheriam indescritível recompensa. Havia também aqueles que haviam partilhado da verdade sabataísta, mas então ''o diabo os possuiu''. Se falharam por ignorância, então o versículo (Sal., 19:13, Av. V. 12) se aplica àqueles ''que podem discernir suas próprias faltas'' e eles podem ainda ser salvos. Mas aqueles que pretendiam ser crentes (isto é, em 1666), mas posteriormente mostraram suas verdadeiras cores, serão rejeitados, como está escrito (Sal., 19:13) ''limpa-me dos que têm faltas secretas'', que são ainda piores do que os ''cruelmente arrogantes'', que se opõem abertamente à fé. Nesta homilia, Israel Hazan expõe suas aspirações espirituais e também faz um acerto de contas com os vários tipos de inimigos, desde os ''cruelmente arrogantes'' até os pseudo-crentes, ''secretos'' e dissimulados. Quanto à massa de judeus indecisos e desorientados – e devem ter sido numerosos, sobretudo na Turquia – que não eram nem crentes nem opositores, o profeta Elias promoveria sua reconciliação com o messias.

À ''última santa manifestação'', a retidão dos apóstatas que se fizeram muçulmanos junto com Sabatai Tzvi tornar-se-á manifesta. Para os crentes, a manifestação será a do messias; para os infiéis, a da serpente (pois as letras das palavras hebraicas ''messias'' e ''serpente'' têm o mesmo valor numérico). Na terminologia da Cabala luriânica, a manifestação última ocorrerá quando a configuração chamada Raquel (aqui associada ao mistério de Sabatai Tzvi) for preenchida com o conhecimento superno do Santo Rei (a saber, o *zeir anpin*). Então, somente, a nova Torá do messias será revelada. Como o maná no deserto, ou o orvalho que desce do ''Santo Antigo'', o ''mistério de nossa Santa Torá da *atsilut*'' – que corresponde ao mundo superno da Emanação – será dado em recompensa aos que acreditaram com uma fé perfeita. Sem dizê-lo expressamente, Israel Hazan parece sugerir qua a Torá do ''deserto'' é a do ''Santo Bendito Seja Ele'' (correspondente a *Tiferet* no sistema sefirótico), enquanto a nova Torá seria a do ''Santo Antigo''. Esta doutrina é explicitamente afirmada nos hinos dos Dönmeh[99]. Israel Hazan identifica também ''a verdadeira fé superna'' com a ''fé do superno Antigo Santo'' e explica que, quando Deus conduzir Israel para fora do deserto, isto é, para fora da Lei de Moisés, ele revelará a Torá da *atsilut*, que o messias lhes ensinaria e graças à qual os mortos poderão ser ressuscitados[100]. Em todo caso, é claro que o termo ''Torá de *atsilut* não se refere a uma doutrina sabataísta subsistente, tal como ensinada por Sabatai ou Natan (conquanto o conceito fosse assim interpretado mais tarde pelos Dönmeh), mas a uma revelação cabalmente nova a ser dada na ''última manifestação'', até certo ponto como o *evangelium aeternum* dos espirituais cristãos (cf. vol. I, pp. 96-97). No uso do conceito de *atsilut*, Israel Hazan é claramente tributário de seu mestre Natan de Gaza[101].

99. Ver M. Attias, *Songs and Hymns of the Sabbatians* (1948), p. 49, e minha própria nota, *idem*.

100. Esta idéia parece remontar ao *Midrash Tehilim* 3. Substitui-se aqui a noção midráshica da sucessão correta dos capítulos da Torá pela idéia cabalística da Torá da *atsilut*; cf. G. Scholem, *A Cabala e seu Simbolismo*, pp. 37-39, 66-70.

101. Cf. Ch. Wirszubski, ''A Teologia Sabataísta de Natan de Gaza'', *in Kneset*, VIII (1944), 238.

Não se deve, portanto, confundir o "prodigioso Mistério da Divindade", que Sabatai havia revelado quando (ou porque) tomou o turbante com a Torá da *atsilut*. O primeiro não constitui toda a verdade e sua validade é provisória. O pleno e completo, isto é, a Torá da *atsilut*, só será revelado na segunda manifestação do messias, e, então, não aos poucos eleitos, mas ao mundo inteiro.

A teologia de Israel Hazan ainda ignora a trindade sabataísta e jamais menciona a expressão do Zohar "os três nós da fé", que a literatura sabataísta posterior, especialmente após 1675, fez tanto caso. Não obstante, há um vínculo particular unindo o Santo Bendito Seja Ele, a Shekhiná, e o "caro filho AMIRAH". Não é um vínculo de identidade e, embora a Shekhiná e o messias sejam freqüentemente chamados pelo mesmo vocábulo, esta homonimia se refere mais à sua comunhão íntima do que à sua identidade. Textos cabalísticos anteriores também usam ocasionalmente o termo "messias" como um dos epítetos da última *sefirá* (Malkhuth, Shekhiná), mas seu uso é técnico-simbólico, não tendo nenhuma ligação com idéias da encarnação. Israel Hazan também alude a uma união mística do messias com a Shekhiná, que ocorreria depois que ambos fossem libertados de seu exílio e aprisionamento no mundo da *qelipá*, e fossem unidos na plenitude do nome divino. A alma de Sabatai Tzvi está associada desde o começo do mundo à Shekhiná. Isto, contudo, não implica a divindade originária do messias cuja *apotheosis* se espera como um evento o final. O messias está unido *de baixo* à última, a mais baixa, *sefirá*, até a consumação do processo escatológico, quando ele ascenderá à esfera de *Tiferet* (isto é, a da configuração *zeir anpin*). Uma vez removido do universo, o messias receberá um novo nome e "sua luz resplandecerá entre as supernas *sefirot* e ele será exaltado entre elas". Notemos, entretanto, que, segundo a Cabala luriânica, a *sefirá Malkhut* também será exaltada então e ascenderá a uma posição superior[102].

Estas expressões e figuras de linguagem, não obstante, implicam algo como uma deificação do messias. Uma doutrina assim estava, de fato, tomando forma no espírito de Natan, mas não pode haver dúvida de que ela tenha se originado do próprio Sabatai. Ela parece basear-se em algumas de suas experiências extáticas e eufóricas, quando ele antecipava para si mesmo algum tipo de apoteose futura. A ascensão do messias à esfera do divino – obliquamente aludida por Israel Hazan e explicitamente afirmada por Natan – reporta-se à sua vida na última manifestação e não a um acontecimento após

102. A idéia da apoteose do messias é claramente expressa no comentário de Israel Hazan sobre o Salmo 21, o "salmo real", que os sabataístas haviam prescrito para recitação diária em 1666: cf; *Schoken Volume*, p. 194.

a sua morte. Como não há indício da ocorrência de tais noções nos escritos de Natan antes de seu renovado encontro com Sabatai, esta doutrina particular pode, guiçá, ter surgido como um compromisso. Sabatai Tzvi, nos momentos de iluminação maníaca, parece ter estado convencido de sua divindade. Seus adeptos, que se encontravam sob a profunda influência de sua fascinante personalidade mas que hesitavam trilhar até o fim o caminho do que pareciam ser conclusões blasfematórias, provavelmente procuravam adaptar as pretensões de Sabatai a uma doutrina cabalística aceitável. Semelhante doutrina, já havia sido formulada, antes da apostasia de Sabatai, no *Tratado dos Dragões* de Natan. Israel Hazan exprime-se de maneira muito cautelosa sobre o assunto e evita qualquer menção explícita à divindade do messias. Mas pouco depois de 1671, Natan escreveu uma carta a Salonica, na qual combinava sua doutrina do messias com sua definição da ascensão do messias ''ao grau de perfeita Divindade''. Apenas algumas partes da carta sobreviveram[103], mas são suficientes para mostrar a direção radical em que se movia a teologia de Natan. Ele enfatiza que sua própria vocação profética era somente para anunciar que o messias havia chegado e explicar sua missão e a fé a ele devida[104]. Esta fé, diz ele a seus correspondentes em Salonica, inclui a confissão de que o messias ''alcançará perfeita divindade [...] por ser isto da essência da messianidade, e se não fosse assim ele não seria o messias''. Esta é a mais extrema formulação da divindade do messias escrita durante a vida de Sabatai, e ela apenas circulou entre um pequeníssimo número de crentes.

IV. A PRISÃO E O JULGAMENTO DE SABATAI TZVI EM 1672

Os textos citados e analisados nas páginas precedentes dão um bom retrato da atmosfera que caracterizava a fé, as doutrinas e as emergentes doutrinas no círculo de Sabatai Tzvi nos anos 1666 a 1672. Os crentes propagavam suas concepções quer oralmente quer por escrito, enquanto a oposição da liderança oficial das comunidades judaicas na Turquia ganhava força, à medida que o malogro do movimento messiânico e o sentimento de desapontamento tornavam-

103. Pode-se inferir a data desta carta pelo fato de que a ''Festividade do Regozijo'' (9 de Av) é mencionada como uma celebração que dura sete dias; ver supra, p. 142, nota 44. Publiquei o texto da carta *in Zion*, VII (1942), 188.

104. Natan permaneceu coerente a este respeito, do início ao fim de sua carreira. Ele já havia escrito palavras similares no verão de 1665; cf. *Liqutei Mikhtavim*, ed. Haberman, p. 209.

se cada vez mais evidentes. Natan de Gaza continuava a exortar os crentes a perseverar na fé e uma de tais cartas enviada a uma comunidade na Macedônia, escrita por volta do final de janeiro de 1672, chegou às nossas mãos. Natan assegura a seus correspondentes que as alvíssaras referentes ao despontar do chifre do filho de Jessé eram verídicas, firmemente estabelecidas e justas, e que a luz do superno sagrado *shabat* (isto é, o messias) em breve brilharia. Quando as forças de *qelipá* aprisionaram as almas santas, também haviam capturado a alma do messias, que se encontrava agora caído ''nas profundezas do grande abismo''. Mas, muito embora a cobertura de sua cabeça (isto é, o turbante) fosse impura, ele era, não obstante, ''como o corpo do Céu em sua pureza''[105].

Inevitavelmente, a propaganda sabataísta recorria cada vez mais às formulações mais radicais e extremas de seus teólogos, sendo as próprias cartas de Sabatai (como a que citamos supra, p. 144) somente conhecidas de seu círculo íntimo mais restrito. Seus perigos para a continuidade da tradição e da vida judaicas tornava-se correspondentemente cada vez mais evidentes, e os líderes das comunidades judaicas, especialmente em Constantinopla a Adrianópolis, empenhavam-se com o melhor de seu afã para destruir a ''raiz que produz erva venenosa e amarga'' (Deut., 29:18). A tarefa não era fácil, mesmo para aqueles dirigentes que tinham conexões na corte, pois Sabatai gozava da proteção especial do sultão. Seria possível quebrar a obstinação dos crentes sem golpear primeiro o seu chefe? Os decretos de excomunhão rabínica não surtiam efeito sobre os crentes, que estavam firmemente convencidos de que uma terrível punição aguardava os rabis no momento da manifestação última do messias[106]. A perseguição contra os sabataístas intensificou-se[107], mas permaneceu ineficaz até que os chefes das comunidades em Constantinopla decidiram recorrer a meios mais práticos e subornar um dos funcionários superiores. Há versões conflitantes acerca do que efetivamente aconteceu no final de 1672, e a versão puramente imaginária de De la Croix foi tomada em seu valor normal por muitos historiadores[108]. Pouca atenção foi prestada até agora ao único relato confiável, que também

105. Publiquei o texto que se encontra em mal estado e adulterado, a partir do MS. Adler 494 (Jewish Theological Seminary, New York), in *Erets Yisrael,* IV (1956), p. 191.

106. Cf. MS. Shazar, fol. 47b.

107. Natan de Gaza refere-se a essas perseguições numa de suas cartas preservadas no caderno sabataísta que está na biblioteca da Universidade de Colúmbia, New York. ''Não fossem os méritos da fé que nos protege, eles nos teriam engolido vivos'' (*idem*, fol. 15a).

108. Aparentemente, De la Croix nem sequer estava em Constantinopla quando tais eventos ocorreram e seu relato baseia-se em confusos e parcialmente falsos rumores.

fornece datas exatas. É a narração que se pode encontrar no diário de Antoine Galland, que sucedeu De la Croix como secretário do embaixador francês junto à Sublime Porta, M. de Nointel. O relato de Galland foi corrobado em nossos dias por um documento turco que só recentemente foi interpretado de maneira correta[109]. Num certo sentido, esta descrição constitui uma seqüência da história contada acima (p. 155 e ss.) na carta a Samuel Primo, em março de 1672.

Sabatai, acompanhado por três de seus "cortesãos", que haviam apostatado por ordem sua, chegaram a Constantinopla pouco antes de 23 de agosto de 1672. Não há razão para crer na asserção de De la Croix, segundo a qual Sabatai teria caído em desgraça e sua pensão, dada pelo sultão, sido suspensa, ou que os judeus, que o temiam, o receberam com honras e festividades. Galland relata exatamente o contrário. Sabatai, aliás Aziz Mehemed Efendi, chegou a Constantinopla como um visitante estimado e imediatamente pediu ao *sorvagi* local que enviasse dois janízaros a fim de afastar visitantes judeus. Aparentemente, havia ainda muitos judeus que, sem serem necessariamente discípulos ou crentes, queriam vê-lo. Sua solicitação foi atendida e ele se movimentou pelas ruas de Constantinopla numa estranha procissão, precedido por quinze de seus crentes apóstatas e seguido por outros quinze. Era tratado com grande respeito por todos os muçulmanos. Aos congregados das sinagogas de Constantinopla (Galata, Scutari, Balata) enviou cartas solicitando-lhes que desistissem de vir visitá-lo. Relatou-se também que ele dizia suas preces primeiro em hebraico, juntamente com os seus seguidores apóstatas e, depois, de acordo com o rito muçulmano. Os turcos, conquanto soubessem disso, não interferiram[110].

Duas ou três semanas mais tarde, Sabatai foi preso. O próprio Galland registra duas versões do que se supunha haver ocorrido. Em 12 de setembro de 1672, ele anotou em seu diário que Sabatai e um grupo de adeptos entraram num sinagoga e conduziram orações judaicas. Isto foi comunicado ao comandante dos janízaros, que ordenou imediatamente a prisão de Sabatai "junto com os muçulmanos a quem ele havia tornado judeus e que estavam com ele". A referência para "muçulmanos a quem ele havia tornado judeus" (salvo se for um *lapsus calami* para "judeus a quem ele havia tornado muçulmanos") pode talvez servir de confirmação à alegação feita no *Testemunho Concernente à Fé* (cf. supra, p. 136) de que Sabatai

109. U. Heydt, "Um Documento Turco concernente a Sabatai Tzvi" (em hebraico), *in Tarbiz*, XXV (1956), pp. 337-339.

110. *Journal d'Antoine Galland*, II (1881), 194. Cf. também *RÉJ*, XVIII (1889), 106, em que é reimpressa a informação de Galland, omitindo-se, contudo, as datas sumamente importantes.

também teria convertido alguns turcos. Os prisioneiros foram acorrentados e enviados a Adrianópolis. Durante os três meses seguintes, nada foi dito em parte alguma acerca do destino de Sabatai, mas em meados de dezembro Galland ouviu de um informante confiável um relato do que havia ocorrido. Segundo este relato, os judeus teriam preparado uma armadilha para pegar Sabatai, a qual, entretanto, não funcionara a princípio porque as duas mais altas autoridades em Constantinopla, incluindo o *kaimakam*, não queriam agir contra um protegido do sultão[111]. O assunto foi então assumido pelo *bustanji bashi* (o comandante da guarda dos palácios e parques imperiais)[112] que, parece, recebera considerável suborno. O documento turco dá o nome do *bustanji* como sendo Otman Paxá, o Bósnio. Galland menciona uma soma de 4 000 piastras, mas não diz a quem foi paga esta soma vultosa – cerca de um milhão de ducados de ouro, levando-se em conta o valor do dinheiro na época. Três testemunhas foram produzidas para depor contra Sabatai Tzvi. A natureza do testemunho e da acusação pode ser inferida de duas fontes complementares.

Em dezembro de 1672, o sultão e seu grão-vizir, Ahmed Köprülü Paxá, voltaram a Adrianópolis, que haviam deixado em junho daquele ano por causa da guerra contra a Polônia. A guerra terminou com a conquista de Kamienicz e o tratado de paz de Buczacs, pelo qual a província de Podólia se tornou parte do Império Otomano. Foi a última grande vitória turca na Europa. No seu regresso, o sultão e o grão-vizir encontram Sabatai aprisionado em Adrianópolis e um informe do *bustanji bachi*, segundo o qual "muitos muçulmanos desinteressados o haviam ouvido[113] proferir blasfêmias" e que eles estavam prontos a testemunhar "e, se necessário, a vir a Adria-

111. Na época, o *kaimakam* era Mustafá Ava. Seu antecessor de junho de 1671 a abril de 1672, não foi outro senão Kasim Paxá, que havia assistido à apostasia de Sabatai (ver vol. II, p. 325). Caso Sabatai tenha visitado Constantinopla nesta época como personalidade importante, é bem possível que eles tenham se encontrado de novo.

112. A narração feita por Baruch de Arezzo (*ap.* Freimann, p. 66) é incorreta, neste ponto, e está entretecida, como de costume, de elementos lendários. Baruch atribui erradamente a responsabilidade pela prisão ao *kaimakam* de Constantinopla, mas apresenta alguns detalhes exatos acerca do comportamento judaico de Sabatai. Baruch também afirma que Sabatai foi preso e enviado a Constantinopla enquanto o sultão estava ausente, lutando contra a Polônia. Isto é confirmado por Galland e pelo documento turco.

113. U. Heydt interpreta esta passagem como uma referência a Sabatai Tzvi. Esta passagem é extraída de uma carta do grão-vizir, que cita a primeira carta do *bustanji bachi* ao governo central; cf. U. Heydt, *loc. cit.* (supra, nota 109), p. 338. O papel do *bustanji bashi* no caso também é mencionado por Galland em seu diário, com data de 18 de dezembro de 1672 (vol. I, p. 248).

nópolis''. Segundo Galland (anotado em seu diário em 15 de dezembro de 1672), as testemunhas afirmavam ter visto Sabatai ''usando filactérios e um solidéu judaico [em vez de turbante], cercado por mulheres, vinho e muitos líderes [de sua seita]''[114]. Este incidente não deve provavelmente ser confundido com o serviço de orações por ele conduzido na sinagoga, que levara à prisão de Sabatai. Subseqüentemente, os dois incidentes foram combinados e, segundo De la Croix, o *bustanji bashi*, ao efetuar a ronda noturna com a guarda, encontrou Sabatai com um grupo de amigos cantando salmos numa casa em Courou-Chesmé, um povoado junto ao Bósforo. A acusação não pode ser descartada de plano e a referência a ''mulheres e vinhos'' sugere mais a preparação para uma orgia sexual-religiosa do que uma reunião apenas com o único propósito de cantar salmos.

Um judeu de fala francesa de Adrianópolis contou a Galland que o irmão de Sabatai (provavelmente Elias Tzvi) havia apresentado uma petição ao sultão para libertar Sabatai. Ele também reportou vários outros pormenores os quais sugerem que Sabatai ainda estava nas boas graças de Vani Efendi, que também pediu sua libertação. De acordo com *le sieur Mosé* (o informante judeu de Galland), Sabatai poderia ter facilmente obtido isto, mas ele se recusava a deixar a prisão; e enquanto os amigos de Sabatai se empenhavam em conseguir a sua liberdade, as autoridades convocaram a Adrianópolis as já mencionadas testemunhas. Por acaso, a ordem de enviar as testemunhas – uma carta do grão-vizir a Otman Paxá – é o único documento oficial turco ainda subsistente acerca de Sabatai Tzvi, uma vez que todos os outros documentos relacionados a este período desapareceram dos arquivos turcos. A carta não conta, por certo, a história prévia dos subornos judaicos, em virtude dos quais o grão-vizir estava agora agindo segundo o interesse dos líderes judeus. O vizir não esconde sua hostilidade para com Sabatai e seu desejo de levar a cabo a sua execução. A carta fala do ''obstinado infiel vindo dos judeus [isto é, convertido], e recebeu o turbante e, e que está agora preso em Adrianópolis'' – Sabatai não é mencionado pelo nome – e refere-se a uma queixa formulada por Sabatai: ''uma queixa de perseguição foi apresentada perante o Campo Imperial pelo maldito prisioneiro que afirma, 'Fui perseguido e tratado injustamente' ''. O autor ordena, então, que as testemunhas muçulmanas que haviam ouvido o acusado proferir as palavras que deveriam resultar na sua execução fossem enviadas a Adrianópolis para depor,

114. ''Leur accusation était d'avoir trouvé Sabbatai Sevi avec des téphillines, avec le bonnet à la juive, avec des femmes et du vin chez lui et plusieurs semblables chefs'' (Galland, vol. I, p. 243).

de modo que uma ação fosse adotada de acordo com as previsões da lei religiosa[115].

O documento não deixa dúvida de que Sabatai foi acusado de blasfemar e renegar o Islã – ambos significando a pena capital – e que o grão-vizir, que em 1666 denotara tão notável moderação, era agora decididamente hostil a Sabatai e estava pronto a cooperar com os judeus a fim de livrá-los do messias apóstata. Em 4 de janeiro de 1673, Galland anota: "Soube que as testemunhas [contra] Sabatai foram ouvidas em Adrianópolis e que 4 000 piastras foram pagas pelos judeus desta cidade[116]. Ele foi encarcerado em Orta Capi, cujos prisioneiros são em geral tidos por condenados [à morte]. Sua execução, entretanto, foi adiada até o final do mês de Ramadan, em que os turcos tomam o cuidado de não derramar sangue. Mesmo na condição [de um prisioneiro condenado] Sabatai obteve a permissão de ir ao banho a fim de se lavar e purificar-se consoante o prescrito pela religião dos turcos"[117].

A sentença pronunciada contra Sabatai após muitos meses de prisão provocou surpresa geral. Galland anotou em 10 de fevereiro de 1673: "o judeu chamado Moisés disse-me que há um mês [isto é, por volta de meados de janeiro] Sabatai foi banido para a Moréia. O grão-vizir queria setenciá-lo à morte, não fosse a forte facção na corte que o apoiava (*la forte brigue qu'il avait auprès du Grand-Seigneur*)"[118]. Entre as personalidades que apoiavam Sabatai, encontravam-se, segundo a tradição sabataísta, a mãe do sultão e Vani Efendi[119].

Relatos posteriores afirmam que o suborno foi pago pelos líderes judeus com o fito de conseguir a remoção de Sabatai para o exílio num lugar afastado. Também que a soma foi inflada para doze sacas de piastras, totalizando 15 000 taleres[120]. A verdade é que os judeus queriam a morte de Sabatai e buscaram o auxílio do grão-vizir e do *bustanji bashi* para este fim. As testemunhas foram provavel-

115. Heydt, *loc. cit.*

116. Trata-se, provavelmente, de Adrianópolis. O pagamento destas 4 000 piastras viria em acréscimo às 4 000 pagas em Constantinopla. Infelizmente, a sintaxe da sentença de Galland admite ambas as interpretações.

117. Galland, vol. II, p. 4.

118. *Idem*, p. 35.

119. Baruch de Arezzo (*ap.* Freimann, p. 66) mistura fato e ficção lendária. O grão-vizir pediu a morte de Sabatai como herético, mas o sultão recusou-se a confirmar a sentença e quis pô-lo em liberdade. Razão pela qual o vizir exigiu que Sabatai fosse ao menos banido. A versão parece-me um tanto quando duvidosa.

120. Leyb b. Ozer (MS. Shazar, fol. 56b). O relato feito por Leyb dos acontecimentos que levaram ao exílio de Sabatai é confuso e destituído de valor histórico; cf. Emden, p. 25. No entanto, Rosanes (IV, pp. 88-89) apoiou-se fortemente na narração de Leyb, induzindo, assim, outros historiadores em erro. Não há nada a corroborar a asserção de que Sabatai teria vivido em Constantinopla por três anos após a apostasia.

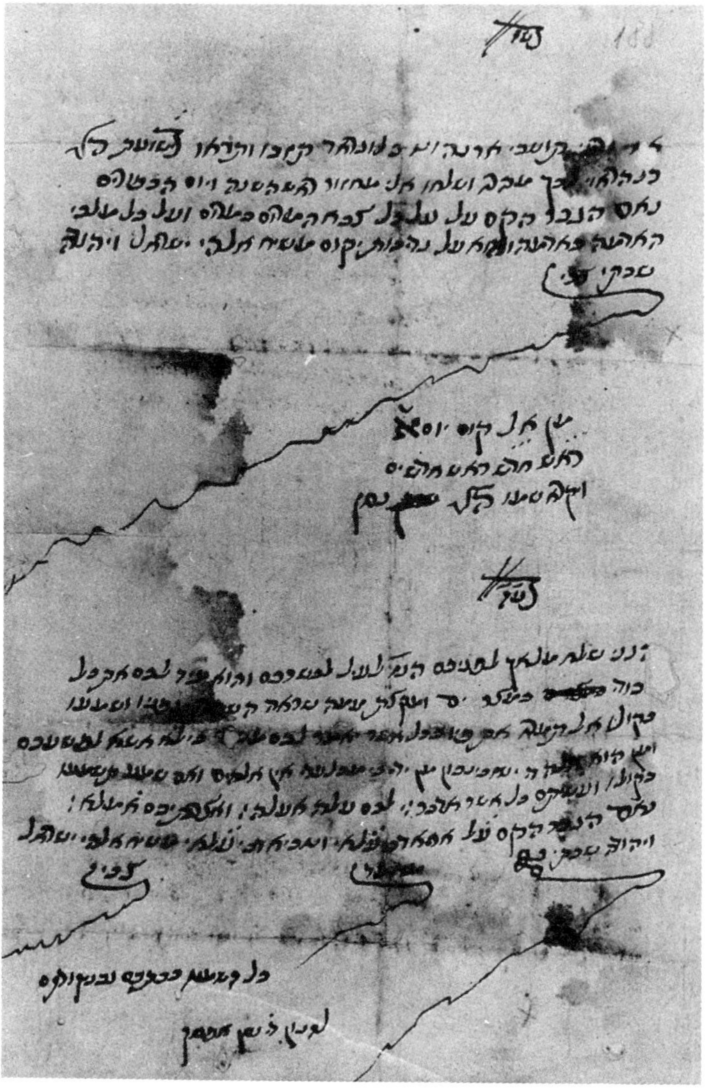

4. A única carta autografada por Sabatai Tzvi, escrita em agosto de 1676 à comunidade judaica de Berat, Albânia, à qual pede um livro de orações em hebraico para os Sacrossantos Dias, em setembro de 1676. Ms. 2262, fol. 79, Instituto Ben-Tzvi, Jerusalém.

mente aliciadas e, com o que conhecemos da atitude de Sabatai para com o Islã, não há nenhuma razão para pensar que ele haja efetivamente proferido as blasfêmias a ele atribuídas. De outro lado, pode haver alguma verdade na alegação de que ele tentara converter muçulmanos à sua fé. De qualquer modo, parece que a tradição sabataísta é, neste ponto, mais confiável do que a memória de Leyb b. Ozer, pois R. Abraão Yakhini, em uma de suas homilias, coloca as seguintes palavras na boca do messias: "Para mim abriram covas os soberbos" (Sal., 119:85) – isto, quando o entregaram para ser morto [...] Pois assim fala Nosso Senhor, o verdadeiro messias: muitos doutos fiéis estiveram comigo e eu lhes revelei o Mistério de nossa Divindade [...] Agora que fui exilado pelos gentios por causa das calúnias da multidão mesclada, eu suplico-te [nas palavras do Sal., 119:79] "Voltem para mim os que te temem[121]. Não precisou muito tempo para que a lenda sabataísta metamorfoseasse o acontecimento em uma história de milagres que não guardava nenhuma semelhança com um fato histórico. Segundo Abraão Cuenque, o próprio Sabatai solicitou ser exilado para um local distante, deixando a esposa e o filho na corte do sultão, o qual não queria deixá-lo partir[122].

O efeito que o banimento de Sabatai causou nos discípulos pode ser medido graças a uma longa carta escrita por R. Abraão Yakhini. O grupo em Adrianópolis debandou e dentre os seus membros aqueles que não apostataram espalharam-se. Samuel Primo foi viver por muitos anos em Sófia, na Bulgária, onde (segundo Yakhini) os crentes ainda eram maioria. Natan errava de um lugar a outro como apóstolo sabataísta (e provavelmente como refugiado da perseguição que sofria), retornando, de tempo em tempo, a Kastoria. A carta de Yakhini mostra que "os crentes" mais proeminentes permaneceram em estreito contato, encorajando-se um ao outro e provendo-se de cartas, profecias, visões e cálculos da data da "última manifestação". Natan ainda era considerado por todos como a personalidade central, e sua autoridade profética era indisputada[123]. Yakhini deu rédeas soltas a seus sentimentos e compôs todo um livro de poemas em louvor de Sabatai[124].

A carta de Yakhini foi descrita muitos meses após o banimento de Sabatai – provavelmente no verão de 1673. Os oponentes podiam

121. *Vavey ha-Amudim*, MS. Oxford 2 761, fol 107a.

122. *Ap.* Emden, p. 43. Cuenque oculta o fato de que houve um julgamento de Sabatai, mas o apresenta como amigo do sultão. Mesmo Tobias Rofe (*idem.* p. 46) insiste em que o sultão se comportou de maneira muito amigável em relação a Sabatai.

123. Ver a carta de Yakhini, § I, no texto publicado por A. Epstein *in RÉJ* (1893), pp. 210-215. Epstein entendeu equivocadamente muitos detalhes do documento que publicou.

124. Ver *Sefunot*, V (1961), p. 155. Preservaram-se apenas alguns de seus poemas.

agora permitir-se, após a vitória parcial, mostrar-se mais impiedosos, enquanto os crentes em Constantinopla e em outros locais tornavam-se uma seita perseguida, vivendo no temor de caluniadores e denunciantes. Diga-se de passagem que a carta nos informa sobre uma das ''estranhas ações'' que Sabatai costumava praticar, quando em estado de iluminação maníaca. O pormenor é de considerável significação, pois as fontes sabataístas, em geral, são parcas em informações específicas, preferindo, em vez disso, exprimir-se com vagos eufemismos acerca dos atos místicos de *tiqun* realizados pelo messias. Durante sua última visita a Constantinopla, Sabatai efetuou um semelhante *tiqun* místico com a noiva de um dos seguidores e até a converteu em muçulmana. O jovem protestou junto a Sabatai, alegando que havia dormido com sua noiva, podendo até tê-la engravidado, mas foi em vão. O incidente provocou um escândalo em Constantinopla e muitos crentes perderam a fé ''porque nada sabiam, nem tampouco entendiam". Na época, Sabatai escreveu uma carta a Yakhini, jurando pelo ''Deus de sua Fé'' que não havia sequer tocado na moça. Passado um certo tempo, tornou-se visível que a moça estava grávida. A criança que veio a nascer teve necessariamente de ser criada em meio aos turcos, como filho de Sabatai – embora, por certo, Sabatai jamais houvesse tocado na mãe e a criança fosse a cópia exata do noivo da moça ''como é confirmado todos os dias por aqueles que o vêem''. Apesar desta reconfortante similaridade, e apesar do fato de ''a fortaleza de minha fé permanecer firme no meu coração'', Yakhini sente-se infeliz e confuso. Talvez Natan, o profeta, mitigasse a sua angústia e lhe explicasse por que ''Nosso Senhor, o Santo de Israel'' agia de um modo que inevitavelmente escandalizaria e alienaria muitos crentes. Conquanto fosse verdade que todas as ações do messias eram puras e santas e que o apocalipse de Zerubabel houvesse, de fato, predito que o messias daria ensejo a ofensas, blasfêmias e insultos[125], por que Deus permitira, todavia, tão terríveis transgressões da Lei, que só poderiam transviar as pessoas e abalar-lhes a fé?

Ficamos sabendo pela carta de Yakhini que Sabatai havia esposado – além de sua mulher Sara, que estava com ele em Adria-

125. Sobre este apocalipse forjado, ver supra, p. 48 e ss. A citação extraída do apocalipse que Yakhini introduz no início de sua carta não foi compreendida por Epstein. O nome angélico *mari aziz* é de fato raro na literatura cabalística, embora ocorra numa antiga fórmula mágica (preservada no MS. Vaticano 216, fols. 4b-6b) como *marya aziza* (*idem*, fol. 5b). No contexto presente, entretanto, trata-se de uma forma hebraizada do nome turco de Sabatai (consoante apresentado por Galland, por exemplo, assim como pela ulterior tradição Dönmeh), Aziz Mehemed Efendi. É o nome do messias Sabatai, *aliás* Aziz Efendi (turco, *effendi* = aramaico, *mari*), que Sabatai atribui a Metraton, o príncipe dos anjos.

nópolis –, uma mulher que estava noiva de outro homem. A criança era, portanto, legalmente de Sabatai[126]. Se, de fato, era o pai de uma criança com uma mulher prometida a outrem isso constituía, segundo a lei judaica, adultério (cf. Deut., 22:23) e sua ulterior negação podia, servir de protótipo da licença sexual praticada em segredo pelos grupos mais radicais do sabataísmo tardio. Se Sabatai não tocou a jovem (como ele mesmo asseverou e Yakhini atestou – com alívio considerável – dada a aparência da criança), então o incidente, não passando de uma demonstração paradoxal e provocativa, lança uma luz interessante sobre as complexidades da vida sexual de Sabatai. Muitos anos antes, em Esmirna, Sabatai ordenara aos discípulos que lhe entregassem as filhas virgens e, poucos dias depois, devolveu-as intocadas[127]. O comportamento de Sabatai apresenta uma estranha mistura de impulsos e inibições, cujos exemplos mais antigos podem ser encontrados na história dos dois primeiros casamentos. Quando se tornou mestre de um largo número de seguidores entusiastas, pôde satisfazer seu gosto por rituais semi-eróticos e semi-ascéticos. Cabe lembrar aqui as acusações lançadas contra ele em Constantinopla (cf. vol. II, p. 318). Mesmo que haja razões para duvidar que Sabatai tenha injuriado a religião muçulmana e blasfemado contra ela, podemos facilmente imaginá-lo com os filactérios, cantando salmos e rodeado de mulheres e vinho. O quadro adequa-se à atmosfera crepuscular do misticismo erótico de Sabatai.

Infelizmente, não subsistem mais cartas oriundas do campo adversário para corrigir o relato provavelmente unilateral de Yakhini. Os judeus de Constantinopla encontravam-se, é de se presumir, num estado de desespero e confusão e as irritações deviam estar nas alturas. Um rabi asquenazita foi excomungado (provavelmente R. Mordecai ou R. Jacó Ashkenazi), e posteriormente eles insultaram "em sua maldade até o nosso mestre" – o que provavelmente significa que o decreto de excomunhão de Natan foi formalmente renovado. Yakhini fala de querelas violentas entre os incrédulos a propósito de seus tributos, conquanto não esteja claro se a referência é às taxas ou ao suborno que deveria ser arrecadado entre os membros mais ricos da comunidade. Em contraste com a confusão reinante no campo dos decrentes, a vida dos perseguidos crentes – assim como a dos cristãos primitivos – é descrita como um idílio

126. Epstein pensou que esta criança fosse Ismael, mas isto é impossível, uma vez que o incidente (que Epstein qualifica de *aventure galante*) produziu-se seis anos após o nascimento do primeiro filho de Sabatai.

127. Cf. vol. II, p. 99, nota 244. Não tenho nenhum motivo para duvidar da veracidade desta versão.

de paz, harmonia e amor fraterno[128]. Abraão Yakhini rompe agora relações com os rabis versados no Talmud, "mas espírito eles não têm nenhum", e se retira numa espera solitária. Nesta altura, os rabis também se tornam mais inquisitoriais, e abrem as cartas dos crentes para investigá-los por heresia. Abraão Cardozo enviara um opúsculo a Sabatai Tzvi, em que profetizava a última manifestação para o verão ou outono de 1673. A carta foi provavelmente escrita em Trípoli (ou talvez já em Tunis), onde Cardozo vivia, na época, mas quando o portador chegou a Galípoli a carta foi aberta[129]. Este incidente, relatado por Yakhini é o primeiro caso conhecido de censura aplicada pelos rabis contra os sabataístas[130]. Mais tarde ela se tornou prática corrente. Yakhini também elogia Samuel Primo por ele sofrer perseguição em nome da fé[131]. Mas as alusões são demasiadamente vagas e obscuras para permitir uma interpretação precisa.

Yakhini confiou sua carta a R. Elias Ashkenazi, o pregador polonês que se estabelecera em Safed (cf. vol. II, p. 93). Yakhini conta que Elias Ashkenazi tivera "um sonho terrível" no qual também Isaac Luria apareceu e que o levou a reconhecer "a verdade de Nosso Senhor". Nenhuma razão é dada para a sua partida de Safed, embora Yakhini sugira que Ashkenazi estava viajando com a esperança de coletar um dote para sua filha. Quando chegou a Constantinopla – aparentemente em 1673 – viu-se relegado ao ostracismo pelos rabis devido à sua fé e decidiu ir a Sófia, onde os crentes eram a maioria. Yakhini o recomenda mui calorosamente a eles. O grande amor que Sabatai lhe havia dispensado "naqueles dias abençoados de 1666" devia constituir motivo suficiente para que o viajante fosse recebido "com honras e hospitalidade[132].

128. Carta de Yakhini, *loc. cit.* (supra, nota 123), par. 8.

129. Cardozo escreveu provavelmente esta carta antes de receber as notícias do banimento de Sabatai, enviando-a assim a Adrianópolis. Yakhini ouviu a história de Abraão Handali, um dos "reis" que Sabatai havia nomeado em Esmirna. O texto de Epstein (*loc. cit.*, par. 9) refere-se a "Abraão Mandal", o que pode ser tanto um erro de redação como de impressão.

130. O texto de Cardozo não deve ser confundido com a primeira de suas obras teológicas, na qual disserta sobre a diferença entre a "primeira causa" e o "Deus de Israel", doutrina que posteriormente estabeleceu sua reputação de arqui-herético. Este trabalho, *Boqer Abraham* ("a manhã de Abraão"), que subsiste em vários manuscritos, foi escrito em 1672, tendo Cardozo o enviado a Sabatai. O livro silencia completamente acerca do messiado de Sabatai. O MS. Berlim 8º 940 desta obra (ou, mais exatamente, a própria obra), foi terminado em 2 de Kislev de 5433 (30 de novembro de 1672). A "longa carta" que acompanhou o livro quando foi enviado por Cardozo a Adrianópolis chegou após o banimento de Sabatai para Dulcingo: cf. *Sefunot* III-IV (1960), 216-217.

131. *Loc. cit.*, par. 11.

132. *Loc. cit.*, par. 13-15.

V. BANIMENTO DE SABATAI PARA DULCINGO. O REVIVALISMO MESSIÂNICO NOS ANOS DE 1674-1675 EM AMSTERDÃ E NA ÁFRICA DO NORTE

Nem Galland (cf. supra, p. 178), nem outros diplomatas estrangeiros especificaram o local do exílio de Sabatai, observando apenas que ele havia sido "banido para a Moréia", que compreendia a Grécia e a Albânia[133]. É possível que as autoridades turcas pretendessem manter em segredo o local do exílio a fim de evitar maiores comoções entre os judeus. No início do século XVII, Leyb b. Ozer repetia ainda que Sabatai havia sido exilado em Bassan (um distrito da Albânia) num sítio "onde nenhum judeu jamais havia posto o pé antes"[134], acrescentando que não conseguira descobrir exatamente para onde ele fora enviado. Segundo Leyb, os rabis na Turquia tinham ameaçado de excomunhão a quem quer que mencionasse o nome de Sabatai, e assim "nenhum bom judeu se atreveria a investigar a este respeito e incorrer na pena de excomunhão, enquanto os crentes [sabataístas] inventavam todas as espécies de mentiras, confundindo uns aos outros [...] Em conseqüência, nenhum judeu na Turquia sabia onde Sabatai se achava e onde ele morreu"[135]. Sobre este ponto, assim como sobre outros, a narração de Leyb está repleta de confusões e erros (cf. infra, p. 220), pois não há dúvida de que, ao menos durante os primeiros anos, tanto judeus como cristãos conheciam o local de exílio. De la Croix, escrevendo em 1679, diz[136] que Sabatai havia sido aprisionado na fortaleza de Dulcingo, na Moréia, enquanto, segundo Tobias Rofe, os turcos o mantiveram ali para ver o que ele faria depois[137]. Sabatai viveu como um prisioneiro político no desterro, isto é, não em confinamento e, após certo tempo, foi até mesmo autorizado a receber visitantes.

Dulcingo situa-se no extremo sul do que atualmente é conhecido como a Iugoslávia, no Adriático, e é hoje chamada Ulcinj. A tradição sabataísta preservou o nome do lugar quer em italiano (Dulcigno) quer em turco (Ülgün). A forma turca foi mudada pelos sabataístas para Alqum em alusão a Provérbios, 30:31: "o rei contra quem não

133. Santi Bani, embaixador do duque da Toscânia, informou a Florença em 19 de janeiro de 1673 que o processo contra Sabatai havia terminado no final de dezembro e que ele havia sido banido para um lugar "onde não havia ninguém de sua nação"; cf. G. Levi in *Vessilo Israelitico*, LIX (1911), 513-515.

134. *Ap.* Emden, p. 25.

135. MS. Shazar, fol. 53b. Na versão impressa (*ap.* Emden) Leyb menciona repetidamente seus esforços para localizar o sítio exato.

136. *Op. cit.*, p. 384.

137. *Ap.* Emden, p. 46.

há como erguer-se'' (em hebraico *melekh alqun*)[138]. Esta associação verbal foi provavelmente inventada pelo próprio Sabatai e numa carta autógrafa de 1676, que ele assina como rei acima de todos os reis, e como ungido de Deus de Israel e Judá, especifica ''dada em Alqum''[139]. Impõe-se à razão que os discípulos logo obteriam informações a respeito de seu paradeiro. Abraão Cardozo menciona freqüentemente Alqum como a residência de Sabatai, e não há motivo para duvidar que mesmo aqueles crentes que não mencionavam explicitamente o lugar, sabiam dele[140].

Não sabemos muito acerca do estado mental de Sabatai após o seu banimento, embora uma interessante informação tenha sido preservada numa carta de um companheiro muito próximo de Natan durante todos aqueles anos, Samuel Gandoor. Escrevendo em setembro de 1677 a Moisés Capsuto, um crente sabataísta em Livorno, Gandoor diz, em conexão com o jejum de 9 de Av que ''Vossa Excelência sabe que nos últimos seis anos temos observado o jejum por ordem dele [isto é, Sabatai] [...] mas sem choro, lamentações e endechas''[141]. O decreto pode ter sido anunciado em Adrianópolis em 1672 e observado até a morte de Sabatai, embora seja igualmente possível que não tenha sido expedido até 1673, quando Sabatai já estava no exílio. De qualquer modo, sabemos que naquele verão de 1671, o 9 de Av foi celebrado como uma festividade durante sete ou dez dias[142]. A solução de compromisso, isto é a de guardar o jejum sem, entretanto, recitar as tradicionais lamentações, é uma tentativa de marcar o tempo, e reflete claramente o efeito do exílio sobre Sabatai.

A mulher de Sabatai, ''Senhora'' Sara, foi autorizada, depois de algum tempo, a juntar-se ao marido. A permissão foi concedida

138. Samuel Primo, antes de visitar Sabatai, escreveu que ele estava prestes a ir ao *melekh alqum*; cf. *Sefunot*, V (1961) 274.

139. *Idem*, p. 250.

140. Baruch de Arezzo, escrevendo menos de dez anos após a morte de Sabatai (cf. G. Scholem *in Zion*, XVII [1952], p. 80) diz que Sabatai ''foi enviado a Dulcingo, na fronteira da terra de Ismael [a Turquia] e de Edom [isto é, os países cristãos], e ali permaneceu até sua ocultação''. (*ap.* Freimann, p. 66). Alguns poucos anos mais tarde, a lenda sabataísta já está em plena florescência com Abraão Cuenque, mas, embora este não mencione explicitamente Dulcingo, sua descrição claramente a ela alude: ''um local afastado, nos confins do reinado, onde não há turcos [exceto, naturalmente, as autoridades e os guardas] mas apenas incircuncisos [isto é, os cristãos]'', cf. *ap.* Emden, p. 43.

141. Esta carta permite-nos datar corretamente a carta de Natan tal como foi publicada (mas com data incorreta) em *Sefunot* (1961), 253-254. A linguagem é quase idêntica à da carta de Gandoor e ali se explica que, por enquanto, o jejum de 9 de Av deveria ser honrado ''a fim de nos associarmos à dor de Israel'' até que tudo fosse revelado publicamente. A carta pode situar-se apenas no período após 1672.

142. Ver supra, p. 147, a carta do rabi de Budapeste, e p. 141.

pelo grão-vizir, que recebeu do irmão de Sabatai, Elias Tzvi, um suborno apropriado[143]. Em Dulcingo, a vida de Sabatai exibia o familiar ritmo maníaco-depressivo. Ele vivia num mundo fechado, de suas próprias imaginações, expressando-se em cartas dirigidas aos discípulos num estilo alusivo e simbólico, que paira entre o patético e o banal[144]. Tais cartas, algumas das quais subsistentes[145], são notas curtas mais do que longas epístolas, e contêm instruções acerca da observância, quer dizer, abolição, dos dias de jejum, e alusões a seu possível "retorno" em 24 de Kislev de 5434 (21 de dezembro de 1673). Não se sabe claramente se se trata de um retorno do exílio ou um retorno ao judaísmo e o abandono da vida de muçulmano. Talvez ele acreditasse que, naquela data, o período de sete anos de aprisionamento pela *qelipá*, que começara no outono de 1666, chegaria ao fim e que a missão messiânica a ele vinculado estaria realizada[146].

Logo depois, em 1674, sua mulher Sara morreu e Sabatai pensou em consumar, por fim, o casamento com a filha de Aarão Majar, de Sófia, com quem havia noivado no verão de 1671[147]. A moça morreu antes de poder juntar-se a Sabatai em Dulcingo, mas Sabatai anunciou a intenção de ressuscitá-la dentro em breve. Israel Hazan menciona[148] uma carta selada que Sabatai havia enviado por intermédio de um mulá muçulmano de Ülgün a seu sogro Aarão Majar

143. De la Croix, p. 384. Também na Itália os crentes sabataístas sabiam que o messias tinha de ir para o exílio "junto com sua mulher, a fim de dar reparação pelo pecado de Adão, como está escrito (Gên., 3:8), 'e Adão e sua mulher esconderam-se'; cf. G. Scholem *in Dinaburg Jubilee Volume*, p. 254. Descobertas posteriores habilitaram-me a estabelecer que os textos a partir dos quais esta citação é extraída foram compostos no círculo de Abraão Rovigo em Módena; cf. Israel Tishby, *Nas Sendas da Fé e da Heresia* (hebraico), (1964), pp. 81-107, 295-305.

144. Cf. Baruch de Arezzo, *ap*. Freimann, p. 67.

145. *Idem*, e também *Sefunot*, V (1961), 250.

146. Esta suposição baseia-se em informação fornecida na lista de manuscritos na Coleção Günzburg, Moscou, n. 1 109 (vol. II, § 279). Ali, faz-se referência a um manuscrito sabataísta, em cujo final existe uma folha contendo "O Sagrado Mistério da Divindade" e outra folha que começa com as palavras "Um decreto de AMIRAH concernente aos jejuns [e] que ele iria retornar em 24 de Kislev de 434". Não existe foto fotostática disponível deste manuscrito, que pode conter documentos relevantes para o presente estudo. O curto sobrescrito não deixa claro se Sabatai determinou a observância do jejum (cf. a carta de Gandoor, citada supra, p. 185) ou se a referência é a um de seus decretos anteriores abolindo o jejum.

147. Cf. supra, p. 154. A seqüência exata dos acontecimentos tal como estabelecida pelos documentos da Coleção Amarillo confirma a cronologia de Tishby em *Sefunot*, III-IV (1960), 97, n. 32. Baruch de Arezzo (*ap*. Freimann, p. 66) erroneamente data a morte de Sara antes do banimento a Albânia, o que fez outros concluírem que ela falecera em Adrianópolis. O testemunho de Israel Hazan acerca do ano da morte da "Matrona" é decisivo.

148. MS. Kaufmann 225; cf. *Schocken Volume*, p. 169.

em Bashan[149]. A caminho de Sófia, o portador da carta levou também uma mensagem ao círculo de ''crentes'' de Kastoria. Quando Natan pediu notícias de Sabatai, o mulá contou-lhe sobre "o falecimento da Senhora e a ressurreição''[150] e que Sabatai estava rachando lenha, cortando ele mesmo as grandes toras e dando as menores ao ''Nosso Senhor Ismael''.

Ismael, nascido em 1667, ''quando as forças do julgamento venceram as da mercê'' e ''sob o turbante'' (isto é, após a apostasia), tinha sete anos de idade quando sua mãe morreu. Ele permanecera com o pai em Adrianópolis (cf. supra, p. 151) e Israel Hazan o conheceu pessoalmente. Desde que Natan havia profetizado que, através deste menino, os gentios sobreviveriam e seriam salvos, já que Deus ''não deseja a destruição de sua criação''[151], Ismael foi objeto de certas esperanças soteriológicas nos círculos sabataístas. Segundo Israel Hazan, ''a posição de Nosso Senhor Ismael será comparável à de AMIRAH ao tempo de sua unção, pois [após a manifestação última] AMIRAH será exaltado acima da compreensão dos mortais, mas 'sua semente será poderosa na terra' (Sal., 112:2) e ele [isto é, Ismael] será nosso Senhor. Pois, na verdade, AMIRAH o havia chamado e nos dito [na presença de Ismael]: Este é nosso Senhor''. Ismael evidentemente ainda estava vivo quando Israel Hazan registrou tais profecias[152].

A nomeação de Ismael como ''Senhor'' e herdeiro do trono de seu pai pode ser de ajuda para explicar o costume adotado no círculo íntimo de crentes de se referir a Sabatai Tzvi como o ''Amado''. Diz-se que Natan decretou ''chamá-lo [isto é, a Sabatai] não mais de Nosso Senhor, mas Nosso Amado''[153]. A informação é confirmada por uma série de cartas escritas em Livorno por R. Meir Rofe, de Hebron, a R. Abraão Rovigo, de Módena[154], e nas quais Sabatai é designado exclusivamente por este título (que, diga-se de passagem, também era aplicado pelos primeiros cristãos a Jesus).

149. Os sabataístas descobriram no nome da província da Basânia uma alusão a Salmos, 68:22: "O Senhor disse: 'Eu os farei voltar de Basã' ", utilizando ''Basã'' para designar ''Albânia''.

150. Isto se refere provavelmente a uma ressurreição que se esperava que ele realizasse mais do que a um milagre já realizado. A promessa feita por Sabatai de ''ressuscitar sua noiva que havia morrido em Sófia um anos antes'' também é mencionada em uma carta escrita por Meir Rofe a Abraão Rovigo, no verão de 1675; *Sefunot, loc. cit.*

151. Cf. Sasportas, *op. cit.*, p. 201.

152. Ver *Schocken Volume*, pp. 172-73.

153. *Ap.* Freimann, p. 96.

154. As citações dessas cartas apresentadas na edição original (em hebraico) da presente obra foram colhidas no manuscrito autográfico de Meir Rofe no Museu Britânico (Or. 9 165). Desde então Is. Tishby publicou ''As cartas de Meir Rofe a Abraão Rovigo, nos anos 1675 a 1680'', *in Sefunot*, III-IV (1960), 73-130.

Nada mais é dito em nossas fontes acerca da noiva que Sabatai arrebatara de seu prometido em Constantinopla, mas o filho dela que, segundo Yakhini, cresceu na casa de Sabatai, e era considerado pelos turcos como seu filho, pode muito bem tê-lo acompanhado a Dulcingo. Uma criança de nome hebraico Abraão é mencionada por Sabatai em sua carta ao sogro, R. José Filosoff. Além de Ismael, no entanto, Sara lhe dera apenas uma filha (em 1672).

Filosoff era um erudito altamente estimado em Salonica[155] e após a morte da noiva em Sófia, Sabatai pediu a Filosoff a mão de sua filha. José Filosoff, que era discípulo de Natan na Cabala sabataísta, consentiu, a despeito das graves conseqüências pessoais que estes novos liames de família poderiam acarretar-lhe. Aos rabis e dirigentes laicos da comunidade judaica que o destituíram do rabinato e suspenderam o pagamento de seu salário, respondeu: "Sei o que estou fazendo. A coisa procede do Senhor" (cf. Gên. 24:50) e "ele a enviou, acompanhada de seu filho[156], e o casamento teve lugar em Dulcingo [...] segundo o rito judaico"[157]. Sabatai considerava José Filosoff uma encarnação de Saul, dirigindo-se-lhe nas cartas como "Saul" e referindo-se à sua filha (isto é, a mulher de Sabatai) como Michal[158].

O casamento ocorreu em 1675 e as notícias logo alcançaram Livorno, onde Meir Rofe, de Hebron, residia então. Rofe havia deixado a Terra Santa junto com Natan de Gaza no outono de 1666 e era um membro do círculo íntimo deste último em Adrianópolis, onde também recebera o "Mistério da Divindade"[159]. Sasportas não podia ocultar seu espanto com o fato de que este erudito, "após ter visto Sabatai apostatar, ainda perseverava em sua fé, reafirmando que ele [Sabatai] e nenhum outro é o messias". Rofe manteve correspondência com os principais sabataístas, confortando-os e enco-

155. Para as expressões de estima em que Filosoff, é tido, cf. Michael Wilenski, *Kirat Sefer*, XV, (1939), p. 491 (citando R. José David, de Salonica) e Rosanes, vol. IV, pp. 15 e 88, (citando o sogro de Filosoff, o célebre R. Baruch Angel, de Salonica).

156. Este filho, Jacó Filosoff (conhecido também como Jacó Querido) tornar-se-ia mais tarde um dos líderes dos Dönmeh.

157. Baruch de Arezzo, *ap.* Freimann, p. 67; cf. também o relato de Moisés Hagiz, *ap.* Emden, p. 43. O casamento também é mencionado por Meir Rofe, *Sefunot,* III-IV (1960), 96.

158. A filha de Saul; cf. I Sam., 18:22. Na carta em que pede a Filosoff a mão de sua filha, Sabatai escreve: "Dê-me sua filha Michal para esposa" (MS. Günzburg 517, fol. 81a). Ao mesmo tempo, ele era também considerado uma reencarnação de Mordecai, e sua filha como Ester.

159. Sem dúvida, Rofe era um dos quatro eruditos inominados de Hebron, a quem (segundo Cuenque, *ap.* Emden, p. 41) Sabatai havia convocado a Constantinopla. Sobre a sua estada em Adrianópolis, ver Sasportas, *op. cit.*, p. 363, e a carta de Cardozo, *ap.* Weiss, *Beth ha-Midrash*, p. 64.

rajando-os na fé. As datas exatas de sua estada em Livorno não são conhecidas, embora seja certo que ele já se encontrava lá no verão de 1674[160], não tendo partido antes do inverno de 1678[161]. Durante a permanência em Livorno, foi escolhido pela comunidade judaica de Hebron como emissário oficial[162] e seu prestígio de erudito e representante de Hebron conferiu-lhe provavelmente imunidades ante as vexações e insultos, apesar de sua firme fé sabataísta ser bem conhecida. Ele tomava o cuidado de evitar quaisquer referências à messianidade de Sabatai em público ou em sua correspondência com descrentes[163], muito embora a sua presença na Itália fosse indubitavelmente uma fonte de conforto e força aos crentes de lá. Escrevendo a Rovigo no verão de 1675, Rofe reporta que o "Amado" se casara com a filha do Rabi Florentin[164] e que o profeta Natan e Samuel Primo tinham ido vê-lo. "Seguramente, não é sem motivo que Natan resolveu visitá-lo [naquele momento]" e, em conseqüência, Rofe estava esperando boas novas para muito breve "e, então, retornarei à minha morada anterior com o Amado"[165].

Sabatai não teve filhos de seu último casamento, ainda que, numa carta ao sogro, ele se refira a sua mulher como "mãe" de seus dois filhos (na realidade, enteados dela). A tradição Dönmeh pretende que a última esposa de Sabatai se chamava Jochebed[166],

160. Sasportas, *op. cit.*, p. 363.

161. Esta é a data de sua última carta de Livorno a Rovigo.

162. Cf. *Sefunot*, III-IV (1960, 97. Desde 1650-1652, Rofe havia trabalhado em favor da comunidade de Hebron e era considerado fideicomissário de seus interesses. Em 1677, ele empreendeu viagem de volta para casa e, após haver permanecido vários meses no Egito, alcançou Hebron de novo no outono de 1678. (Sua primeira carta de Hebron para Módena é datada de 15 de Kislev de 5439, i. é., 30 de novembro de 1678.) Isto destrói a alegação de que Rofe temia voltar para casa: "e alguns suspeitam haver o supramencionado R. Meir apostatado com Sabatai e os outros, o que fica provado pelo fato de que ele permaneceu na Diáspora e não retornou à sua casa em Hebron, evidentemente porque está com medo". (Sasportas, *idem.*). "R. Meir Stern de Hebron" que Ber Eibeshütz Perlhefter (sobre este, cf. Is. Tishby, "The first Sabbatian *magid* in Abraham Rovigo's Circle", *in Zion*, XXII [1957], 21-55) encontrou no círculo de Rovigo em Módena (ver Perlhefter, *Beer Shèva*, MS. Oxford, Catálogo Neubauer n. 1 416) não é outro senão Meir Rofe. Sobre as opiniões de outros contemporâneos a respeito de Meir Rofe, ver M. Benayahu, "As cartas de R. Samuel Aboab" etc., *Yerushalaim*, II, 5 (1955), 153, 179.

163. A carta a Amsterdã (1673 ou 1674) na qual Rofe relata que, após haver banido Sabatai, o sultão "chamou-o de volta e o honrou grandemente" pode ter sido endereçada a Abraão Pereira que era um sabataísta proeminente, assim como mecenas da *yeshivá* de Hebron.

164. Confusão dos nomes Florentino e Filosoff.

165. *Sefunot*, III-IV (1960), 96-97.

166. Cf. Galanté, p. 58, e um certo número de canções Dönmeh, *e.g.*, Attias e Scholem, *Shirot ve-Tishbachot* (1958), p. 205. Ela também se converteu ao Islã, adotando o nome Aysha. Seu túmulo, que ainda existia há cinqüenta anos, era um local de

embora seu marido lhe tivesse dado outros nomes simbólicos. O "Caderno Sabataísta" de Rovigo[167] contém um poema de José Filosoff em homenagem ao casamento de sua filha no qual é três vezes chamada de Ester. O mesmo nome aparece numa carta curta e enigmática endereçada por Sabatai Tzvi a "Saul [aliás José Filosoff], o eleito de Deus, [que é] Mordecai, o filho de Yair, o filho de Shimei, o filho de Kish, um benjaminita"[168], na qual ele menciona "minha mulher, Hadassa Michal, que é Ester[169], minha irmã, meu amor, minha pomba, minha imaculada [cf. Cântico dos Cânticos, 5:2] e seus [sic] dois filhos Ismael e Abraão". Conquanto não seja impossível que Ester e Hadassa sejam também nomes alegóricos[170], é igualmente possível que seu nome verdadeiro fosse Ester (e não Iocheved) e que o único nome alegórico que Sabatai lhe dera fosse o de Michal. A carta[171] foi escrita por Sabatai na primavera de 1676, quando atravessava um de seus estados de iluminação exaltada e anunciava a Filosoff sua visita iminente, acompanhado pela família. Ela era assinada "O Ungido de Deus de Israel e de Judá", uma assinatura recorrente em outras cartas daquele período, e que pode refletir um novo desenvolvimento de sua teologia do "Mistério da Divindade".

Os primeiros anos do exílio de Sabatai foram um período de tensa espera para seus crentes, que aguardavam acontecimentos decisivos a qualquer momento. Abraão Rovigo, em Módena, mostrava-se particularmente ansioso em suas expectativas de boas novas, e Meir Rofe precisou repetidamente desapontá-lo: "com referência ao Amado, não há novidades. Se quaisquer boas novas chegarem, eu vos farei saber". O anúncio do casamento de Sabatai suscitou em vão novas esperanças messiânicas. No final do verão de 1675, Rofe escreveu que Moisés Pinheiro havia recebido uma carta em que seu correspondente relatava haver falado "sobre o Amado com seu irmão R. José [Tzvi], e ele me contou que não havia nenhuma novidade até então, mas que ele esperava diariamente cartas de seu irmão Elias [Tzvi], em Adrianópolis, o qual o notificara que em breve ele teria notícias a dar-lhe de Nosso Senhor e irmão". As "notícias" provavelmente referiam-se ao casamento de Sabatai.

peregrinação para os sectários; cf. I. R. Molkho *in Reshumot*, VI (Tel Aviv, 1930), 539. É lamentável que ninguém tenha se dado ao trabalho de copiar a inscrição turca do túmulo, a qual certamente trazia o ano do falecimento.

167. MS. no Instituto Ben-Tzvi na Universidade Hebraica de Jerusalém, fol. 19b (fundo do dr. Is. Sonne, previamente em Cincinnati).

168. Cf. Ester, 2:5; segundo a lenda rabínica, Mordecai era um descendente de Saul.

169. Hadassa e Ester são idênticas; cf. Ester, 2:7.

170. Cf. supra, nota 159.

171. Citado por Baruch de Arezzo, *ap.* Freimann, p. 68.

As cartas de Rofe para Rovigo iluminaram o estado de ânimo e as expectativas que predominavam no pequeno círculo de crentes em Livorno, e suplementam a informação coletada por Sasportas – ainda que com o viés de um oponente – durante o ano de 1674. As cartas veiculam um estado de espírito caracteristicamente sectário, tal como encontramos em Constantinopla[172] e que se desenvolveu com notável rapidez. O centro da vida sectária em Livorno era a casa de Moisés Pinheiro, cujo neto, R. José Ergas, havia de tornar-se, quarenta anos mais tarde, um dos mais proeminentes e determinados combatentes da luta anti-sabataísta[173]. A certa altura, em 1674, um jovem erudito chamado Moisés Harari[174] chegava a Livorno. Ele fora um dos crentes que haviam apostatado em Adrianópolis, mas depois escapara para um país não-muçulmano a fim de retornar à religião judaica, sem, contudo, abandonar a fé em Sabatai. Na Itália, ele manifestou a típico comportamento dúplice de um sectarismo clandestino. Aos incrédulos declarou que a fé sabataísta não passava de mentiras e falsidade, "mas, em segredo, foi aos crentes, exortando-os a perseverar em sua fé e [assegurando-lhes] que tudo o que dizia aos descrentes não era verdade [...] e fora expresso meramente por motivos de segurança". Os crentes reuniam-se na casa de Pinheiro, onde Harari lhes expunha passagens do Zohar que continham alusões místicas a Sabatai Tzvi e ensinava que "aquele que não acredita [em Sabatai] não pode ser chamado de israelita". Os anciãos da comunidade judaica, sabedores de que ele já havia apostatado uma vez, temiam excomungá-lo, a fim de que não apostatasse de novo e se tornasse cristão. A Pinheiro e Harari juntou-se R. Judá Sharaf, o mestre de Primo e um dos primeiros "crentes" de Gaza, que passou os derradeiros anos de sua vida em Livorno, onde morreu em 1675. A autoridade e o prestígio deste grupo, renomado como era por sua grande erudição e piedade ascética, conferiu indubitavelmente um halo protetor ao círculo sabataísta de Livorno. Durante algum tempo, foram reforçados com a presença de Abraão Cardozo que viera de Túnis para Livorno no outono de 1674, mas viu-se forçado pelos anciãos da comunidade a partir no final de maio de 1675[175].

172. Cf. supra, pp. 157-159, a análise da carta de Yakhini.

173. Curiosamente, R. Malachi Kohen, de Livorno (no prefácio ao *Divrei Yossef* de Ergas, Livorno, 1742) elogia Pinheiro como grande asceta e cabalista, sem fazer a menor alusão a seu envolvimento no sabataísmo, que ainda era muito forte na época em que R. Emanuel Ergas desposou sua filha Sara.

174. Ele haveria de tornar-se depois rabino em Alepo e adquirir a reputação de mestre da "Cabala prática"; cf. a nota de Tishby a Sasportas, *op. cit.*, p. 362.

175. Cf. a carta de Rofe *in Sefunot*, III-IV (1960), 95. De Livorno, Cardozo foi para Esmirna.

Deve ter havido muitas idas e vindas entre os Bálcãs e a Itália, e Meir Rofe e Moisés Harari não foram certamente os únicos viajantes a trazer aos fiéis da Itália missivas e novidades de Sabatai e Natan. Uma carta escrita por Abraão Rovigo em 1675 ou 1676 ao profeta Natan em Kastoria lança muita luz sobre a vida interna, as perplexidades e as lutas de um sabataísta sincero, podendo servir como uma espécie de protótipo de uma *confessio credentis*. O original da carta perdeu-se, mas a cópia manuscrita de Rovigo sobreviveu[176] Rovigo confiara a carta a viajantes que haviam chegado de Kastoria e estavam a ponto de retornar para lá; ela e foi claramente escrita depois que Rovigo recebeu – talvez de Meir Rofe – cópias de alguns escritos sabataístas de Natan. Com efeito, as alusões de Rovigo ao "portador desta carta" ajustam-se a Rofe em todos os sentidos e fica-se tentado a identificar os dois, não fosse pelo fato de Rofe ter-se estabelecido em Livorno, e não haver retornado a Kastoria[177]. Rovigo claramente exagera um pouco quando descreve seu isolamento e solidão em Módena, longe da presença do Senhor e do messias e até de companhia sabataísta congenial e é surpreendente que ele não faça nenhuma menção ao grupo sabataísta muito ativo de Livorno. Ele estava na dependência, quanto a notícias e informações, de "viajantes que visitam este país e ficam na minha casa", mas teve a sorte de ver alguns escritos de Natan, todos repletos da sua prodigiosa e impressionante sabedoria. Em particular, "o portador desta carta", chegando de Kastoria, revigorou o coração do missivista com notícias de primeira mão sobre Sabatai e Natan "e graças a Deus que eu sou um verdadeiro crente". Circuntâncias pessoais (que o portador da carta explicaria a Natan) impediram-no de deixar Módena e ir para "montanha do Senhor", nos Bálcãs. Se, no entanto, Natan o chamasse, ele deixaria tudo de lado e não pouparia gastos para obedecer a sua ordem. Ele pede a Natan que "revele a mim a raiz da minha alma" e o faça conhecer o *tiqun* apropriado. Ele ficaria muito feliz se Natan se dignasse a responder-lhe ("por meio do mesmo amigo") e possivelmente também lhe desse algumas notícias acerca do AMIRAH.

Comparando este extravasamento de fé, devoção, abandono e intensa nostalgia com as cartas que Rovigo escreveu a R. Moisés

176. Ela foi publicada por Is. Sonne no *Alexander Marx Jubilee Volume* (1953), pp. 89-93. O texto da carta também é dado em *SS* (pp. 756-767), onde corrigi algumas transcrições com base em uma fotocópia do manuscrito de Cincinnati que o Dr. Sonne teve a bondade de pôr à minha disposição. Um fac-símile do manuscrito aparece na edição hebraica desta obra, em frente à p. 770.

177. Não é impossível, entretanto, que a carta tenha sido escrita num momento em que, em virtude dos rumores de iminentes boas novas, Rofe esperava "todo o dia" voltar à presença do messias e do profeta.

Zacuto, parece quase impossível que tenham sido escritas pelo mesmo homem. Zacuto havia sido o professor de Cabala luriânica de Rovigo e as cartas demonstram – se tal demonstração fosse necessária – a dificuldade de se extrair conclusões válidas de escritos dirigidos por crentes a não-crentes. Era somente quando escreviam a companheiros de fé que os sabataístas abriam os corações e exprimiam o fundo de seu pensamento, um fato convenientemente posto de lado nas discussões sobre o sabataísmo tardio.

Tendo desistido de seus planos de prosseguir viagem para Túnis e Trípoli, e enquanto esperava "cada dia" retornar à presença do messias, Meir Rofe devotava-se à tarefa de propagar os escritos de Natan entre os crentes. Quem o recebesse devia prometer não se desfazer dos documentos nem mostrá-los a estranhos. O trabalho de copiá-los também devia ser confiado a escribas de confiança. Os folhetos de Natan estavam, assim, em vias de converter-se em "literatura clandestina" já em 1675[178]. Como durante o grande despertar messiânico de 1666, cresciam os rumores sobre prodigiosos milagres operados por Sabatai. Meir Rofe rejeitou-os como mentiras, e falsidades, e assegurou a Rovigo: "Deus me livre de tê-los ocultado de Vossa Excelência, caso neles houvesse a menor verdade"[179].

As cartas de Rofe refletem a vida e as esperanças dos sabataístas em Livorno e Módena. Era uma vida de devoção e de piedade ascética. Recolhidos para dentro de si mesmos e experimentando a esperança messiânica em seus corações, não tinham nem as antinomianas preocupações paradoxais do grupo apóstata, nem o mínimo desejo particular de debater as sutilezas doutrinárias acerca do estatuto místico do messias[180]. Em outros lugares, contudo, a expectativa atingiu novos picos de tensão e explodiu em manifestação de fervor messiânico. Relatos recebidos tanto por incrédulos como por crentes (e especialmente no círculo imediato de Sabatai Tzvi) indicam que revelações proféticas e outras manifestações ocorreram nos mais remotos lugares durante os anos 1674 e 1675 (isto é, após o banimento de Sabatai para Dulcingo). A atividade de Abraão Cardozo naqueles anos, como de fato toda a carreira deste notável marrano e líder sabataísta, merece um tratamento à parte. Para o nosso presente pro-

178. Problemas relativos à cópia e à transmissão dos escritos sabataístas que se encontravam em poder de Meir Rofe são mencionados várias vezes em sua correspondência com Rovigo.

179. *Sefunot*, III-IV (1960), 105. Histórias similares de milagres que ocorreram supostamente por volta do fim da vida de Sabatai, em 1676, são relatadas por Baruch de Arezzo, *ap.* Freimann, p. 67.

180. R. José Hamits, de Zante, que até 1675 compunha homilias sabataístas apenas para a sua leitura pessoal, é um caso análogo, e sua fé é marcada pela piedade ascética.

pósito basta observar que em 1673 ele começou a enviar cartas a diversos países inclusive uma ao próprio Sabatai, (cf. supra, p. 183), confirmando a missão de Sabatai como "o ungido do Deus de Jacó"[181] e anunciando o início do desenlance final para o outono de 1673. Sua mensagem produziu considerável agitação e muitas divisões no seio das comunidades judaicas de Trípoli e Túnis, onde Cardozo residia então.

Em Amsterdã, também, a mensagem de Cardozo surtiu um efeito ponderável sobre um número não insignificante de crentes. Devemos nossa informação sobre este grupo ao fato de Sasportas ter vivido em Amsterdã durante aqueles anos e ter acrescentado os relevantes relatos e documentos a seu "arquivo". Reações análogas podem ter ocorrido em outras comunidades, mas não havia nenhum Sasportas para fazer a crônica. As cartas de Cardozo chegaram a Amsterdã antes do 9 de Av de 1673, e os crentes decidiram omitir a leitura do Livro de Lamentações e a recitação das endeixas sem, contudo, suprimir a observância do jejum – exatamente como Natan e de Gandoor (cf. supra p. 185) instaram seus correspondentes a proceder. Passada a data fixada por Cardozo, eles argumentaram que o término da guerra entre a Holanda e a Inglaterra em fevereiro de 1674 – sem dúvida, um acontecimento importante na vida econômica dos Países Baixos – constituía tal portento messiânico. Outras missivas de Cardozo continuavam a chegar, exortando os crentes a estar preparados para ulteriores sucessos no ano de 1675.

Os crentes em Amsterdã costumavam reunir-se em casa de seu líder, Emanuel Benattar[182], *hazan* da Sinagoga Portuguesa, e parecem não ter sido molestados pelas autoridades judaicas, possivelmente devido à presença em seu meio do mui piedoso e rico Abraão Pereira[183]. Ao grupo, juntou-se em 1674 o conhecido escritor e poeta marrano Daniel Levi de Barrios (1625-1701). Barrios escrevia em espanhol e era altamente estimado quer por judeus quer cristãos. Ele serviu como oficial do exército espanhol na Bélgica, mesmo após seu retorno público ao judaísmo, mas demitiu-se posteriormente de sua patente e estabeleceu-se em Amsterdã, a fim de devotar-se à composição de poemas sobre temas bíblicos que dedicou a vários nobres (inclusive espanhóis e portugueses). Não sabemos se deixou o exército em virtude de suas experiências religiosas e visões sabataístas, ou se estas lhe vieram somente após haver-se estabelecido em Amsterdã e ter entrado em contato com os crentes sabataístas.

181. Sasportas, *op. cit.*, p. 361.

182. Cf. supra, p. 65; o nome é dado às vezes como sendo Abiatar (cf. Sasportas, p. 363).

183. Sasportas, *idem*; cf. também supra, p. 65.

Devemos nosso conhecimento sobre seus contatos sabataístas a Sasportas, o qual nos conta que, depois da chegada das mensagens de Cardozo, em 1674, Barrios "jogou fora seus livros [de poesia]. Ele aceitou os rumores e sua imaginação prosperou poderosamente [...] a ponto de quase considerar-se um profeta, em confirmação às palavras de Natan e de Cardozo". Havia uma curiosa amizade entre o poeta entusiasta e o severo caçador de heresias. Barrios, em 1674 ou 1675, jejuou por vários dias como resultado de uma visão que tivera; sua mulher ficou muito preocupada com seu estado mental e recorreu a Sasportas em busca de ajuda. Eles tiveram uma longa conversa, e Barrios confiou a Sasportas "todos os seus extravagantes exageros e vãs divagações", inclusive revelações como "os signos da redenção manifestar-se-ão antes do 9 de Av, o messias Sabatai Tzvi virá antes do Ano Novo judaico [...] todos os cristãos (e especialmente, o governante da Holanda, príncipe Guilherme de Orange) se tornarão judeus, o rei da França era Nabucodonosor [...] o rei da Espanha era Hiram, e outras coisas do gênero". Barrios recebeu suas revelações (inclusive os textos bíblicos que as acompanhavam) em espanhol e não em hebraico, e procurou o conselho de seu amigo Sasportas que tentou convencê-lo "de que sua imaginação prospera tão fortemente [como resultado] da solidão, que você parece experimentar revelações acordado"[184] Este tom moderado e amigável afasta-se bastante das invectivas que Sasportas vertia habitualmente ao tratar com os sabataístas. De fato, ele disse a Barrios "que se ele quisesse continuar acreditando em Sabatai, que o fizesse [sic!], contanto quer não negligenciasse [...] trabalhar nos poemas que havia iniciado. Isto ele me prometeu fazer". Não obstante, Barrios continuou a agir como um profeta, afixando um aviso na sinagoga que proclamava: "Eu, Daniel, conjuro-vos ao arrependimento, pois um grande castigo se avizinha"[185]. O livro de visões sabataístas que Barrios compôs em 1674 perdeu-se e ele não faz nenhuma referência ulterior a este episódio de sua vida nos numerosos escritos que redigiu nos 25 anos seguintes[186].

De proporções bem maiores foi a revivificação religiosa nas comunidades judaicas do Marrocos que, a despeito dos muitos desapontamentos, contavam ainda com um largo número de crentes.

184. Sasportas, *idem*, p. 364.

185. *Idem*, p. 365.

186. Sobre a importância de Daniel Levi de Barrios como historiador da congregação portuguesa de Amsterdã, ver W. C. Pieterse, *Daniel Levi de Barrios as a Historian of the Portuguese Jewish Congregation in Amsterdam in His Triumpho de Governo Popular*, 1968. O artigo de Kenneth Scholberg sobre Barrios no *JQR* LIII (1962), 120-159, não faz menção de sua participação no movimento sabataísta.

Enquanto em Amsterdã a inspiração profética era sentida por um conhecido marrano espanhol, que havia retornado à religião ancestral, o profeta marroquino provinha de uma classe social mais baixa. Era "um homem piedoso mas ignorante", isto é, alguém que podia ler a Bíblia, textos hagádicos e os escritos dos moralistas, mas não possuía conhecimento talmúdico e "era incapaz de ler os comentaristas rabínicos"[187]. Graças ao relato pormenorizado e aos documentos fornecidos por Baruch de Arezzo[188], estamos razoavelmente informados acerca deste episódio. O novo profeta, José Ben Tsur, era um jovem celibatário de Meknes, onde segundo Sasportas, os rabis anti-sabataístas constituíam o partido mais forte[189]. No entanto, as influências sabataístas não eram negligenciáveis. Por volta do final de sua vida, R. Elisha Ashkenazi, o pai do profeta Natan, chegou a Meknes, e sua morte e enterro lá, no verão de 1673, causou profunda impressão em muitas pessoas[190]. É possível supor que, onde quer que fosse Elisha Ashkenazi pediam-lhe notícias de seu ilustre filho, o profeta de Gaza, e pode ter sido ele quem trouxe consigo escritos sabataístas de Natan que subseqüentemente tiveram tão ampla circulação no Marrocos.

José Ben Tsur recebeu a vista de um *magid* celestial que lhe anunciou a vinda do messias, o batizou com tanta água "que ele teve de mudar as roupas. Então foi-lhe mostrado Nosso Senhor e Rei, Sabatai Tzvi, no Céu, e lhe foi dito: ele é o verdadeiro salvador e R. Natan Benjamin é um verdadeiro profeta, e tu és o messias da Casa de José"[191]. Como vimos anteriormente, o não aparecimento do messias da Casa de José, que deveria ter precedido a aparição de Sabatai Tzvi, havia preocupado os crentes sabataístas o tempo todo e muito entusiastas proféticos viam-se destinados eles próprios

187. Sasportas, p. 369. Em outro lugar é dito que o profeta admitia não poder sequer ler a Bíblia.

188. *Ap.* Freimann, 73-76.

189. Sasportas, pp. 324-325. Em Meknes, como em outras comunidades perto de Fez, os dias de jejum eram estritamente observados.

190. Ver Scholem, *Kitvey Yad be Qabala* (Jerusalém, 1930), p. 104, em que a referência à morte de Ashkenazi é citada. Sabe-se de uma outra fonte (MS. cabalístico 91 na Biblioteca Schocken, Jerusalém) em que o copista do manuscrito, Daniel Bahlul foi um crente fervoroso que, além de escrever suas próprias homilias sabataístas, também copiou as revelações do profeta José Ben Tsur. Cf. também *Malkey Rabanan* (Jerusalém, 1931, p. 64a) acerca dos rabis do Marrocos. Os Ben Tsur eram uma família de eminentes rabis em Meknes, fato que suscita algumas dúvidas sobre a alegada ignorância do profeta marroquino. O mais notável dos rabis da geração seguinte em Meknes, R. Jacó Ben Tsur, "nasceu no dia da morte" de Elisha Ashkenazi.

191. Freimann, p. 73. Todas as citações são tiradas da narração de Baruch de Arezzo, *idem*, pp. 73-76. Parte do relato de Baruch provém de uma carta enviada a Livrono (*idem*, p. 75).

a este papel particular. Na mesma ocasião, o arcângelo Rafael revelou também a José Ben Tsur a verdadeira ordem do alfabeto tal como esta foi dada no monte Sinai, e antes de ser confundida novamente em conseqüência do pecado de Israel quando adorou o veado de ouro. Nesta "ordem verdadeira", as letras estavam dispostas de tal maneira que elas podiam ser lidas, ou ao menos interpretadas, como uma profecia sabataísta. À luz desta nova ou, antes, original ordem do alfabeto, um novo entendimento da Torá e de seus mistérios era possível, e os rabis de Fez, Salé e Tetuam vieram a Meknes, e ficaram maravilhados com as profundidades cabalísticas que jamais haviam visto ou ouvido antes. O profeta anunciou que a redenção teria lugar na véspera da Páscoa de 1675, e a onda de penitência que varreu o Marrocos foi considerada "ainda maior do que a primeira aparição de Nosso Senhor", em 1665-1666. Mesmo rabis que haviam falado mal de Sabatai arrependeram-se "e agora passaram a acreditar nesta fé". O patriarca Abraão revelou ao profeta que a redenção deveria ter ocorrido em 1665, mas foi postergada por dez anos porque Sabatai havia pedido a Deus que poupasse Israel dos sofrimentos a aflições da advento messiânico e que salvasse os descrentes da morte a que já haviam sido condenados. O propósito da apostasia era o de que o messias, sendo desprezado e caluniado, iria carregar por esse meio vicariamente as tribulações messiânicas. Durante sua permanência na *qelipá*, o messias atrairia a si todas as dispersas centelhas de santidade[192].

Um rabi cabalista que visitou o profeta deixou, em carta a um amigo, um relato dos mais valiosos, do ponto de vista psicológico, sobre o encontro. Escrevendo em 5 de fevereiro de 1675 a R. Benjamin Duran, de Argel, R. Abraão b. Amran conta que foi ao profeta de Meknes a fim de receber respostas acerca de alguns problemas difíceis de interpretação do Zohar. O jovem, que parecia "humilde, temente a Deus e cheio de virtude", disse-lhe ser tão ignorante que não conseguia ler um simples texto, sem falar em explicar os mistérios do Zohar. Mas quando o espírito estava sobre ele, falava maravilhosamente e com a maior fluência, e revelava mistérios que eram por demais sagrados para serem confiados à escrita. Ele provou também por seus cálculos que a manifestação messiânica ocorreria

192. O autor sabataísta oferece uma explicação (*idem*, p. 74) para o fato de o messias ter de descer à *qelipá* muçulmana, de preferência à cristã: todas as centelhas sagradas de Edom (Cristandade) estavam concentradas na Turquia, pois os janízaros eram recrutados entre jovens cristãos que eram educados como turcos, e a Providência velava para serem escolhidos apenas os que fossem portadores de uma centelha sagrada. Conseqüentemente, todas as sagradas centelhas de Edom e de Ismael estavam agora "afundadas", concentradas na pessoa do Grão Turco.

durante a Páscoa. Quando o visitante insistiu em lhe propor perguntas sobre o Zohar, o profeta respondeu:

> Ignoro quem fala comigo, eu não vejo nem falo, porém meus lábios falam e eu escuto a voz que deles provêm. E quando eu lhe disse: "Talvez possais indagar [e propor minhas perguntas a vosso mentor celeste]", ele respondeu: "Todos os meus sentidos estão suspensos e não sei se estou no céu ou na terra". Ele não consegue sequer abrir os olhos, pois eles estão pesados como chumbo [...] Quando lhe perguntei se ele era messias da Casa de José, replicou que era isto que lhe haviam dito [...] Em suma, eu saí de lá com o coração contente, tendo visto que não se tratava de coisa de um espírito mau ou de um demônio. [...] Quando lhe pedi um milagre ou sinal, redarguiu: "Qual é o maior milagre? [...] Eu não conseguia nem mesmo ler a Bíblia, e agora discorro sobre mistérios cabalísticos. Nem vos digo que aguarde um ou dois anos para a redenção última, mas apenas dois meses. Não há necessidade de perguntardes mais nada"[193].

Estimulado por tais profecias, um outro crente sabataísta em Meknes compôs suas homilias messiânicas e interpretações cabalísticas, predizendo a redenção final para o ano de 1674. O ano messiânico original havia sido 1688 – exatamente 1600 anos após a destruição do Templo, segundo a cronologia judaica –, mas Deus em Sua misericórdia acrescentara outros seis anos e seis meses, de modo a poupar a Israel das tribulações e as aflições do advento messiânico[194]. Quando o tempo apropriado passou e nada aconteceu, o profeta explicou que isto se devia aos muitos pecados de Israel, mas que tais pecados estavam sendo expiados agora por sua [isto é, do profeta] humilhação e dor, por ser considerado um mentiroso. Um judeu de Salé, no Marrocos, escrevendo a seu irmão em Livorno no final do verão de 1675, informa que "confiamos no Senhor de que a redenção terá lugar em 1676. Todos os marranos do Ocidente estão empenhados em exercícios penitenciais [...] e estão preparando roupas festivas, de modo a estarem prontos a ir a Jerusalém". Esta data também passou e, pouco depois, o profeta José Ben Tsur morreu[195]. Segundo Sasportas[196], os crentes explicavam o fracasso da profecia com um nova e curiosa teoria: o messias de Casa de José deveria ter se casado com alguém da família do messias davídico (isto é, ele deveria ter se casado com uma filha de Sabatai Tzvi).

193. *Idem*, pp. 74-75.

194. Cf. supra, nota 190, em relação a Daniel b. Judá Balul. Seu manuscrito autográfico foi escrito no começo de março de 1675.

195. Freimann, p. 76. Baruch de Arezzo (*idem.*) insiste em que José Ben Tsur não podia de maneira alguma ser um falso profeta, e que foi a Providência divina que dispôs as coisas daquela maneira. A carta de Salé menciona (entre outros rumores lendários) que a face do profeta era tão radiante que os vistantes só podiam falar-lhe através de uma cortina. Isto é contraditado pela carta de Abraão b. Amram para a Argélia.

196. *Op. cit.*, p. 369.

Aqui, a pessoa do messias da Casa de José já se apresenta despida dos significados e associações tradicionais, e converteu-se em uma espécie de sombra ou vice-rei do messias davídico. Esta noção pode ser encontrada com bastante freqüencia na literatura sabataísta tardia.

Havia uma certa lógica nas erupções da expectativa messiânica. Todas se baseavam na existência pressuposta de um tipo de ritmo no processo de redenção. Períodos de sete ou dez anos eram unidades igualmente aceitáveis e faziam sentido do ponto de vista cabalístico. A única dificuldade era como datar o início deste período. Teria começado com a manifestação de Sabatai como messias em 1665, ou com sua apostasia? Conseqüentemente, obtinham-se datas diferentes, variando de 1672 a 1675 para a manifestação final. Mas estas eram as últimas convulsões do sabataísmo como fenômeno público. Em seguida, ele submergiu na clandestinidade tanto na Holanda como no Marrocos, assim como já havia começado antes a desenvolver-se em um sectarismo clandestino na Turquia e na Itália.

VI. OS DERRADEIROS ANOS DE SABATAI. SEU "MISTÉRIO DA DIVINDADE" E O PANFLETO "O MISTÉRIO DA FÉ"

Na maior parte do tempo, Sabatai levava uma vida solitária no exílio albanês. Ele permaneceu em contato com seus fiéis em Constantinopla, Adrianópolis, Sófia, Salonica e Kastoria, mas a nossa informação é fragmentária e acidental e dificilmente nos permite reconstruir o quadro completo. Seus "rabis da corte" costumavam visitá-lo – possivelmente disfarçados de turcos. Primo parece tê-lo visitado vários vezes, pelo menos duas, em todo caso. Na primeira vez estava acompanhado de R. Abraão Gaon (de Sófia?), que estragou a visita com alguns atos inamistosos sobre cujos pormenores Primo guardou silêncio[197]. Na segunda visita, temos os testemunhos quer de Primo quer de Natan. Ela se verificou, como mencionamos supra (p. 185), em 1675. A pequena comunidade de Belgrado (ou Berat, em turco), na Albânia, serviu de centro de comunicação para alguns dos seguidores de Sabatai. Possuímos uma carta escrita provavelmente em 1° de Nisan [5435?] (28 de março de 1675) de Elbassan para R. Isaac Albalag em Belgrado, contando-lhe as vicissitudes da viagem. Primo lamenta não ter-se encontrado com Natan, com quem gostaria de estar junto nessa ocasião. Ele (Primo), havia viajado de Sófia a Üsküb (Skoplje), onde ficara adoentado por dez

197. Tudo isto e os seguintes pormenores, baseiam-se na carta autográfica de Primo, de Elbassan, publicada (com um facsímile) a partir dos arquivos Dönmeh *in Sefunot*, V (1961), 272-274.

dias. Em Üsküb, recebeu uma mensagem especial de Sabatai convidando-o a vir porque se achava em estado de iluminação. Na segunda-feira seguinte, afirma ele, estava a caminho para ver o "rei em Alqun", prometendo passar por Belgrado no caminho de regresso. Ele talvez tivesse até de passar a Páscoa na confortável casa do destinatário da carta a quem ele prometeu mostrar a mensagem de Sabatai e outras "boas novas". Albalag era um rico membro da comunidade e seu mais proeminente líder secular, como nos informaram outras fontes contemporâneas[198]. É óbvio que ele partilhava das convicções sabataístas de Primo, e Sabatai sabia que poderia dirigir-se a ele e seus sócios sem temor de ser repudiado, como fez algumas semanas antes de sua morte.

Não se sabe quanto tempo Primo permaneceu efetivamente em Dulcingo. Em todo caso, temos uma outra carta enviada por Natan a Shemaia de Mayo, um membro da corte rabínica em Kastoria, que provavelmente se refere à mesma visita: "Há cinco semanas, deixei Sófia com o fim de viajar para estas regiões, na esperança de poder encontrar a graça aos olhos de AMIRAH e ser recebido por ele. R. Samuel precedeu-me em três semanas [...] e ele ainda permanece perante o Senhor. Mas, quando chegou, ele o encontrou [isto é, a Sabatai] no mistério do caído [ou seja, num estado de depressão]. Esperei uma quinzena em Durazzo[199] e enviei um mensageiro para pedir permissão, mas ele recusou e tive de vir para cá, Belgrado [Berat][200], a fim de esperar até que sua grande luz brilhe [sobre mim] e que eu possa contemplar sua face[201].

Alguma luz é lançada sobre essas misteriosas visitas por Meir Rofe, que parece ter obtido a informação seja de Natan e do próprio

198. Ver Rosanes, vol. IV, p. 273 (que, na página 245 confunde as duas Belgrados, situando Albalag na parte sérvia), e a assinatura de Albalag como o mais proeminente membro da comunidade no caderno conservado por José Kohen, um emissário enviado por Hebron, na data de 10 de junho de 1676; cf. Jacó M. Toledano, *Sarid u-palait* (1945), p. 47.

199. Baruch de Arezzo (*ap.* Freimann, p. 67) conta uma história acerca de um enviado das Dez Tribos que veio à residência de Natan em Kastoria en 1675, trazendo uma carta a Natan e a Sabatai. "Este emissário foi [de Kastoria] para Dulcingo, via Durazzo, e a entregou nas mãos puras de Nosso Senhor em pessoa, mas seu conteúdo não é conhecido." Subseqüentemente foi entendido que a missiva continha um convite ao messias para ir ter com as tribos distantes [os "Filhos de Moisés"]. Tanto Durazzo quanto Dulcingo ficavam no litoral do Adriático.

200. Berat, na Albânia, também se chamava Arnaut-Belgrado, para distingui-la da mais conhecida Belgrado na Iugoslávia. A carta de Natan prova que Sabatai não permaneceu em Berat e que Natan para lá se dirigiu unicamente porque lhe fora recusada uma audiência in Dulcingo. Berat abrigava uma pequena comunidade judaica.

201. O texto da carta está publicado em *RÉJ, CIV* (1938), 120-121; cf. também meus reparos *in Zion*, XVII (1952), 80-81.

Primo, seja de um de seus confidentes, tal como Samuel Gandoor. Meir Rofe menciona em uma de suas cartas que visitantes só vinham com convite pessoal (como, por exemplo, no caso acima citado, de Samuel Primo). No verão de 1675, escreve Rofe, que ele postergou sua projetada viagem à Tunísia devido à chegada de boas novas, "e especialmente a visita de R. Natan, que veio ao Amado *sem ser chamado* e isto certamente não é coisa vã [...] e sem dúvida é chegado o tempo em que o Senhor irá lembrar-se de seu povo". Evidentemente, Natan e Primo ficaram sabendo do estado de renovada iluminação de Sabatai e do júbilo coincidente com seu casamento, e apressaram-se a ir ter com ele sem esperar por um convite. Entrementes, Sabatai teve outro acesso de depressão e recusou-se a ver Natan. De uma carta de Abraão Cardozo (de Esmirna) a Meir Rofe, somos informados que Natan foi recebido posteriormente e que ele e Primo dispenderam algum tempo com Sabatai. Cardozo, cuja carta tenta ocultar o fato da depressão de Sabatai ao tempo da visita, relata que "o Amado havia escrito ao irmão [José Tzvi, em Esmirna] que durante o inverno de 1675 a grande luz não cessara. Ele também comunicou ao irmão que R. Natan e R. Samuel Primo vieram vê-lo e que ficaram juntos com grande alegria, e preparando-se para ir ao Grão Turco. Possa o Senhor em sua mercê nos anunciar as alvíssaras de salvação e reconforto"[202].

Este é um testemunho valioso acerca da animada expectativa que uma vez mais havia tomado conta dos crentes. Era iminente uma outra grande manifestação e o messias estava em consulta com seus dois ajudantes de confiança a respeito de um próximo encontro com o sultão. A já citada carta a José Filosoff (cf. p. 190), que menciona uma iminente partida de Dulcingo, pode estar ligada à mesma fase de iluminação. Os documentos subsistentes podem bem completar-se uns aos outros, embora não haja maneira de se saber com certeza o que foi falado entre o messias, o profeta e seu escriba. Quaisquer que tenham sido os planos e as esperanças discutidos na ocasião, o entusiasmo e a exaltação de Sabatai se evaporaram, como de costume, sem levar a nenhuma ação séria.

Uma inovação, entretanto – de natureza mais doutrinária do que prática – deve ser atribuída a este último período da vida de Sabatai. Um dos crentes convidados a visitá-lo ouviu de sua boca uma versão mais ampla do "Mistério da Divindade" e a registrou por escrito. O texto, que preenche várias páginas, é conhecido na literatura sabataísta sob o nome de *Raza di Mehemnutha*, "O Mistério da Fé". Perdura em muitos manuscritos (alguns dos quais falam explicita-

202. MS. Brit. Mus. Or. 9 165, fols. 117a e 128a; atualmente *Sefunot*, V (1961), 98, 103.

mente do ''Mistério da Fé segundo AMIRAH'')[203], bem como em forma impressa. A publicação do texto no *Oz l'Elohim* (Berlim, 1713), de Nehemia Hayon, causou grande rebuliço na época. Hayon havia modificado o título para ''A Fé de Todos'', mas os críticos logo perceberam que se tratava da obra de Sabatai Tzvi. R. Tzvi Ashkenazi (*Hakham* Tzvi), de Amsterdã, escreveu imediatamente que ''o autor é o notório apóstata Sabatai Tzvi [...] mas [Hayon] também teve medo de publicá-lo como seu próprio trabalho, visto que [...] os outros crentes sabataístas sabiam muito bem que o folheto era da autoria de Sabatai e continha o Mistério da Divindade, que ele inventara''[204]. R. José Ergas também escreveu que este era um folheto ''que Sabatai havia composto em Alqun (Dulcingo)"[205]. Cardozo, porém, declara explicitamente que o escrito não fora redigido por Sabatai, embora contivesse seu ensinamento. Não há razão válida para duvidar do testemunho de Cardozo: ''Quando estive em Rodosto [perto de Constantinopla, às margens do Mar de Mármara] em 1697, um folheto chegou às minhas mãos intitulado 'O Mistério da Fé' e escrita por um certo rabi em Alqun seguindo as intruções de Sabatai Tzvi. Seu ensinamento irradia-se com uma maravilhosa sabedoria e autêntica fé, e não há nenhuma diferença entre ele e o meu próprio ensinamento sobre o 'Mistério da Divindade' [exceto num ponto principal]"[206]. Numa carta aos discípulos em Esmirna, escrita pouco depois da chegada do grupo de Judá Hassid a Jerusalém (1700), Cardozo menciona mais uma vez ''que no ano de 1666 [1696], caiu em minhas mãos 'O Mistério da Fé' que um rabi dera a meus discípulos em Istambul. O rabi disse que viajara para Alqun disfarçado de turco, que havia ali permanecido quatro meses com Sabatai e tinha registrado por escrito o 'Mistério da Divindade' tal como o ouvira de sua boca''[207]. Cardozo enfatiza que o verdadeiro autor do folheto – que ele não nomeia – dera permissão a seus discípulos [de Cardozo] para que copiassem o texto. Cardozo estava ciente de que os outros crentes asseveravam que o próprio Sabatai havia exigido segredo absoluto sobre o assunto, mas tinha uma ex-

203. Manuscritos conservados em Moscou (Coleção Günzburg), Oxford (Neubauer 1 537, 2 211), no Jewish Theological Seminary de Nova York (Adler 1 653) e em outros lugares.

204. *Ap.* Freimann, p. 122.

205. Em *Tokhahat Megulá* (1715), fol. 2b, e *ha-Tzad Nahash* (1715), fol. 32a.

206. Cardozo, *Raza de-Razin*, MS. Deinard 153 (Jewish Theological Seminary, New York), fol. 3b. A data apresentada pelo manuscrito é 447 (1687), mas deve ser corrigida. Trata-se de 457.

207. *Sefunot*, III-IV (1960), 197. A cronologia das cartas de Cardozo ajusta-se melhor às datas de 1696 ou 1697 do que à de 1666, que é um erro do copista, facilmente explicável pela semelhança das letras que vem ao caso.

plicação para seu desvio: a proibição era estendida apenas às versões anteriores do "Mistério da Divindade." O rabi que recolhera a versão final e definitiva em Dulcingo não estava sob juramento de guardar o segredo e, por consequente, quando percebeu que o ensinamento de Cardozo era idêntico ao do mestre, divulgou o "Mistério" aos discípulos de Cardozo, e lhes permitiu copiá-lo. Esta última versão era portanto autorizada "e não se deve ter em conta o que [Samuel] Primo e outros receberam sobre a questão"[208]. Não importa se a explicação de Cardozo é correta ou um exemplo de *wishful thinking*; seja como for não há motivo para rejeitar o relato factual a pretexto de que o folheto foi escrito em Dulcingo. A questão, porém, permanece sem resposta: Por que ninguém nunca ouviu falar da existência do folheto durante todos aqueles vinte anos? Existe apenas uma indicação de que o folheto pode ter sido conhecido em época anterior: na coleção de Abraão Rovigo de peças sabataístas (MS. Halberstamm 40, no Jews College de Londres) há um exemplar do texto, redigido em italiano, que pode ser o mais antigo que subsiste. Todas as outras da coleção datam de antes de 1695 e não há nenhuma indicação de que Rovigo a tenha recebido de Cardozo ou seu círculo. Pode ter sido enviada de Jerusalém, onde a peças anterior (o *Drush ha-Taninim de Natan*) foi copiada em outubro de 1694, mas não tenho nenhuma certeza se ela foi escrita pela mesma mão. Se fosse este o caso, ter-se-ia conhecido o texto em Jerusalém em 1694, três anos antes que Cardozo viesse a possuí-lo.

Todas as descrições anteriores do "Mistério da Divindade" de Sabatai não vão além de ditos curtos e crípticos (cf. vol. I, pp. 116-119). Alguns intérpretes identificam o mistério com a sexta *sefirá Tiferet*, isto é, com a terceira letra (*Vav*) do Tetragrama. Em Livorno, Meir Rofe disse a Cardozo que Sabatai jamais pretendera identificar o Criador e "Deus de Israel" com qualquer das *sefirot*, e que o mistério se referia a uma esfera da existência acima das *sefirot*, embora não aparentemente ao "princípio superno" (quer dizer, o *En-Sof*, ou a Primeira Causa). Estas e outras definições citadas por Cardozo[209], conquanto façam sentido de um ponto de vista cabalístico, são, não obstante, insuficientes para esclarecer o significado preciso que Sabatai atribuía ao "Deus da minha Fé".

Obscuros também são os testemunhos acerca da posição de Sabatai para com a Cabala luriânica. Cardozo cita Sabatai dizendo freqüentemente que "Isaac Luria fez uma carruagem maravilhosa-

208. *Raza de-Razin*, fols. 12b-13a. Cardozo escreveu o folheto *Raza de-Razin* contra Samuel Primo, e daí por que este último não pode ter sido o erudito anônimo a quem Sabatai ditou "O Mistério da Fé".

209. *Ap.* A. H. Weiss, *Beth ha-Midrash* (1865), pp. 64-65, 66.

mente bela, mas não disse quem a estava conduzindo''[210] e afirma que Sabatai ''rejeitava a Cabala luriânica, embora [admitisse] sua verdade, pois ela lhe causava grande confusão e não lhe trazia nenhum proveito na busca do conhecimento de Deus''[211]. Tais testemunhos corroboram a conclusão segundo a qual Sabatai jamais teve um relacionamento mais profundo com a Cabala luriânica, embora – como todos os cabalistas – ele a estudasse. Evidentemente Sabatai estava procurando algo que a doutrina luriânica do *tiqun* das divinas ''configurações'' (*partsufim*) não satisfazia. O irmão e os discípulos de Sabatai disseram a Cardozo que ele se apoiava principalmente no Talmud e na literatura midráshica. ''Ele costumava beijar o Talmud e os *midrashim*, e dizia que os doutores do Talmud eram seus pais e mestres na doutrina do 'Mistério da Divindade', e que suas palavras o levaram a buscar Deus e que, por seu intermédio, ele o encontrara''[212]. Isto concorda com a narração de Moisés Pinheiro sobre seus estudos de Cabala na juventude dele e de Sabatai (cf. vol. I, pp. 112-113), pois naquela época o Zohar e o livro *Kaná* eram considerados antigos textos midráshicos.

A atitude distante de Sabatai para com o lurianismo confirma-se pelo pouco que sabemos de sua doutrina mística fundamental. ''O Mistério da Fé'', que é essencialmente uma tentativa de interpretar o *Idra Rabá* no Zohar, contém poucos, se é que tem algum, elementos luriânicos. A terminologia também é zohárica, e raramente o leitor capta um eco luriânico. O argumento, bastante elaborado e complicado, é capaz de obscurecer a única inovação realmente importante que Sabatai introduz ao (des)interpretar uma passagem do Zohar III, 141. Comentando o Gênesis, 2:7: ''e soprou em suas narinas o sopro[213] da vida'', o *Idra Rabá* fala da ''alma da qual todas as coisas vivas de cima e de baixo dependem e pela qual elas existem''. Com absoluto desprezo pela sintaxe da passagem zohárica, Sabatai interpretou-a como se significasse ''a alma de tudo o que vive'' (uma frase conhecida de todo leitor judeu do livro de preces) e por esse meio criou um novo símbolo, denotando destarte um aspecto até então desconhecido da Divindade. A audaciosa inovação de Sabatai iria desempenhar importante papel nas subseqüentes especulações heréticas dos teólogos sabataístas.

210. *Raza de-Razin*, fol. 6a.

211. *Ap.* Weiss, *loc. cit.*, p. 67. Acrescentei as palavras entre colchetes segundo a formulação correta no MS. Adler 1 653, fol. 202a.

212. Weiss, *loc. cit.*, p. 66.

213. *Neshamá*, que originariamente significava ''sopro'', adquiriu no hebraico ulterior o significado de ''alma''.

Uma análise da doutrina do "Mistério da Fé" não é matéria fácil. Há muitas contradições (algumas quiçá deliberadas) e certas pressuposições extremamente audaciosas não são declaradas (talvez também deliberadamente). Aspectos da manifestação da Divindade, distinguidos num lugar, são identificados noutro. Pouco se diz sobre os dois graus mais elevados: o *En-Sof* e sua "vontade" (que, às vezes, é identificada com o *tehiru* do Zohar e outras com o Santo Ancestral). Quaisquer que tenha sido as subseqüentes interpretações a que este silêncio convidava, é evidente que o *En-Sof* não desempenha aqui nenhuma função religiosa. Não é "Deus" no sentido ordinário do termo, e nada mais específico é dito a seu respeito, além da assertiva genérica de que tudo "procede do Mistério do *En-Sof*". Na realidade, este silêncio pode bem esconder o que a doutrina de Sabatai tem de mais secreto, pois, segundo Cardozo, os discípulos de Sabatai tinham de fazer um juramento de jamais divulgar a doutrina de que o *En-Sof*, também chamado a Raiz de todas as Raízes[214], "não exerce nenhuma providência, nem influência, e permanece tão oculto que nem se pode falar sobre ele"[215]. Cardozo achava que a similaridade desta doutrina com as concepções de Epicuro acerca dos deuses era a razão da reticência de Sabatai sobre o assunto. A negação do exercício da Providência pelo *En-Sof* tinha um indubitável sabor de heresia, e os antigos cabalistas jamais usaram uma linguagem tão explícita e radical. Os sabataístas com razão suspeitavam que o escândalo seria inevitável se o rumores acerca do "Mistério da Fé" se materializassem – foi precisamente isto que aconteceu uma geração mais tarde – e a doutrina sem dúvida marcou um ponto de virada na especulação sabataísta. Mas, durante a vida de Sabatai, esta doutrina permaneceu desconhecida do público, sendo revelada apenas a uns poucos de seus discípulos íntimos em Adrianópolis.

Este ponto particularmente delicado não é absolutamente mencionado no "Mistério da Fé", embora um importante testemunho deva ser citado a este respeito na seqüência de nossa discussão (cf. infra, p. 206). De outro lado, o texto contém uma exposição de dois aspectos do *atiqa qadisha* ("o Santo Ancestral"). Um é o "Santo Ancestal e Supremamente Oculto"; o outro é "O Santo Ancestral" sem ulterior qualificação. Ocasionalmente, entretanto, os dois se identificam, ou então o grau superior desaparece e apenas o Santo Ancestral remanesce. Este último é a "simples vontade" do *En-Sof*, que "talhou uma fenda", que é o espaço no qual todos os mundos são emanados e criados. Neste *tehiru*, ou espaço primordial, o Santo Ancestral estendeu uma "cortina" sobre a qual delineou um número

214. Uma distinção entre dois termos só foi introduzida em época posterior.
215. *Raza de-Razin*, fol. 11a.

infinito de mundos ocultos, assim como as dez configurações (*partsufim*). Estas, por seu turno, deram lugar a outros processos internos na cortina que nosso folheto descreve em pormenor numa terminologia derivada do relato zohárico dos "reis que morreram" e sua restauração (*tiqun*). A descrição refere-se a modos, ou seja, estágios do ser, que surgiram na "vontade" e que, portanto, pode-se dizer, representam uma dialética da vontade. No devido curso, as "configurações" situadas abaixo do Santo Ancestral receberam uma forma constante e, em especial, a mui "sutil" configuração *Daat* que corresponde à *sefirá Tiferet* e que reflete a partir de sua luz de volta para as configurações supernas do Santo Ancestral. No processo desta construção de formas primordiais na "cortina", o "Santo Antigo e Supremamente Oculto" emana uma alma consistente, quer do masculino, quer do feminino"[216]. Esta é "a Alma de Tudo o que Vive" que é da mesma substância do Santo Ancestral. Uma "forma dentro da forma", ela se organiza em uma nova configuração chamada a "imagem do homem" e também "o Santo Rei e sua Shekhiná [assim como] O Santo Bendito Seja Ele a sua Shekhiná". De um lado, é idêntica ao Santo Ancestral, ou seja, à "simples vontade" – sendo da mesma substância que sua "alma" –; de outro, ela também se distingue dele, sendo levada a existir pela alma que dele emanou. É esta configuração que é significada pelo Tetragrama como pelos outros nomes divinos nas Escrituras[217], e que é o Deus de Israel e o Deus da Revelação que se revelou a Israel na entrega da Torá. É o "Deus da Fé" de Sabatai Tzvi a partir do qual e sob o qual os quatro mundos (*atsilut, beriá, yetzirá e assiyá*) são emanados e derivados. Todas as supernas configurações concebidas na vontade do Santo Ancestral estão nele contidos. Todos os inúmeros mundos ocultos delineados na "cortina" (que não é outra coisa senão o "espaço primordial" – *tehiru* da terminologia zohárica e luriânica) são governados por esta configuração do "Santo Ancestral e sua Shekhiná". O autor do folheto nem sequer tenta explicar a contradição manifesta em sua doutrina, segundo a qual "Deus de Israel" reina sobre o *tehiru*, embora Ele tenha sido emanado do Santo Ancestral num processo relacionado à existência do *tehiru* e das formas e configurações nela surgidas. O Santo Rei age nos mundos inferiores, assumindo as várias configurações da *atsilut*, mais exatamente a configuração *zeir anpin* (que é idêntica ao estágio sefirótico de *Tiferet*). Todos os mundos (exceto o do Santo Ancestral e de suas configurações) desejam e necessitam o Santo Rei, que só ele é o altamente exaltado acima de tudo, mesmo acima dá "cortina" com a qual está

216. Cf. a passagem crucial de *Oz l'Elohim*, fol. 54a.
217. *Idem*, fol. 58b.

ligado e que uma vez é definida como a parte superior do *tehiru* e como a *atsilut* da *atsilut*[218].

Os esforços do autor em ler seus interesses e inovação doutrinária especial no texto zohárico complicam sobremaneira seu argumento. As três configurações de *atiqa*, isto é, *arikh anpin zeir anpin* e *nuqba* (parceira feminina) de *zeir* já são mencionadas no *Idrá Rabá* do Zohar[219], o qual também pressupõe algum tipo de identidade entre *atiqa* e *zeir anpin*, apesar de sua aparente diferença. Mas o folheto sabataísta introduz o conceito totalmente novo de "Alma de Tudo o que Vive" e, em lugar da única configuração do *zeir*, fala do Santo Rei como estando acima de todas as configurações do domínio da *atsilut*. Segundo esta nova doutrina, não há apenas um *zeir* e sua *nuqba*, mas a cada nível de emanação, abaixo do Santo Ancestral, reaparecem as configurações de *zeir* e de sua parceira feminina: o superno *zeir* (isto é, o Santo Rei) reveste-se do *zeir* inferior do mundo da *atsilut*. Uma duplicação similar pode ser encontrada na doutrina luriânica do *Adam Kadmon*, que representa um nível de existência superior ao das configurações dos quatro mundos de *atsilut*, *beriá*, *yetsira* e *assiá*. No "Mistério da Fé", contudo, a ênfase é deslocada, provavelmente em deliberada rejeição do sistema luriânico. Enquanto no ensinamento luriânico o centro decisivo da divindade é a configuração chamada *zeir anpin* do mundo da *atsilut*, o "Mistério da Fé" sabataísta introduz na Divindade um estrato intermediário entre o *En-Sof*, de um lado, e a esfera das "configurações" (mencionada na *Idra* e central na Cabala luriânica), de outro. A configuração do *zeir anpin* é, assim, apenas o véu externo de uma esfera mais profunda e mais interior dentro da Divindade. Esta nova esfera descoberta é a "Alma de Tudo o que Vive"[220].

218. *Idem*, fol. 79a.

219. Cf. também G. Scholem, *As Grandes Correntes da Mística Judaica*, pp. 301-302.

220. O ensinamento do "Mistério da Fé" foi completamente desvirtuado por H. Graetz (*Geschichte der Juden*[3], vol. X, pp. 448-449), que deixou de perceber até que ponto este ensinamento se afastava da Cabala luriânica propriamente dita. Mesmo a doutrina das "configurações", tal como exposta pelo folheto, é mais próxima do Zohar do que do lurianismo. As dúvidas de Graetz quanto à origem do folheto são demolidas pelo testemunho de Cardozo. Graetz passou inteiramente por cima do que significava a "Alma de Tudo o que Vive" na teologia mística do autor e, desencaminhado por Emden, sustentou que a doutrina da encarnação constitui o objeto principal do folheto. Segundo Emden, a concepção de que a "Alma de Tudo o que Vive" reside no Santo Rei queria dizer que a Deidade está encarnada no messias. É evidente que o "Santo Rei" aqui não significa o messias e o folheto, que trata do Mistério da Divindade, não discute de maneira alguma a natureza e a pessoa do messias. Emden interpretou o texto à luz das doutrinas sabataístas posteriores e, por esse meio, ele e Graetz induziram em erro todos os historiadores subseqüentes (Kahana, Rosanes, Kas-

A identificação de "Deus", quer dizer, da configuração *zeir anpin*, com o Rei Santo permite deslocar a ênfase em duas direções, segundo as predileções dos intérpretes. Assim, é inteiramente possível acentuar a *impessoal* "Alma de Tudo o que Vive" como sendo a essência deste mistério, de uma maneira que pode levar – como, de fato, levou na geração seguinte – a um panteísmo místico. Diz-se, então, que a "Alma de Tudo o que Vive" preenche e une todos os mundos, e que quem "separa esta alma do mundo e pretende que existe qualquer outra alma" certamente perecerá para sempre[221]. Por outra parte, é igualmente possível pôr a ênfase no caráter pessoal do Santo Rei, em quem a "Alma de Tudo o que Vive" reside, e que está acima de todas as configurações presentes na "cortina"[222]. Perto do fim do texto, o autor faz uma primeira alusão a uma espécie de "trindade" em sua concepção da Divindade: "Só Ele [Isto é, o Santo Rei e Sua Shekhiná] emanou, criou e formou tudo [...] por Sua livre vontade, a fim de que todas as criaturas pudessem contemplar Sua grandeza [a saber] que ele, a Shekhiná de Seu Poder, e o Santo Ancestral e Supremamente Oculto [...] são todos um só; Ele é nosso Deus e não há outro; de verdade nosso rei, e não há outro". De um modo geral, entretanto, há pouca ênfase nesta triunidade, já que a unidade da "Alma de Tudo o que Vive" unifica os três aspectos, *atiqa*, *zeir* e a Shekhiná.

Não há referência explícita no texto à doutrina da "morada" (*hithlabeshut*) do Santo Rei, que é "Deus da Fé" de Sabatai, na *sefirá Tiferet*, mas ela não é incompatível com o ensinamento geral do "Mistério da Fé". Pois, a despeito da determinação do autor em distinguir (ao contrário do Zohar) entre o Santo Rei e o *zeir anpin*, ambos permanecem de alguma forma congruentes. O que quer que o *Idra Rabá* tenha a dizer acerca do *zeir anpin* é aplicado ao Santo Rei no "Mistério da Fé" e, visto que este último mantém seu caráter de uma configuração determina do *zeir anpin*, não é de surpreender que o autor o considerasse como uma "vestimenta" ou morada para os atributos do Santo Rei[223]. As várias definições e alusões pelas

tein). Se é certo que Sabatai ocasionalmente se considerava uma encarnação da Divindade, ele parece ter-se identificado mais com a Shekhiná do que com o Santo Rei. De todo modo, o problema é completamente irrelevante para o texto em discussão.

221. A proibição de "cortar a alma do mundo" é extraída do *Idra Rabá* (Zohar III, 141b).

222. *Oz l'Elohim*, fol. 79a, 81b. O Zohar, por certo, não conhece, neste nível supremo, nenhuma outra configuração, exceto a do Santo Ancestral. A doutrina do "Mistério da Fé", relativa ao Santo Rei, é claramente uma metamorfose do *zeir anpin* zohárico.

223. Enquanto o Santo Ancestral é "simples vontade" e pura mercê sem qualquer mistura de "julgamento", o Santo Rei e sua Shekhiná compõem-se de "misericórdia" e "julgamento" para o propósito do *tiqun* cósmico; *Oz l'Elohim*, fol. 81b.

quais o "Mistério da Divindade" é reportado por diferentes testemunhos e citações não são portanto incompatíveis com os intuitos e tendências do texto. A assertiva de Cardozo segundo a qual as diversas formulações são irreconciliáveis pode muito bem constituir um caso de pleito particular[224]. Pois, por tudo quanto se sabe, talvez não haja nenhuma diferença entre o ensinamento do "Mistério da Fé", de um lado, e, de outro, a definição do "Deus de Israel" como a "Causa Segunda residindo em *Tiferet*, ou nela se revestindo", que R. Azaria ha-Levi, segundo Cardozo, pretendeu haver "escutado centenas de vezes da boca de Sabatai Tzvi", um reparo a indicar certa consistência nas concepções ulteriores de Sabatai (ver supra, pp. 160-161).

Há, porém, uma inegável diferença entre a doutrina exposta no "Mistério da Fé" e a formulada por Samuel Primo e apresentada por ele como sendo o ensinamento de Sabatai. Esta última versão carece das feições específicas do sistema acima analisado, tais como a doutrina do Santo Ancestral e a da "Alma de que Tudo o que Vive". O texto da versão do "Mistério" segundo Primo subsiste no que parece ser a formulação do próprio Primo, e bem como no relato feito por Cardozo a respeito do que R. Haim Malakh[225] teria ouvido de Primo em Adrianópolis. Primo, segundo a narração de Haim Malakh, afirmou que Sabatai o obrigara a manter estrito sigilo quando "ele lhe confiou o Mistério da Divindade finalmente", isto é, perto do final de sua vida, durante uma das visitas de Primo a Dulcingo. O cerne do mistério, tal como recebido por Primo e confiado a Haim Malakh, era este: "Há na Causa Primeira uma vontade infinitamente simples, que esteve contida desde sempre em suas raízes [ou seja, na raiz da Causa Primeira] e que é primeira como ela. Quando esta vontade quis que existentes viessem a existir, ela emanou do Senhor – ou possuidor – da vontade, como a luz emana de sua fonte. Tão logo ela saiu da Causa Primeira, de lá também saiu a da simples vontade, a Shekhiná, que é da natureza do Julgamento Perigoso. Mas esta simples vontade é superna mercê, e o Senhor da vontade, isto é a Causa Primeira, é a raiz da mercê que é a vontade. A vontade é a raiz do julgamento, quer dizer, a Shekhiná, que é um efeito da simples vontade. A Shekhiná é denotada pelo H final do Tetragrama YHVH, e quando ela desce na emanação (*atsilut*), ela

224. Cardozo era um teólogo com concepções bastante pessoais, que ele tentou atribuir ao "Mistério da Fé", fonte de autoridade para ele. Tinha boas razões para querer desqualificar certas formulações alternativas que iam contra as suas idéias.

225. Cardozo, nesta passagem, chama-o de Haim Malakh Ashkenazi, embora em outros lugares dê o seu nome habitual de Haim Malakh. A passagem à qual faz referência está no *Raza de-Razin*, fols. 4b-5a. Malakh era um famoso sabataísta polonês no período de 1680-1710; ver *Encyclopedia Judaica*, XI (1972), cols. 818-819.

se reveste da [*sefirá*] *Malkhut*. A simples vontade, que é o Santo Bendito Seja Ele, o Rei Santo, é denotada pelas três [primeiras] letras, YHV, do Tetragrama, e ela se reveste da [*sefirá*] *Tiferet*. Ela tem o caráter do macho em relação à Shechiná que dela recebe, enquanto a Shekhiná é comparável à fêmea em relação ao Santo Bendito Seja Ele que lhe dispensa seu influxo como um homem à sua mulher''.

Esta formulação não corresponde, à primeira vista, à doutrina do ''Mistério da Fé'', a menos que suponhamos que de algum modo uma terminologia ulterior, semifilosófica, derivada do discípulo de Israel Sarug, Azariá Fano e sua obra *Yonat Elem*, foi substituída pela linguagem simbólica original do Zohar. Pode-se conciliar a versão do mistério segundo Primo e a exposição no ''Mistério da Fé'', se admitirmos que, na última, o *En-Sof* retrocedeu completamente para a retaguarda e que a Causa Primeira de Primo corresponde ao Santo Ancestral do texto anterior. Esta me parece ser a interpretação correta, podendo-se argumentar daí que a ''simples vontade'', contida na Causa Primeira e dela emanado quando quis criar (assim, na versão de Primo), corresponde, efetivamente, ao Rei Santo. É, com efeito, o que diz o texto de Primo, muito embora, por meio de metáforas apenas. A vontade é o Criador, e ela contém os modos ou princípios, quer masculino quer feminino, pois a Causa Primeira produziu a Shekhiná imediatamente após a processão da vontade, e as duas – o Rei Santo e sua Shekhiná – combinam-se no Tetragrama. Disso resulta que o Santo Ancestral, que é chamado ''vontade'' no ''Mistério da Fé'', torna-se, na versão de Primo, a Causa Primeira na qual a vontade é inerente. E Primo declara explicitamente que o Santo Rei é ''revestido de *Tiferet*''[226]. A doutrina da ''Alma de Tudo o que Vive'' desapareceu completamente da versão de Primo. Considerando-se o fato de ela ser bem conhecida na tradição Dönmeh, cabe indagar por que Primo a abandonou. Se a Causa Primeira de Primo é igual ao *En-Sof* do ''Mistério da Fé'', então as duas afirmações são realmente incompatíveis, tanto mais quanto o Santo Ancestral sumiu na versão de Primo. Não obstante – como se argumentou acima – outra interpretação é possível e, de fato, preferível. A versão de Primo pode se reconciliar com a doutrina do ''Mistério

226. *Tiferet*, neste contexto, designa a configuração de *zeir anpin* no mundo da *atsilut*. As numerosas manifestações no sentido de que o Deus da fé de Sabatai Tzvi era *Tiferet* podem ser interpretadas na acepção de ''manifestar-se'' em *Tiferet*, isto é, ''revestir-se'' dela; cf. vol. I, p. 118. Declarações concernentes ao ''Deus de sua fé que é *Tiferet*'' podem ser encontradas não só nos escritos de Natan a partir de 1666, mas também no comentário aos salmos escrito por Israel Hazan por volta do final da vida de Sabatai (cf. supra, p. 161).

da Fé'' sem se recorrer a interpretações forçadas, não havendo necessidade de apresentar as duas formulações – ao modo de Cardozo – como incompatíveis. Uma possível conexão entre as duas terminologias divergentes – a que fala do Santo Ancestral e da ''Alma de Tudo o que Vive'', de um lado, e a que fala da Causa Primeira de outro – também é sugerida pela tradição segundo a qual Sabatai revelou a uns poucos eleitos que o ''Santo Bendito seja Ele é uma Alma superna que brotou do poder da Causa Primeira''. Esta breve declaração comporta uma ou outra das duas interpretações possíveis do texto de Primo. Se supormos que a Causa Primeira é idêntica ao Santo Ancestral, então esta sentença curta é uma sucinta afirmação da doutrina da ''Alma de Tudo o que Vive'' que emana do Santo Ancestral, ou seja, a vontade.

A relação entre a doutrina secreta concernente à ausência de Providência no *En-Sof*, de um lado, e, de outro, a Divindade significante do ponto de vista religioso, o Deus que cria e se revela, não é explicitamente referido nas duas versões examinadas até aqui. Mas uma relevante passagem relacionada com esta ''tese'' secreta subjacente ao ''Mistério da Divindade'' sabataísta foi preservada por Cardozo, que copiou de um manuscrito de José Karillo a seguinte declaração feita pelo próprio Sabatai: ''Sabei que a Causa de todas as Causas não exerce nem influência, nem providência nos mundos inferiores. Ela trouxe à existência a Coroa Suprema (*Keter*) para ser Deus e a *Tiferet* para ser Rei''[227]. Esta formulação concisa concorda com o ''Mistério da Fé'', apesar de haver variações terminológicas. O *En-Sof* deste aparece aqui como a ''Causa de Todas as Causas''[228]. O Santo Ancestral daquele é aqui chamado *Keter*, o nome tradicional da primeira *sefirá*, e o Santo Rei é agora *Tiferet*[229]. A deidade é assim a união de *Keter* e *Tiferet*, isto é, a ''Alma'' e o ''Rei'' (com sua Shekhiná?). O supramencionado dualismo místico aparece aqui em sua forma mais radical, apoiada na autoridade do próprio Sabatai e preservado por um dos ''apóstatas místicos''. A asserção de que o ''Deus de [sua] Fé'' foi emanado de um princípio mais elevado e que era, portanto, uma Causa Segunda mais do que Primeira, baseia-se na premissa ''herética'' de que a ''Causa de Todas as Cau-

227. Manuscrito na Biblioteca da Universidade de Yale (New Haven), n. 20, fol. 1a. O MS. é um fragmento de uma obra desconhecida de Cardozo. Faltam o começo e o fim. Em outro lugar (cf. Weiss, *Beth ha-Midrash*, p. 65), Cardozo menciona um manuscrito de Karillo que encontrou em Constantinopla. Talvez a citação seja deste manuscrito.

228. Que não é necessariamente idêntico (como mostra o desenvolvimento ulterior da doutrina sabataísta) à ''Causa Primeira''.

229. Em outras palavras, a linguagem das *sefirot* foi substituída pela terminologia luriânica dos *partsufim* (''semblantes'' ou ''configurações'').

sas'' não tem significação religiosa. Como ponto de partida de uma cadeia de causas, é uma questão de lógica ou ontologia, mas não de contemplação religiosa ou de culto. A última é devida a uma deidade que é o ''Rei''. É compreensível que esta audaciosa doutrina, ensinada pelo Messias como o verdadeiro ''Mistério da Divindade'' fosse revelada a uns poucos eleitos. Muito possivelmente, esta doutrina foi a única contribuição original (e herética) de Sabatai à teologia mística da Cabala. Ela mostrou ser de enorme significação para o subseqüente desenvolvimento da doutrina sabataísta.

Quaisquer que tenham sido as possíveis explicações dos detalhes do ''Mistério da Divindade'' de Sabatai e de suas aparentes discrepâncias, parece que o pensamento de Sabatai sobre o assunto exibe um notável grau de consistência e continuidade, desde os primeiros dias de sua pregação em Esmirna até sua morte em Dulcingo. As capacidades intelectuais de Sabatai não parecem ter sido afetadas por sua instabilidade emocional e por trinta anos de altos e baixos maníaco-depressivos. Não fossem os vários testemunhos relativos à doutrina da Divindade, nos sentiríamos tentados a supor que seu intelecto era tão instável quanto sua personalidade patológica. Na realidade, sua doutrina da Divindade parece ter evoluído e gradualmente se aprofundado com os anos. Cardozo e Haim Malakh, embora representando facções opostas no campo sabataísta após a morte do messias, testemunham, ambos, que o próprio Natan de Gaza soube do verdadeiro ''Mistério da Divindade'' após haver escrito a maior parte de suas homilias e obras, ou seja, somente perto do fim da vida de Sabatai[230].

Como se notou acima, ''O Mistério da Fé'' trata exclusivamente da doutrina mística da Divindade e não da pessoa do messias. Daí nem sequer tocar no problema da deificação do messias e da encarnação do Deus de Israel no messias. Israel Hazan, de Kastoria, escrevendo logo após a morte de Sabatai, ignorava a existência do ''Mistério da Fé'', mantido aparentemente em segredo por muitos anos por quem o anotou. Hazan não tem, portanto, nada a esconder sobre o assunto, e nunca menciona a trindade do Santo Ancestral, do Santo Rei e de sua Shekhiná. De outro lado, ele se refere freqüentemente a outra trindade: O Santo Bendito seja Ele, sua Shekhiná e o messias (cf. supra,

230. Ver G. Scholem *in Zion*, XI (1946), 173. Cuenque (*ap.* Emden, pp. 42-43) efetua uma descrição totalmente imaginária da solene transmissão do Mistério a dez discípulos. Depois de fazê-los jurar segredo, Sabatai revelou-lhes o Mistério e a seguir despediu-se dos discípulos com as palavras: ''Este é o conhecimento de Deus. Doravante vós sabereis a quem servis e quem é vosso Deus''. É possível que estas últimas palavras sejam autênticas. De qualquer modo, apesar de seu caráter lendário, a história reflete bem o sentimento de numinosa crença que a simples menção do Mistério evocava entre os sabataístas.

pp. 168-169). Não se pode determinar com certeza se tais referências implicam alusão a uma doutrina da encarnação. Durante seu ministério terreno, o messias está estreitamente unido, mas não é idêntico ao "Deus da Fé". Se Israel Hazan pensava que havia algo a acrescentar a isto, ele certamente não o revelou em seus escritos.

VII. AS MORTES DE SABATAI E DO PROFETA NATAN

Em 1676, Sabatai experimentou mais uma "grande iluminação, de uma tal ordem como jamais lhe sobreviera antes", e ele de novo se comportou de um um modo "estranho" que irritou os turcos[231]. Em solene procissão, marchou para o bairro da cidade em que viviam os notáveis e os funcionários turcos e, à meia-noite, subiu no "muro da torre" (o minarete da mesquita?), cantando suas músicas e hinos. De novo, nada lhe aconteceu, e mais tarde a lenda sabataísta embelezou o ocorrido com histórias de uma salvação milagrosa da espada dos inimigos. "Razão pela qual, ele decidiu que o tempo da redenção havia chegado, e que devia manifestar-se novamente à vista de todos os viventes". Foi na crista dessa nova onda de iluminação que pouco depois da Páscoa de 1676, Sabatai escreveu suas últimas cartas e proclamações reais. Uma dessas proclamações era endereçada a "todos os homens de fé em Sófia."

As vicissitudes desse último documento são particularmente instrutivas[232]. Ocorreu que R. José Kohen, um emissário de Hebron, estava em Sófia quando chegou a carta de Sabatai e ele a copiou em seu caderno de notas, felizmente conservado[233]. Mas outra cópia da carta, que pode muito bem estar com a letra do próprio Sabatai e que não foi endereçada a qualquer comunidade, em particular, subsiste num dos manuscritos provenientes dos arquivos dos Dönmeh e que se encontram atualmente em Jerusalém. Foi colada com muito cuidado sobre um papel bem forte (algo que não foi feito com nenhum outro documento desta coleção) e, ao menos por volta de 1750-1760, deve ter sido considerada um autógrafo genuíno do

231. O incidente é relatado em uma fonte sabataísta; cf. Baruch de Arezzo, *ap.* Freimann, pp. 67-68.

232. Algumas questões relacionadas com esta carta foram escalrecidas por Z. Rubashov (Shazar) em *Zion* (anual), VI (1934), 54-58, trinta anos antes que fosse descoberta uma cópia dos documentos Dönmeh.

233. Com relação a este caderno, ver I. M. Toledano, *Sarid u-Falit*, I (1945), 39-52, e A. Yaari, *Sheluhey Erets Yisrael,* pp. 470-472. Este emissário aparentemente possuía simpatias sabataístas, pois seu caderno de notas continha também a cópia de um outro documento que lança muita luz sobre o prestígio que Natan desfrutava em Kastoria.

messias (ver foto p. 179). Ela é mencionada como tal por R. Abraão Miranda, que reuniu esta coleção em Salonica[234].

Segundo esta carta, "Sabatai fez uma serpente de prata e a colocou sobre uma vara" (cf. Números, 21:9) na noite em que termina a festa da Páscoa. Evidentemente, estava assumindo o papel de Moisés *redivivus*[235] e, como tal, dirigiu-se a seus seguidores:

> Meus irmãos bem-amados, todos os homens de fé da cidade de Sófia, a quem será concedido contemplar a salvação do Senhor e ver, olho a olho, quando o Senhor trouxer de novo Sião (cf. Isa., 52:8]. Eis que eu enviei um anjo, [isto é, um mensageiro] diante de ti [cf. Êx., 23:20] para anunciar e dizer a todos de minha glória no Egito[236] e algo do que tendes visto [cf. Gên., 45:13]. Guarda-te diante dele, e obedece a sua voz, e não o provoques [cf. Êx., 23:21] em nenhuma coisa que ele vos diz em meu nome, pois não perdoarei vossas transgressões quando Deus se erguer para julgar (cf. Sal., 67:9) e o senhor das hostes será exaltado em julgamento [cf. Isa., 5:16][237], e quem é o deus que vos poderá livrar das minhas mãos? [cf. Dan., 3:15], pois fora de mim não há Deus [cf. Isa., 44:6]. Mas se ouvirdes de fato a sua voz, e fizerdes tudo o que eu vos falar [cf. Êx., 23:22], então eu de fato me levantarei e encherei vossos tesouros [cf. Prov., 8:21]. Assim disse o homem que está elevado às alturas do Pai[238], o Leão Celestial, o Ungido do Deus de Israel e de Judá, Sabatai Mehemed Tzvi.

Esta carta, "escrita em Alqun", é um mosaico de frases bíblicas, sugerindo que o escritor se achava não só num estado de exaltação

234. As principais objeções à autenticidade do documento como autógrafo de Sabatai Tzvi são de dois tipos: 1) a folha contém duas cartas de Sabatai, a primeira das quais, a julgar pelo conteúdo, parece ter sido escrita depois da segunda. É muito difícil argumentar que ambas foram escritas ao mesmo tempo; 2) na parte inferior da folha, há uma observação de que todas as peculiaridades da grafia estão mantidas tais como são. De outro lado, poder-se-ia traduzir a observação como uma ordem: não "estão mantidas", mas "devem ser mantidas". A própria observação procede nitidamente de outra mão, podendo ser interpretada como uma diretiva àqueles que iriam transmitir a carta a outras comunidades. Tenho dificuldade de chegar a uma conclusão precisa, mas não posso excluir a possibilidade de que as cartas sejam autógrafos autênticos. Este texto foi publicado pela primeira vez (incluindo um fac-símile) em *Sefunot*, V, (1961), 249, e M. Benayahu sustentou a autenticidade do autógrafo; *idem*, pp. 237-238. Ele pensa que Sabatai aditou-o à primeira carta, escrita mais tarde, como uma cópia feita por ele mesmo, e por isso tê-lo-ia modificando e abreviando-a em alguns lugares. Isto poderia ser uma explicação para as curiosas características da folha.

235. Na literatura sabataísta, esta identificação é tomada como certa. O nome Tzvi torna-se Moisés pela inversão AT-BASH do alfabeto hebraico, um procedimento muito utilizado na exegese mística. Cf. igualmente, vol. I, pp. 230-231, a propósito do selo de Sabatai.

236. Ele escreve *Mitsrayim* em duas palavras: *metsar yam*; encontramos esta ortografia em inúmeras de suas missivas. Trata-se de um jogo de palavras alegórico, baseado em fontes cabalísticas.

237. Alusão ao nome Tzvi pelo modo como as palavras estão escritas.

238. Combinação de II Sam., 23: 1 e Isa., 14:14, mas a expressão "elevado às alturas das nuvens" (*ab*) foi mudada pra "pai" (*ab*). Mas o autógrafo não contém as duas palavras *hamotei ab*.

iluminada, mas, efetivamente atribuía a si mesmo alguma espécie de divindade. Ele está enviando um mensageiro para proclamar aos fiéis "sua glória no Egito" (isto é, em exílio) e transmitir suas ordens. Como em 1658, Sabatai havia combinado a celebração da Páscoa e a dos Tabernáculos[239], e a carta, escrita cerca de seis meses antes de sua morte, ecoava alguns de seus temas e citações prediletos. Na juventude, ele já havia citado Isaías, 14:14: "Ascenderei acima das alturas das nuvens; serei como o Altíssimo", mas desta vez ele sugere que ascendeu (ou ascenderá) (ou ascenderá) "às alturas do Pai". Assim como outras cartas contendo alusões à sua divindade, esta foi conservada pelos primeiros "crentes" como uma espécie de segredo de família sabataísta. Baruch de Arezzo, que possuía uma cópia da carta e, na verdade, a utilizava para a redação de seu Evangelho sabataísta, omitiu a data eloqüentemente reveladora, as citações de Daniel, 3:15 e Isaías, 44:6, e a referência à ascensão aos "cimos do Pai". Não fosse a cópia providencial feita pelo emissário de Hebron e a cópia realizada pelo próprio Sabatai, este importante documento teria caído, vítima de autocensura exercida pelos crentes[240].

Alguns meses após sua última grande iluminação, Sabatai morreu, em Dulcingo, no Dia da Expiação de 5437 (17 de setembro de 1676) – dois meses após o seu qüinqüagésimo aniversário e quase exatamente dez anos após sua apostasia, em 16 de setembro de 1666.

Sua última carta, possivelmente preservada em autógrafo, ainda o apresenta no seu duplo papel de judeu e muçulmano. Ele escreve a seus amigos da comunidade judaica mais próxima, e de "Arnaut-Belgrade" (Berat), pedindo-lhes para que se apressassem e lhe enviassem um *mahzor*, o livro de orações de festa, para o Ano Novo e o Dia do Perdão. A carta parece ter sido escrita em agosto de 1676. Ele a firma com as fórmulas usuais de bombásticos auto-engrandecimentos, terminando com o "messias do Deus de Israel e de Judá Sabatai Tzvi". Ele evita mencionar o seu novo nome Mehemed, ao pedir um livro de preces à comunidade judaica[241].

Cerca de quinze dias antes da morte de Sabatai, em 5 de setembro de 1676, José Karillo e um outro erudito sabataísta apóstata (Isaac Haber ou Abraão Oheb, de Sófia) chegaram a Dulcingo por

239. A carta é datada do "término da Festa da Páscoa e da Festa dos Tabernáculos", segunda-feira, 23 de Nisan. Estas palavras também estão faltando na cópia autográfica.

240. Z. Rubashov, *loc. cit.*, estabeleceu que esta carta foi escrita em 23 de Nisan de 1676. A correção da data é confirmada pelo fato de que, de 1663 a 1676, 23 de Nisan jamais caiu numa segunda-feira.

241. A carta foi publicada em *Sefunot*, V (1961), 250.

convite expresso de Sabatai trazido por um *mulá* muçulmano de nome Ali[242]. O companheiro de Karillo fez um relato do encontro com Sabatai Tzvi quando viu Cardozo em Constantinopla na primavera de 1682. Segundo seu relato, Sabatai levou os dois visitantes à praia e disse-lhes: ''Volte cada um à sua casa. Até quando ficareis presos a mim? Talvez até o dia em que podereis ver por baixo daquela rocha na costa?[243]'' Esta é, de fato, uma declaração muito melancólica, e sugere que Sabatai morreu num estado de desânimo, consciente de seu fracasso. O fato foi deliberadamente obscurecido no círculo de Natan. Todas as fontes concordam na informação de que Sabatai faleceu no Dia da Expiação[244], mas, enquanto a tradição sabataísta insiste em que ele morreu na hora da prece da *neilá*, o informante de Cardozo afirma que a morte ocorreu ''bem cedo''. Em 1686, a crônica judio-persa de Isfaã especifica, aparentemente baseada em documentos e cartas anti-sabataístas de Constantinopla, que Sabatai foi exilado para Surkan (obviamente uma corruptela de Ülkün), onde foi mantido na prisão em condições miseráveis, submetido a mortificações e torturas (!) até morrer ''na quarta hora do Dia da Expiação de 1676''[245]. Isto confirmaria a informação de Cardozo. Segundo a divisão do dia em uso na época na Turquia, contavam-se as horas a partir do nascer do sol. Assim, Sabatai teria morrido entre 9 e 10 horas da manhã. De outro lado, Karillo e seu companheiro deixaram Dulcingo após a Rosh ha-Shanah e antes da morte de Sabatai no Dia da Expiação, mas a informação deles parece estar de acordo com a de Samuel Gandoor (cf. infra) de que Sabatai teria morrido ''de dia''. A hora da *neilá* que marca o término do Dia da Expiação é considerada o momento mais solene e mais sagrado ano – a lenda rabínica pretende que Moisés morreu nessa hora – e daí não ser surpreendente que a tradição sabataísta tenha deslocado em algumas horas o momento da morte de Sabatai.

242. Cf. a carta de Cardozo *in Sefunot*, III-IV (1960), 217, na qual o nome do companheiro de Karillo é encoberto por um espaço em branco, seguido do título honorífico *chelebi*. Caso se trate de Mustafá Chelebi, posteriormente um dos principais membros do grupo Dönmeh de Salonica, é uma questão de conjectura. Na sua correspondência com os apóstatas, Sabatai jamais usava seus novos nomes turcos, mas os antigos nomes judeus, como se constata em sua carta-convite a Karillo, preservada nas memórias de Baruch de Arezzo (*ap.* Freimann, p. 68). Este também era o costume da seita Dönmeh, cujos membros, dentro de seu próprio círculo, eram chamados exclusivamente pelos nomes próprios e de família judaicos.

243. Cardozo, *loc. cit.*, p. 218. Segundo este relato, Sabatai falou com seus visitantes sobre o livro de Cardozo *Boqer Abraham.*

244. Ver meu exame das fontes e tradições pertinentes *in Zion*, X (1945), 140-142.

245. MS. Hebrew Union College, 2 007, fol. 113a.

5. Fantástica gravura de Sabatai Tzvi reconduzindo os judeus a Israel. O cabeçalho "Sch(a)lo Sabot(t)oi" parece significar Schalo(m) Sabatai (1687, lugar desconhecido). Coleção de Alfredo Rubens. Veja sua *Jewish Iconography* (*Iconografia Judaica*) (Londres, 1954), ilustração 22, em frente à página 112.

Mais de seis se passaram até que a notícia da morte alcançasse a Itália. Ela chegou, vinda de Esmirna, em data não especificada e de maneira não precisa, relatando que a morte de Sabatai ocorrera na véspera do Dia da Expiação, diante do que Moisés Capsuto escreveu imediatamente ao confidente de Natan, Samuel Gandoor, pedindo uma confirmação oficial. Obviamente, os seguidores de Sabatai nos Bálcãs estavam extremamente reticentes na divulgação do fato, pois inesperado passamento do messias deve ter caído como um golpe muito severo sobre os crentes. Uma carta de Meir Rofe a Abraão Rovigo, datada de 12 de setembro de 1677, reflete bem a confusão e o desespero, assim como as primeiras tentativas às cegas para ajustar-se à nova situação: "E, agora, eu vos anunciarei grandes novidades, mas guardai-as em segredo e, pelo amor de Deus, não as divulgueis a ninguém. Uma carta de R. Samuel Gandoor proveniente de Sófia afirma ser verdade que o Bem Amado foi chamado para a Academia Celestial no próprio Dia do [...] Que o coração não esmoreça, e em outra carta eu vos escreverei mais sobre este assunto. [Entrementes] deveis perguntar [por meio do sonho proféfico ou de instrução magídica] como suas palavras podem realizar-se depois disto e por que, e por qual razão, isto aconteceu, e se isto é uma morte real. Examinai a questão com diligência e adjurai o 'mestre do sonho' a dizer a verdade, trigo sem a palha [cf. Jer., 23:28], e fazei-me saber"[246].

A carta é instrutiva. Ela nos força a concluir que a notícia do falecimento foi deliberadamente mantida em segredo, e que ela só se tornou mais amplamente conhecida após o verão de 1677. A confusão de Rofe evidencia-se no desejo de ver seu jovem amigo obter de fonte sobrenatural informações acerca deste evento desconcertante[247], bem como na sugestão vaga de que no fim das contas, não seria uma "morte real", porém algum tipo de mistério cabalístico que "provavelmente mesmo os anjos no alto não podem captar". Afinal, "todas as questões a ele concernentes são, do começo ao

246. *Sefunot*, III-IV (1960), 111. Sobre a cronologia das cartas de Rofe, ver as observações de Tishby em *Sefunot*, I (1957), 93.

247. Há razões para supor que já naquela data Rovigo era visitado por um *magid* que lhe revelava mistérios sabataístas. As revelações magídicas e as "interrogações em sonho" não são fenômenos completamente distintos, e um *magid* pode manifestar-se em sonhos; cf. também Z. Werblowsky, *Joseph Karo* (1962), pp. 41s. e 76s. "Interrogações em sonho" são um procedimento muito antigo e existem muitas prescrições para ele; cf. a coletânea em R. Abraão Hamoy, *Lidrosh Elohim* (Livorno, 1879). Uma discussão do papel de Rovigo na história sabataísta não pode ser empreendida aqui, pois seu lugar apropriado é na história do movimento após a morte de Sabatai. Sobre Rovigo e o *magid* que se manifestou em seu círculo, ver Is. Tishby *in Zion*, XXII (1957), 21-55.

fim, maravilhosas e misteriosas, e quanto mais este assunto''. Gandoor e seu círculo estavam mais do que nunca decididos e firmes na sua fé, mas haviam-se imposto silêncio absoluto ''e jamais falar [sobre o assunto] e muito menos escrever para lugares distantes [...] Mesmo o nosso rei, o Santo Rabi, a Sagrada Lâmpada [R. Natan] cuja luz brilha de um extremo a outro do mundo, e a quem este grande mistério [da morte de Sabatai] não está possivelmente oculto, silenciou e não quer falar sobre o assunto por enquanto [...] O irmão [de Sabatai] Elias Tzvi levou a mulher e os filhos dele [de Sabatai] para Adrianópolis''[248].

A lenda sabataísta da morte do messias não havia ainda se desenvolvido. Samuel Gandoor ainda não afirma que Elias Tzvi ou outros crentes e rabis estiveram presentes junto a seu leito de morte. Israel Hazan já fala da presença de um grupo de crentes, mas não faz nenhuma menção ao irmão de Sabatai. Segundo Israel Hazan, Sabatai deitou-se para morrer em uma gruta que ele próprio tinha preparado para tal fim[249]. Alguns anos mais tarde, Baruch de Arezzo[250] conta-nos a lenda já desabrochada: Sabatai chamou o irmão, a esposa e os rabis que estavam com ele e anunciou: ''Sabei que irei morrer no Dia da Expiação, na hora da *neilá*. Carregai-me então para a caverna que eu mesmo prepararei próximo ao mar, e no terceiro dia de meu irmão Elias deveria vir à caverna''. Quando o irmão de Sabatai chegou à gruta, no terceiro dia, deparou com a entrada barrada por um enorme dragão, mas ele disse que seu irmão lhe havia ordenado vir e o dragão o deixou entrar. Uma vez lá dentro, encontrou a caverna vazia. ''Nem Nosso Senhor, nem ninguém se achava na caverna, mas ela estava cheia de luz.''

A origem da lenda, que logo se tornaria um mito central do sabataísmo, era, por certo, o embrionário sentimento dos crentes que Rofe já havia expresso a Rovigo: talvez esta não fosse uma ''morte real''. Uma vez, por ocasião de sua apostasia, o messias ficara ''oculto'' após uma triunfante manifestação inicial. Sua morte poderia ser, no fim das contas, uma nova e mais profunda ocultação. Não sabemos o que Natan de Gaza (que, segundo Gandoor, ''entendeu possivelmente o mistério'' mas preferiu guardar silêncio) pensou no primeiro ano. O *magid* de Rovigo, todavia, foi mais articulado e provavelmente exprimiu as esperanças de muitos crentes. No outono de 1677, logo após a confirmação da desconcertante notícia, o *magid*[251] replicara a seus interrogantes que Sabatai voltaria

248. *Sefunot*, III-IV (1960), 113-114. Cardozo também menciona que a viúva de Sabatai e seu servidor foram levados para Adrianópolis por Elias Tzvi.

249. Ver *Schocken Volume*, p. 195.

250. *Ap.* Freimann, p. 68.

251. *Sefunot*, III-IV (1960), 114, 116.

transcorridos doze meses e que a salvação se tornaria manifesta. Meir Rofe criticou o *magid* por transmitir mensagens contraditórias e duvidosas com respeito ao Bem-Amado. De fato, mais de doze meses tinham passado e nada ocorrera até então.

Todas as tradições sabataístas concordam que Sabatai morreu em Dulcingo[252], muito embora os judeus tentassem – com algum êxito inicial – manter o fato em sigilo, sendo que Leyb b. Ozer mostrou-se incapaz, como vimos, de obter uma informação fidedigna sobre o assunto (cf. supra, p. 184). Por fim, foi-lhe dito que Sabatai estava morto e fora enterrado em Belgrado-Berat, na Albânia, onde Sabatai havia adoecido de cólica – o que significa talvez *colitis ulcerosa*, obstrução intestinal – por vários dias, e depois morrera, tendo sido ''enterrado no Dia da Expiação. R. José Almosnino, o rabino de Belgrado [da atual Iugoslávia] disse ter ouvido a notícia de um Turco que havia cuidado de Sabatai durante a doença e estivera presente no enterro''. Já Leyb apresenta uma confirmação da lenda sabataísta e da versão que ele ouvira do *Hakham* Tzvi Ashkenazi, de Amsterdã. Segundo o *Hakham* Tzvi, Sabatai faleceu em Arnaut-Belgrade e foi sepultado no Dia da Expiação. De acordo com sua vontade, não devia ser enterrado com os muçulmanos, mas ele pediu que o pusessem a sós, perto da água... ''Não há judeus em todas essas partes.'' Não é impossível que Sabatai tenha morrido subitamente de uma obstrução intestinal, mas parece extremamente improvável que, pouco tempo antes de sua morte, tenha sido exilado de Dulcingo (onde certamente se encontrava na Páscoa de 1676) para única localidade da Albânia que não contava na época com uma comunidade judaica[253]. A origem destas versões conflitantes não está clara, mas a tradição sabataísta que fala de Dulcingo parece ser a correta[254]. Há larga evidência de que o túmulo sem inscrição,

252. Cf., além das fontes já mencionadas, também carta de Cardozo (MS. Adler 2 432) que eu publiquei *in Zion*, VII, (1942), 16.

253. Uma lista dos anciãos da comunidade é dada no caderno de notas do emissário de Hebron, R. José Kohen (ver Toledano, *Sarid u-Falit*, vol. I, p. 47). A comunidade parece ter gozado de prosperidade, pois o seu donativo de caridade a José Kohen foi considerável. O itinerário do enviado de Hebron não deixa dúvida de que a referência é a Belgrado-Berat, na Albânia. A comunidade também é mencionada nas notas de Moisés Levi, que havia precedido José Kohen como emissário em Hebron e cujas notas José Kohen copiara em seu próprio diário (*idem*, p. 43). José Kohen visitou a cidade no início do verão de 1676, cerca de três anos antes da morte de Sabatai. Nesta ocasião, ele copiou as últimas cartas de Sabatai que haviam sido lá recebidas.

254. Acerca do lugar onde Sabatai morreu e foi enterrado, ver também I. Ben-Tzvi (cuja conclusão é a favor de Berat) e G. Scholem (que se inclina para Dulcingo) *in Zion*, XVII (1952), 75-83. A carta a Berat, escrita algumas semanas antes da morte de Sabatai, pedindo um livro de orações, refuta de maneira definitiva a hipótese de Ben-Tzvi.

em Dulcingo, foi visitado até o início do século XX por peregrinos Dönmeh de Salonica[255].

O profeta de Gaza permaneceu em silêncio. O homem que incendiava os crentes com o seu entusiasmo e com a intensidade de sua fé, tornou-se presa da amargura e do desânimo. Ele deixou Kastoria e parece ter ficado em Sófia a maior parte do tempo. É provável que nesta época tenha escrito a última carta, que ainda subsiste, dirigida aos ''meus irmãos e queridos que estão em Kastoria''. A carta reporta violentas querelas e novas perseguições em Kastoria e revela um estado de ânimo dominado pelo cansaço e pelo desalento. Natan exprime seu desgosto para com as dispustas que dilaceravam a comunidade ''com respeito à redenção'' e prescreve – sob pena de excomunhão – estrito silêncio nesta matéria controversa. ''É bom que um homem tenha esperança, e aguarde em silêncio a salvação do Senhor'' (Lam., 3:26). A carta é assinada: ''Assim fala aquele que busca e persegue a paz de todo Israel, a criança pequena, Lobo do Deserto''[256]. Aparentemente, quer o profeta quer os dirigentes do movimento sabataísta haviam chegado à conclusão de que, por enquanto, seria preferível ''esperar e aguardar em silêncio'', evitar todo tipo de discussão, propaganda e controvérsia, e ''não abrir a boca sobre o assunto, nem para o bem, nem para o mal''. Não havia sentido em alimentar contenda agora e no devido tempo saber-se-ia quem estava com a razão. A autoridade de Natan continuava incontestada e ele podia expedir ordens aos crentes em Kastoria ''sob pena de excomunhão''. No entanto, havia um mundo de diferença entre o tom confiante da carta a Shemaia de Mayo (em 1672) após a visita de Sabatai a Adrianópolis e a nota baixa da carta a Kastoria. O simbolismo da assinatura é obscuro. É a única ocasião em que o profeta não assina Natan Benjamin, mas emprega títulos metafóricos. A pequena ''criança'' (em hebraico, *ben*) é obviamente um jogo de palavras com ''Benjamin'' e também o é o título ''lobo'' (cf. Gên., 49:50: Benjamin é um lobo furioso).

255. Cf. também os artigos na *Allgemeine Zeitung des Judentums*, XLIV (1880), 620, e o diário hebreu *Davar* (Tel Aviv, 17 de Nisan de 1965) no qual é citada uma declaração dos ''Anciãos''de Dulcingo-Ulcinj, datada de maio de 1962, segundo a qual visitantes anônimos costumavam vir de longe e depositar pedras e flores no túmulo de um santo desconhecido.

256. *RÉJ*, CIV (1938), 121. A carta não é datada, mas M. Molho, que a publicou pela primeira vez pensou que ela foi escrita em 1671-1672. Segundo uma carta que foi efetivamente escrita em janeiro de 1672 (cf. supra, p. 170, sabemos que naquela época o estado de espírito de Natan era de fé ardente e expectativa entusiástica. O abatimento que caracteriza a presente carta parece ajustar-se ao período posterior à morte de Sabatai. A carta é assinada *zeeb aravot*, segundo Hab., 1:8.

Nos 1678-1679, a noção de que a morte de Sabatai era meramente uma "ocultação" começou a ganhar terreno. O termo foi provavelmente introduzido por Natan após haver se recuperado de sua melancolia inicial[257]. Em Kastoria, R. Israel Hazan compunha suas homilias (cf. supra, p. 162) muitas das quais refletiam a nova situação dos crentes e a cristalização da nova doutrina. Os "opositores" exploram o fato notório da morte de Sabatai para insultar e ridicularizar os crentes. "Sua garganta é um sepulcro aberto" (Sal., 5:10), pois com a boca eles engolem a menção ao sepulcro de Sabatai (isto é, morte e enterro) para grande desconforto dos crentes. Um dos pricipais oponentes[258] havia declarado: "Ele está morto e enterrado. O que mais esperais dele? Continuais a vos apegar a ele?" Israel Hazan não pode esquecer o dia terrível em que a notícia da morte de Sabatai chegou a Kastoria e os opositores reuniram-se na sinagoga e zombeteiramente citaram Oséias, 10:15: "O rei de Israel será totalmente destruído". A réplica a tais motejos é a fé de que aquilo que parecia ser morte era, na realidade, uma ocultação, e que Sabatai retornaria para sua manifestação final. O salmo 142, a oração de David "quando ele estava na caverna", é uma antecipação profética da ocultação de Sabatai[259].

A doutrina sabataísta da ocultação não foi tomada de outros sistemas, mas – como ocorre o mais das vezes na história das religiões – é produto de estruturas similares de fé. Elias Bickerman, em seu estudo das idéias da ocultação[260] no cristianismo primitivo e no culto da apoteose dos imperadores romanos, descreve o herói deste processo como alguém que "pela graça de Deus, é liberado da morte no próprio momento da morte e é levado ao paraíso, ao céu ou a um país longínquo onde continua a viver no seu corpo"[261]. A doutrina sabataísta da ocultação foi formulada por Natan, a quem, em estado de iluminação, os "mensageiros" celestes (*magidim*) Josué e Caleb revelaram que "AMIRAH havia sido exaltado e escondido, corpo e alma, no Dia da Expiação, na hora da *neilá*. Quem imaginar

257. MS. 2 262 do Instituto Ben-Tzvi contém um místico poema alfabético hebraico (e mais do que obscuro) escrito em aramaico o qual "AMIRAH disse no tempo de sua ocultação" e que, segundo se pretende, foi "copiado de um manuscrito do profeta da verdade e da justiça, R. Natan". É uma imitação sabataísta de um capítulo do apocalipse medieval intitulada "A Profecia da Criança".

258. Possivelmente R. Jacó Danon, um dos rabis de Adrianópolis, que R. Salomão Katz chamava numa carta de "o grande incrédulo". De qualquer modo, Israel Hazan parece se referir a um sermão público pregado contra os sabataístas.

259. Ver as fontes *in Schocken Volume*, p. 171.

260. Os termos hebraicos *hit'alemut*, *helem* correspondem exatamente ao αφανισμος das lendas gregas.

261. E. Bickermann, "Das leere Grab", *ZNW*, XXIII (1924), 285.

que ele morreu como qualquer homem e que seu espírito retornou a Deus comete grave pecado. Isto foi revelado pelo santo R. Natan a R. Samuel Primo, a R. Samuel Gandoor e ao grupo de seus amigos próximos''[262]. Tobias Rofe exprimiu seu espanto pelo fato de que muitas pessoas eruditas e eminentes perseverassem na fé apesar da morte de Sabatai, explicando que o que havia acontecido era ''uma mera ilusão, pois ele ainda estava vivo, embora oculto aos olhos de todos os viventes''[263].

A doutrina da ocultação presta-se a uma formulação mais estritamente cabalística, a saber, que Sabatai havia ascendido às ''luzes supernas''[264] e foi absorvido por elas. Entretanto, a lenda que foi difundida pelos discípulos de Natan apresentava um caráter mais próximo desse espírito hagádico popular que já está presente na carta de Natan, em 1665, ao *chelebi* Rafael José. Nesta perspectiva, a ocultação significa que ''Nosso Senhor foi ter com nossos irmãos, os filhos de Israel, as Dez Tribos que se encontram além do rio Sambation, a fim de casar-se com a filha de Moisés. Se formos dignos, ele retornará de pronto após as celebrações das bodas para nos redimir; do contrário, ele se demorará ali até sermos visitados por muitas tribulações''[265].

Foi neste mundo místico-lendário que ele mesmo havia contribuído para criar que Natan encontrou refúgio nos últimos anos de sua vida. Durante estes anos, ele viveu, como Primo, em Sófia, onde os dirigentes da comunidade judaica ainda eram seguidores de Sabatai. Uma testemunha ocular contou aos sabataístas italianos que, enquanto pregava um sermão em memória de R. Haim Meborakh, na sinagoga asquenazita, Natan jurou em público que ''Sabatai Tzvi era o verdadeiro messias e que não haveria outro além dele''. Natan levava uma vida piedosa e ascética e muitas de suas práticas devocionais foram registradas pelos discípulos de outrora em Salonica[266].

262. Caderno de notas sabataísta na biblioteca da Universidade de Colúmbia, Nova York, fol. 13a. O caderno foi redigido por um discípulo de Haim Malakh, que era, ele mesmo, um discípulo de Primo.

263. *Ap.* Emden, p. 46. Da mesma maneira, houve muitos que se recusaram a aceitar o fato de que Salomão Molkho fora queimado na fogueira, acreditando que ele ainda estava vivo.

264. Cf. G. Scholem *in Zion*, VI (1941), 181-187, acerca do desenvolvimento dessa doutrina.

265. Baruch de Arezzo, *ap.* Freimann, p. 68. Aí é dito também de um rabi da Grécia que teria visto ''Nosso Senhor'', que lhe informou que ''estava partindo naquela semana em direção à Tartária, que é a rota correta para o rio Sambation''.

266. Ao menos três versões destas foram preservadas: uma, impressa por Freimann (pp. 93-94) com muitos erros e adulterações, a partir de um manuscrito italiano: as outras duas nos MSS. Günzburg 517 e 672 em Moscou (microfilme no Instituto de MSS. Hebraicos na Biblioteca Nacional e da Universidade de Jerusalém), fols. 17-20.

Algumas delas são realmente notáveis. Natan modificou em diversos trechos o texto do famoso hino cantado na véspera do *shabat*, de modo a lhe dar uma ressonância messiânica mais nítida. Ele deu grande peso à quarta refeição após o término do *shabat* e o chamou de "a refeição do rei messias". Sua iniciativa mais importante, porém, foi a declaração de que "um homem que se ocupa com os assuntos pertinentes ao AMIRAH, *mesmo que só contando histórias*, é considerado como alguém que estuda os mistérios da *merkabá*". Esta afirmação extravagante foi retomada mais tarde pelos *hassidim*, e aplicada ao ato de contar histórias acerca dos *tzadikim*, os santos hassídicos[267]. Pensava-se em geral que esta era uma das atrevidas inovações introduzidas pelos *hassidim*, quando, de fato, não passava da reafirmação de uma máxima de Natan. Em 1679 ele ainda se encontrava em Sófia, mas, no final do verão ou outono daquele ano, não lhe foi mais possível ali permanecer. Ele talvez sentisse que seu fim estava próximo. Uma carta endereçada a Mordecai Eisenstadt (possivelmente por Abraão Rovigo) em fevereiro de 1680 relata que o profeta Natan "havia deixado Sófia e fora para Salonica. Antes de partir, ele havia pregado um sermão e exortara a comunidade ao arrependimento, afirmando que Sabatai Tzvi estava certamente vivo e que ele [Natan] ia encontrá-lo, pois ele [Sabatai] estava voltando agora de além do rio Sambation. Foi assim que ele partiu de Sófia para a Turquia e o povo em Sófia está fazendo grande penitência"[268].

O missivista não sabia que àquela altura, quando escrevia a carta, Natan já não estava vivo. Ele havia morrido numa sexta-feira, 11 de janeiro de 1680, em Üsküb, na Macedônia (mais conhecida como Skoplje). Por muitas gerações correu a lenda na comunidade de que Natan chegara de Kumanovo numa sexta-feira, e dirigira-se

O último destes é um manuscrito sefardita oriundo provavelmente de Salonica ou dos Bálcãs. O mesmo manuscrito (fol. 19a) também conta que, quando Natan dizia suas preces matinais, um maravilhoso olor emanava de seu aposento. Uma vez, quando o perfume estava particularmente forte, o irmão de R. Isaac Hanan subiu, mas foi sobrepujado pelo odor celestial e desmaiou. Natan explicou-lhe que as almas do Paraíso se congregavam em seu quarto quando proferia as orações matutinas, mas normalmente envergavam suas vestes celestiais. Nesta ocasião, em particular, elas tinham vindo sem as suas vestimentas e daí por que o perfume que exalavam era tão poderoso.

267. Cf. G. Scholem *in JJS*, XX (1969) 51.

268. Esta carta (MS. British Mus. Or. 9 165, fol. 97b) não está assinada, mas parece razoável presumir que foi escrita por Rovigo e copiada por um dos membros de seu círculo. A cópia existente se apresenta em termos asquenazitas, tendo sido redigida por um judeu asquenazita, Berl Perlhefter, que, na época, era um sabataísta militante. Ver também a referência a estes relatos em Baruch de Arezzo, *ap.* Freimann, p. 69 e, em especial, Is. Tishby, *Zion*, XXII (1957), 46. No círculo de Rovigo, foram recebidas "revelações" após a morte de Sabatai segundo as quais no fim das contas, Sabatai era apenas o Messias ben José e não o verdadeiro messias davídico.

imediatamente à casa do rabi[269]. Ali, pediu que os coveiros fossem imediatamente enviados a fim de preparar-lhe a sepultura, pois estava prestes a morrer e queria ser enterrado antes do *shabat*. Ele também predisse que seu servo, que devia chegar num domingo, também iria morrer no mesmo dia. "Enquanto ainda se encontrava na casa do rabi, caiu e expirou, e os membros da congregação o sepultaram com grande honra. Seu servo também chegou e morreu no dia apontado, e foi enterrado junto ao túmulo de Natan"[270]. Um relato mais pormenorizado de como Natan partira de Sófia e de sua morte está contido na versão mais longa das notas sabataístas de Benjamin Kohen e Abraão Rovigo[271]. O compilador registra, perto do final de 1693, que um visitante de Belgrado lhe dissera "que, quando moço, havia estudado o Talmud com R. Natan, e que ele [Natan] vivera em Sófia, sua cidade natal, durante treze anos". Isto confirma que em 1679 Natan ainda estava em Sófia. O visitante narra então a última experiência extática do profeta. "Uma noite, teve uma convulsão sobrenatural, e estava deitado em desmaio quando a profecia lhe sobreveio. Tão logo recuperou os sentidos, os rabis vieram perguntar-lhe o que tinha a contar." Natan disse-lhes que vira um prodigioso pilar no céu e que isto significava derramamento de sangue e matança. Ele profetizou que o sultão travaria uma guerra terrível contra o imperador, mas seria vencido. No final dos dias, contudo (o que significava "dentro de três ou quatro anos"), o turco torna-se-ia extraordinariamente poderoso porque Samael, o Príncipe do Mal, iria ajudá-lo, mas, ao mesmo tempo, o messias também se manifestaria[272]. A seqüência sugere que a pro-

269. Pelo caderno de Abraão Rovigo sabemos que os rabinos de Üsküb, Jacó Abuláfia e Isaac Yahya, eram seguidores de Natan e possuíam cópias de seus escritos; cf. Is. Sonne, "Visitantes na Casa de R. Abraão Rovigo", *Sefunot*, V (1961), 295.

270. Rosanes, IV, p. 444. O conto intitulado "A Morte de R. Natan", de Ezra Ha-Menahem, natural de Skoplje (*Molad*, IV [1950], 103-116), baseia-se nesta lenda. Segundo Rosanes, era costume até o início do século XX efetuar uma peregrinação à tumba de Natan no aniversário de sua morte e celebrar a ocasião recitando-se o Zohar e oferecendo-se um banquete. A seita Dönmeh enviava representantes a esta celebração anual. A lenda da morte do servo é um acréscimo posterior; sua origem foi investigada por S. Asaf em *Zion*, I (1936), 455-456. A versão anterior da história era que R. Sabatai Ventura, de Sófia, mostrara desrespeito junto ao túmulo de Natan, razão pela qual sua mão secou e ficou paralisada até o dia em que ele retornou ao túmulo, implorando perdão. Quando seu filho Abraão Ventura passou pela cidade numa viagem em prol da comunidade de Safed, "uma gota caiu sobre ele em sua primeira noite na cidade e ele morreu [...] e foi enterrado perto da tumba de R. Natan". (A história é contada por R. Haim Palache, de Esmirna, no *Kol ha-Haim* [Esmirna, 1874], p. 17-18.)

271. A versão intitula-se *O Mistério da Fé de Nosso Senhor*, MS. Günzburg 517, em Moscou. Ela foi compilada por Haim Segré.

272. Este motivo está subjacente na descrição da guerra escatológica do pseudo-Natan, composta nos primeiros anos de existência da seita Dönmeh, entre 1690 e 1695; cf. *Sefunot*, IX (1965), 193-207.

fecia deve ter ocorrido pouco antes da partida e morte de Natan, pois "no mesmo ano em que o pilar apareceu, o Santo Rabi ordenou à gente de Sófia que instituísse vigília todas as noites, exceto no sábado [...] para a leitura dos salmos, da Mishná e do Zohar. Na última noite, a reunião ocorreu na casa do judeu mais rico de Sófia, e o rabi [Natan] pediu-lhes que provessem o dote de uma moça pobre, dizendo que seria a última vez que iria importuná-los, pois muito em breve entraria na amargura. Ninguém entendeu o que ele quis dizer com esta amargura, mas ele partiu no mesmo dia para Üsküb e imediatamente depois de chegar lá, caiu doente e morreu". Este relato dá algumas indicações sobre o pano de fundo histórico das lendas relativas à morte de Natan que se desenvolveram posteriormente em Üsküb.

A lápide do túmulo de Natan foi destruída durante a Segunda Guerra Mundial, mas a inscrição foi reproduzida por Rosanes[273]. Ela rezava: "A casa destinada a todo o vivente [Jó, 3:23]. A pedra funerária para o repouso do rabi divinamente inspirado, um vigia e um santo do céu (Dan., 4:13). A Sagrada Lâmpada – não me estendi em seus louvores (Sal., 65:2) – o mestre e rabino Abraão Benjamin Natan Ashkenazi, que sua alma descanse no Paraíso, que foi convocada à Academia Celeste na sexta-feira, 11 de Shevat do ano. 'A punição de tua iniqüidade está realizada [valor numérico do hebraico, *tam* (está realizada) é 440 = 1 680], Ó filha de Sião' [Lam., 4:22]"[274].

"A punição do teu pecado está realizada, Ó filha de Sião". Estas palavras condensam de fato a mensagem das vidas tempestuosas de Sabatai Tzvi, o "messias do Deus de Jacó" e Natan de Gaza, seu profeta. Eles intentaram abrir as portas da redenção e conseguiram levantar a Casa de Israel. No entanto, eles não conseguiram e, na realidade, não poderiam, encontrar o caminho da visão à realização. O sulco que lavraram no coração de seu povo era profundo e a semente de sua mensagem germinou, ainda que de maneira diferente e em circunstâncias muito diversas das previstas por eles, em fases posteriores da história do judaísmo. A crise precipitada

273. *Loc. cit.* A fotografia do epitáfio ao final do volume baseia-se num desenho feito em 1917-1918 para Rosanes, por amigos seus. O texto da inscrição prova que Baruch de Arezzo (*ap.* Freimann, p. 69) não estava muito errado quando escreveu que Natan morreu "um ou dois anos" após Sabatai.

274. Jacó Frank contou a seus discípulos na Polônia que ele também havia visitado a tumba de Natan (entre 1752 e 1755) e citou-lhes a última linha do epitáfio: *tam avonekh, bat Zion*. Mas ele deve ter lido o mês mencionado na linha precedente como Tevet (equivalente a dezembro), pois dizia também que Natan havia morrido em 1679; cf. o manuscrito dos ditos de Frank, *Slowa panskich* (em polonês), na Biblioteca da Universidade de Cracóvia, § 39. Frank afirmou corretamente que o túmulo se encontrava em Skoplje (Üsküb), o que foi erroneamente entendido por Graetz como sendo Sófia, desencaminhando assim os que escreveram depois dele.

pelo movimento por eles iniciado pode ser encarada como um dos pontos de mudança decisivo da história judaica.

Há um certo sentido em entender que a lenda expressa mais verdade do que uma enumeração acurada dos fatos, e as lendas que cercam um grande homem amiúde nos dizem mais do que a pesquisa histórica jamais pode fazê-lo. A verdade histórica a respeito de Sabatai Tzvi tornou-se obscura até durante sua vida e enquanto seu nome ainda estava nos lábios de todos. Grande parte desta verdade histórica permanece obscura, apesar de nossos esforços de auscultar o testemunho dos documentos, de decifrar a gaguejante linguagem simbólica dos crentes e penetrar atrás das vituperações dos adversários. Para a massa dos crentes, assim como para muitos "infiéis", a lenda, tal como tecida desde o tempo da primeira manifestação de Sabatai em Gaza até os anos após sua morte, era a única realidade acessível. A lenda foi o poder que moveu os crentes e que gerou perplexidade nas pessoas simples que não podiam compreender o mistério da trágica debandada. A lenda sabataísta é a forma histórica em que a pessoa de Sabatai Tzvi afetou as gerações posteriores. Embora possa ter revelado pouco sobre o Sabatai "histórico", revelou muita coisa sobre as aspirações de um povo. O anelo de redenção por meio do místico poder da santidade, combinado com uma consciência fantasmal das forças demoníacas, investe esta lenda de um sentido de mistério e tragédia, presente até nas versões dos não-sabataístas quando tentaram relatar a história do grande despertar messiânico que sacudiu todo um povo.

A lenda sabataísta chegou a nós em três versões "clássicas". Nos dois relatos dos crentes Abraão Cuenque, de Hebron, e Baruch de Arezzo, vemos Sabatai em plena grandeza lendária apenas poucos anos após a morte. Por seu puro poder inerente, esta lenda não só apresenta a figura do messias, como também exprime as aspirações de seus seguidores e as lutas de sua fé. Com Leyb b. Ozer, o notário de Amsterdã, que escreve cerca de trinta ou quarenta anos após a morte de Sabatai, a lenda consuma seu triunfo. Pois Leyb b. Ozer pretendia compor apenas um histórico *Beschraybung fun Shabsai Tsevi*, mas de fato reproduziu apenas as histórias correntes. No narrar-se, os fatos supostamente históricos cristalizaram-se em lenda – e uma lenda viva, popular, além do mais. E mesmo quando a lenda é contada por um cronista incrédulo, alguns raios da "fé" nela reluzem. Não há dúvida de que esta fé foi humilhada e desacreditada. Suas esperanças foram vãs e suas pretensões refutadas, e, no entanto, a pergunta composta de orgulho e tristeza persistiu: Não teria sido uma grande oportunidade perdida, mais do que uma grande mentira? Uma vitória dos poderes hostis mais do que o colapso de uma coisa vã? As duas versões da lenda, a dos dois crentes fervorosos e a do cético Leyb b. Ozer têm muito em comum, não obstante suas divergentes avaliações dos eventos. A lenda do grande ator e impostor e a lenda do eleito cuja missão acabou em malogro formam, em conjunto, a lenda de Sabatai Tzvi como ela vive na memória do povo judeu.

Bibliografia

A. FONTES EM HEBRAICO

I. *Fontes Perdidas ou Suprimidas*

1. José ha-Levi, pregador em Livorno, compôs em 1667 um livro sobre o movimento sabataísta. A obra esteve em poder do poeta Emanuel Frances; cf. *Tzvi Mudá*, p. 135.

2. Salomão b. Leyb Katz, juiz rabínico em Ofen (Buda), compôs em 1671 uma biografia de Sabatai Tzvi baseada na documentação que ele havia obtido do irmão de Sabatai, Elias Tzvi; cf. Freimann, p. 65.

3. Yair Haim Bacharach reuniu uma coleção de documentos relativos ao movimento sabataísta (1666). Apenas o índice de assuntos foi preservado; ele aparece em A. H. Weiss, *Beth ha-Midrash* (1865), p. 92.

4. José Sambari, "Relato dos Acontecimentos ligados a Sabatai Tzvi" (parte da obra histórica *Dibrey Yosef*, escrita em 1676; as páginas foram retiradas dos dois manuscritos subsistentes da obra.

5. "O Livro de Revelações Concedidas a Sabatai Tzvi em Adrianópolis em 1668". O livro continuava ainda em mãos da seita Dönmeh em Salonica em 1915, tendo sido provavelmente destruído no grande incêndio de 1917.

6. Uma lista de documentos mencionados por Sasportas em *Tzitsat Nobel Tzvi*, mas que não foram integralmente citados por ele e cuja maior parte foi perdida, é apresentada por Tishby em sua edição de Sasportas (cf. infra, item 10), pp. 375-37.

7. Abraão Yakhini, "Um Livro de Cantos em Louvor de Sabatai Tzvi", a obra existia ainda em Salonica em 1750, tendo sido utilizada por R. Abraão Miranda (MS. 2 262 do Instituto Ben-Tzvi).

II. *Fontes Existentes*

8. MS. Epstein, anteriormente na Biblioteca da Comunidade Judaica de Viena (catálogo A. Z. Schwartz, no. 141: "Coleção de Documentos sobre o Movimento Sabataísta, Trazida da Itália em 1887"). O grosso do manuscrito ainda subsiste; até 1967 encontrava-se no Instituto Histórico Judaico de Varsóvia.

9. Coleção de folhetos, cartas e documentos provenientes dos arquivos da seita Dönmeh em Salonica que se encontravam em poder de R. Saul Amarillo no início da Segunda Guerra Mundial. Amarillo obteve o manuscrito de membros da seita Dönmeh durante a troca de população que ocorreu entre a Grécia e a Turquia. Seu falecido filho Abraão Albert Amarillo doou a totalidade da coleção de vários manuscritos ao Instituto Ben-Tzvi de Jerusalém. É citado como Coleção Amarillo ou Arquivos Dönmeh.

10. Jacó Sasportas, *Tzitzat Nobel Tzvi*, texto integral, baseado na cópia manuscrita feita pelo finado dr. A. Z. Schwarz. Editado, com uma introdução, notas e leituras variantes, por Is. Tishby. Jerusalém, 1954.

Até a publicação do texto integral, só se conhecia o texto de Sasportas numa versão abreviada, *Qitsur Tzitsat Nobel Tzvi:* Amsterdã, 1737; Altona, 1757; Odessa, 1867. Esta versão foi preparada por Rafael Meldola, a pedido do filho de Sasportas, representando cerca da metade do texto completo. A primeira edição foi suprimida pelos anciãos da congregação sefardita (portuguesa) de Amsterdã, por acharem que seu conteúdo não refletia a congregação sob uma luz muito favorável. O livro contém principalmente a correspondência de Sasportas com alguns de seus contemporâneos. As próprias cartas de Sasportas são apresentadas numa forma "tratada" e tendenciosamente "editada", mas sobreviveu um autógrafo em que Sasportas conservou os rascunhos, ou cópias, dos originais de suas cartas.

11. Baruch b. Gershon de Arezzo, *Zikaron li-Beney Yisrael* ("Um Memorial para os Filhos de Israel" e "A História de José Ben Tsur"). Publicado in A. Freimann, *Inienei Shabetai Tzvi* (1913), pp. 40-78.

12. Leyb b. Ozer, *Beshraibung fun Shabsai Tsevi*, autógrafo do autor (em ídiche) em poder do presidente de Israel, sr. Zalman Shazar (anteriormente em poder de E. Carmoly e D. Kahana). Uma versão abreviada em hebraico (com muitos desvios do original) foi publicada por Jacó Emden in *Torat ha-Qenaot*, pp. 2-26.

13. Abraão Cuenque (ou Conque), de Hebron: "Memórias sobre Sabatai Tzvi" (escrito em Frankfurt em 1690) foi publicado por Emden *in Torat ha-Qenaot*, pp. 33-45.

14. Jacó Emden (conhecido como Yabets), *Zot Torat ha-Qenaot* (primeira edição, Altona, 1752; segunda edição, Lvov, 1870). Contém quatro diferentes relatos acerca de Sabatai Tzvi: *a*) uma versão hebraica abreviada do *Beschraibung* de Leyb ben Ozer; *b*) um reescrito em hebraico do relato holandês de Coenen, com acréscimos de fonte desconhecida; *c*) as memórias de Abraão Cuenque com notas críticas de Moisés Hagiz; *d*) o relato de Tobias Kohen a partir de seu livro *Maasé Tovyá* (Veneza, 1707). Além desses, Emden também publicou o panfleto *Zikaron li-Benei Yisrael*, originariamente publicado pelos rabinos de Veneza em 1668 contra Natan de Gaza (pp. 47-51), e um "Testemunho" (copiado de um volante cujo original não mais existe), no qual R. Moisés b. Habib, de Salonica (*circa* 1700) registra tradições concernentes a Sabatai Tzvi e seus discípulos. Citado sob o nome de Emden.

15. Jacó e Emanuel Frances, *Tzvi Mudá* (poemas satíricos sobre Sabatai Tzvi e Natan, compostos em 1666-1667 e seguidos de "A História de Sabatai Tzvi", de Emanuel Frances), publicado por M. Mortara *in Qobets al Yad*, (1885) pp. 101-136. Uma nova edição crítica e mais completa é dada *in Poems of Jacob Frances*, com edição a cargo de Penina Navé. (Jerusalém, 1969), pp. 440-512.

16. Escritos concernentes ao sabataísmo: *a*) "Hagadá para o Nove de Av" (duas versões) por Jacó e Emanuel Frances; *b*) Miscelânea de cartas acerca do movimento sabataísta (encontradas no fim do manuscrito do *Tzvi Mudá*). Editado por A. M. Haberman, *Qobets-al-Yad*, III, Nova Série, 1940), 185-215. Citado como Haberman.

17. "A História de Sabatai Tzvi", publicado a partir de um manuscrito por R. Naum Brüll. Vilna, 1879. (Extraído de *Elé Toledot Pares* por Salomão José b. Natan Carpi, rabino em Mântua na primeira metade do século XVIII; contém vários documentos dos anos 1666-1667.) Citado como Carpi.

18. *Gei Hizaion*, um apocalipse sabataísta proveniente do Iêmen, escrito no final do verão ou durante o outono de 1666. Publicado a partir de dois manuscritos, por G. Scholem, *in Qobets al Yad, IV*, Nova Série (1946), pp. 103-141.

19. *Be Iqvot Mashiah*, uma coleção de textos que datam do início do movimento sabataísta, selecionados entre os escritos de R. Abraão Benjamin Natan b. Elisha Haim Ashkenazi, conhecido como Natan de Gaza, e editados a partir de manuscritos por G. Scholem. Jerusalém, 1944.

20. Abraão Miguel Cardozo, *"A Epístola Magen Avraham"*, publicado por G. Scholem, *in Qobets al Yad*, II, Nova Série (1937), pp. 121-156.

21. Tobias Rofe ha-Kohen, *Maasé Toviá*, Veneza, 1707. (Seção *Olam Elion*, cap. 6.) Reimpresso por Emden *in Torat ha-Qenaot*, pp. 45-47.

22. Jacó Tausk, *Ein schoenneu Lied fun Moschiach*, ídiche, em cartas hebraicas (Amsterdã, 1666), 24 pp. O poema foi também publicado em transliteração alemã em Breslau, em 1670, e novamente em 1693 (em Lauban) e em 1733; cf. A. Yaari *in Kiriat Sefer, X* (1933-34), 374-376, e D. Weinreb, *idem*, XI (1934-1935), p. 131.

23. "*Raza di-Mehemnuta* ('O Mistério da Fé') por AMIRAH". Publicado (anonimamente) sob o título *Mehemnuta de-khola in* Nehemia Hayon, *Oz l'Elohim*, Berlim, 1713. O folheto não foi escrito pelo próprio Sabatai Tzvi, mas a seu mando, e possivelmente ditado, por um de seus discípulos.

24. Natan de Gaza, "Epístola sobre Sabatai Tzvi e sua Apostasia", editado por G. Scholem, *in Qobets al Yad*, VI, Nova Série, segunda parte (1966), pp. 419-456.

III. *Edições das Ordens de Preces e Devoções Penitenciais de Natan de Gaza, publicadas em 1666*

25. *Sefer Tiqun ha-Lailá* (devoções noturnas), "trazidas da Terra Santa [em hebraico, 'a Terra de Tzvi'], para serem recitadas após a meia-noite em benefício de nossas almas [...]". Constantinopla 5426 (1666) publicadas no prelo do falecido R. Abraão b. Salomão Franco por Judá b. José Obadiá. 47 folhas; formato muito pequeno.

26. *Sefer Seder Tiqun ha-Iom*, "arranjado para ser dito diariamente, trazido da Terra Santa [em hebraico, a 'Terra de Tzvi'] tal como composto pela luz de Israel [...] Natã [...] a fim de contemplar a beleza do Senhor rapidamente em nossos dias, amém". Constantinopla, "no ano 'e o reino será do Senhor [= 5426]'. Impresso no prelo do finado R. Abraão b. Salomão Franco". 56 folhas; formato pequeno.

27. *Tiqun liqro' bekhol laila va-laila ubekhol iom va-iom*, "tal como nos chegou da Terra de Israel [...] na prensa [...] e por ordem de José Athias, Amsterdã". 72 folhas; 8º. A página de rosto traz uma figura do sumo-sacerdote.

28. *Tiqun liqro' bekhol laila va-laila ubekhol iom va-iom* [...], Amsterdã, "no prelo de [...] por ordem de José Athias, no ano 'hei de SALVAR' [= 5426] meu povo'." 82 folhas. No frontispício, uma gravura sobre cobre [Israel no monte Sinai] [com uma tradução em espanhol]: *Orden de lo que seá dezir cada dia y noche. Segun vino de Jerusalaim que seá redificada em Nuestra Dias*. 144 pp. (pp. 3-44 *noche*, 45-97 *die*, 97-144 *Perakim*). Colofão: "en casa José Athias en Amsterdam 5426".

29. *Tiqun*...[idêntico ao n. 28 supra, mas depois da fol. 82, acrescentaram-se quatro – e em algumas cópias seis – folhas com o sobrescrito: "Vêde, isto acabou de chegar de Safed [...] e nós verificamos que em dois ou três pormenores diverge do *tiqun* impresso".]

30. *Tiqun Qeriá lekhol iom...*, "no ano 'eu hei de SALVAR [= 5426] meu povo', Amsterdã, no prelo e ordem de David de Castro Tartaz". 59 folhas; 8º. [Esta edição apareceu em janeiro ou fevereiro de 1666, sendo mencionada por Serrarius em carta escrita no final de fevereiro. O texto da página de rosto está enquadrado por duas colunas. O nome do impressor aparece em baixo, dentro de um escudo. Acima da palavra *Tiqun* há outro escudo, com os dizeres "Tu deves meditar dia e noite". O livro contém as devoções para o dia e para a noite, e apareceu junto com a tradução espanhola *Orden de lo que se deve leer cada dia y noche*. 5426 (1666). 164 pp.

31. *Tiqun Qeriá lekhol laila va-iom...*, "impresso por ordem de Ioschua Sarfati no prelo de David de Castro Tartaz, Amsterdã [...] no ano 'Eis que hei de salvar [= 5426] meu povo' ". 54 + 32 páginas. [*As selihot*, impressas e encadernadas com vários exemplares desta edição são para o período penitencial que começa com o mês de Elul.]

32. *Tiqun Qeriá lekhol laila va-iom...*, "no prelo e a mando de Isaac de David Castro Tartaz, Amsterdã, no ano 'Eis que eu hei de SALVAR [= 5426] meu povo' ". 96 folhas. Página de rosto sem ornamentação e enquadrada por versos bíblicos. Frontispício representando Sabatai Tzvi sentado num trono. As variantes e os acréscimos ao texto provam que esta edição foi impressa após a do n. 31 e – como ela – destinava-se ao período penitencial que começa com o mês de Elul.

33. *Tiqun Qeriá lekhol laila va-iom...*, "no prelo e por ordem de Uri Feyvush b. Aarão ha-Levi. No ano do nosso SALVADOR [*Moshia* = 5426], o primeiro ano", 106 páginas, com uma página de rosto ilustrada, mostrando o Rei David no seu trono e a corte diante dele. Em acréscimo um frontispício, Sabatai Tzvi sentado num trono. [Esta edição é muito parecida à do n. 32. As folhas 97 a 106 contêm confissões de pecado e orações para os dias de jejum. O retrato de Sabatai Tzvi é idêntico ao da de n. 32. De todas as edições publicadas em 1666, esta é a de apresentação mais suntuosa. As páginas de rosto dos n. 28, 32 e 33 são reproduzidas por A. M. Haberman, *Title Pages of Hebrew Books* (Safed, 1969), pp. 54-56.]

34. *Ticun de la noche; y de el dia ordenado para la saluacion por el S. H. R. Natan Squenazi*. [Amsterdam], l'ano 5426. 265 pp. [impresso em letras grandes e num tipo maior do que qualquer das outras edições].

35. *Tiqun Qeriá lekhol iom...*, "no ano 'e o reino há de ser do Senhor' " [Frankfurt/Main, 1666] 39 + 12páginas; letras grandes.

36. *Tiqun Qeriá lekhol iom...*, [como acima, n. 35, Frankfurt/Main] 60 + 18 folhas; letras pequenas.

37. "Em nome do Senhor, *Tiqun Qeriá lekhol iom...*, [Praga] 'Eis que eu envio um anjo diante de ti, para que te guarde neste caminho, e que te leve ao lugar que te tenho preparado' " [As letras iniciais das palavras deste versículo (Êxodo, 23: 20) são sublinhadas e seu valor numérico é de 426 = 1666. A página de rosto é semelhante à do n. 32. O tipo das letras não deixa dúvida de que a edição foi impressa em Praga.

38. *Tiqun ha-Midot*,"que é a ordem e o *tiqun* que o remanescente de Israel está acostumado a dizer após a meia-noite e após o meio-dia. [publicado por] R. Moisés b. Ziona Borgue, Mantova". [Data do segundo mês de Adar 5426 (1666)]. 51 páginas.

39. *Tiqun ha-Midot* [como supra, n. 38], Mantova 427. A segunda impressão terminou em 15 de Kislev de 5427 [12 de dezembro de 1666].

B. FONTES NÃO-HEBRAICAS

40. ABUDIENTE, Mosseh Gidhon. *Fin de los Dias* publica ser llegado el fin de los Dias pronosticado por todos los Prophetas y explica muchos passos obscuros de la Sacra Biblia, Compuesto en la lengua Sancta y Redusido ala espanola... Dirigido ala muy nobre Yeshibha Shahare Zeddek, en 10 de Menachem, anno 5426 en Glucks-tadt [1666]. 126 pp. 8º.

41. ALFANO, Carlo. *Il Sabbathai ovvero il finto Messia degli Ebrei*, che nell'ano 1666 dichiaro Maomettano in Constantinopoli. Viterbo, 1667 (?).12º.

42. BECHERAND, Jacob. Relazione curiosissima ed insieme verissima del strano successo del preteso Messia degli Ebrei, il quale cagianò tanta commozione in quella Nazione e terminò poi con farsi Turco. Lettera mandata di Constantinopoli a Roma intorno al nuovo Messia degli Ebrei, dal Padre Beccaranda, Gesuita. [Data não indicada, 1667], in Venezia ed in Parma, Gozzi. 4 pp. in 4º. [Escrito em 21 de outubro de 1666. Outras edições e traduções são anônimas; ver infra, n. 59, 86, 92-94, 138, 180].

43. BUCHENROEDER, Michael. *Eilende Messias Juden-Post*, Oder Gründliche Widerlegung des Gedichts von den [!] neuerstandenen Messia der Juden, und seines Propheten Nathans: Wie auch von andern dergleichen sich mehrmahls entbörenden Jüdischen Rebellen. Nürnberg, 1666 [26 páginas não numeradas].

44. COENEN, Thomas. *Ydele verwachtinge der Joden* getoont in den Persoon van Sebethai Zevi, haren laetsten vermeynden Messias, ofte historisch verhaal van't gene ten tyde syner opwerpinge in't Ottomannisch Ryck onder de Joden aldaer voorgevallen is, en syn val. Amsterdã, 1669. 140 pp. 8º.

45. DE LA CROIX, Chevalier. *Memoire... Contenant diverses Relations trés curieuses de l'Empire Ottoman*. Vol. II, pp. 259-398: Lettre V. Historie de Sabathai Sevi. Paris, 1684. [Escrito em 1679.]

46. ESSENIUS, Andreas. *Heilsaem Bericht en Trost aen de Joden*, bysonderlyk aen die gene, welke in deze Vereen. Nederlanden zyn, ter occasie vorn den onlangs vermeinden Messias. Utrecht, 1667. 118 pp. 8º.

47. EVELYN, John. *The History of the three late famous impostors* viz. Padro Ottomane, Mahomed Bei and Sabatai Sevi... the supposed Messiah of the Jews. In the *Savoy* (Londres), 1669. 111 pp. 8º [pp. 41-111: Sabatai Tzvi].

48. ______ . *Historia de Tribus hujus seculi famosis Impostoribus*, Dass ist Beschraybung der dreyen unlängst beruffenen Betriegere, nehmlich des Padre Ottomanno... und Sabatai Sevi, welcher sich für den Messiam der Jüden fälschlich ausgegeben. [Hamburgo] 1669. 100 pp. 8º [pp. 35-90: Die Historie von Sabatai Sevi].

49. GALLAND, Antoine, *Journal d'Antoine Galland pendant son séjour à Constantinople* (1672-1673), publié et annoté par Charles Schefer. 2 vols. Paris, 1881.

50. HAZARD, Cornelius. *Kerekelycke Historie van de Sheheele Werelt*. Antwerpen, 1671. Vol. 4, pp. 237-256. [Caps. 19-20: História de Sabatai Tzvi. Compilada dos n. 56 e 59.]

51. [HOTTINGER, Johann Heinrich]. *Send-Brief* in welchem kurz und begriffentlich enthalten.

I. Das alles was von dem newen Propheten Nathan Levi, und dem auffgeworffenen Koenig der Juden die Zeithero spargiert worden, ungegründet seye.

II. Gleichwol die Juden anlas haben, bey solcher der sachen beschaffenheit, ihrer selbs zu gewahren, und aus ihren eigenen Schriften sich underrichten zulassen. [Zurique?] 1666. 12 fols. 4º.

52. MEYER, Martin. *Continuatio xv Diarii Europaei...* oder Täglicher Geschichte Erzehlung Sechzehnder Theil. Frankfurt-Main, 1668. pp. 508-520.

53. REPHUN, Johann. *Jüdischer Heer-Zug*, das ist Einfältige Jüden-Predigt darinnen gehandelt wird ob die zehen Stämme Israelis das gelobte Land wieder können besitzen und behaupten, denen schwachen Christen zur Stärckung ihres Glaubens am Ascher-Mittwoch (1666). Culmbach, 16 pp. 8º. [Impresso em Bayreuth].

54. DE ROCOLES, Jean-Baptiste. *Les Imposteurs Insignes*, ou Histoire de plusieurs Hommes de Néant qui ont usurpé la qualité des Empereurs Rois et Princes. Amsterdã, Abraão Wolfgang, 1682 [reimpresso: Bruxelas, 1728]. [Uma tradução alemã do n. 54 foi publicada anonimamente como:].

55. ______. *Der Erzbetrüger Sabbatai Sevi*, der letzte falsche Messias der Juden, unter Leopold I Regierung. Im Jahre der Welt 5666 [!] und dem 1666sten nach Christi Geburt. Halle, Chr. P. Franken, 1760. 32 pp. 8º.

56. RYCAUT, Sir Paul. *The History of the Turkish Empire from 1623-1677.* London, 1680, 2º [pp. 200-219: History of Sabatai Sevi] [Reimpresso anonimamente como:]

57. ______. *The counterfeit Messiah*, or, False Christ of the Jews at Smyrna, in the Year 1666, written by an English Person of Quality there Resident. In: *Two Journeys to Jerusalem...* collected by R. B. [Robert Boulter]. London, 1695. pp. 125-166.

58. ______. *Die Geschichte von dem grossen Betrieger oder Falschen Juden Könige Sabbatai-Sevi von Smyrna,* der sich anno 1666 für einen König der Juden in der Türckey aufgeworffen, nach dem aber den Mahometischen Glauben angenommen und im 1676sten Jahre... als ein Türck gestorben. Sem menção de local de publicação (impresso em Coethen), 1702, 18 pp. 2º. [Publicado como suplemento especial ao volume *Anabaptisticum et Enthusiasticum Pantheon,* 1702. Tradução alemã de Rycaut, com ilustrações].

Anônima

59. *Relation de la veritable Imposture du faux Messie des Juifs.* Nommé Sabbatay Sevi Juif natif de Smyrne, maintenant nommé Achis [=Aziz] Mehemet Aga Turc Portier du Serrail du Grand Seigneur. Escrite de Constantinople le vingt-deuxiesme Nouvembre 1666 par un Religieux digne de Foy Fidelle tesmoin de ce qu'il escrit, et envoyée à un de ses amis à Marseille. Avignon, Chez Michel Chastel, 1667. 51 pp. 8º.

60. *A New Letter from Aberdeen in Scotland,* Sent to a Person of Quality, wherein is a more full Account of the Proceedings of the Jewes than has been hitherto published by R. B. [Robert Boulter]. London, printed by A. Maxwell, in the year 1665. 4 pp. 8º.

61. *The Last Letters to the London Merchants and Faithful Ministers* concerning the further Proceedings of the Conversion and Restauration of the Jews. C. Cotton, 1665. 6 pp. 4º.

62. *The Restauration of the Jews*: Or, A true Relation of Their Projress and Proceedings in order to the regaining of their Ancient Kingdom. Being the Substance of several Letters... published by R. R., London, printed by A. Maxwell, in the year 1665. 6 pp. 8º. [Reimpresso por M. Wilensky *in Zion*, XVII (1952), 160-164; tradução holandesa em forma de brochura; infra, n. 85.]

63. *A Brief Relation of several Remarkable Passages of the Jewes*, in their journey out of Persia and Tartaria towards Jerusalem... as it was delivered in a Letter written by Dom. Marschalck Lira from Vienna, to the Elector Palatine, very lately sent into England by a worthy man to his good friends in London. Sem indicação de lugar. Printed in the second Month and hoped for Year of Israels Restoration 1666. 8 pp. 8º.

64. *Gods Love to his People Israel,* Being a true copy of a letter as it was sent to the East-India-Company; Concerning the Jewes: with a more perfect account of them, their Prophet and the Miracles he has wrought than hath hitherto been Extant. London, Printed by A. Maxwell in the year 1666. 6 pp. 8º. [Reimpresso por Wilensky *in Zion,* XVII (1952), pp. 169-172.

65. *Several New Letters concerning the Jewes:* sent to divers Persons of Quality Here in England: Being A perfect relation of the Miracles wrought by their prophet, the Magnificence of their King, with the manner of his Entertainment in the Court of the Grand Signior. London, Printed by A. Maxwell for Robert Boulter... 1966. 8 pp. 8º.

66. *A New Letter concerning the Jewes,* written by the French Ambassador, at Constantinople, To his Brother the French Resident at Venice. Being a true Relation of the Proceedings of the Israelites, the wonderful Miracles wrought by their Prophet, with the terrible Judgments that have fallen upon the Turks, London. Printed by A. Maxwell for Robert Boulter, at the Turks-Head in Cornhil, 1666. 6 pp. 8º.

67. *The Congregating of the Dispersed JEWS,* Certified and Related by Caravans, and Letters, from Morocco, Salea, Sus, Amsterdam and London. Wherein may be observed their reverence to the Sabboth or seventh day... their taking of Mekah in their March towards Jerusalem, their Weapons, with many other things worthy of Note. Printed in the year 1666. [Uma folha em fólio; única cópia conhecida, na coleção do sr. Hofstetter New York.]

68. *Warhaffte Abbildung dess Newen Jüdischen Propheten Nathan.* So von etliche Seefahrer zu Gaza gesehen und von denen Mitgesellen einem abgezeichnet worden. Anno 1665, den 26 Juli. [Primeira folha seguida de uma segunda página de rosto:] Extract Schreibens auss Sale in Barbareyen de dato 6 August 1665. 10 pp. 4º.

69. *Wahre und nach dem Leben getroffene Contrafectur des jetzigen jüdischen Groß-Propheten* und gesalbten gekrönten König nach Gestalt alter Habit und Auffzug eigentlich entworffen [...] auch das aus dem Hebräischen verteutschte Jüdische Schreiben aus Jerusalem. Sem indicação de lugar [Augsburgo?], 1666. [Uma folha em fólio, com gravura e texto.]

70. *Ausführliche Relation von dem neuentstandenen Propheten Nathan Levi* und denen zusammenrottierten Juden oder zehen Stämmen Israels etc., wie von ihnen die Stadt Mecka eingenommen und spolieret, theils durch das Kupfer theils durch den Druck. Sem indicação de lugar e data. [Augsburgo? Uma folha in fólio.]

71. *Wahrhafftes Conterfey oder Abbildung des Jüdisch-vermeinten Wunder-Propheten Nathan Levi,* massen solches von vielen Seefahrenden bey Gaza gesehen und abgezeichnet worden. Nebens ausführlichen Bericht von Alepo, Konstantinopel, Jerusalem und Gaza, was bey etlichen Monaten her mit solchem Propheten sich begeben und zugetragen... Solches wird nebens Bescheinigung des Kupfers... deutlich erörtert und bemeldet. Sem indicação de lugar e data. [Uma folha em fólio.]

72. *Verwunderlicher Anfang und schmählicher Außgang.* Des unlängst Neuentstandenen Juden Propheten Nathan Levi und des von Ihme creirten und Neuerwehlten Königs oder Jüdischen Messiae Sabezae, folgends aber Joßvahel Cam genaant, welcher die 10 . Stämme Israel Auß gantz Europa wider samlen, die Türcken aussrotten und seinem Volck das Gelobte Land wider außtheilen sollen... Massen solches von Constantinopel, Livorna, Jerusalem, Alepa unterschiedlich avisiret, ferner aber sub dato 2. Marti von Amsterdam auß confirmiret und behaubt worden, massen der Leser solches... durch Bescheinigung des Kupfers zu ersehenhat. Sem lugar e data [Augsburgo, 1666. Uma folha em fólio.]

73. Mesmo texto e gravura que o n. 72, com algumas diferenças na grafia, até "Messiae Sabezae"; segue-se: erstlich gedruckt zu Augspurg 1666]. Sem local e data. 3 pp. 8º.

74. *Neubelebter König oder Printz der Jüden.* Das ist, Etwas Neues von dem erhöheten Josvehel Cam, wie selbiger nacher Constantinopel kommen, daselbst anfangs gefangen gesetzt aber endlich wider von dem Gross-Türcken erlediget und zu hohen Ehren erhaben worden, solches durch gewisse Hand aus Constantinopel den 7. Martii Anno 1666... Confimiret wird. [Gravura e texto, uma folha em fólio.] Sem indicação de lugar e data. [Augsburgo, 1666.]

75. *Dess vermeinten Jüdischen Messiae entdeckter Betrug und abfall.* Wie solches aus Constantinopel von glaubwürdiger Hand unter dem dato des 10. und. 20. Novemb. Anno 1666, nacher Wien [Gravura e texto, uma folha em fólio.] Sem indicação de lugar e data [Augsburgo, final de 1666 ou início de 1667.]

[A gravura foi colocada incorretamente e cobre a última linha da legenda. Parece, tendo em vista a uniformidade da disposição e da saliência decorativa à volta da página, que os n. 70, 71, 72, 74, 75 formam uma série de folhetos publicados sucessivamente em Augsburgo, constituindo uma crônica ilustrada dos acontecimentos e lendas até a apostasia de Sabatai. É possível que a mesma série pertença também:]

76. *Wunder über Wunder.* Neue Relation von dem neu entstandenen der Juden vermeinten Messiam Josvaehel Cams, und dess Propheten Nathan Levi und denen zusammem rottirenden Juden von den zehen Stammen Israelis, was sich erst kurtzer Zeit höchst wunderliches zu Jerusalem und Constantinopel hat zugetragen, so theils durch das Kupffer, theils durch den Druck dem geliebten Leser zu Vernehmen gegeben. Sem indicação de local e data. [Uma página em fólio, correspondendo em parte ao n. 71; as gravuras apresentam-se em correspondência.]

77. *Wahrhafftige Abildung* [!] *Josuae Helcams,* welchen der Juden neu entstandener Prophet Nathan Levi zum Obristen General über die so genandte 10 Stämme Israeli's erwehlet dessen Conterfey die Seefahrenden von Gaza auf Constantinopel und ferners an andre örter Versendet haben. Sem indicação de lugar e data; uma folha em folio].

[Esta é a legenda da gravura conservada na Biblioteca Central de Zurique]. Em outro exemplar ou reedição da gravura, que se encontra em Marburgo, o líder é chamado "Des neuen Jüdischen Volcks Oberster Heerführer Nahmens Helkam".]

78. *Jüdische neue Zeitung vom Marsch aus Wien und anderen Orten der jetzigen zwölff Jüdischen Stämmen...* Au wey Getzel, Au wey Mauschy, O lader, O lader, der Toderns und das Abrahämge seynd für grossem Leyd auffs Bounym gefallen, welche nun, weil sie aus der Christenheit sollen verbannisiret werden, zu dem Nathan ziehen wollen. Sem indicação de local e data [1666; uma folha, com gravura, e duas endeixas em pseudo-ídiche.]

79. *Wahrhafftiges und recht nach dem Leben gemachtes Contrafait* dess Neuen Jüdischen Propheten welches von einem aus dessen Compagnia Mahlers dieses Contrafait eines Juden zu Alepo nach diesen nach Amsterdam und folgend in Teutschlãd Geschickt worden auf Welchen das Geschlecht der Juden lang gehoffet... Natus SCHALO SABOTTOJ 5547. [Uma folha, com gravura em fólio].

[Reproduzido em Alfred Rubens, *A Jewish Iconography* (Londres, 1954), n. 22, defronte a p. 112. Possivelmente uma réplica tardia de uma gravura mais antiga onde o texto ainda não estava alterado. O ano 5547, que corresponde a 1787, parece igualmente falso. A cena à esquerda do profeta representa cartas contemporâneas de Alepo que contam como Sabatai subjugou um bando de ladrões.

80. *Neue Zeitung aus Livorno, den 27. Febr. 1666.* Der Juden vermeynten Messiam betreffend. Sem indicação de local, 1666. 4 pp. 4º.

81. *Leben und Thaten des berufenen Verführers und falschen Messias Sabathai Sevi oder Schabsasvi.* Bey Gelegenheit der Streitigkeiten, so seit einiger Zeit sich unter den Juden hervorgethan haben, aus dem Französischen übersezet, und mit Anmerkungen begleitet von R. R. Frankfurt und Leipzig, 1752. 54 pp. 8º. [Baseado no n. 54.]

82. *Israelita revertens armatus verusne an fictus*? Kurtzer doch gründlicher Bericht von den zehen Stämmen Israel... ob sie das israelitische Reich wiederanrichten können. Sem local de publicação, 1666. 20 páginas. 4°.

83. *Seltzamber und Unvermeinter wiewol Umständiger und für Gewiss eingelangter Bericht*, was es mit deme schier Vergessenen nunmehr wider offenbahrn entstandenen Jüdischen König Sabatai Sebi Jetzt und vor eine Beschaffenheit habe. Aus Amsterdam vom 5. August 1666. Local de publicação e data não indicados [1666; com retrato de Natan].

84. *Hollandtze Merkurius*, 1666 [impresso em 1667-1668], pp. 2-4, 72-73, 134-135; 1667, p. 33.

85. *Herstelling van de Joden*, ofte Een oprecht verhael van hun voortganck en handeling, omtrent de ordre van hun out Koninckrijk wederom te werkrijgen.

Zijnde de inhoudt van verscheydene Brieven, als van Antwerpen, Livorno, Florence. Uyt het Engelsch vertaelt door L. van Bos, op den 17 December 1665. Dordrecht, 1665, Symon Onder de Linde. [Uma página em fólio.]

86. *Een seer perfecte Beschryvinge Van't Leven en Bedrijf, mitsgaders het Turckx [sic] worden, van den gepretendeerden Joodsen Messias* Overgesonden van een gelleert Persoon uyt Galata, in Turckyen. Tot Haarlem, Ghedruckt by Abraham Casteleyn, Stadts Drucker, op do Marckt, in de Blye Druck, 1667. 24 pp. 4°. [Tradução parcial do opúsculo francês arrolado mais acima, n. 59.]

87. *Idolum Judaicum*. Ofte den Ioodschen Messias, zijnde een Beschrijvinge van sijne toekomste, Leven, Staet, ende Regeeringe. Beschreven door eenen gheboren Iode. Ende nu tot nut der Nederlanders uyt 't Hooghduts, vertaelt door F. S. Amsterdam, 1666. 16 pp. 4°.

88. *Den gewaanden Joodsche Messias Sabatha Sebi ontdeckt:* dat is Een Gespreck russchen een Christen en Jooden. Amsterdam, Samuel Imbrechts, 1666. 15 pp. 8°.

89. *Historis Verhael van den nienwen gemeynden Koning der Joden*. Sabatha Sebi, als mede sijn by hebbende propheet Nathan Levi. Opgestaan in den jare 1666. Local e data de publicação não indicados. 16 pp. 8°.

90. *Verscheyden uyt-treckingen* van waerachtige Brieven den 10 Mrt. alhier t'Amsterdam aengekomen, soo uyt Jerusalem en Smyrna, als uyt andere plaetsen, nopende dat groot werck der Wederbrenginge der Joden in haer Landt. Amsterdam, Jozua Rex, 1666. [Uma folha em fólio].

91. *Kort en bondigh Verhael*, Hoe datter tot acht malen valsche Joodsche Messiassen geweest zijn. Als ooch wat wondere wercken en Tekenen sy gedaen en uytgerecht hebben, om staend te houden dat sy de rechte Messiassen waren. Gedruckt in't Jaer der Joden Hoope. Local de publicação não indicado, 1666.

92. *Lettera mandata da Constantinopoli a Roma* intorno Al nuovo Messia de gli Ebrei. Siena & Bologna, per Giacomo Monti, 1667. 8 pp. 8°. [Ver n. 42. Primeira versão do panfleto francês listado acima, n. 59. Existem também duas traduções portuguesas, abaixo:]

93. *Copia de huma carta que de Constantinopla se escreueo a Roma*, sobre o fingido Messias dos Judeus. [Lisboa, 1667] 14 pp. 4°. [Reimpresso no n. 97.]

94. *Segunda Traducçam e verdadeira exposiçam de uma carta mandada de Constantinopla a Roma*, acerca do fingido Messias dos Hebreos. Local e data de publicação não indicados. [Lisboa, 1667-1668]. 6 fols. 4°.

C. OBRAS E ARTIGOS SOBRE SABATAI TZVI E O MOVIMENTO SABATAÍSTA

95. Aeshcoly, Aarão Zeev. "Uma Carta de Flandres acerca do Movimento Sabataísta" (hebraico). *Dinaburg Jubilee Volume*. Jerusalém, 1949. pp. 215-236.

96. AMARILLO, Abraão. "Documentos Sabataístas da Coleção de Saul Amarillo" (hebraico). *Sefunot*, V (1961), p. 235-274.

97. AMZALAK, Moisés B. *Shabbethai Sevi, uma carta em português do século XVII em que se testemunham factos relativos a sua vida.* Lisboa, 1925. [8], 14 pp.

98. ARONSTEIN, F. "Eine jüdische Novelle von Grimmelshausen". *Zeitschrift für die Geschichte der Juden in Deutschland*, V (1934), pp. 236-241.

99. ASAF, Simha. "Natan de Gaza em Kastoria" (hebraico), *Zion*, I (1936), pp. 454-456.

100. ATTIAS, Moshe. "Coplas di Adonenu (hebraico), *Sefunot*, III-IV (1960), 525-36

101. ATTIAS, Moshe.*Romancero Sefaradi*. 2a. edição, Jerusalém, 1961.

102. ATTIAS, M.; SCHOLEM, G.; e BEN-ZVI, I. *Cantos e Hinos dos Sabataístas*, ed. e traduzido [para o hebraico] a partir de um MS. por..., com notas de G. Scholem. Tel Aviv, 1948. [8], 227 pp. 103.

BALABAN, Majer. "Sabataizm w Polsce." *Ksiega Jubileuszowa ku czci profes-sora Dr. M. Schorr*. Varsóvia, 1935. pp. 47-90.

104. BENAYAHU, Meir. "Fontes acerca da Impressão e Distribuição de Obras Hebraicas na Itália" (em hebraico), Sinai, XXXIV (1945), 156-202.

105. ______ . "Relatos da Itália e da Holanda acerca do Início do Movimento Sabataísta" (hebraico), *Erets Yisrael*, IV (1956), pp.194-205.

106. ______ . "Responsa sobre o Sabataísmo na Coleção *Shebá Neurim*, por Samuel ben Haviv" (hebraico), *Sinai*, XLVI (1958-1959), pp. 33-53.

107. ______ ."A 'Santa Irmandade' de R. Judá Hassid e seu Estabelecimento em Jerusalém" (hebraico), *Sefunot*, III-IV (1960), 131-182

108. ______ . "Composições Litúrgicas Sabataístas e outros Documentos provenientes de um MS. Persa" (hebraico), *idem*, pp 7-38.

109. ______ . "Uma Chave para o Entendimento de Alguns Documentos sobre o Movimento Sabataísta em Jerusalém" (hebraico). *Studies in Mysticism and Religion Presented to G. G. Scholem*. Jerusalém, 1967. Pp. 35-45.

110. BEN ZVI, Izhak. "O Local da Sepultura de Sabatai Tzvi e a Comunidade Sabataísta na Albânia" (hebraico), *Zion*, XVII (1952), pp. 75-78, 174. Reimpresso com acréscimos em seus *Studies and Documents* (Jerusalém, 1966), pp. 545-551.

111. BERNFELD, Simon. "Sobre a História de Sabatai Tzvi" (hebraico), *Qobets al Yad*, XV (1899), pp. 1-11.

112. BRILLING, Bernhard. "An unbekannter Dokument fun Shabsai Zwis Zeiten" (ídiche), *YIWO Blaetter*, V (1933), pp. 41-46.

113. CASSUTO, Umberto. "Un documento inedito su Shabbethai Zevi", *Il Vessilo Israelitico*, LV (1907), 326-330.

114. DANON, Abraham. *Études Sabbatiennes*. Paris, 1910. 48 pp.

115. DARMSTÄDTER, Karl. "Sabbatai Zwi in der Dorfchronik", *Israelitisches Wochenblatt für die Schweiz*, 5 de abril de 1957, p. 41.

116. DERCSÉNYI, Mauricius. "De Pseudopropheta Nathan Ghazati ignota relatio." *Ignace Goldziher Memorial Volume*. Budapeste, 1948. Pp. 399-411.

117. ELMALEH, Abraão. *Sabatai Tzvi. Suas Seitas e os Remanescentes de seu Movimento Messiânico em Nossos Dias* (hebraico). Jerusalém, 1927. 38 pp.

118. EPSTEIN, Abraão. "Une lettre Abraham Ha-Yakhini à Nathan Gazati," *RÉJ*, XXVI (1893), pp. 209-219.

119. FRIEDLÄNDER, Israel. "Jewish Arabic Studies. Shiitic Elements in Jewish Sectarianism", *JQR*, II, Nova Série, (1912), pp. 481-516.

120. GALANTÉ, Abraão. *Nouveaux Documents sur Sabbetai Sevi:* Organisation et us et coutumes de ses adeptes. Istambul, 1935. 125 pp.

121. ______. "Un document arménien inédit. Sabbetay Sevi dans la legende orientale", *L'Étoile du Levant* (Istambul), 10 de setembro de 1948.

122. GEIGER, Ludwig. "Deutsche Schriften über Sabbatai Zevi." *Zeitschrift für die Geschichte der Juden in Deutschland*, V (1892), pp. 100-105.

123. GEIGER, Wolfgang Jacob. Ver n. 187.

124. GOITEIN, S. D. "Em que Dia Sabatai Tzvi morreu?", (hebraico), Tarbiz, XXVII (1958), p. 104.

125. GÖVSA, Ibrahim Alâettin. *Sabbatay Sevi*, Izmirli meshur sahte Mesih hakkinda tarihi ve içtimai tetkik tecrübesi (turco). Istambul, sem data [1939-1941]. 100 pp.

126. GRAETZ, Heinrich. *Geschichte der Juden*. Zehnter Band: *Von der Ansiedelung der Marranen in Holland bis zum Beginn der Mendelssohnschen Zeit*. Dritte veermehrte Auflage bearbeitet von M. Brann. Cap. 7, pp. 188-236; Nota n. 3, pp. 428-460; S. Zevi, sein Anhang und seine Lehre.

127. HABERMAN, A. (ed.). "Coletânea de Cartas acerca do Movimento Sabataísta" (hebraico), *Qobets al Yad*, III, Nova Série (1940), pp. 207-215.

128. HA-MENAHEM, Ezra. "A morte de R. Natan" (hebraico), *Molad*, IV (1949), pp. 103-116.

129. HEYDT, Uriel. "Um Documento Turco acerca de Sabatai Tzvi" (hebraico), *Tarbiz*, XXV (1956), 337-339.

130. HURWICZ, Saul Israel (Ish-Hurwitz, Sh. I). *Meayin u-leayin*. Coletânea de ensaios (hebraico). Berlim, 1914. pp. 259-286: "Sobre a História de Sabatai Tzvi".

131. HURWITZ, Siegmund. "Sabbatai Zevi. Zur Psychologie der häretischen Kabbala", *Studien zur Analytischen Psychologie C. G. Jungs*, II (1955), pp. 239-263.

132. JOST, Isaac Markus. *Geschichte der Israeliten...bis auf unsere Tage*. Achter Theil. Berlin, 1828. pp. 100-34: Geschichte der Sabbathäer".

133. KAHANA (Kogan), David. *History of the Kabbalists, Sabbatians, and Hasidim* (hebraico). Vol. I, Tel Aviv, 1925 [baseado na edição de Odessa, 1913). (8), 154 pp.

134. KASTEIN, José. *Sabbathai Zewi: der Messias von Ismir*. Berlim, 1930. 385 pp.

135. ______. *The Messiah of Ismir/ Sabbatai Zevi*. Trad. por Huntley Paterson. Londres, 1931. (4), 346 pp.

136. KAUFMANN, David. "Une pièce diplomatique Vénitienne sur Sabbatai Cevi," *RÉJ*, XXXIV (1897), pp. 305-308.

137. KEHATHI, Mosheh. "O Movimento Sabataísta no Iêmen" (hebraico), *Zion* (anual), V (1933), pp. 77-88.

138. KUCHUK-JOANNESOV, Ch. "Armjanskaja letopis o evrejach v Persii XVII-go veka i o mesii Sabbatae-Cevi", *Evrejskaja Starina*, X (1918), pp. 60-86.

139. LEVI, Giuseppe. "Documenti inediti su Shabbathai Zevi", *Il Vessillo Israelitico*, LIX (1911), pp. 511-516, 588-592. [O texto impresso nas páginas 515 e ss. é mais ou menos idêntico ao de n. 92. O manuscrito foi obviamente copiado de um panfleto impresso.

140. LEVYNE, Emmanuel. "À la decouverte d'un manuscript Sabbataiste (à la Bibliothèque de l'Alliance Israélite Universelle).", *Tsedek*, órgão da Alliance d'Abraham, XI ano). Nº. 78 Junho-julho, 1965. 14 pp. 4º (mimeografado).

141. LEWIS, Geoffrey L. e ROTH, Cecil. "New Light on the Apostasy of Sabbatai Zevi," *JQR*, LIII (1963), 219-225.

142. MEIJER, Jaap. "Sabetai Rephael in Hamburg. Korte bydrage tot de geschiedenis van de Joodse wereld na Sabetai Tswi." *Liber Amicorum Professor Dr. J. Romein*. Amsterdã, 1953. pp. 103-108.

143. MENÉNDEZ Pidal, R. "Un viejo romance cantado por Sabbatai Cevi." *Medieval Studies in Honor of Jeremiah Denis Ford.* Cambridge, Mass., 1948. pp. 185-190.

144. MIZRAHI, Hayim. "Testemunho de Agitação Messiânica em Corfú (1667) a partir de uma fonte cristã" (hebraico), *Sefunot*, III-IV (1960), pp. 537-540.

145. MOLHO, Michael. "Deux lettres de Nathan de Gaza," *RÉJ*, CIV (1938), pp. 119-121.

146. MOLKHO, Isaac Rafael. "A Propósito de Sabatai Tzvi e sua Seita" (hebraico), *Haolam*, edição da Páscoa, 1947.

147. MOLKHO, I. R. e AMARILLO, A. "Autobiographical Letters of Abraham Cardozo", *Sefunot*, III-IV (1960), pp. 183-241.

148. DE RIE, J. *Wonderlyke Leevens-Loop van Sabatai-Zevi, Valsche Messias der Jooden.* Leyden, 1739. (20 +), 122 pp.

149. ROSANES, Solomon. *História dos Judeus da Turquia e do Levante, Parte IV, de 1640-1730* (hebraico). Sófia, 1933-1934. pp. 49-92, 401-491.

150. ROTH, Cecil. *New Light on the Resettlement.* Vol. XI das *Transactions of the Jewish Historical Society of England.* Londres, 1929. pp. 118-126: "Raphael Supino and the Readmission".

151. ______. (ed.). *Anglo-Jewish Letters.* Londres, 1938. Pp. 67-74. Rubashov, Z. Ver Shazar.

152. SALOMON, H. P. "Midrash, Messianism and Heresy in Two Spanish-Hebrew Hymns", *Studia Rosenthaliana*, IV (Amsterdã, 1970), pp. 169-179.

153. SCHOEPS, Hans Joachim. *Jüdische Geisteswelt.* Darmstadt, 1953. Pp. 175-187.

154. SCHOLEM, Gershom. "*Mitsva ha-Ba'a ba'avera:* Por uma Compreensão do Sabataísmo" (hebraico), *Kneset*, II (1937), pp. 347-392.

155. ______. "Redemption through Sin", *in* G. Scholem, *The Messianic Idea in Judaism* (New York, 1971), pp. 78-141. Tradução inglesa do n. 153).

156. ______. "Sabatai Tzvi e Natan de Gaza" (hebraico), *Qobets Hotsa'aat Schocken le-Dibrey Sifrut* (1940), pp. 150-166.

157. ______. "Estudos sobre o Movimento Sabataísta" (hebraico), *Zion*, VI (1941), pp. 85-100.

158. ______. "Barukhya, o líder dos Sabataístas em Salonica" (hebraico), *Zion*, VI (1941), pp. 119-147, 181-202.

159. ______. "Novos Documentos Sabataístas do Livro *Toey Ruakh* (hebraico), *Zion*, VII (1942), pp. 172-196.

160. ______. "Notas da Itália sobre o Movimento Sabataísta em 1666" (hebraico), *Zion*, X (1945), pp. 55-66.

161. ______. "Miscelânea Sabataísta" (hebraico), *Zion*, X (1945), pp. 140-148.

162. ______. "Um Poema de Israel Najara como Hino Sabataísta" (hebraico), *Ignace Goldziher Memorial Volume* (Budapeste, 1948) 1ª parte, pp. 41-44.

163. ______. "Sobre a Atitude dos Rabinos para com o Sabataísmo" (hebraico), *Zion*, XIII-XIV (1948-1949), pp. 47-62.

164. ______. "Onde Morreu Sabatai Tzvi?" (hebraico), *Zion*, XVII (1952), pp. 79-83.

165. ______. "Um Comentário sobre Alguns Salmos do Círculo de Sabatai Tzvi em Adrianópolis" (hebraico), *Aley Ayin: Schocken Jubilee Volume* (Jerusalém, 1953), pp. 157-211.

166. ______. "Uma Carta de Abraão Cardozo aos Rabis de Esmirna" (hebraico), *Zion*, XIX (1954), pp. 1-22.

167. ______ . *Major Trends of Jewish Mysticism.* 3ª ed. revista e corrigida, New York, 1954. pp. 287-324, 416-422: Oitava conferência: "Sabataísmo e Heresia Mística".

168. ______ . "E o Enigma Subsiste" (hebraico; a propósito do livro *Hemdat Yamin*), *Behinot*, n. 8 (1955), pp. 79-95 e "Troca de Cartas" com A. Yaari sobre o artigo acima, *Behinot*, n. 9 (1956), pp. 71-84.

169. ______ . "Dois Fragmentos Manuscritos na Coleção Adler Relatando a História do Sabataísmo" (hebraico), *Erets Yisrael*, IV (1956), pp. 188-194.

170. ______ . "Um Novo Documento do Início do Movimento Sabataísta" (hebraico), *Kiriat Sefer*, XXXIII (1958), pp. 532-540.

171. ______ . "Documentos acerca de Natan de Gaza, provenientes dos Arquivos de R. Mahallellel Halleluyah de Ancona" (hebraico). *H. A. Wolfson Jubilee Volume*. Jerusalém, 1965. pp. 225-241.

172. ______ . "The Crisis of Tradition in Jewish Messianism". *The Messianic Idea in Judaism.* Nova York, 1971. Pp. 49-77. (Em alemão *in* Eranos Jahrbuch 37 [1968], pp. 9-44.)

173. SCHÖNBERG, Joseph. "Un mouvement mystico-messianique parmi des juifs de la méditerranée au XVI siècle au point de vue de la médicine." *Actes du VIII Congrès International d'Histoire des Sciences*. Florença, 1956. Pp. 673-682.

174. SHATZ, Rivkah. Resenha da edição de Sasportas, *Tsitsat Nobel Tzvi*, realizada por Tishby (hebraico), *Behinot*, n. 10 (1956), pp. 50-67.

175. ______ . "Visões sobre o Mistério do Messias, uma Fonte Antiga proveniente de um Apóstata Sabataísta" (hebraico), *Sefunot*, XIII (1973).

176. SHAZAR, Zalman (Rubashov). "O Escriba do Messias (acerca de Samuel Primo)" (hebraico), *ha-Shiloah*, XXIX (1913), pp. 36-47. Reimpresso separadamente, Jerusalém, 1970.

177. ______ . "O Servo de Sabatai Tzvi" (hebraico), *Tarbiz*, V (1934), pp. 54-58.

178. ______ . "Documentos Sabataístas de Alepo" (hebraico), *Zion* (anual), VI (1934), pp. 54-58.

179. ______ . "A História de José della Reyna na Tradição Sabataísta" (hebraico). *S. A. Horodezky Jubilee Volume, Eder ha-Yakar*. Tel Aviv, 1947. Pp. 97-118.

180. DA SILVA ROSA, J. S. "De Indruk van Sabbatai Tsebi, den valschen Messias, te Amsterdam (1666)", *De Vrijdagavond*, Proefnummer, 11 de janeiro de 1924, pp. 5-6.

181. SIMONSOHN, Shlomo. "A Christian Report from Constantinople Regarding Shabbethai Sevi (1666)", *JJS*, XII (1961), pp. 33-58.

182. SONNE, Isaías. "Sobre a História do Sabataísmo na Itália" (hebraico). *Alexander Marx Jubilee Volume.* Nova York, 1953. Pp. 89-103.

183. ______ . "Novo Material sobre Sabatai Tzvi a partir de um Caderno de R. Abraão Rovigo", *Sefunot*, V (1960), pp. 39-69.

184. ______ . "Visitantes na Casa de R. Abraão Rovigo," *Sefunot*, III-IV (1961), pp. 277-295.

185. SZABOLCSI, N. "Témoignages contemporains Français sur Shabbatai Zevi." *Semitic Studies in Memory of Immanuel Löw*, Budapeste, 1947. Pp. 184-188.

186. TADIR, Ch. "Messia-otstupnik." Na antologia russa, *Safrut*, ed. por L. Jaffe. Berlim, 1922. Pp. 179-192.

187. TALPIS, Samuel. *Geklibene Schriften* (ídiche). Montreal, 1933-1935 (?). Pp. 264-281: "Carta de um Espião Turco: Documentos Originais que Lançam Luz sobre o Movimento Sabataísta (1666-1687)". (O autor tomou as *Cartas Escritas por um Espião Turco* [1659-1689, vol. VI] de Marari – um romance destinado unicamente a divertir os leitores – por uma fonte histórica e a usou como tal.)

188. *Theatrum Europaeum.* Zehender Theil. Das ist: Glaubwürdige Beschreibung denckwürdiger Geschichten... von 1655 bis in anno 1671. Alles zusammengetragen und beschrieben von Wolfgang Jacob Geiger. Frankfurt/Main, 1703. Pp. 434-441.

189. TISHBY, Isaías. Resenha de G. Scholem, *Be'Iqvot Mashiah* (hebraico), *Kiriat Sefer*, XXI (1944), pp. 12-17.

190. ______ . *Netivey Emuná u-Minut* ("Caminhos da Fé e Heresia; Ensaios e Estudos na Literatura Cabalística e Sabataísta"). Jerusalém, 1964. 363 pp. (Dos doze estudos reunidos, dez tratam do movimento sabataísta).

191. ______ . "As Cartas de R. Meir Rofe a Abraão Rovigo nos anos 1675-1680" (hebraico), *Sefunot*, III-IV (1960), pp. 71-130.

192. TRIVUS, S. A. "Massovie psichosi v yevreiskoi istorii-sabbatianstvo" (russo), *Voschod* (1900), n. 7, pp. 79-101.

193. VAJDA, Georges. "Autour de mouvement Sabbataiste", *RÉJ*, VII, Nova Série (1947), pp. 38-52.

194. ______ . "Recherches récentes sur l'ésotérisme juif." II, 7: "Le sabbataisme", *Révue de l'histoire des religions*, CLXV (1964), pp. 48-70.

195. VULLIAUD, Paul. "La Legende Messianique de Sabbetai Zébi", *Mercure de France* (47 année), CCLXXI (15 de outubro de 1936), pp. 275-300.

196. WEINREICH, M. *Bilder fun der Jiddisher Literaturgeschichte* (ídiche). Vilna, 1928. Pp. 219-252: "A Jiddisch Lied wegen Shabsai Zvi".

197. WEISS, Eisik Hirsch. *Beth ha-Midrash.* Viena, 1865. Pp. 63-71, 100-103, 139-142. (Um folheto de Cardozo, editado por N. Bruell.)

198. WILENSKY, Mordecai. "Four English Pamphlets on the Sabbatian Movement", *Zion*, XVII (1952), pp. 157-172.

199. WIRSZUBSKI, Ch. "A Ideologia Sabataísta acerca da Apostasia do Messias, segundo Natan de Gaza e a Epístola Magen Avraham" (hebraico), *Zion* III, (1938), pp. 215-245.

200. ______ . "Do Amor Espiritual segundo os Escritos de Natan de Gaza" (hebraico). *Qobets Hosaat Schocken le-Dibrey Sifrut* (1940), pp. 180-192.

201. "A Teologia Sabataísta de Natan de Gaza" (hebraico), *Kneset,* VIII (1944), pp. 210-244.

202. YAARI, Abraão. *Emissários de Erets Yisrael* (hebraico). Jerusalém, 1950.

203. ______ . *"Ta'alumat Sefer*: Quem escreveu o livro *Hemdat Yamin*?" (hebraico). Jerusalém, 1954.

204. ZENNER, Walter: "O Caso do Apóstata Messias uma reconsideração do 'Não cumprimento da Profecia' ", *Archives de Sociologie des Religions*, XXI (1966, pp. 111-118).

D. OUTRAS OBRAS CITADAS

205. BAER, Yitzhak. "O Pano-de-fundo Histórico do *Raya Mehemna*" (hebraico), *Zion*, V (1940), pp. 1-44.

206. ______ . *A History of the Jews in Christian Spain*, vol. I. Filadelfia, 1961.

207. BAINTON, Roland. *David Joris*. Leipzig, 1937.

208. BENZ, Ernst. *Ecclesia Spiritualis*. Stuttgart, 1934.

209. BIETENHARD, Hans. *Das tausendjährige Reich*. Berna, 1944.

210. BIRGE, John K. *The Bektashi Order of Dervishes*. Londres, 1937.

211. BLOCH, Ernst. *Thomas Münzer als Theologe der Revolution*. Berlim, 1921.

212. BOKSER, Ben Zion. "*From the World of the Cabbalah:* The Philosophy of R. Judah Loew of Prague." New York, 1954.

213. CASSEL, Paulus. *Die Offenbarung S. Johannis und das Tier.* Wiesbaden, 1889.

214. COHN, Norman. *The Pursuit of the Millenium.* Londres , 1957.

215. DAN, Josef. "The Story of R. Joseph de la Reyna", *Sefunot,* VI (1962), pp. 313-326.

216. DAVIES, William B. *The Torah in the Messianic Age.* Filadélfia, 1952.

217. EVEN-SHEMUEL (Kaufmann), Iehuda. "*Midreshey Geulá*: Textos Apocalípticos Judaicos desde o fim do período talmúdico até o século XIII" (hebraico). 2ª ed., Jerusalém, 1954.

218. FOGELKLOU, Emilia. *James Nayler, The Rebel Saint.* Londres, 1931.

219. FROOM, L. E. *The Prophetic Faith of Our Fathers.* 4 vols. Washington, 1950-1954.

220. GALANTÉ, Abraão. *Encore un nouveau recueil de documents concernant l'histoire des Juifs de Turquie.* Istambul, 1953.

221. HUCK, Johannes. *Joachim von Floris und die joachitische Literatur.* Freiburgo i B., 1938.

222. JONES, Rufus M. *Studies in Mystical Religion.* Londres, 1909.

223. KNOX, Ronald. *Enthusiasm.* Oxford, 1950.

224. MANN, Jacob. "Movimentos Messiânicos da Época da Primeira Cruzada" (hebraico), *ha-Tequfá,* XXIII (1925), pp. 243-261; XXIV (1928), pp. 335-358.

225. MARX, Alexander. "Le faux messie Ascher Laemmlein", *RÉJ,* LXI (1911), pp. 135-138.

226. NIGG, Walter. *Das ewige Reich.* Zurique, 1944.

227. SCHECHTER, Solomon. "Safed in the 16th Century." *Studies in Judaism,* 2ª série (1908), pp. 202-328.

228. SCHOEPS, H. J. *Philosemitismus in Barock.* Tübingen, 1952.

229. SCHOLEM, G. "O Cabalista R. Abraão b. Eliezer ha-Levi" (hebraico), *Kiriat Sefer,* II (1925), pp. 101-141, 269-273; VII (1931), pp. 149-165, 440-456.

230. ______ . "A História de R. Joseph della Reyna" (hebraico), *Zion* (anual), V(1933), pp. 123-130.

231. ______ . "A Declaração de Solidariedade dos Discípulos de Luria" (hebraico), *Zion* (trimestral), V (1939-1940), pp. 133-160.

232. ______ . "Era Israel Sarug um Discípulo de Luria" (hebraico), *Zion* (trimestral), V (1939-1940), pp. 214-243.

233. ______ . "Uma Homilia de R. Salomão Turiel sobre a Redenção" (hebraico), *Sefunot,* I (1956), pp. 62-79.

234. ______ . "Schechina: das passiv-weibliche Moment in der Gottheit." *Von der mystischen Gestalt der Gottheit.* Zurique, 1962. Pp. 135-191, 290-296.

235. ______ . "Seelenwanderung und Sympathie der Seelen." *Von der mystischen Gestalt der Gottheit.* Zurique, 1962. pp. 193-247, 297-306.

236. ______ . "Tradition and New Creation in the Ritual of the Kabbalists." *On the Kabbalah and its Symbolism.* Nova York, 1971. Pp. 118-157.

237. ______ . "Toward an Understanding of the Messianic Idea in Judaism." *The Messianic Idea in Judaism and Other Essays.* Nova York, 1971. pp. 1-36.

238. TAMAR, David. "A Espera Messiânica para o ano 1575 na Itália" (hebraico), *Sefunot,* II, 1958, pp. 61-88.

239. TISHBY, Isaías. *A Doutrina do Mal e a "Qelipá" na Cabala Luriânica* (hebraico). Jerusalém, 1942.

240. WERBLOWSKY, R. J. Zwi. *Joseph Karo, Lawyer and Mystic.* Oxford, 1962.

Índice Remissivo

Nas subentradas, N = Natan de Gaza, ST = Sabatai Tzvi e R. = Rabi

JUDAÍSMO NA PERSPECTIVA

História do Povo da Bíblia
Relatos do Talmud e do Midrasch
Org. J. Guinsburg (CJ01)

Contos da Dispersão
Dov Noy (CJ02)

Do Estudo e da Oração
Org. J. Guinsburg (CJ03)

Histórias do Rabi
Martin Buber (CJ04)

A Paz seja Convosco
Scholem Aleihem (CJ05)

Contos de I. L. Peretz
Sel. J. Guinsburg (CJ06)

O Martírio da Fé
Scholem Asch (CJ07)

O Conto Ídiche
Sel. J. Guinsburg (CJ08)

Novelas de Jerusalém
Sch. I. Agnon (CJ09)

Entre dois Mundos
Sel. A. Rosenfeld e J. Guinsburg (CJ10)

Nova e Velha Pátria
Sel. J. Guinsburg (CJ11)

Quatro Mil Anos de Poesia
Org. J. Guinsburg e Zulmira R. Tavares (CJ12)

O Judeu e a Modernidade
Org. J. Guinsburg (CJ13)

Fim do Povo Judeu
Georges Friedmann (D006)

Distúrbios Emocionais e Anti-Semitismo
N. W. Ackerman e M. Jahoda (D010)

Raça e Ciência I
Juan Comas e outros (D025)

O Socialismo Utópico
Martin Buber (D031)

Raça e Ciência II
L. C. Dunn e outros (D056)

A Cabala e seu Simbolismo
Gershom Scholem (D128)

Desenvolvimento e Construção Nacional
S. N. Eisenstadt (D154)

Do Diálogo e do Dialógico
Martin Buber (D158)

Mouros, Franceses e Judeus
Luís da C. Cascudo (D185)

O Socialismo Religioso dos Essênios: A Comunidade de Qumran
W. J. Tyloch (D194)

Sobre Comunidade
Martin Buber (D203)

Do Anti-Sionismo ao Anti-Semitismo
Léon Poliakov (D208)

Walter Benjamin – A História de uma Amizade
Gershom Scholem (D220)

Romantismo e Messianismo
Michel Löwy (D234)

Borges e a Cabala
Saúl Sosnowski (D240)

De Berlim a Jerusalém
Gershom Scholem (D242)

Comics da Imigração na América
John J. Appel e Selma Appel (D245)

Correspondência
W. Benjamin e Gershom Scholem (D249)

O Golem, Benjamin, Buber e outros Justos: Judaica I
Gershom Scholem (D265)

O Nome de Deus, A Teoria da Linguagem e outros Estudos de Cabalá e Mística: Judaica II
Gershom Scholem (D266)

Cristãos-Novos na Bahia
Anita Novinsky (E009)

As Grandes Correntes da Mística Judaica
Gershom Scholem (E012)

Vida e Valores do Povo Judeu
Cecil Roth e outros (E013)

História e Historiografia do Povo Judeu
Salo W. Baron (E023)

O Mito Ariano
Léon Poliakov (E034)

De Geração a Geração
S. N. Eisenstadt (E041)

Sociedade Israelense
S. N. Eisenstadt (E056)

De Cristo aos Judeus da Corte – História do Anti-Semitismo I
Léon Poliakov (E063)

De Maomé aos Marranos – História do Anti-Semitismo II
Léon Poliakov (E064)

De Voltaire a Wagner – História do Anti-Semitismo III
Léon Poliakov (E065)

A Europa Suicida – História do Anti-Semitismo IV
Léon Poliakov (E066)

Jesus e Israel
Jules Isaac (E087)

Tempo e Religião: A Experiência do Homem Bíblico
Walter I. Rehfeld (E106)

A Religião de Israel
Yehezkel Kaufmann (E114)

A Causalidade Diabólica I
Léon Poliakov (E124)

A Causalidade Diabólica II
Léon Poliakov (E125)

O Significado do Ídiche
Benjamin Harshav (E134)

Sabatai Tzvi – O Messias Místico (3 vols.)
Gershom Scholem (E141)

História e Narração em Walter Benjamin
Jeanne Marie Gagnebin (E142)

Mistificações Literárias: "Os Protocolos dos Sábios de Sião"
Anatol Rosenfeld (EL03)

Guia Histórico da Literatura Hebraica
J. Guinsburg (EL09)

Galut
Itzhack Baer (EL15)

Poética e Estruturalismo em Israel
Ziva Ben-Porat e Benjamin Hrushovski (EL28)

O Direito da Criança ao Respeito
Janusz Korczak (EL41)

O Direito Internacional no Pensamento Judeu
Prosper Weill (EL43)

Diário do Gueto
Janusz Korczak (EL44)

O Anti-Semitismo Alemão
Pierre Sorlin (K003)

O Dibuk
Sch. An-Ski (org. J. Guinsburg) (T005)

Leone de' Sommi: Um Judeu no Teatro da Renascença Italiana
J. Guinsburg (T008)

Qohelet / O-que-Sabe Eclesiastes
Haroldo de Campos (SIG13)

Bere'Shith: A Cena da Origem
Haroldo de Campos (SIG16)

Rei de Carne e Osso
Mosché Schamir (P001)

A Baleia Mareada
Ephraim Kishon (P002)

Salvação
Scholem Asch (P003)

Golias Injustiçado
Ephraim Kishon (P005)

As Lendas do Povo Judeu
Bin Gorion (P007)

A Fonte de Judá
Bin Gorion (P008)

Almas em Fogo
Elie Wiesel (P013)

Satã em Gorai
Isaac B. Singer (P015)

O Golem
Isaac B. Singer (P016)

Contos de Amor
Sch. I. Agnon (P017)

Histórias Místicas do Rabi Nachman
Martin Buber (P018)

Aventuras de uma Língua Errante
J. Guinsburg (PERS)

O Mestre do Bom Nome
Ary e Emília Schreirer (LSC)

Sermões
M. Diesendruck (LSC)

Protocolos do Concílio Vaticano II: Sobre os Judeus
Padre Humberto Porto (LSC)

O Direito Talmúdico
Ze'ev M. Falk (LSC)

Sombras de Identidade
Gershon Shaked (LSC)

Sessão Corrida: Que me dizes Avozinho?
Eliezer Levin (LSC)

Bom Retiro
Eliezer Levin (LSC)

Nossas Outras Vidas
Eliezer Levin (LSC)

Crônicas de meu Bairro
Eliezer Levin (LSC)

Adeus Iossl
Eliezer Levin (LSC)

Memórias da minha Juventude e do Teatro Ídiche no Brasil
Simão Buchalski (LSC)

Manasche: Sua Vida e seu Tempo
Nachman Falbel (LSC)

Impressão:
Gráfica Palas Athena